바이마르공화국의 해체 ②

민주주의에서 권력붕괴 문제에 관한 연구

나남
nanam

한국연구재단 학술명저번역총서
서양편 326

바이마르공화국의 해체 ②

민주주의에서 권력붕괴 문제에 관한 연구

2011년 2월 28일 발행
2011년 2월 28일 1쇄

지은이_ 칼 디트리히 브라허
옮긴이_ 이병련 · 이대헌 · 한운석
발행자_ 趙相浩
발행처_ (주) 나남
주소_ 413-756 경기도 파주시 교하읍
출판도시 518-4
전화_ (031) 955-4600 (代), FAX : (031) 955-4555
등록_ 제 1-71호(1979.5.12)
홈페이지_ http://www.nanam.net
전자우편_ post@nanam.net

ISBN 978-89-300-8558-8
ISBN 978-89-300-8215-0 (세트)
책값은 뒤표지에 있습니다.

'한국연구재단 학술명저번역총서'는 우리 시대 기초학문의 부흥을 위해
한국연구재단과 (주)나남이 공동으로 펼치는 서양명저 번역간행사업입니다.

바이마르공화국의 해체 ②

민주주의에서 권력붕괴 문제에 관한 연구

칼 디트리히 브라허 지음

이병련·이대헌·한운석 옮김

나남
nanam

Dei Auflösung der Weimarer Republik
Eine Studie zum Problem des Machtverfalls in der Demokratie

by Karl Dietrich Bracher

바이마르공화국의 해체 ②

민주주의에서 권력붕괴 문제에 관한 연구

차 례

제 2 부 공화국의 해체과정

A. 권력의 상실과정 : 브뤼닝 시대

제 1 권 차 례

바이마르공화국의 해체 ①

민주주의에서 권력붕괴 문제에 관한 연구

제 1 부 권력구조의 문제

제3권 차 례

바이마르공화국의 해체 ③

민주주의에서 권력붕괴 문제에 관한 연구

제 2 부 공화국의 해체과정

B. 권력공백의 단계 : 파펜-슐라이허 시기

제 2 부

공화국의 해체과정

A. 권력의 상실과정 : 브뤼닝 시대

제 1 장

브뤼닝 정부의 성립

1930년 봄 대연정 정부가 마침내 붕괴되자, 공화국의 구조적 오류에 대한 인식뿐만 아니라, 특히 꾸준히 선동되었던 의회 연립정부들의 무능에 대한 인식도 다른 해결의 길이 열리게 될 듯이 보일 정도로 강력한 수준에 도달하였다. 브뤼닝의 총리지명은 바이마르공화국 마지막 단계와 "권력장악"의 직접적인 전사에 대한 고찰이 시작되어야 할 결정적인 분기점을 지칭한다. 물론 여기서, 만약 우리가 브뤼닝 시기에 오직 나치독재로 나아가는 권위주의적 전조만을 보고 공화국의 역시를 밀러내각의 붕괴와 더불어 마감한다면, 그것은 어떤 특징들에 — 당시의 선동에서이건, 또는 이후 사건들의 단순한 시각에서이건 간에 — 대한 일방적인 강조를 의미한다.[1] 그렇지만 1930년에 형성된 정부의 전사(前史),[2] 그것을 결정했던 구상들, 그리고 정당들, 의회, 그

1) Arthur Rosenberg, *Geschichte der deutschen Republik* (Karlsbad, 1935), S. 6, S. 239.

2) 여기에 관해서는 Helga Timm, *Die deutsche Sozialpolitik und der Bruch der Großen Koalition im März 1930* (Beiträge zur Geschichte des Parlamentarismus und der politischen Partelen D) (Düsseldorf, 1953), 특히 S. 149ff. 또한 Werner Conze, "Die Krise des Parteienstaates in Deutschland 1929/1930", *Historische Zeitschrift* 178 (1954), S. 47ff. 헌법정책적인 측면들은 Klaus H. Revermann, *Die stufenweise Durchbrechung des Verfassungssystems der Weimarer Republik in den Jahren 1930-1933*

리고 여론에 대한 새 내각의 전술적인 노선 속에는 이미 그것이 이전의 모든 시기와 뚜렷이 구별되는 경향들이 인지된다.

1. 대연정의 마지막 내각

의회가 지배하는 마지막 다수파 정부는 1928/1929년에 오랜 협상 끝에 그리고 여러 중간단계를 거쳐 출범하였으나, 수많은 내적 어려움에도 불구하고 다른 모든 연립정부들보다 더 오래 유지될 수 있었다.[3] 1928년 5월의 선거 승리는 사민당을 다시 한 번 권력의 정상으로 이끌었고,[4] 여러 해 동안 관망하다가 책임있는 내각참여 결정을 내리게 하였으며, 결국에는 1923년 이후 일시적으로 독일민족인민당과, 대개는 소수파연합으로 정권을 담당하였던, 현저하게 융합된 "부르주아 블록"(*Bürgerblock*)이 거기에 가담하였다. 대외정책적 과제와 가능성에 관해서는 슈트레제만이 자신의 소속정당인 독일인민당의 국내정책적인 의구심을 극복하도록 영향력을 행사하는 데 성공하였다. 그는 사민당 원내대표 헤르만 뮐러(Hermann Müller)의 책임하에 구성된 대연립정부에서[5] 로카르노와 국제연맹가입 위에서 구축될 재활정책과 해방

(Diss. Köln, 1958) (ungedr.).

3) 여기에 관해서는 비록 지나치게 과도하긴 하지만 적절한 개관을 제공하는 것으로 Rosenberg(주 I/1), S. 215ff. 상세하게는 Timm(주 I/2), S. 79ff., S. 118ff. 또 Wilhelm Keil, *Erlebnisse eines Sozialdemokraten*, Bd. II (Stuttgart, 1948), S. 335ff.

4) 종합적인 개관 Friedridt Stampfer, *Die vierzehn Jahre der ersten deutschen Republik*(Offenbach, 1947), S. 517ff. 또한 사민당 및 사회주의적 노동조합들의 회원 및 조직 수의 증가에 관한 내용도 참조.

5) 당시 사민당은 프로이센 주 총리 오토 브라운의 집에서 사민당과 사회주의적 노동조합들의 첫 대화가 열렸을 때, 그의 입후보를 고려하였다. 물론 이

정책을 위한 담지능력 있는 토대를 획득하고자 했다. 이 시점에서 독일민족인민당과의 협력은 항상 어려웠고, 정치적 협력과 공화국의 거부 사이에서, 경제정책적 내지 권력정책적인 이해관계와 급진적으로 민족주의적 반공화국적인 경쟁에 대한 두려움 사이에서 오갔던 이 정당의 태도는 1928년의 선거에서 패배한 이후 현저히 경직되었다.[6]

뮐러내각은 특히 슈트레제만의 대외정책을 후원하는 광범위한 의회의 다수를 장악하는 듯이 보였다. 그러나 그것은 동시에 심각한 국내정책적인 긴장들로 손상되었으며,[7] 이 긴장은 열성적인 외무부장관의 죽음과 더불어 일거에 폭발하였다. 이제 독일인민당의 경제적 정치적 이해관계는 더 이상 슈트레제만의 실용적인 타협적 사고로 다스려질 수 없게 되었다. 그는 엄청나게 많은 노력을 통하여 자신의 정당에게 연립에 개방적으로, 대산업적 이익정책에 유연하게, 사회주의와의 논쟁을 정치적 이성의 틀 안에서 유지하고자 했고, 공화국을 담지하는 온건한 부르주아적 중간계급의 거대한 정당에 대한 사상을 고려했다. 왜냐하면 움츠려든 독일민주당도 이미 이 기능을 더 이상 충족시킬 수

는 제국총리와 프로이센 주 총리의 인적 유대와 일치하였다. 이는 사민당의 의미에서 제국개혁문제의 해결책이었으나, 중앙당과 독일인민당은 여기에 동의하지 않았을 것이다. 또한 브라운에 의하면 사민당 지도부는 "자신이 기꺼이 원하기도 했던" 뮐러를 앉혔다. Otto Braun, *Von Weirnar zu Hitler*, 2, Aufl. (New York, 1940), 5. 245f. 인용은 부분적으로 당 문제로 많은 축소가 이루어졌고, 따라서 사료적 가치가 있는 많은 세부내용들과 더불어 많은 고유한 변전들과 강조점들이 제외된 제 3판(Hamburg 1948)이 아니라, 제 2판에 따랐다. 여기에 관해서는 또 Ludwig Bergsträßer, "Textkritisches zu den Erinnerungen von Otto Braun", *HZ* 171(1951), S. 656f.

6) 이 책의 50쪽 이하 참조. 또한 후겐베르크를 옹호하는 최근의 저작에서는 독일민족인민당이 "중앙당 및 슈트레제만 박사에 의해서 계속 전략적으로 제압당했다"는 점이 강조된다. *Hugenbergs Ringen in deutschen Schicksalsstunden*, ed. by Borchmeyer(Detmold, 1951), Heft 1, S. 2.

7) 개별적인 내용들은 Timm(주 I/2), S. 87ff.

없었기 때문이다. 슈트레제만이 중앙당의 후원을 받아 대연정을 유지하기 위하여 자신의 정당으로부터 겨우 받아 낼 수 있었던 국내정책적인 타협들은 너무도 그 개인과 관련되어 있어서 그보다 더 오래 살아남아서 세계경제대공황의 도래를 막을 수 없었다. 온건 사회주의자들과 중간계급이 서로 협력하고 공산주의자들과 급진 민족주의자들이 별다른 위험 없이 배제될 수 있는 확고하게 자리잡은 민주정부에 대한 믿음은 세계경제 대공황의 도래와 함께 산산조각이 났다.

또한 독일인민당을 포함시킴으로써 의문의 여지없이 제국정부의 상태를 가볍게 하고 강화시켰을 프로이센에서 동시적인 대연정을 수립하기 위한 다양한 시도들이 브라운과 프로이센 독일인민당의 동일한 저항에 부딪쳐 — 그리고 슈트레제만과 카스(Kaas)식 중도노선의 완고한 중재시도에도 불구하고 — 실패로 돌아간 후,[8] 대연정의 운명은 대략 사회보험 부담액에 대한 양 날개(사민당과 독일인민당)의 약간의 차이에서 결정되었다. 물론 상세한 고찰은 일반적인 종류의 현저한 국내정책적인 견해차들과 더불어 거의 변함없이 오랫동안 질질 끌려온 사회정책 문제들이 결정의 순간에 내몰렸다는 것을 확인해 주었다. 이 순간이란 슈트레제만의 대외정책적 비전이 고용주와 피고용인 이익의 두 당사자를 더 이상 동시에 강요하지 못하고, 동시에 세계경제의 위기현상 심화가 경제정책적 사회정책적인 문제들에 대한 명확하고 예측가능한 처리를 요구한 시점이었다. 그러나 동시에 아마도 탈출구가 없는 상황은 오랫동안 회자되었던 의회주의의 개혁과 수정에 관한 계획들, 특히 보다 더 효율적인 정부형태를 만들어 내려는 계획들을 마침내 시작하려는 노력들에 대한 배경으로도 되었다. 이는 지속적인 연립정부 구성의 어려움과 새로운 경제정책 및 사회정책적 문제점들에 결정력 있게 대처하지만, 동시에 광범위한 중간계급과 우파의 수정주의적 요

---

8) 브라운의 견해는 Braun(주 1/5), 특히 S. 272ff., S. 288ff.

청에 타협할 수 있음을 의미하였다. 특히 우파가 보기에 1918년의 민주적 정당국가 및 바이마르공화국은 혁명의 고통스러운 기억들 및 느리고 허약하고 냉정한 (배상)이행정책과 재활정책에 대해서뿐만 아니라, 특히 분규에 휩싸인, 때로는 혐오감을 불러일으키는, 어쨌든 각자 나름대로의 방식으로 이해관계 그룹과 이념그룹에게 부담이 되는 국내정책상의 적대주의에 대해서도 책임이 있을 수 있었다. "정당정치"의 불신은 충분한 설득력을 얻었고, 따라서 모든 감지가능한 생존조건과 사회적 위신의 악화, 즉 일시적인 안정기 이후에도 심각한 심리적 부담감은 저 헌법적, 사회적, 경제정책적, 이데올로기적 논거들에 실질적인 실행능력을 제공할 수 있었고, 이 힘은 이 공화국에 대한 지속적인 의구심 또는 심지어 공격적 비판에 공간과 배후지를 제공하였다.

이처럼 어렵게 유지된 뮐러 정부는 정력적인 국내정책적인 조치들을 통해서 저널리즘과 학문, 경제와 사회, 관료와 제국군대, 여러 (이익)단체들과 입력단체들, 심지어는 대통령궁에서조차도 그 원형정치적인 권력지위를 그러한 파괴적인 장기비판으로부터 벗어나게 함과 동시에 부인할 수 없는 대외정책적인 성공을 제대로 조명하고, 완고한 공화국 작업의 성과로서 정당화시킨다는 것을 거의 생각할 수 없었다. 권력관계들은 이것을—민주적 사용 및 실질적인 가능성들—더 이상 용인하지 않았고, 1928년의 선거는 은밀한 또는 공공연한 반공화국적인 정당들에 대한 민주적 정당들의 확실한 승리를 가져올 수 있었다. 역사적으로 19세기의 잘못된 발전과 1918년 이후 공화국의 구조와 메커니즘의 민주적 건설의 태만함 등은 더 없는 부담이 되었고, 그 결과 공화국은 비록 뜻밖인 것은 아니지만, 갑자기 그 최대의 시험대에 올라 있었다. 새로운 정치형식에 친숙해질 수 있는 기간이 너무 짧았고, 전쟁 이전 시기의 안정된 사회에 대한 기억과 냉정한 현재에 대한 맹목적 실망이 너무 생생했다. 따라서 모든 위기현상이 전후문제라는 보다 더 큰 연관관계 속에 있다면, 그 현상은 대중을 타협으로 애써서 균형을 이룬 정당정치에 대한 분노로, 또 복잡하지 않은 강력한 질서, 결단력 있고 권위주의적인 지도부 등에 대한 강한 기다림으로 몰고 갈 수 있었다.

1929년 여름 이루 '영 안'을 둘러싼 논의는 그 첫 번째 결과였는데, 거기에는 의식적인 정치적 결집과 그러한 분위기의 계산적이고 선동적인 건설이 결합될 수 있었다. 여기서 본래 "민족적 반대파"의 진군이 조직되었는데, 이는 곧 공화국 자체를 수세로 몰아넣고, 그 마지막 단계 전체를 지배할 것이었다. 영 계획은 슈트레제만의 마지막 업적으로 배상을 최종적인 청산과 독일의 국내외 주권을 회복하는 — 연합국 통제의 해제와 (1년 후) 점령된 라인란트로부터의 철수 — 과정으로 나아간 중요한 단계이다. 재정적 의무가 여전히 무거웠다. 그러나 그 의무들은 동시에 필수부가결한 외국의 신용을 보증하였고, 결국 재정기술적인 명료함을 형성하였으며, 협정의 유연한 처리와 추가수정에 대한 전망을 열었다. 영 계획은 (다른 것보다) "소악"(*Kleinere Übel*) 이었다. 그 순간에 더 많은 것은 달성될 수 없었다.[9]

---

9) Werner Conze, "Die Weimarer Republik", *Deutsche Geschichte im Überblick*, ed. by Peter Rassow (Stuttgart, 1953), S. 652. 장단점의 구체적인 고려: Hans Ronde, *Von Versailles bis Lausanne, Der Verlauf der Reparationsv, erhandlungen nach dem ersten Weltkrieg* (Stuttgart/ Köln, 1950), S. 153ff. 또 Timm (주 I/2), S. 140ff.; Julius Curtius, *Sechs Jahre Minister der deutschen Republik* (Heidelberg, 1948), S. 109ff.; Stampfer (주 I/4), S. 540ff.; Hjalmar Schacht, *76 Jahre meines Lebens* (Bad Wörishofen, 1953), S. 295ff. 후겐베르크의 근시안적 평가는 Hugenbergs Ringen (주 I/6), S. 5f.; S. 56ff. '영 안'의 영향을 둘러싼 논쟁은 최근의 출판물에서 되살아나고 있다. 또 브뤼닝 Heinrich Brüning, "Ein Brief", *Deutsche Rundschau* 70 (1947), S. 4f. 도 부정적인 결과를 강조한다. 당시 이미 샤흐트는 Hjalmar Schacht, *Das Ende der Reparationen* (Oltenburg, 1931), 정부, 특히 쿠르티우스(Curtius, S. 84, S. 175ff.)와 '영 안'의 논쟁적 해석에 대한 비판 — "샤흐트의 코페르니쿠스적 전환" 후에 (S. 201ff.) —

그러나 슈트레제만의 정치적 유산을 둘러싸고 상황은 약간 달랐다. 경제적일 뿐만 아니라 심리적으로 훨씬 더 심각한 정치적 전쟁후유증을 교체하는 과정에서 다음 단계가 무엇이어야 할지, 그리고 그로써 민족주의적 비난과 반란계획들에 맞서 공화국을 내적으로 공고히 하기 위한 정책이 무엇인지, 이 문제가 위기의 첫 번째 경보표지, 즉 바이마르"체제"에 대한 근본적인 반대의 결정점으로 되었다. 유럽의 동반자로 될 당시의 적대국가들과 끈질기면서도 평화적인 논쟁에서 공화국의 외적인 해방과 내적인 공고화를 위한 슈트레제만의 수단인 "화해정책"—이 화해정책은 이제 새로이 시작되는 경제위기의 인과관계에 빠져들었다. 여기서 "공공여론"의[10] 새로운 급진화가 실행되었고, 영 계획은 자신의 긍정적인 초안들 속에서 부침하면서 분열된 "민족적 반대파"가 배후에서 형성시키고자 한 저 적대관념(*Feindvorstellung*)의 총체로 되었다. 대다수의 주민들은 민주주의적 수단으로 민주주의를 위협할 수 있는 정치적 시위를 위하여 동원할 수는 없었다. 국민투표에서 영 계획에 반대하는 주민의 결정은 특히 프로이센 정부의 결정적인 방어조치 덕택에 실패하였고, 그 결과, 안정기가 심리적으로 여전히 영향을 미치는 한,[11] 전혀 구체적인 성과나 결과들을 내지 못하는 듯하

을 포함. 옹호입장: Julius Curtius, *Der Young-Plan, Entstellung und Wahrheit*(Stuttgart, 1951), 샤흐트와의 지속적인 논쟁 (S. 28, S. 43ff., S. 78ff.). 다른 한 극단인 프랑스의 테제 *André François-Poncet, Von Versailles bis Potsdam*(Mainz-Berlin, 1949), S. 159ff. 여기서 독일의 경제위기는 배상을 방해하려는 의식적 수단으로 간주된다. 좀 약화된 (대기업의 나치즘 지원에 강조점) 것: Charles Bettelheim, *L'Economie Allemande sous le Nazism, Un Aspect de la Décadence du Capitalisme*(Paris, 1946), S. 6ff. 또 J.-J. Lederer, "La sidérurgie européenne et les cartels avant le plan Schuman", *Politique Etrangère* 16 (1951), S. 397ff., S. 402f.

10) 여기에 관해서는 또한 Gerhard Zwoch, *Die Erfüllungs-und Verständigungspolitik der Weimarer Rupublik und die deutsche öffentliche Meinung* (Diss. Kiel, 1950) (ungedr.), S. 75ff.

였다. 민족적 위신의 문제가 아니라, 일상적 존재의 문제가 일차적으로 다수의 생각과 기대를 여전히 지배하였다. 이는 먼저 의식적이고 목적지향적인 감정을 동원—여기서도 물질적 약속의 기반 위에서—유보되어 있었다.

슈트레제만의 죽음은 뉴욕 주식시장의 붕괴와 결합되었다. 이 세계사적인 사건은 수출시장에서 독일의 상황에, 외국자본의 회수에, 산업상황에, 실업의 증가와 농업의 판매위기에 동시에 뚜렷이 역영향을 미쳤다.[12] 전면에서 이익단체들의 공격이 시작되었는데, 특히 1929년 3월에 새로이 형성된 농업의 "녹색전선"(*Grüne Front*) 또한 의회 안팎의 활동을 집중적으로 전개하였다.[13] 정부는 이미 1929년에 현저한 조세수입 감소를 기록해야만 했고, 절약에 대한 호소가 제기되었다. 이 호소는 동시에 누구의 희생으로 이것이 이루어질 것이며, 부담이 어떻게 배분되어야 할 것인가라는 예전의 국내정책적인 쟁점문제로 귀결되었다.[14] 그래서 1929/1930년의 겨울엔 연립정부 내의 사회주의파와 자본주의파의 갈등이 번번이 일어났다. 이는 슈트레제만이 죽기 하루 전에 독일인민당과 사민당 사이에 타협을 달성한 후였다.

1928년에 이미 대립은 가시적으로 발생하였는데, 이때 중공업은 자신의 독점적 지위를 가격인상에 이용하고, 동시에 노동조합의 임금요구들에 임금협정의 해지와 노동자의 직장폐쇄로 응답하려 하였다.[15]

---

11) 개별적인 사항들은 Stampfer(주 I/4), S. 531ff. Otto Braun(주 I/5), S. 257ff 참조.

12) 여기에 관해서는 Andreas Predöhl, "Die Epochenbedeutung der Weltwirtschaftskrise von 1929 bis 1931", *Viertetjahrshefte für Zeitgeschichte* 1(1953), S. 98ff. ; Wilhelm Grotkopp, *Die große Krise, Lehren aus der Überwindung der Wirtschaftskrise 1929~1932*(Düsseldor, f 1954), S. 11ff.

13) Fritz Reidlardt, *Andreas Hermes*(Nenwied, 1953), S. 119ff.

14) Keil(주 I/3), II, S. 353ff., S. 359ff. (카일은 제국의회의 예산위원회 사민당 대표였다).

대략 25만 명의 노동자들이 관련되었고 본질적으로 급진화에 기여한 철강산업 북서그룹(nordwestliche Gruppe der Eisen und Stahlindustrie)의 대규모 직장폐쇄는 실제로 임금요구보다 훨씬 더 많은 비용이 드는 것이었다. 이 직장폐쇄는 국가의 중재명령에 대한 기업가들의 첫 번째 공개적인 반발에서 절정에 도달하였다. 이로 인하여 경제적 논리로 수행되었던 투쟁은 탁월한 정치적 성격을 지니게 되었다.[16] 독일인민당은 사민당과 중앙당의 주선으로 제국의회에서 이루어진 논의를 국가의 임금보호정책과[17] 사민당 출신 노동부장관 비셀(Wissell)의 효력구속성 선언을 맹렬히 비판하였다. 반면에 그사이 이미 직장폐쇄의 경제적 결과는 이미 감지되었다. 마침내 독일인민당 출신의 경제장관 쿠르티우스(Curtius)와 사민당 출신의 내무부장관 제버링의 협력으로,[18] 특히 옛 "중앙 노사공동체"의 한 선구자의 중재로,[19] 특별 중재판결에서 다시 한 번 타협에 이르게 되었다. 그렇지만 양측의 불만은 여전히 컸다. 왜냐하면 특히 완전히 모순되는 여러 판결에서 노동재판소의 관할권의 불확실성이 명확히 되었기 때문이다.[20] 국가의 중재제도를 둘러

---

15) Ludwig Preller, *Sozialpolitik in der Weimarer Republik* (Stuttgart, 1949), S. 360; Timm (주 I/2), S. 99ff.; Keil (주 I/3), II, S. 351f.

16) 대기업가 에밀 키르도르프(Emil Kirdorf)가 1929년 이후 나치당에 엄청난 액수의 자금을 "베르크바우 페어라인"(Bergbaulicher Verein)과 철강산업 "북서"그룹(Gruppe Eisen "Nord-West")의 기금으로부터 흘러들어가게 했다는 사실은 이와 관련하여 주목할 만한 가치가 있고, 또 씁쓸한 아이러니이다. 여기에 관해서는 Konrad Heiden, *Adolf Hitler* (Zürich, 1936), S. 260; George W. F. Hallgarten, "Adolf Hitler and German Heavy Industry 1931-1933", *The Journal of Economic History* 12 (1952), S. 224.

17) Moldenhauer, *Reichstagsprotokolle* v. 13. November 1938, S. 288.

18) Carl Severing, *Mein Lebensweg*, Bd. II (Köln, 1950), S. 171ff.

19) Hans v. Raumer, "Unternehmer und Gewerkschaften in der Weimarer Zeit", *Deutsche Rundschau* 80, Heft 5 (Mai 1954), S. 433f.

20) Clemens Nörpel, "Schlichtungswesen und Rechtspolitik", *Gewerkschaftszeitung*

싼 논쟁은 먼저 자유로운, 다시 말해서 노동조합에 의해서 통제 내지 대표되지 않는 노동계약의 원리를 통해서 현존하는 집단법적인 임금협정체제를 내몰려는 기업가들의 반대표식에서, 이어서는 그것이 중재기관 자체에 끼친 영향 속에서 계속되었다.

실업의 증가가 점점 더 거대한 사회적 부담금을 필요로 하였지만, 경제적 위기현상들이 조세수입의 감소에 반영되었을 때, 이제 갈등은 새로이 대연정의 정치적 영역에서 발생하였다. 고용주 단체들의 확대된 캠페인은 독일인민당 원내교섭단체의 반복된 돌출행동에도 작용하였다. 독일인민당은 근본적인 개혁, 즉 사회적 부담금의 축소에서 재정위기를 타개하기 위한 유일한 수단을 보았다. 이에 반해 사민당은 재정적인 치유를 무엇보다도 실업보험의 희생으로—바로 지금—실행해서는 안 된다는 노동조합의 요구를 지지하였다. 사민당은 부담금의 증액 (피고용인이 항상 절반을 부담)과 보험부담금의 유지를 요구했다.[21] 근본적으로 한편에서는 "부담금 축소", 다른 한편에서는 "부담금 증액"이라는 투쟁구호와 함께 실업자의 보조 전반에 대한 요구권을 둘러싼, 말하자면 독단적인 "자율경제"에 맞서서 어렵게 달성한 노동자의 "생존권"과 "존엄성"에 대한 인정을 둘러싼 논의가 진행되었다.[22] 여기서 전선도 점차 정당정치적으로 명확히 특징지어졌으며, 대연립을 가로질러 진행되었다. 신중한 경제부장관 쿠르티우스도 이 점에서는 소속당 원내교섭단체의 입장을 피할 수 없었다.[23] 1929년 10월의

39(1929), Nr. 7, S. 97.

21) Stampfer(주 I/4), S. 549ff.; Keil(주 I/3), II, S. 357ff. 추가언급은 Timm(주 I/2), S. 124ff.

22) Eduard Heimann, "Dcr Sinn der Arbeitslosenversicherung", *Soziale Praxis* 37, Heft 25(Juni 1927), S. 617ff.

23) 계획된 부담금 증액에 대한 비판과 노동조합 지지자들의 신랄한 대응에 대해서는 *Reichstagsprotokolle* v. 5. Juni 1929, S. 2089와 v. 6. Juni 1929, S. 2105를 참조.

마지막 타협이 이루어진 후[24] 새로운 규칙만들기의 지연이 더 이상 가능하지 않아 보이자, 고용주 및 피고용인 단체들 사이에, 즉 자본과 노동 사이에, 독점경제와 간섭국가 사이에,[25] 그리고 마지막으로 의회민주주의와 권위주의적 신분제적인 독재에 대한 기대들 사이에 근본적이고 훨씬 더 광범위한 논쟁이 이 갈등 속으로 유입되었다. "제국연맹" 측으로부터도 민주주의를 친기업가적이고 의회 없이도 활동능력이 있는 명령정권(*Verordnungsregime*)으로 대체하자는 목소리가 점차 커졌다.[26]

근대적인 사회정책적 입법의 문제점과 노동법의 엄청난 정치적 중요성은[27] 총체적이고 민주적인 국내정책의 시금석으로, 민주주의 전

---

24) 3%에서 3.5%로 부담금 증액에 대한 타협과 보조금액률의 유지로 대연정은 다시 한 번 구출되었다. 그는 죽기 몇 시간 전에 자신의 당을 다시 한 번 전환시킬 수 있었다.

25) 특히 Denkschrift "Aufstieg oder Niedergang", *Verölentlichungen des Reichsverbandes der Deutschen Industrie*, Heft 49 (Dezember 1929)를 참조. "제국연맹"의 요구를 충족시키지 못한 정부의 잘못된 경제정책과 재정정책에 대한 신랄한 비판에(S. 5ff.) 뒤이어 임금감축, "생산적인 자본"의 특혜, 사회보험금의 축소, 높은 세금의 인하와 낮은 세금 및 소비세의 인상 등과 같은 적나라한 요구들이 나왔다(S. 11ff.).

26) 여기에 관해서는 1929년 12월 12일에 베를린에서 개최된 "제국연맹"의 임시총회가 언급할 만하다. 여기서는 앞의 주에서 인용된 건의서가 논의되었다. *Ibid.*, Heft 50 (Januar 1930). 여기서 특이하게도 샤흐트는 (이례적으로) "우레와 같은, 장시간의 그리고 반복적인 박수"로 환대를 받았다(S. 5). 여기서 작센 기업가 연맹의 의장 비트게(Wittke)는 긴 토론연설에서 독일의 정당민주주의가 산업의 요구라는 의미에서 "확고하고" "지속적인" 질서에 방해가 된다고 선언하였다. 따라서 의회를 무시하고 "명령을 통하여 부족한 입법이 우리에게 만들어 줄 수 없는 상태를 … 만들어 내야 한다. 만약 내가 '수권법(*Ermächtigungsgesetz*)은 이 상태로부터 벗어나게 하는 유일한 원조자일 수 있다'라고 말한다면, 나는 거기서 전혀 고립되어 있지 않다"(S. 38)라고 주장하였다.

27) Ernst Fraenkel, "Die politische Bedeutung des Arbeitsrechts", *Die*

반의 존속에 대한 시금석으로 되었다. 노동조합의 우려할 만한 권력약화로 노동자들에게서 급진적 구호가 공간을 획득하고 공산당에게 엄청난 인기를 몰아주었던 반면에, 동시에 고용주들의 관점은 경직되었다. 그들은 높은 임금과 보험료율의 "인위적인" 유지 속에서 경제적 어려움의 심화에 대한 주된 원인을 보았다. 독일민족인민당의 친산업파는 그 활동을 통해 자신의 존재를 알리는 데 잘 활용하였고, 그리하여 독일인민당의 입지를 강화시키고 우레와 같은 제국의회와 내각의 협상을 어렵게 했던 반면에, 다른 한편으로 공산당은 사민당에게 유사한 압력을 행사할 수 있었다.[28] 이 경직된 대립, 특수한 경제성 동기와 사회정의의 동기가 대립한 것, 그리고 대연립의 정치적 통합력이 더 이상 감당해낼 수 없었던 이 대립은 바이마르공화국의 마지막 단계에 결정적이었다.

제국중앙은행 총재 샤흐트가 처음에 영 계획에 서명하고, 민주적이고 이행정책적인 노선을 떠나, 그의 사실에 입각한 책임으로부터 여론 속으로 도망쳤고, —동시에 특히 독일인민당 측으로부터 힐퍼딩의 재정정책에 대한 공격과 더불어—정부의 추가적인 차관시도가 실패했던, 1929년 말에 붕괴는 이미 불가피하였다.[29] 사민당은 타협을 통해서 상황을 구출하고, 이제 민주주의 진영에 설명된 권위주의적 대통령제 해결을 막기 위하여 노력하였다. 사민당은 재무부장관 힐퍼딩을 희생시켰다.[30] 힐퍼딩은 1930년 1월에 인민당 의원인 몰켄하우어(Molkenhauer)

Gesellschaft 9, Heft 1(Januar 1932), S. 36ff., S. 43ff. 을 참조.

28) 좀더 정확한 것은 Timm(주 I/2), S. 130ff.

29) Curtius, *Young-Plan*(주 I/9), S. 57 등; Schacht, *Das Ende*(주 I/9), S. 102ff, S. 108; idem, 76 Jahre(주 I/9), S. 301ff. (일방적이고 오만한 자기옹호: 그가 파리에서 돌아왔을 때, 역 앞에서 아내에게 전화로 "당신 서명해서는 안 되는데!"라고 말했다고 한다). 샤흐트의 또 다른 음모가(S. 321ff.) 여기에 상응하였다. 샤흐트의 돌출행동의 정치적 심리적인 의미에 관해서 당시 이미 Gustav Stolper, "Verantwortung", *Der deutsche Volkswirt* 4(1929/30), I, S. 331ff.

로 교체되었다. 그렇지만 이제 1928년에 사민당의 정부구성 주도권에 극히 중요한 역할을 하였고, 또 약간의 유보조건에도 불구하고 대연정을 환영하였던 사회주의적 독일노동조합총연맹(ADGB)의 지도부가[31] 연립정책에 반대하는 당내의 반대파의 의미에서 사민당의 원대대표단과 장관들에게 영향력을 행사하기 시작했다.

게다가 이미 1928년에는 사민당 내부에서도 당 조직, 원내교섭단체, 그리고 내각구성원들 사이에 독일인민당에서와 유사한 대립이 발생하였다. 특히 사민당 소속 독일 총리 아래서 허가되는 것을 보기 위하여 선거운동 과정에서 반대하였던 장갑순양함의 건조가 뜨거운 쟁점으로 되었다.[32] 사민당 원내단이 1928년 11월에 건설의 중단안을 제

---

30) 힐퍼딩의 실각에는 카일도 중요한 역할을 하였다. Erlebnisse(주 I/3), I, S. 360ff. 사민당의 설명에 따르면 이 부서는 먼저 사민당에 의해서 채워져야만 했다. 그러나 이를 위해 규정된 재정전문가인 헤르츠(Paul Hertz)는 자신의 원내교섭단체 및 독일 총리와의 수차에 걸친 협상 후에 정해진 조세인하 프로그램에 묶이기를 거절하였고, 독일인민당 장관에게 맡길 것을 제안하였다. "왜냐하면 바로 이 당으로부터 질서정연한 제국재정을 만들어 내려는 시도에서 가장 큰 어려움이 만들어지고 있기 때문이다"(*Sonderausgabe 6 der Sozialdemokratischen Parteikorrespondenz* 〔1930〕, S. 11).

31) *Protokolle der Verhandlungen des 13. Kongresses der Gewerkschaften Deutschlands* (Hamburg, 1923), 특히 S. 79f.

32) 예컨대 1928년 8월 15일에 개최된 당 지도부와 원내교섭단체의 공동회의에서 소속당의 장관에게 가해진 격렬한 비판을 참조: "사민당과 사민당 제국의회 원내교섭단체는 사민당 출신의 장관들이 내각회의에서 표결을 통하여 자신이 — 당 전체와 일치되게 — 순양함 A의 결정적인 반대자이며, 오히려 형식법적인 주장으로 뒷받침받았다는 사실을 명확히 표현할 가능성을 발견하지 못한 점을 매우 유감스럽게 생각한다." *Jahrbuch der Deutschen Sozialdemokratie*, ed. by Vorstand der SPD (Berlin, 1928), S. 124; *Vorwärts*, Nr, 383 v. 15. August 1928. 브라운(제국상원 Reichsrat에서 장갑순양함에 반대)과 뮐러 사이의 논쟁에 대해서는 Otto Braun(주 I/5), S. 250ff. 또한 Severing(주 I/18), II, S. 157ff.; Keil(주 I/3), II, S. 341ff. (그는 뮐러를 지지하였다).

출하여, 공개적으로 — 그리고 원내교섭단 규율을 명령하여[33] — 그 의장의 정부조치에 반대하는 입장을 취하였을 때, 제국총리 뮐러는 자명한 사민당의 관습에 따라 사민당 출신의 장관들과 함께 자신이 책임자로 있는 정부의 초안에 반대표를 던져야만 했다. 좌파의 제안서가 제국의회 다수에 의해서 결국 거부되었기 때문에, 정부는 구출될 수 있었다. 이후 사민당의 연립정책에 반대하는 일반적인 불일치에 빠진 당내의 반대파는 더 이상 평정을 유지하지 못하게 되었다.

1929년 마그데부르크 당대회에서 연립정책 및 군사정책을 둘러싼 격앙된 논쟁에서 뮐러의 냉정한 현실감각이 다시 한 번 관철될 수 있었다.[34] 그는 자신이 이끄는 정부가 이처럼 기묘하게 반복해서 다수표를 획득한 것에 대해서 강력히 경고하였다. 이는 "의회의 위기가 아니라, 체제의 위기"를 의미했다.[35] 그러나 병든 총리는 더 차악, 즉 현실주의적인 체념의 타협을 위한 매우 취약한 결정에 도달했을 뿐이었다. 이 타협은 매우 빨리 새로운 긴장을 물리칠 수 있었다. 왜냐하면 특히 당내의 강력한 세력은 — 정치적, 사회적, 심리적 상태를 부정하면서 — 공화국을 위한 그리고 민주적 시민과의 협력을 위한 표명에 관한 킬의 당대회의 원고에 계급투쟁이념을 설정했기 때문이다.[36] 공

---

33) *SPD-Jahrbuch* (주 I/32), 1928, S. 13. 사민당 출신 장관들은 "무엇보다도 먼저 우리에게 속한다는 것과 두 번째로 내각의 일원으로 느껴야 한다"는 원내대표 브라이트샤이트(Breitscheit)의 확정과 더불어 1929년의 사민당 당대회에서의 토론들을 참조. *Protokoll Sozialdemokratischer Parteitag Magdeburg 1929* (Berlin, 1929), S. 160, S. 40.

34) *Ibid.*, S. 83: "정책을 결정하는 제국총리는 자신의 정부가 제출한 제안에 반대해서는 안 된다." 슐라이허는 당시 사민당의 분당이 가능하다고 생각했다. Brief vom 18. August 1928, Gordon A. Craig, "Briefe Schleichers an Groener", *Die Welt als Geschichte* 11 (1951), S. 124에서 그렇게 생각했다.

35) *Parteitag Magdeburg* (주 I/33), S. 79 또 S. 41도 참조.

36) *Protokoll Sozialdemokratischer Parteitag Kiel 1927* (Berlin, 1927), S. 272. 반대파의 제안서(255 대 83으로 부결되었다): "… 독일공화국에서 투쟁전선

화국의 군사정책적이고 군사심리적인 문제점들에 대한 그 불명료하고 거의 건설적이지 못한 입장이 여기서 다시 한 번 의문스러운 결과로 이끌었던 사민당은,[37] 경제위기가 심화되면서 정부 내의 긴장이 새로운 정점에 도달했을 때, 부르주아 파트너 정당들과 마찬가지로 연립에 지쳐 있었음을 보여주었다.

2. 뮐러정부의 위기

1929/1930년의 겨울은 대연립이라는 긴장된 정치적 틀 내에서 정부의 가능성을 넘어서는 다방면의 재정 및 사회개혁계획의 징후 속에 있었다.[38] 1929년의 제국의회 토론에서 샤흐트의 조소에도 불구하고 내각은 다시 서로 방향이 다른 정당들과 이익단체들과의 느슨한 협력,

---

은 더 이상 여기서는 공화주의적 저기서는 왕조주의적이라는 구호가 아니라, 여기서는 사회주의적, 저기서는 자본주의적이라는 구호 아래 형성된다. 당대회는 프롤레타리아적인 계급투쟁의 정신으로 모든 의회 안팎의 수단으로 부르주아 정당들을 고려하지 않고 이 반대의 실행을 결의한다."

37) 특히 교훈적인 것은 당대회에서의 열성적인 토론: *Parteitag Magdeburg*(주 I/33), passim, 특히 S. 105~154. Stampfer(주 I/4), S. 525ff.; Keil (주 I/3), II, S. 345ff. 카일, 제버링, 하우바흐, 셰플린과 더불어 특히 젊은 의원 율리우스 레버(Julius Leber)도 교조적인 사민당 전통에 대항하여 현실주의적인 제국군대 정책의 정력적인 지지자에 속했다. 그의 발언들 *Parteitag Magdeburg*(주 I/33), S. 127ff.; Julius Leber, *Ein Mann geht seinen Weg. Schriften, Reden und Briefe*, ed. by seinen Freunden(Berlin, 1952), S. 58ff., 특히 S. 143ff, S. 180f. 과 나치에 의해서 구금되었던 시절에 작성된 회고, S. 224ff. 슐라이허가 어떠한 기대들을 이러한 구상들과 연결시켰는지는 이미 1928년 9월 8일자 그뢰너에게 보내는 편지에 잘 나타나 있다. Craig(주 I/34), S. 127.

38) Ludwig Mühlich, *Die Reichsfinanzpolitik in der Weltwirtschaftskrise 1929 ~1932*(Diss. Tübingen, 1950), S. 29ff.

그리고 헤이그 최종회의를 위한 활동의 자유를 구출하는 데 성공하였다. 그렇지만 이제 독일인민당의 일부는 이미 극히 공공연히 정부에 반대한 반면에, 동시에 바이에른인민당과 사민당의 좌파는 거기서 거리를 두었다. 영 법안의 비준을 둘러싼 마지막 투쟁은 여전히 민주적 다수를 결합시켰다. 그러나 자신의 당에서도 고립된 재정이론가 힐퍼딩의[39] 퇴진 이후 결정은 연기되었다. 실업은 끝없이 증가하였고, 동시에 결정적으로 샤흐트의 긴축조치로 특히 공공경제의 신용부족이 커지면서 긴급구호사업(*Notstandsarbeiten*)은 중단되어야만 했다.

일시적으로 통제불가능한 보조정부의 비중까지 획득했던 샤흐트의 비타협적인 계략이 헤이그의 최종회의와 '영 안'을 거의 수포로 돌아가게 할 뻔했던 반면에,[40] 그것의 비준, 즉 그것의 재정정책적인 결과의 비준을 둘러싼 국내정책적인 투쟁은 새로이 사회정책적인 문제들로 향하였다. 중앙당의 강경한 견해에 따르면 이 딜레마의 진정한 해결은 오직 '영 안'과 사회적 내지 재정적인 개혁 사이의 결합을 통해서만 가능했다. 중앙당의 재정전문가이자 원내대표자인 브뤼닝은 기독교 노동조합적인 자신의 과거에도 불구하고 보수적인 진영에 가까웠으나, 그의 책임 아래 있던 중앙당은 이제 더욱더 강력히 우경화, 즉 권위주의적 해결의 방향으로 나아가는 경향을 보여주었다.[41]

39) 앞의 주 I/30과 힐퍼딩과의 만남에 대한 언급들을 참조: Gustav Noske, *Erlebtes aus Aufstieg und Niedergang einer Demokratie*(Offenbach M., 1947), S. 309. 힐퍼딩에 대한 (자유주의 및 민주주의적 측으로부터) 일반적 공격에 대한 한 가지 사례: Gustav Stolper, "Kapitatulation", *Der deutsche Volkswirt* 4(1929/30), I, S. 435ff.

40) 논쟁적인 해석은 Schacht; *Das Ende*(주 I/9), S. 109ff; *76 Jahre*(주 I/9), S. 321ff.; Curtius, *Young-Plan*(주 I/9), S. 78ff. 이들 중에서 후자들은 무조건 구체적인 면에 논거가 더 분명하다.

41) 이미 1929년 12월의 중앙당 당대회에서 당 의장 마르크스를 고위성직자 카스로 교체한 것은 명백히 비르트와 요스를 중심으로 한 민주적 사회적인 노선에 반대하였고, 이러한 노선변경을 표시하였다. 점점 더 강력히 우파에

반면에 1930년 2월을 내내 산더미처럼 불어난 재정적자를 어떻게 메울 것인가를 둘러싼 논의는 항상 실업보험 문제로 귀결되었다. 과도한 국방예산을 절약하자거나 이제까지 공황으로 아직 피해를 입지 않은 관리들과 사무직원들로부터 긴급구제세(*Notopfer*)를 징수하자는 등의 제안들은 해결시도들을 광범위한 토대 위에 설정하려고 하였다. 이는 독일인민당만이 명백히 반대의사를 표명한 사상이었다. 붕괴는 3월 5일 정부가 제출한 타협안으로 다시 한번 지연되었다. 이 안에 따르면 다만 사방에서 반대하는 부담금 인상 결의안만이 해결되지 못한 듯이 보였다. 그렇지만 특히 후겐베르크의 출판계 권력수단[42]을 통해서 고용주 단체가 독일인민당에 가한 압력은 우위를 유지하였다.[43] 그리고 샤흐트의 갑작스런 그리고 도발적으로 영향을 미친 퇴진은 정부위기의 한 계기에 불과했다. 정부위기는 '영 안'의 비준에도 불구하고 또는 비준 후에 점차 소리가 약해졌다.[44]

그들의 원칙적인 고려를 고집하는 좌우익 정당들의 저항을 실질적이고 정치적인 타협적 해결 속에서 제거하려는 마지막 노력들은 중앙

대한 의존성을 지지하였던 당시 보수적 교권적 노선은 격렬한 표결에서 가까스로 승리하였다. Otto Braun(주 I/5), 270; Stampfer(주 I/4), S. 530f. 예컨대 중앙당 소속 의원이자 뷔르템베르크의 주 총리인 오이겐 볼츠(Eugen Bolz)가 1929년 10월 초 그의 아내에게 보낸 편지에서 이러한 분위기를 다음과 같이 말하고 있다: "나는 계속 간다. 그리고 나는 다음과 같이 말한다: 정당들은 우리가 결정을 내려야 할 중대한 내정문제를 거의 극복할 수 없다." Max Miller, *Eugen Bolz. Staatsmann und Bekenner*(Stuttgart, 1951), S. 357(너무 장황해진 전기).

42) Gustav Hartz, *Irrwege der deutschen Sozialpolitik und der Weg zur sozialen Freiheit*(Berlin Scherl, 1928), 특히 228.

43) 예컨대 *Frankfurter Zeitung* v. 7. März 1930: "현재 모든 세력들은 정치적인 이유에서보다는 구체적인 이유에서 현재의 연립을 파괴시키려고 하는 듯하다 …."

44) 1930년 1월 20일의 헤이그 배상협정의 원문: *RGBl.*, 1930, II, S. 83.

당의 계속된 개입과 — 극히 일반적으로 — 장관과 그 원내교섭단체의 줄다리기의 징후 속에 있었다. 그러나 쿠르티우스와 몰덴하우어가 3월 초에 앞서 언급한 정부의 타협안에 대한 찬성을 위하여 소속당의 다수에 반대를 표명하였고, 3월 22/23일의 독일인민당 당대회는 여전히 모든 것을 결정하지 못했다. 그러나 몰덴하우어는 얼마 후 이 관점을 포기하였고, 3월 27일의 결정적인 내각회의에서 내적으로 분열된 정부의 퇴진을 야기하였다. 의회의 상황은 이미 정부의 퇴진을 암시하였다.

마지막 순간까지 지속된 중재시도들은 특히 브뤼닝에 의해서 추진되었다. 그는 3월 27일에도 신중한 타협안으로 성공을 거두는 듯하였으나, 뮐러, 제버링, 슈미트, 힐퍼딩을 포함한 정부에 가까운 사민당 소수파만을 얻었다. 반면에 다수의 강경한 반대파는 노동조합을 따랐다. 노동부장관 비셀도 이러한 의미에서 — 유일한 사민당 출신 장관으로서 — 계류중인 브뤼닝의 타협안 수용에 대하여 내각의 결의안에 반대표를 던졌다. 그 뒤에는 특히 독일노동조합 총연맹이 있었다. 노동조합의 재정상태와 노동조합적으로 교육받고 참여한 노동자들을 괴롭힌 위기의 증대가 총연맹에게 불안감과 생존공포감에 빠뜨렸다. 1/3 이상 노동조합의 지도부로 구성된 사민당 의원단은 다만 연립으로부터 내몰린 "좌익반대파"와 함께 타협안을 거부하고, 본래의 정부안을 고집하였다.[45] 브뤼닝이 동시에 계속된 소문에서 "앞에 올 사람"(*kommender Mann*)으로 간주되었고, 또 실제로 전에 힌덴부르크 주변 인사들 및 독일민족인민당으로부터 벗어나려는 그의 절친한 친구 트레비라누스(Gottfried Treviranus) 주변의 온건한 보수주의자들과 교감을 시작하였다는 점은 부인되지 않았다. 그러나 잊혀진 점은 열렬한 마그데부르크 당대회에서 원내대표 브라이트샤이트가 보험을 둘러싼 갈등

45) 상세한 과정에 대해서는 Stampfer (주 I/4), S. 561ff.

이 지닌 엄청난 중요성을 언급하였다는 점,[46] 슈탐퍼(Stampfer)가 "당과 정부는 … 둘이지만, 당과 노동조합은 … 하나"라고[47] 정교하게 말했으나, 그가 브라이트샤이트에게 새로운 정부 전복이 보여줄 것임에 틀림없는, 독일민주주의에 끼칠 해체적인 영향에 대하여 경고하였다는 점이다. 권위주의적 대통령제 정부 및 비상령 정부 지지자들의 활동이 늘어나면서 당시에 퍼졌던 거의 예언에 가까운 말들은[48] 사민당과 노동조합들에게 부정적인 결정에 대하여 경고하였음에 틀림없었을 것이다. 그 결정은 시위에 불과할 수 있었으나, 동시에 그들에게 장차의 정부결정에 대한 민주적 의회주의적 참여라는 정치적 무기를 수중에서 빼앗아 갈 것이었다.

사민당이 사회정책적인 원칙보다는 유권자들을 더 고려하여, 그러나 뮐러와 비셀의 의미에서의 조언에 반대되는 광범위한 정치적 결과들에 대한 충분한 고려 없이 작성했던 것은 결과가 엄청난 결정이었다.[49] 마침내 유일한 이행기적 해결책으로 남아 있던 권위주의적인 소수파 정부에 자리를 내주었다. 이 정부가 민주주의의 재공고화 과정에서 통제된 비상독재가 아니라, 전체주의 국가로 나아가는 이행단계로 된 것은 흔히 불만거리로 될지언정 더 이상 효과적으로 투쟁되어서는 안 될 것이었다. 뮐러 정부는 적어도 사건의 심각한 중요성을 더욱

46) *Prateitag Magdeburg*(주 I/33), S. 165.

47) *Ibid.*, S. 174.

48) *Ibid.*, S. 170: "… 이어서 실제로 의회주의의 위기가 오고, 이어서 실제로 민주주의의 의미에 상응하지 않지만, 이제 그 말 그대로 헌법에 포함된 특정의 헌법규정을 이용하게 된다. 그 결과 특정의 무법자들에 의해서 경우에 따라서는 대통령에게 근본적으로 민주주의와 일치하지 않는 권리를 부여할 수도 있는 규정의 남용이 있을 수도 있다. 이어서 우리는 그 자체로 이미 은폐된 독재일 수 있는 일종의 관료 내각을 얻을 수 있다."

49) Leber, *Ein Mann*(주 I/37), S. 233. 라트만의 신랄한 비판 August Rathmann, *Neue Blätter für den Sozialismus*, (September 1930), S. 389. 나아가서 Stmapfer(주 I/4), S. 561.

절실하게 해주고, 또 독일민주주의의 수준에 대한 고찰을 심화시켜주었을 제국의회의 불신임안을 거쳐서 붕괴된 것이 아니었다. 이 정부는 문제가 되는 기능상태의 한 사례로서 원내교섭대표단과 그 장관들 사이에서, 한편에서는 당 정책의 전술과 전략, 다른 한편에서는 정부정책 사이에서 붕괴되었다. 몰덴하우어와 중앙당 소속 장관들이 보험문제를 계속 제외하지 않으려 함으로써 그 운명은 제국의회의 표결 없이도 결정되었다. 이 형식의 파괴는 모든 원내교섭단체들의 "승리"의 결과였으나, 제국의회로부터 새로운 연립의 가능성을 앗아가버리고, 제국의회를 그 정치적 효과 면에서 동시에 — 그리고 보여주듯이 최종적으로 — 정당성 있는 정부통제의 영역으로부터 내몰아버린 피루스의 승리(*Pyrrhus-Sieg*: 막대한 희생을 치른 연후에 얻은 승리, 보람 없는 승리— 옮긴이)였다. 민주주의는 그 담지자가 실천적 타협 대신에 이익그룹들과 유권자에 대한 전술에 의해서 결정된 원내교섭단체의 정책 및 그 내부협상의[50] 명령을 내릴 수 있다고 생각했을 때, 자신의 가장 고유한 토대를 포기하였다. 이처럼 정당활동성의 의심쩍은 교착이 있은 후에 정치적 통제의 고삐가 완전히 벗어난 것은 바이마르공화국 의회의 강점이 아니라 약점의 표현이었다.

이처럼 외적으로는 거의 드러나지 않는 극적인 사건들의 고찰은 브뤼닝의 중재활동이 마침내 저 토대를 약화시키고, 3월 5일의 정부안으로 내각이 다시 한 번 짊어지게 된 새로운 당내적인 간섭에 내맡겨졌다는 결론에 이르게 된다. 여러 차례에 걸쳐 발표된 브뤼닝의 회고록 출판 이전에는 참여의 동기구조를 객관적으로 파악하는 것은 너무도 어려운 일이고, 또 직후의 사건들은 대연립의 붕괴가 법적 의회주의적 결정의 수준에서가 아니라, 최소한 의회 외부의 이익정책적, 인사정책적, 이데올로기를 내포한 활동의 영역에서 준비되었다는 것을 너무

50) Severing(주 I/18), II, S. 239f. 에 있는 비판을 참조.

도 강하게 뒷받침한다. 브뤼닝이 분명 트레비라누스의 중재와 대통령 주변의 후원으로 연초와 영 법안의 2차 독회기간 동안에[51] 힌덴부르크와 가졌던 막후협상은 반사회주의적인 중도우파 정부, 아마도 의회 없는 대통령 독재를 담지할 "강력한 인물"을 둘러싼 노력이 점차 강화되는 틀 속에 있었다. 힌덴부르크 주변에서 특히 슐라이허와 그뢰너가 이 방향에서 제국군대의 영향력을 주장하였다는 것은 의문의 여지가 없다.[52] 브뤼닝 자신이 마지막 순간에 개입함으로써 정부의 붕괴와 함께 체제의 변경을 주목하였는가의 문제는 여전히 명확하지 않다.[53] 브뤼닝이 놀랍게도 신속히 내각을 구성할 때 드러난 정치적 협정들과 경향들은 이미 자신의 타협안에 영향을 미쳤으며, 중앙당과 독일인민당의 접근과 사민당의 최종적인 고립화로 이끌었으며, 정부위기에 대한 "책임"은 사민당에 부과되었다. 이것은 마지막 단계에 중앙당의 완고한 태도를 설명한 노동조합 및 사민당 정치가들의 견해였을 뿐만 아니라,[54] 새로운 정부의 성격에 비춰볼 때 그리고 특히 의회 외적인 버

---

51) 말하자면 1930년 6일과 8일 사이. Curtius, *Sechs Jahre* (주 I/9), S. 161. 이 막후협상에 관해서는 다음과 같이 언급하였다. "여기서 대통령은 그에게 헌법상의 모든 수단을 사용함으로써 재정상태의 건실화를 실행하기 위한 보장을 제공했고, ―여기에 관해서는 상세한 내용이 전혀 알려지지 않았다― 그를 이미 당시에 장래의 독일제국 총리로 지명하였다. 왜냐하면 대통령과 그의 주변인사들이 제국정부의 사민당 지도부로부터 벗어나고자 했다는 것에 관해서는 의문의 여지가 없기 때문이다."

52) Brief Groeners an seinen Jugendfreund, den General a. D. Alarich 〔Spitzname für: Gerold〕 v. Gleich v. 24. März 1930: "새로이 길이 열린 노선변경을 가속화시키기 위하여 나는 나의 약한 능력 안에 있는 것을 하게 될 것이다." 〔Reginald H. Phelps, "Aus den Groener-Dokumenten", *Deutsche Rundschau* 76 (1950), S. 1014〕. Dorothea Groener-Geyer, *General Groener. Soldat und Staatsmann* (Frankfurt a. M., 1955), S. 262f.를 참조.

53) Leber (주 I/37), S. 233.

54) 특히 Keil (주 I/3), II, S. 370f., S. 383ff. (몇 가지 상세한 내용들 포함).

팀목들의 비중과 점차 드러내는 의도들에 비춰볼 때 확인된다.

그러나 의회와 민주주의를 회복시키겠다고 꾸준히 새로이 약속했던 것을 달성하기 위한 브뤼닝의 모든 노력이 평가된다면, 그는 공화국을 권위주의적으로 전환시키는 과정에서 그를 이용하고 그에게서 민주주의를 통하여 민주주의를 무효화시키려는 세력들에 반대할 수 있어야만 했다. 그가 힌덴부르크에 대한 영향력과 자신의 주변으로부터 그에게 제공된 의회 외적인 권력수단의 사용을 유지하고, 극단적인 경계들을 세심하게 주의하면서 내외적인 위기상황의 극복 이후에 명백히 민주주의의 기능능력 회복을 위하여 나설 수 있었을까? 나치당의 엄청난 성장과 더불어 온 것, "민족적 반대파"의 활동에서, 헌법적이고 이데올로기적인, 경제정책적, 사회정책적, 대외정책적인 복고분위기와 증오분위기 속에서 모든 수단과 주장을 동원하여 처음부터 공화국에 반대하였던 것, 그리고 그것을 항상 새로운 폭발시도에서 극복하려고 시도했던 것, 이것은 결국 관료적 권위주의적 중간정부의 계획보다 훨씬 더 강력한 것으로 확인되었다. 그사이에 그의 강력한 출발상황이 만들어졌고, 마지막 의회 다수파 정부의 붕괴 이후 거의 무제한적인 작용영역이 앞에 나타났다.

의회의 무력화는 이 과정에서 결정적인 장애물을 제거하는 것으로 보였다. 그러나 그것은 관료적으로 속박된 채 차후의 "질서과제"와 위기의 물질적 난점을 바라봄으로써 민주적 존재조건이라는 광범위한 주변환경을 시야에서 잃어버린 새로운 정부의 생존토대였다. 유일한 헌법규정과 "개인적인" 신뢰라는 가느다란 토대 위에서 행동하면서 정부는 자신이 담지할 필요가 없는 대중에게서 멀어졌으며, 동시에 그 국가와 나란히 그리고 거기에 반대하여 거의 방해받지 않고, 정치적 책임의 부담 없이 전개될 수 있는 포괄적인 운동을 무시하였다. 정치적으로 가공된 협상 대신에 권위주의적 명령을 앉힐 수 있다고 생각한 "전문가들"의 정부는 의회의 통제에서 벗어나게 될 것이다. 그러나 정부는 의회 외부의 정당성 기여자의 통제 아래 있었고, 결국 다시 정치적 권력집중으로 대체되었다. 물론 이 권력의 집중은 헌법을 최종적으로 분해할 때까지 그 권위주의적인 수단을 이용하였으나, 동시에 그 대통령제적, 복고적, 반공화주의적인 배후인물들을 전체주의 국가의 관료적 메커니즘에 종속시켰다.

이처럼 보다 더 일반적인 관점들에도 불구하고 대연립의 와해에서 대통령제를 지지하는 반대파, 투쟁적인 농업이익정책,[55] 그리고 브뤼닝 자신의 역할이 완전히 해명되지 않는 한, 정부의 교체는 특수한 정치적 상황에 따라 판단되어야 한다. 실제로 실업보험을 둘러싼 대립은 충분히 설명의 동기들을 제공한다. 왜냐하면 그것은 거칠게 단순화된 두 당사자의 선동에서 "사회주의"와 "자본주의" 사이의 대립으로 되었기 때문이다. 이들 표제어들은 "마르크스주의"와 "독점자본주의"라는 구분되지 않은 저속한 구호들에서 절정에 달했고, 복잡한 이익상태와 관련되어 있으며, 한편에서는 우위와 "경제의 자율성", 다른 한편에서는 민주적 사회적인 국가질서 및 사회질서라는 결정적인 문제가 중요했다는 사실을 표현하고자 했다. 그래서 연립의 생사를 결정하고 마지막까지 협력할 준비가 되어 있는 내각 구성원들을 결국 소속 원내교섭단체 및 당의 투쟁분위기에 종속시킨 것은 사회적 이데올로기적 배경을 갖고 있는, 물론 노동자와 부르주아층 같은 전통적 개념으로는 파악될 수 없는 진정한 권력투쟁이었다.

---

55) 새로 형성된 "녹색전선"은 특히 중앙당과 독일민족인민당의 일부에 그 배경을 갖고 있었다. 정부교체에 그것이 끼친 영향은 Timm(주 I/2)에서 간과되었다. 그 활동에 대한 확실한 (비자발적인) 인식을 허용하는 것은 Reichardt, *Andreas Hermes*(주 I/13), S. 120ff. : 이미 1929년 3월에 의회와 정부의 구성을 변화시키라는 압력을 받았고, 게다가 베를린의 "당국자들"은 비난을 받았다. 또한 독일민족인민당(아래의 65쪽 이하)의 분열과 제국농민연맹의 의장인 실레(Schiele)를 새 정부로 부른 것은 그러한 연관관계를 암시한다(보다 더 상세한 내용은 아래의 51쪽 이하 참조).

오락가락하는 사민당과 특히 "비타협적인 노동조합들"의 책임은,[56] 향후 정치적 형세에 대한 그들의 영향력 행사가능성이 의회주의 정부형태의 타도와 더불어 완전히 가로막힐 위험성이 명백히 드러났음에도 불구하고, 그들이 연립의 붕괴를 감수했다는 점에 있었다. 물론 그것은 그 구성원의 의지에 구속된 그리고 그 통일성의 유지를 위하여 투쟁하는 한 정당의 딜레마에 근거를 둔 "비극적인" 책임이었다. 그러나 통일성을 구출하기 위해서 당은 반(半) 권위주의적인 정부와 함께 오직 최악의 것을 막기 위하여, 제대로 개입하지도 못한 채, 사회복지사업의 축소를 용인해야만 했을 것이다. 할 수도 없었다. 사민당 내에서 교조적인 좌익반대파의 승리는 오직 정치적으로 근시안적인 이익에 구속된 노동조합의 후원으로 이루어졌다. 그 결과는 가장 강력한 민주정당 및 제국의회의 완전한 자기배제였다. 반년 후에 제국의회는 이론적으로도 대연립정부를 구성할 마지막 기회를 잃었다. 이익정책적 이데올로기적으로 마르크스주의적인 원칙들이 타협능력이 있는 현실주의를 이긴 것은[57] 정치적 영역에서 당 전략의 실패를 의미했으며, 사민당이 더 이상 회복할 수 없는 심각한 패배였다.[58] 왜냐하면 그것이 가

---

56) Stampfer(주 I/4), S. 562. 사민당 내에서 그리고 사민당과 노동조합 사이에서 극적인 과정에 대한 묘사.

57) 특히 마르크스주의적 교조적인 속박에 대한 Leber(주 I/37), S. 210ff. 에 있는 날카로운 비판을 참조.

58) 특히 오토 브라운(주 I/5, S. 292)은 자신의 독일어판 회고록(S. 165)에서 지워진 쓰라린 표현으로 "여기서 항상 공산주의자들의 눈치를 보면서 오직 정부의 책임에서 벗어나려고만 했던 저 급진적인 원내그룹을 등에 업었던 비셀의 완고한 노동조합 교조주의"를 강조하였다. Leber(주 I/37), S. 233을 참조. 이는 또한 사민당의 가장 중요한 저널리스트 슈탐퍼가 뒷날 인식한 것인데, 그도 역시 1929년에는 다음과 같이 확정하였다(*Parteitag Magdeburg*, 주 I/33, S. 174): "만약 우리가 실업보험과 같은 사회정책적 문제에서 한편으로는 정부와 다른 한편에서 노동조합 사이에 결정을 내려야만 할 상황이 도래하면, 그 결정에 대해서는 어떠한 의구심도 있어서는 안

져올 수 있는 희생은 의회체제를 구출했을 타협준비성보다 훨씬 더 크고 위험했기 때문이다. 당과 노동조합들은 이미 지금 순전히 방어적인 태도로 경제위기와 의회민주주의의 위기가 제기한 거대한 건설적 과제에 대하여 명백히 실패하였다.[59] 1930년 3월 27일은 "사민당과 독일민주주의 전체의 암흑의 날"로 되었다.[60]

그러나 결국 독일인민당과 그 배후에 있는 "경제계"의[61] 태도가 결정적이었다. 경제계는 연립으로부터뿐만 아니라, 자신이 거기서 전혀 강력한 유권자들의 지지를 받을 수 없고, 또 경제적 비중에 상응하는 정치적 대표성과 공동결정을 보장해 주지 못할 듯한 의회주의적 정부 운영방식으로부터도 벗어날 것을 요구하였다. 부르주아적 중도에 속하는 강력한 정당이 없었으므로, 이익정책적인 권력투쟁은 의회 외적

된다. 그러한 경우 우리는 '당과 정부는 둘이지만, 당과 노동조합은 하나'라는 원칙에 따라 처리해야만 할 것이다." 그러나 그는 공화국의 붕괴 이후 (*14 Jahre*, 주 I/14, S. 559) 다음과 같이 인정하였다: "… 사회정책적인 개별문제들이 아니라, 극히 중요한 정치적 결정이 문제가 되므로, 당은 주도권을 장악해야만 했을 것이다. … 실업보험이나 단체협정임금을 둘러싼 투쟁은 필요했다. 그러나 그 투쟁은 방어자인 당과 노동조합이 거대한 연관관계를 의식하고 있을 때에만 올바르게 실행될 수 있었다 … ." 현재는 Keil (주 I/3), II, S. 369ff. 에 있는 판단이 정당하다.

59) Paul Sering, *Jenseits des Kapitalismus* (Lauf bei Nürnberg, 1946), S. 86 참조.

60) Leber (주 I/37), S. 220: "왜냐하면 이 날 독일민주주의는 자가당착에 빠졌고, 사민당은 국가를 운영할 능력이 없는 것으로 특징지어졌기 때문이다."

61) 특히 철산업(과 더불어 해운업과 은행업)이 운영한 신문인 〈도이체 알게마이나 차이퉁〉(*Deutsche Allgemeine Zeitung*)의 입장표명은 거기에 중요하다. 여기서는 이미 신년성찰(1930년 1월 1일)에서 대연정의 "붉은 경영부실"에 반대하였고, 1930년은 "결정"의 해로 지칭되었다. 그리고 1930년 3월 3일(104호)의 사설은 뮐러정부가 "죽음에 직면해" 있는 것으로 보면서, 궁극적으로 재정개혁, "수익성의 회복", "자본형성의 후원" 등이 관철될 수 있도록 하기 위해서 연립의 최종적인 해체를 요구하였다. 이틀 후(1930년 3월 5일) "경제계가 일치단결하여 거대한 전선에 서 있음"을 확인하면서, 이 전선이 앞의 기사에서 발전되었다고 주장하였다.

인 수준으로 옮겨졌는데, 거기서는 표수가 아니라 영향력 및 연결망의 힘이 결정적일 것이었다. 그러나 이것은 경제적 곤경의 극복 이상의 것을 의미했다. 그것은 자본주의적 경제체제 및 사회체제의 유지를 둘러싼 원칙적인 이익투쟁이 바이마르공화국의 민주적 "체제"에 대한 공격으로 확대되었음을 의미하였다.

3. 대통령제 정부를 둘러싼 계획들: 브뤼닝

정부퇴진은 심각한 의회주의의 딜레마에 빠진 정당들을 남겨놓았다. 주도적인 사민당은, 비록 강력한 정부파의 저항에 맞서서이긴 하지만,[62] 의식적으로 물러났으며, 독일민족인민당은 원칙적인 반대를 고수하였다. 그러나 중도정당들은 흔히 그랬듯이 이번에 소수내각을 꾸릴 수도 없었다. 왜냐하면 좌파 거대정당으로부터도 우파 거대정당으로부터도 거기에 필요한 관용정책을 기대해서는 안 되기 때문이었다. 비상령에[63] 기초한 의회 외적인 전문가 정부 또는 우익반대파를

---

62) 특히 프로이센의 주 총리로서 이러한 노선변경의 위험한 역효과와 그 결과들을 공화국과 프로이센의 정부사항에 대해서뿐만 아니라 당에 대해서도 명확히 감지하였음에 틀림없는 브라운의 입장표명은 중요하다. Otto Braun, *Von Weimar*(주 I/5), S. 295: "나는 이 전술에 반대하였다. 왜냐하면 당이 ―내가 보기에 전혀 그렇게 해야만 할 근거가 없이―정부의 책임자적 지위에서 벗어난다면, 당은 새 정부에 기회를 주어야만 하며, 이미 첫날에 그 정부를 무너뜨리기 위한 작업을 해서는 안 되기 때문이다. 당의 반대는 후에 정부의 조치에 대한 구체적인 입장표명에서 충분히 표현될 수 있었다. 따라서 공산당이나 나치당의 불신임안에 대한 표결에서 기권이 자신의 지지자들로부터 오해받을 위험에 처해 있다고 할지라도 당은 앞으로 나아가야만 한다. Leber(주 I/37), S. 218ff. 의 비판은 훨씬 더 예리하다.

63) 민주당에 가까운 *Frankfurter Zeitung*, Nr. 234 v. 28. März 1930: "현재 모든 것이 어둡고, 불확실성에 빠져 있다. 헌법 제 48조를 통한 재정명령인

포함시키려는 시도는 중도진영에서,[64] 특히 독일민족인민당 계열의 언론으로부터 고려되었던 불투명한 대안으로 보였다.[65] 민주적 정당들의 자살에 가까운 결정은 의회 외적인 보조수단과 빌헬름식의 정부 형식들로 회귀하는 해결책에 기반을 제공했다.[66] "독립적인 관료내각" 사상은 힌덴부르크 주변에서 재차 고려되었고 또 추진되었다.[67] 황제 대신에 왕조적인 육군원수(元帥, *Feldmarschall*)가 들어섰고, 정부 자체는 부르주아적 성격을 지녔다. 그러나 거의 2년도 지나지 않아 왕조의 재건은 이미 공식적인 계획의 영역으로 밀려났고,[68] 파펜 내각에서는 보수적 귀족도 다시 일시적으로 옛 자리를 차지하려 하였다.

헌법은 그러한 발전을 위해서 제 48조, 즉 "독재조항"을 제공했다. 물론 이 조항을 사용하는 것은 헌법과 의회민주주의적 질서에 심각한 위협이 되는 경우에 한정되었다. 연립을 파탄으로 몰고간 심각한 경제적 재정적인 상태가 정부의 강력한 정책을 강권했음에도 불구하고, 제국의 재정상태를 치유하기 위하여 헌법 제 48조를 사용한 것은 — 거의 불가피한 정치적 결과들은 차치하고서라도 — 헌법상으로 극히 문제시되었다. 왜냐하면 주어진 상황에서 그러한 조치는 더 오랫동안 지속될 의회민주주의의 중단을 초래할 것이고, 또 이로써, 원하지 않는다 할

가 또는 불명확한 다수의 관료내각인가? 우리는 어려운 발전 앞에 서 있다."

64) *Kölnische Zeitung* (Nr. 173a v. März 1930)은 "의회주의적인 가능성들의 … 고갈"을 고찰하였다. "우익반대파에게 책임지도록 강제할 수 있는 시도도 이러한 의회주의적 가능성들 중의 하나에 속했다."

65) 예컨대 *Hamburger Nachrichten*, Nr. 147 v. 28. März 1930.

66) Stampfer (주 I/4), S. 567 참조.

67) 예컨대 힌덴부르크의 유고에는 Walter Görlitz, *Hindenburg. Ein Lebensbild* (Bonn, 1953), S. 296ff.에 재수록된 한 메모 "Zur politischen Lage" v. 10. Dezember 1927가 포함되어 있는데, 거기서는 대내외 정책, 노동조합과 사민당에 대한 예리한 비판이 "결단력 있는 관료내각"에 대한 요구로 발전하고 있다.

68) 아래의 274쪽 이하 참조.

지라도, 공화국을 둘러싼 싸움에서 권위주의적인 개혁, 즉 의회주의적 정당국가를 권위주의적 대통령제 국가 또는 심지어 지도자국가로 나아가려는 사람들의 편에 있었던 경향에 추진력과 구체적인 영향력을 제공할 수 있기 때문이다.[69]

대상은 헌법상으로나 정치적으로나 어차피 극히 논쟁적이었다. 왜냐하면 대통령의 비상권한(*Ausnahmebefugnisse*)에 관한 상세한 규정은 헌법상의 규정들에도 불구하고 단 한 번도 성사되지 않았기 때문이다. 사민당은 현재의 상황에서 이 조항의 사용을 위헌적인 것으로 간주했으나, 그 사용은 대통령의 권력을 확대하려고 한, 본래 왕조주의적 성향의 독일인민당 — 그리고 그 배후에 있는 대기업들[70] — 의 의도 및 중앙당 우파의 기독교적 신분제적인 질서관념과 일치하는 것이었다. 힌덴부르크 자신도 이미 1926년 11월에 당시 제국총리 마르크스에 대하여 제48조의 시행법에 반대하였다.[71] 그는 당시 그것을 자신의 권리축소로 지칭하였고, 국가가 공고히 되고 헌법개혁이 실행될 때까지 그 처리의 유예를 계속 권고하였다. 이러한 가능성에 비추어 볼 때에만 브뤼닝 정부가 놀라울 정도로 빨리 형성된 것에 대한 설명이 가능하다. 의회가 재정법을 거부할 경우 뮐러 제국총리 스스로가 힌덴부르크에게 비상령(*Notverordnung*)을 권유했다는 광범위한 주장이 아직까지 확인되지는 않았지만, 브뤼닝 자신의 설명에 의하면 이미 뮐러 제국총리 아래서도 실제로 제48조의 보충이 고려되었다.[72] 브뤼닝 자

---

69) 구체적인 내용들은 이 책의 제1권, 110쪽 이하.

70) 앞의 주 I/61도 참조.

71) 퀼츠(Külz, 제국내무부장관)와 게슬러(국방부장관)에게 전달된 힌덴부르크의 1926년 11월 26일자 편지는 제출된 전문가 토론용 초안과 관련되었다. Görlitz(주 I/67), S. 298f. 참조.

72) 브뤼닝("Brief", 주 I/9, S. 1ff.)은 뮐러가 힌덴부르크의 '영 안' 서명에 반대 노력을 제지하고 "1923년과 1924년에 일상적인 것으로 된" 실제를 받아들였다고 주장한다. 그러나 힌덴부르크가 정부가 위기에 처한 순간에 비상령이

신이 매우 솔직하게 일정 시점 이전에 이미 의회로부터 훨씬 더 독립적인 강력한 정부의 수립을 위하여 그러한 계획들과 교감을 가졌다는 사실은 더욱 중요하다. 이것은 지금 중앙당에서 전반적으로 강력한 반향을 발견한 사상이었다.[73] 브뤼닝은 이러한 상황에서 중앙당의 원내대표로서 '영 안' 법안에 대한 표결에 앞서 이미 1930년 3월 11일에 힌덴부르크에게 재정개혁의 실행을 "모든 합헌적 수단을 동원하여", 말하자면 제48조를 포함하여 보장하게 하였다. 그는 명확히 이러한 토대 위에서 자신의 정부구성을 진행하였고 또 보장하였는데, 거기서 그

라는 방식으로 뮐러가 그에게 합의에 맞게 제안하였으나, 자신의 당이 거부한 조치들을 공포하려 하지 않았다는 것이다. 브뤼닝이 오늘날에도 1923/1924년과 1930년의 상황의 유사성, 즉 비상법정책이라는 합헌적인 권한을 받아들인다는 점은 이처럼 분명하지 않은 언급에서 출발한다. 그러나 어떠한 협상들이 내각에서 내지 브뤼닝 자신 — 그리고 그와는 독립적으로 — 에 의해서 전에 이 방향에서 진척되었는지는 비밀에 붙여져 있게 될 것이다. 비르트(중앙당)와 숄츠(독일인민당)는 1930년 7월 18일 제국의회 논의에서(*Reichstagsprotokolle*, S. 6505 내지 S. 6517) 정부 내에서의 그러한 논의들을 언급하고 있으나, 그들의 확정은 당시의 현실적인 상황으로부터 영향을 받았을 것이다. 어쨌든 제버링(*Lebensweg*, 주 I/18, II, S. 247)은 뮐러 내각이 단 한 번도 제48조의 사용을 위한 전권위임을 요구하지 않았고, 또 그 자신만이 1924년 봄에 힐퍼딩에게 (그는 격분하여 그것을 거부하였다) 궁극적으로는 제48조를 이용하여 장기적인 건전화 프로그램의 제출을 조언했다고 명백히 설명하였다. 물론 여기에는 "나에게 … 사회적 성격의 조세법들과 제국재정의 공고화를 위한 개선조치들이 그 법적인 토대의 장점이나 결함보다 더 중요해 보였다"라는 솔직한 문장이 있다. 이는 브뤼닝 자신의 정부의 관료적인 관점일 것이고, 동시에 적어도 비상령 사상이 뮐러정부(제버링은 그 내무부장관이었다) 일각에서 이미 일정한 역할을 했다는 것을 증명한다.

73) Brief des Abgeordneten Bolz an seine Frau v. 11. März 1930(!): "누구나 나약함과 무력함을 느낀다. 우리의 모든 정부체제의 무력함. 나는 이미 의회가 심각한 내정적 문제를 해결할 수 없다고 생각한다. 만약 한 독재자가 10년 동안 가능하다면 — 나는 그것을 원한다"(Miller, *Bolz*, 주 I/40, S. 367f.).

의 격렬한 투쟁을 벌인 타협안은 마지막 순간에 그 효력이 발생함에 따라 연립의 최종적인 붕괴를 동시에 초래하였다.

브뤼닝과 힌덴부르크 주변 사이의 협상들은 어쨌든 이 순간에 비교적 구체적인 성격을 지녔다. 그것들은 힌덴부르크가 분명히 연립에 적합한 결합에 기초하여 건설하고자 하지 않았던[74] 브뤼닝의 정부구성 위촉에서 분명히 등장하였다. 그것들은 옛 독일민족인민당 인사인 트레비라누스와 실레를 내각으로 영입하는 것을 조건으로 하였다. 또한 협상들은 "이 제국의회와 해결을 실행하는 … 마지막 시도"로서 예고된, 제 48조의 사용에서 자제하겠다는 것 이상을 약속하지 않은 정부 선언 자체에도 반영되어 있었다.

1929년 여름 몇 주 사이에 입원중인 헤르만 뮐러 대신에 임시 제국 총리로서 자신의 정치적 조언자인 슐라이허를 직접적인 정치적 후원을 받기 위하여 내각회의에 참여시킨 이후, 예전에 힌덴부르크와의 연결선들을 갖고 있던 이 노련한 국방관련 전문가는 부침하는 연립이 붕괴될 경우 우파 쪽으로 확대된, 그러나 더 이상 의회에 구속되지 않은 정부를 유지하려고 하였던 노력의 중심점으로 되었다. 이는 제국군대에 더 편안하고 동시에 더 효과적으로 일하게 될 정부였다.[75] '영 안'에 대한 옛 동료의 캠페인은 정부의 토대변경과 궁극적으로는 대통령의 독재권 투입을 위하여 힌덴부르크를 설득하는 데 성공하였다.[76]

---

74) 브뤼닝의 정부구성에 대한 공식적인 보도문: "여기에 대통령은 의회 상황의 어려움을 고려할 때 장차의 정부를 연립에 적합한 결합 위에서 건설하는 것이 그에게 적절한 것으로 보인다고 표명하였다"(*DAZ*, Nr. 248 v. 28. März 1930).

75) 그뢰너는 1930년 1월 4일에 글라이히(Gleich)에게 다음과 같이 썼다: "나의 정치적 추기경〔슐라이허〕은 그사이에 배후에서 탁월한 일을 하였고, 장차의 발전을 위한 기반을 준비했다"(Phelps, 주 I/52, S. 1013). 또한 Groener-Geyer(주 I/52), S. 263도 참조.

76) 그 첫머리에는 한 번 이상 올덴부르크-야누샤우(Oldenburg-Januschau)가

그의 주저함과 브뤼닝의 의구심에는 에버트의 비상령 정책에 대한 언급이 대비되었다.[77] 힌덴부르크는 그러한 헌법상의 충실성에 의식적으로 지향되어 있었다. 일단 시작되었고, 상황에 따라 그리고 개혁계획의 포괄적인 성격에 따라 여러 해로 확대되어야만 했던 비상령 정책에 대한 브뤼닝의 저항은 마침내 힌덴부르크의 개입과 그 주변인사들, 특히 슐라이허의 지속적인 간섭에 굴복하였다.[78] 1929년 12월에는 심지어 후겐베르크와의 협상도 개시되었다. 후겐베르크는 물론 독일민족인민당에 의한 독재적 "구출시도"를 위해서는 상황이 아직 성숙해 있지 않다고 생각하였고, 당내의 어려움에도 불구하고 '영 안', 정부, 대통령에 — 권위주의적 대통령제 국가의 옹호자들이 의회민주주의와 반목시키려 했던 바로 그 힌덴부르크 — 대한 자신의 광적인 선동을 계속하였다.

이처럼 정치전선이 혼란에 빠져 있을 때 힌덴부르크는 헌법에 충실

있었다. 그는 이미 1929년 6월 16일 한 편지에서 다음과 같이 썼다: "만약 정부가 가을 이전 언제든 실업보험으로 인하여 일어날 수 있는 뭔가를 터뜨린다면, 제 48조는 유일하게 올바른 것이다." 그리고 1929년 1월 23일의 한 편지에서는: "만약 갑자기 원수가 에버트의 흔적을 따라서 혼자서 통치하기로 결정한다면." 이 두 편지는 *Westarp-Akten*(아래의 주 I/89 참조)

77) 한스 루터(Hans Luther)의 안정화법에 대한 언급들은 제버링의 견해(앞의 주 71 참조)를 능가하는 절제적이면서도 솔직하게 제 48조의 사용으로 이미 1923년에 있었고 또 현재의 상황에 훨씬 더 적절했던 헌법상의 문제점을 언급하였다. *Die Stabilisierung der Kark*(1928) 인용은 Rosenberg, *Geschichte*(주 I/1), S. 236: "이 조항의 형성에서는 먼저 경찰적인 또는 외적인 질서와 관련된 그 밖의 조치들이 고려되었다. 그러나 실제로 이 조항은 긴급한 상황에서도 경제적, 특히 조세와 관련된 조치들을 취하는 데 매우 유용한 것으로 확인되었다."

78) 트레비라누스(Gottfried R. Treviranus, "Die Wurzeln des Übels", *Das Parlament* 3, Nr. 4 v. 28. Januar 1953, S. 1f.)에 따르면 슐라이허는 1929년 크리스마스 무렵의 한 대화에서 의회에 책임지지 않는 대통령제 내각사상을 위하여 브뤼닝의 동의를 얻으려 하였으나 성공하지 못하였다.

한 듯이 보였으며, 1925년에 자신의 당선을 결정했던 상황이 완전히 전도되면서, 공화국의 구출을 위한 상징으로 되는 듯했다. 이는 브뤼닝이 계획했던 반(半)권위주의적인 중간해결책을 실행하기로 한 결정에 대한 심리적 설명을 제공할 수 있을 것이다. 후겐베르크의 태도와 독일민족인민당의 선동 지속이 정치적으로나 심리적으로 우익반대파와의 해결을 배제했으나(힌덴부르크는 후겐베르크의 당시 태도를 한 번도 잊지 않았다), 연립정부와 갈등관계에 있던 제국군대가 내전의 위험을 알고 있었으므로, 슐라이허-그뢰너의 브뤼닝 (옹립)계획 또한 힌덴부르크의 고려 속에서 신속히 모양을 갖추었다.[79]

그것은 의회 다수파 정부의 위기상황으로 인하여 당사자들에게서 구상되었던 여러 계획들 중의 한 가지 타협안이었다. 그 핵심내용은 의회에 대항하는 정부는 아니지만, 의회의 저항이 있을 경우에 대비하여 의회 외적인 보조수단을 사용한다는 것과 상대적인 독립성, 대통령 독재는 아니지만, 자신의 헌법적 신중함에서 벗어나 직접적인 개입(제48조 또는 제국의회의 해산)을 통해서 의회로 인한 정부의 난국을 확대하려는 대통령과의 극히 긴밀한 협력, 다수파 구성의 능력이 있는 정당의 배제가 아니라, 필요할 경우 얻어낼 수 있는 관용의 다수파와의 느슨한 협력 등이었다. 이 노선을 위해서는 올바른 사람을 찾아내야만 한다고 생각했다.[80]

---

79) Hans Schlange-Schöningen, *Am Tage danach*(Hamburg, 1946), S. 35를 참조.

80) 1932년 10월의 뒤늦은 설명에서 그뢰너는 제국의회를 완전히 배제하지 않고서 대통령제 정부를 통하여 우파의 소망사항을 들어줄 수 있다는 희망을 근거로 자신과 슐라이허의 노력을 설명하였다. 따라서 중앙당을 배후에 갖고 있으며, 자신의 경제정책적인 세계관에서 독일인민당을 받아들였던, 그리고 그의 군사적 과거사에서 힌덴부르크에게서도 승인될 수 있을 것임에 틀림없는 인사인 브뤼닝의 초빙은 민족적 위기의 해결과 국내정치의 난관을 극복하기 위한 적절한 길로 보였다. Gordon A. Craig, "Reichswehr and

하인리히 브뤼닝은 베스트팔렌의 중간계급 출신이었다. 그가 가파른 자신의 이력을 뒤로 하고 새로운 노선의 핵심인물이 되었을 때, 그는 이제 막 45세였다. 그의 성향 속에는 낭만적인 특징과 사실에 입각한 그리고 과학적인 특징들, 깊은 가톨릭적 신념, 거의 금욕적인 노동윤리에 대한 냉정한 정치적 견해 등이 통일되어 있었다. 물론 그의 노동윤리는 공적인 의견대립의 영역에서 필요한 심리적 전술적인 준비, 인기끌기, 관철보다는 사실 그 자체에서 증명되었다. 그는 국가학과 경제학을 우수한 성적으로 공부하였고, 이어 부분적인 (신체검사) 합격에도 불구하고 많은 반대를 무릅쓰고 자신의 입대를 관철시켰다. 이때 그는 "전선장교"로서 유능한 것으로 확인되었고, 빈터펠트(*Winterfeldt*) 그룹의 일원으로서 끝까지 혁명에 맞서 자신의 부대를 결집시켰다. 이는 그가 자신을 후원하는 사민당의 불쾌감을 표시하기 위하여 공적 논쟁에 던진 사실이다. 그의 사실에 입각한 사유방식은 혁명과정에서 그를 재빨리 독립적인 정치적 판단형성으로 이끌었으며, 자유의용군에 가담하는 대신에, 슈테거발트(Stegerwald)의 기독교 노동조합에서 사무총장으로 능동적인 활동을 하게 되었다. 1924년 이후 그는 중앙당의 제국의회 원내교섭단체에 자리하게 되었는데, 거기서 그는 모든 사람들의 눈에 빠르게 탁월한 재정전문가로서의 자격을 부여받았다. 1929년 말에 브뤼닝은 마침내 원내대표 자리에 올랐다. 그렇지만 낭만적 기억과 애국적 자부심은 그대로 남았는데, 이는 냉정한 정치가에게 왕조의 풍부한 전통과 상징을 잊지 않게 하였고, 위기에 동요하는 공화국의 보수적이고 권위주의적인 개혁에 대한 사상을 그에게서 자라나게 하였다.[81] 이는 르어 점령에서 확인된 그의 조직적 재능과 관료

National Socialism. The Policy of Wilhelm Groener", *Political Science Quarterly* 63(1948), S. 209.

81) 특히 여러 가지 특징들을 참조: Moritz J. Bonn, *So macht man Geschichte. Bilanz eines Lebens* (München, 1953), S. 305f.; André François-Poncet,

적으로 개관할 수 있는 질서와 정치적 다원주의의 합리적 조종을 위한 과학적 필요성을 통해서 강화된 경향이다. 게다가 그가 1929년 여름에 1928/1929년의 군예산 통과를 지원하였고, 이 때문에 그뢰너와 슐라이허의 주목을 끌면서,[82] 군 영역과의 새로운 접촉이 시작되었다. 이는 제국군대의 이익 지원과 동시에 이미 현저해진 나치의 문제점 해결을 정치적 수준에서 약속하였다.[83]

여러 차례의 시도들이 실패로 돌아간 후에 1929년 12월에 마이스너 및 브뤼닝의 친구 트레비라누스와 함께 했던 이 노력들은 "독립적인" 브뤼닝 정부의 계획으로 구체화되었다. 먼저 입후보는 결단코 거부하였으며, 야당지도자 후겐베르크의 지명이라는 합법적인 길과 뮐러에 대한 충성의무를 언급하였다. 그러나 곧바로 그가 "전선장교"에게 보

Als Botschafter in Berlin 1931-1938 (Mainz, 1948), S. 17; Kurt v. Reibnitz, *Im Dreieck Schleicher-Hitler-Hindenburg. Männer des deutschen Schicksals* (Dresden, 1933), S. 60ff. 그리고 당대인의 전기들 Rüdiger Robert Beer, *Brüning* (Berlin, 1931); Alphons Nobel, *Brüning* (Leipzig, 1932).

82) 이 연관관계는 브뤼닝 자신에 의해서 확인되었는데("Brief", 주 I/9, S. 2), 그는 이 이유에서 당시에 슐라이허와 대화하기 위하여 만났다. 여기에 암시된, 물론 아직 충분히 확인되지 않은 연관관계에 대해서는 브뤼닝 및 다른 주요 인물들과의 관계에서 만들어진 은밀한 세부사항들을 풍부히 담고 있는 W. Wheeler-Bennett 의 저작〔*Hindenburg: The Wooden Titan* (London, 1936), 특히 S. 327ff.〕은 비판적으로 확인되지도 못했고, 또 저널리즘적인 부정확성으로부터 벗어나지도 못하였다.

83) 브뤼닝("Brief", 주 I/9, S. 2)은 앞에서 인용한 1929년 여름의 대화에서 슐라이허가 그에게 제국군대 내에서도 나치당의 영향력 증대에 대하여 자신의 불안감을 전달했다고 전한다. Groeners Urteil im Brief an v. Gleich v. 21. Juli 1930 (Phelps, 주 I/52, S. 1015): "브뤼닝은 매우 영리하고 빼어난 그리고 날카로운 두뇌의 소유자이다. 그의 피에는 바티칸의 노련함이 있다. … 우리 제국군대는 그를 매우 반기고 있다. 왜냐하면 그는 옛 전사로서 새로운 국방군에 매우 따뜻한 마음을 갖고 있기 때문이다."

내는 후겐베르크의 호소를 계속 피하지는 않을 것이라는 점이 명확해졌다. 새 원내대표의 일상적 영접이 동기를 제공한 오랜 물밑대화에서 원수는 옛 이른바 브뤼닝의 충성심과 의무감을 언급함으로써 강력한 정치적 장애물들을 제거하고자 하였다.[84] 1930년 2월 재정개혁에 관한 토론에서 동부지역 지원(*Osthilfe*)과 농업연맹(Landbund)을 위한 힌덴부르크의 개입이 공개될 위험이 있었을 때, 그는 다시금 브뤼닝에게 문의하였고, 그것을 연기하는 타협안을 내도록 하였다. 그러나 이로써 힌덴부르크는 공공연히 절친한 두 정치가를 당황케 할 정도로 이미 뮐러에게서 브뤼닝에게로 방향을 바꾸었다.[85] 소속당 내에서도 뮐러의 지위는 이제 구체적 실상에서도 심리적으로도 결정적으로 약화되었고, 만약 힌덴부르크가 제 48조를 몇 시간 뒤에 사용하도록 제공하기 위하여 — 그 자신의 퇴진에 대한 대안으로서 —, 사실상 제국총리 뮐러에게 제 48조의 가능한 한 사용을 거부했다면 연립의 붕괴는 이쪽에서 더 이상 막을 수 없었다.

---

84) Beer(주 I/81), S. 54는 브뤼닝이 한 친구에게 보내는 편지를 인용한다: "그러나 나는 나의 병사적 의무감에 대한 대통령의 호소를 결국 피할 수 없었다."

85) 따라서 아놀드 브레히트(Arnold Brecht, *Vorspiel zum Schweigen. Das Ende der Deutschen Republik*(Wien, 1948), S. 51이 설정하듯이, 영국(1931)에서의 상응하는 발전과 비교하는 것은 오류이다. 확실히 거기서는 맥도날드 총리가 노동당에서 탈당하였으나 거국연립정부에서 위기에 대한 대응조치들을 실행하기 위하여 총리직에 그대로 머물렀다. 반면에 뮐러는 소속당의 이데올로기를 허용하지 않았음에도 불구하고, 정부를 떠났고, 당에는 머물렀다. 그러나 힌덴부르크가 그를 더 이상 유지하려 하지 않았고, 뮐러 "거국정부" — 영국에서와는 달리 — 는 독일 우파의 비타협성에 부딪쳐 실패하게 될 것이라는 점은 선행한 것에 따르면 명백했다. 뮐러는 맥도날드와 같은 결정의 자유를 갖지 못했다.

4. 독일민족인민당의 1차 분열

"사회주의자 없는"86) 차기 내각은 물론 그 제안자의 눈에 강점을 지닐 것이었다. 그 강점은 힌덴부르크 개인의 이해관계, 측근의 후원, 제국군대 지도부의 호의 그리고 비상령이라는 도구의 사용에서만 근거가 있는 것은 아니었다. 그것은 그의 전반적인 성향에 따라 정당전선의 우측 운동에 맞추어졌다. 이 운동은 정치세력들의 새로운, 타협능력이 있는 상황에 대한 전망을 제공하고, 사민당과의 협력을 불필요하게 만들어, 결국 중도파와 온건우파의 정부에 의회에서도 안전한 다수를 제공하고자 했다.87) 이제까지 일시적으로만 느슨해진, 독일민족인

86) Otto Braun(주 I/5, S. 295)의 표현.

87) 여기에 관해서는 Groeners Brief an v. Gleich v. 4. Januar 1930 (Phelps, 주 I/52, S. 1013f.): "그러너는 힌덴부르크의 당 지도에 반대하는 다수의 독일민족인민당 구성원들과 '최선의 관계들'을 유지한다고 한다. … 이 당은 결국 다시 연합능력과 정부구성능력이 있어야만 한다. … 아마도 부르주아 정당들의 이해와 지혜가 있을 경우 혹해를 가로질러 미래에 제국을 두루 조종할 수 있는 정부가 찾아질 수 있다. … 나는 마르크스주의에 반대하고 자본주의에 찬성한다는 표어들에 대해서 거의 아무것도 생각한 바 없다. … 우리는 한편에 반대하면서, 다른 한편에 찬성하면서 정부를 유지할 수는 없다. 이것은 1890년대에 산업화 이후 우리의 운명이다. 지난 10년 또한 명확히 그것을 보여주었다. 양 진영의 가장 우수한 사람들은 그것을 잘 알고 있다. … 만약 독일민족당의 트레비라누스와 린다이너(Lindeiner), 인민당의 몰덴하우어, 숄츠 그리고 쿠르티우스에게서 (힘의 균형 때문에) 중앙당의 카스와 브뤼닝, 민주당의 디트리히, 코흐, 퀼츠 등에게서 그 정치적 세계관에서, 특히 실제의 정치에서 서로 접근한다면, 나는 잠정적으로 환영한다. 왜냐하면 아마도 매우 탁월한 현재의 제국총리 뮐러가 이후에도 계속 소속당의 지지를 받지 못할 것이기 때문이다. 그 이유는 사민당이 만약 부르주아 정당들과의 재정개혁을 받아들인다면, 수많은 유권자들을 공산당에게 빼앗기게 될 것이라는 것을 염려하고 있다는 데에 있다. 나는 멀지 않은 시점에 사민당이 야당으로 가려고 할 것이고, 이로써 우리가 항상 주목해야만

민당의 경직된 반대파는 이러한 종류의 어떠한 시도에도 지속적으로 반대하였다. 그러나 그사이에 새로운 당 지도자 후겐베르크의 독재적인 권력행사에 대하여 당 내부로부터 심각한 저항이 생겨났다. 갈등은 당 조직과 그 의회 대표단 사이의 긴장관계에서 커졌다. 이는 근대적 대중정당의 내적인 역동성 전반에 전형적인 것이다.[88] 다양한 구성원들이 단 한 번도 진정으로 결합된 적이 없는 독일민족인민당에서 그러한 긴장은 여러 가지 이유에서 특히 강력하였으며, 1929/1930년에 당의 붕괴로 이끌 듯했다.

당 지도부에서 헬페리히(Helferich)의 후임자들, 먼저 헤르크트(Hergt), 이어 베스타르프 백작(Graf Westarp)은 단 한 번도 당 지도자로서 자신의 권위를 행사하지 않았다. 이미 1924년에 도즈계획에 대한 표결은 독일민족인민당 원내의원단의 태도에서 심각한 견해차를 드러냈다. 이후의 시기에도 그것은 당의 전술적 행동과 정부참여 문제에 관한 견해차이로 되었으며, 근본적으로는 반의회주의적으로, 그러나 그 정치활동에서는 의회주의적인 권력투쟁과 권력참여라는 수단에 의존하였다. 이러한 논쟁이 진행되는 과정에서 전 독일 대기업가인 후겐베르크는 중요한 대항자로서 당 조직을 점차 자신의 경제적 언론적인 권력수단에 의존케 하면서 급진화시켰고, 또 그 본성상 실천적인 타협적 행위에 기우는 경향이 있는 제국의회 의원단에서 점차 지지자 집단을 획득할 수 있었다.[89] 그는 1928년의 선거에서 패한 후 베스타르프 백

할 다음의 선거를 위하여 준비하고자 할 것이라고 생각한다. 사민당이 (내각에서) 빠져나가면, 독일민족인민당은 준비해야만 한다. 후겐베르크 때문에 그들은 잠정적으로 그렇게 할 수 없다."

88) 이 책의 제 1권 152쪽 이하에 있는 언급들 참조.

89) 여기에 관해서는 Otto Kriegk, *Hugenberg*(Leipzig, 1932), S. 22ff., 특히 S. 79ff.; Ludwig Bernhard, Der "Hugenberg-Konzern", *Psychologie und Technik einer Großorganisation der Presse*(Berlin, 1928), passim, 특히 S. 94ff. 이 두 책은 후겐베르크 진영에서 나온 것이다.

작의 옛 보수적 지도부에 대한 총체적 공격을 위한 순간이 온 것으로 생각했다.[90]

독일민족인민당 유권자의 감소는 당에서도 예상치 못한 것이었다. 정부참여 문제와 공화제의 틀 안에서의 건설적인 정책문제에서 오락가락하는 태도는 직접적인 지지자뿐만 아니라, 부속되어 있거나 협력하는 이익단체들에도 불리하게 작용하였다. 원심적인 경향들은 "좌"로 "우"로 동시에 끌어당겼다. 이 경향들은 특히 보수적인 표들을 수많은 농업적 중간계급적인 그룹들로 분열시켰다.[91] 그래서 폼머른의 농민연맹 책임자는 1927/1928년 전환기에 베스타르프에게 걱정스런 편지를 썼는데, 거기서는 재정적인 고려 및 특별한 이익관련 소망들과 더불어 독일민족인민당의 조직적 어려움이 언급되었다.[92] 지도부의 부족한 자신감은 "운동 그 자체가 여러 면에서 민주주의 그 자체보다 더 민주적으로 되었음을 가리킨다는 것이다. 운동은 너무도 지방으로 분산되어 있고, 제국지도부는 본래의 지방지도부 뒤로 처져 있다는 것이다.[93] 이 제안들은 제국의회 의원단의 중앙주의적 엄격성과 강력함(재정적 수단으로도), 개별적인 ("특히 러시아의") 외국연계와 언론연계의 보다 더 나은 투입 그리고 마지막으로 농업이익의 보다 더 강력한

---

90) 독일민족인민당의 분열에 관한 다음의 서술은 1945년에 사망한 베스타르프 백작의 미출판 기록들과 통신문에 의거한 것이다. 저자는 이 자료의 열람을 특히 그의 손자 Friedrich Frhr. Hiller v. Gärtringen과 딸 Gräfin Adelgunde Westarp의 조사와 친절한 도움에 힘입었다. 유고는 *Westarp-Akten*으로 인용되었다. 또한 Stampfer(주 I/4), S. 528ff.; Walter H. Kaufmann, *Monarchism in the Weimar Republic*(New York, 1953), S. 181ff.

91) Rosenberg, *Geschichte*(주 I/1), S. 217f. 를 참조.

92) *Westarp-Akten*: Brief des Majors a. D. v. Dewitz an Westarp v. 4. Januar 1928.

93) *Ibid.*: "우리의 운동, 우리의 전통, 그리고 미래의 필요성이라는 내적 본질에 부합하지 않는 이 조직형식은 우리의 국가제도와 마찬가지로 성공하지 못한다 …."

대표성 등을 지향하였다. 이는 위협적인 경쟁에 각 당에 맞게 다르게 지향된 농민연맹들에 작용하여, 농업적 조직들 중에서 폼머른 농민연맹 내에서 위협받는 독일민족인민당의 우위를 확보할 것이었다.[94]

또한 다른 측도 독일민족인민당의 이익정책적 과제에 대한 실패를 비판하였다. 선거 이전에 전체 고위 관리계층의 분위기에 의존한 독일민족인민당의 고위 내각 관리연맹은 원내교섭단체에서 부족한 대표성에 항의하였으며, 탈퇴나 다른 단체에 이익정책적인 합류로 위협하였다.[95] 특히 불만이었던 것은 많은 논쟁이 되었고, 또 독일민족인민당 성향의 관리들에 의해서 요구되었던 정부참여에도 불구하고, 독일민족인민당 소속의 장관들이 베스타르프의 약속에[96] 맞서서 오래된 독일민족인민당 관리들 대신에 "국외자들"과 연립정당들의 소속원들에게 이익을 준다는 점이었다. 독일민족인민당은 다른 정당들의 능동적인 인사정책에 별 효과도 없는 "초당파성 구상"으로 대응하고 있다는 것이다.[97] 당이 정치적 책임을 맡게 되는 한, 이는 원칙적으로 반의회

94) *Ibid.* : 데비츠는 자신이 "일방적으로 독일민족인민당으로 설정한" 폼머른 농민연맹에서의 어려움을 분명히 언급하고 있다. 또한 (이어 "녹색전선"의 창설로 나아간) 농민이익정책의 활성화에 관한 언급들 Reichardt, Hermes (주 I/13), S. 118ff.

95) 1926년에 창설된 이 단체의 이름으로 라머스 부참사관(Ministerialrat Lammers)은 베스타르프에게 보내는 한 편지에서(13. April 1928, *Westarp-Akten*) 항의하였다. 그는 이 편지를 훨씬 뒤에(1928년 10월 2일) 관료문제 원내 위원회 의장 고타이너(Gottheiner)에게 전달하였다.

96) *Ibid.* : 베스타르프는 1926년 10월 23일 이 단체의 한 회의에서 "당이 정부구성에 참여할 경우 독일민족인민당 소속 내각관리들의 문제가 결단코 지켜질 것이며, 관리들의 인사문제도 각 부처에서 독일민족인민당의 권력지위를 얻기 위하여 장차 당 소속 장관들의 가장 중요한 과제들 중의 하나로 될 것"임을 보장하였다고 주장하였다.

97) *Ibid.* : 제국의회에서 행한 코이델(v. Keudell)의 발언은 관리들에 대한 의원들의 냉대, 불충분한 후원, 불손함 등에 대한 광범위한 불평들에 대하여 강력히 대비되었다. 관리들의 당 소속은 그에게 "완전히 부차적"이라는 것이

주의적인 한 정당의 실제적 의회주의적인 행위에 대하여 이익정책과 당 정책의 상호작용 및 결과에 대한 흥미로운 언급이다.[98]

선거결과 자체는 수많은 선언과 비판을 낳았는데, 여기서는 철모단의 부정적인 역할, 농민정당들, 중간계급당[99]과 인민권리당[100]의 프로퍼갠더, 신교정당 분파들 등의 경쟁이 강조되었다. 또한 노동자 계열의 불만도 여기에 속했는데, 특히 직장폐쇄, 당 대표단에서 대토지 소유자들의 과다한 비중, 독일민족인민당 노동자 연맹에 대한 부족한 재정적 지원 등에 대한 것이었으며, 각 주의 단체들 및 당 언론에서 노동자의 이익을 더 강하게 고려할 것을 요구하는 것이었다.[101] 이해

다(*Reichstagsprotokolle* v. 23. März 1928, S. 13, 667).

98) 독일민족인민당에 독창적으로 설정된 전술적 문제에 대한 일반적 언급은 이 책의 제 1권 162쪽 이하 참조.

99) 〔역주〕 Reichspartei des deutschen Mittelstandes, 일명 경제당(Wirtschaftspartei)으로 1920년에 창당되어 1925년에 이 당명으로 개칭했다. 순수 이익정당이었음에도 불구하고 1924~1930년에 각종 선거에서 상당히 성공적이었고, 1930년의 브뤼닝 내각에서는 연립의 일원으로 참여하였으나, 대부분 나치당으로 넘어감.

100) 〔역주〕 Reichspartei für Volksrecht und Aufwertung(Volksrechtpartei). 1925년에 인플레이션으로 피해를 입은 사람들의 여러 조직들이 통합되어 결성된 순수 이익정당. 저축자들, 연금생활자들 등 그들의 자산이 1923년의 인플레이션으로 파괴된 사람들이 화폐자산의 평가절상을 요구. 세계경제 대공황기에 대부분 나치당으로 넘어감.

101) Westarp-Akten: 다른 많은 것들과 더불어 독일민족인민당 노동자 연맹이 1928년 6월 12일에 베스타르프에게 보낸 타자체 회고록이 언급될 수 있다. 이 회고록은 노동자 유권자들의 동기에 대한 고찰들과 독일민족인민당의 노동자 정책에 대한 상세한 내용들을 포함한다. 불만사항으로는 비스마르크 청년단(Bismarck-Jugend)의 예산이 노동자연맹에게 주어진 자금보다 거의 두 배나 많다는 것 등이었다. 이와 더불어 노동자들(예컨대 가내노동자들)의 정서와 젊은 유권자들의 포섭에 대한 사회학적으로 매우 유용한 고찰들, 그리고 1928년의 선거운동에서 추정된 다음과 같은 이익과 손실의 계산 등이 포함되어 있다.

관계 면에서 결코 동질적이지 못한 한 정당 내에서 원심력적인 경향들은 점차 지배적인 권력지위와 조직자금을 둘러싼 갈등을 증폭시켰는데, 이 갈등에서는 먼저 후겐베르크와 트레비라누스가 대립하였고, 이어 후겐베르크가 베르타릅의 중재시도를 매몰차게 물리친 이후로는 베스타르프도 논쟁의 소용돌이에 휘말려 들었다.[102] 그것은 단순히 보수당의 정부전통이지는 않았다. 국가에 협력하도록 압력을 가했고, 공화국의 틀 안에서 이미 두 번이나 정부참여를 관철시켰던 것은 수많은 이익단체들—산업, 농민연맹, 노동조합들—이었다. 이제 노동조합적 농업적 성향의 경제단체들이 갈등의 전면에 있었다. 그러한 시도

독일민족인민당의 손실	단위: 약 1,000표
경제정당들(중간계급집단)	240
농민정당들	420
Aufwertungsgruppen	450
사민당	300
사망자(젊은 유권자들로 대체되지 않음)	250
기권자들	200
나치당	120
개신교집단	40
각 분파 그룹	120
독일민족인민당의 이익	
중앙당	60
종족주의자(*Völkische*)	150
민주당-독일인민당	손실보다 이익이 더 큼
지금까지의 기권자들	130

102) 여기에 관해서는 미간행 국가시험논문 Johann Gildemeister, *Die Politik der Deutschnationalen Volkspartei vom Oktober 1929 bis Mai 1932 mit besonderer Berücksichtigung der Abspaltung der Volkskonservativen* (Universität Hamburg, Oktober 1951). 물론 이 연구는 매우 많이 인용되지만, 거의 분석되지 않은 출판된 인민당 보수주의 문헌의 의미에서 상당히 무비판적이다. 독일민족인민당의 역사에 대한 보다 더 근본적인 저작들은 여러 측에서 준비중에 있다.

들이 산업에 끼친 반작용 또한 엄청나서, 마침내 2년 후에는 대토지 소유자들의 중요한 대표자인 베스타르프의 탈당이 이루어졌다.[103)]

갈등은 개인적 차이와 조직정책적 이익정책적인 차이의 표현이었던 반면에, 완전한 고립과 조건부 협력 사이에서 당 노선의 파탄적 동요는 당 전략의 위기로 나아갔다. 전복을 목표로 하였고, 군 예산의 거부로까지 나아가고자 했던[104)] 절대적인 반대파적 태도의 지지자들은 제한적인 의회협력으로 나아갈 준비가 되어 있는 노선의 대표자들에 대하여 그 어느 때보다도 단호했다.[105)] 이제 모습을 드러낸 위기는 특히 젊고 건설적인 보수세력이 경직된 부정을 고집하는 전 독일적 후겐베르크 그룹의 엄청난 권력상승에 대한 저항이 커졌음을 표현한 것이었다.[106)] 위기는 보수인민당(*Volkskonser vative*)의 분열과 더불어 정점에 도달했다. 보수인민당은 마침내 저 대안의 무용한 경직성을 극복하고 1925년과 1927/1928년에 능동적인 정부참여 시도에서 실패한 후 그 길을 준비하고자 했다.[107)]

당내 두 계열의 최종적인 대결상황(*Frontstellung*)은 이미 로카르노

---

103) 아래의 113쪽을 참조. 또한 William Halperin, *Germany tried Democracy* (New York, 1946), S. 432.

104) Axel Frhr. v. Freytagh-Loringhoven, "Deutschnationle Volkspartei", *Die geistige Struktur der politischen Parteien Europas* (Berlin, 1931), S. 11 ff.; Sigmund Neumann, *Die deutschen Parteien* (Berlin, 1932), S. 62. 또한 *Deutschnationale Flugschrift*, Nr. 328 (Berlin, 1928) 도 참조.

105) 여기에 관해선 Kuno Graf Westarp, *Am Grabe der Parteienherrschaft. Bilanz des deutschen Parlamentarismus von 1918 bis 1932* (Berlin, 1932), S. 68ff.

106) Heramann Ullmann, *Durchbruch zur Nation* (Jena, 1933), S. 274.

107) Der Niedergang der nationalen Opposition. Ein Warnruf auf den Reihen der Jugend (Gildemeister, 주 I/99, S. 6f에서 인용). 또한 전에 강령적으로는 Georg Quabbe, *Tar a Ri. Variationen über ein konservatives Thema* (Berlin, 1927), S. 10.

(조약) 이후 가시화되었다. 우리는 이 상황을 힌덴부르크 노선과 후겐베르크 노선의 대치상태로 달리 표현할 수 있는데, 두 노선 사이의 논쟁들은 선거에서 패배한 후에 최고위 당 수뇌부로까지 확대되었다. 투쟁을 통해서 획득한 공화국의 국가원수로서 영광을 한 몸에 구현한 힌덴부르크라는 인물 자신은, 선거에서 사람들이 기대했던 것과는 달리, "탈주한" 반대파에게 보내는 불쾌한 경고였다. 결국 1928년의 선거결과에 대한 논의에서 서로 한쪽은 다른 쪽에 책임을 떠넘겼다. 즉, 여기서 온건한 유권자의 손실에 대한 책임은 급진주의자들에게, 비투표자 및 신유권자들의 손실에 대한 책임은 협력할 준비가 되어 있었던 사람들에게 넘겨졌다. 물론 그것의 본질적 이유는 특히 이제 막 시작된 중도정당 및 우익정당들의 구조전환에서 찾아져야만 할 것이다. 이 정당들은 새로이 등장하는 이익(에 기반을 둔) 정당들, 특히 경제당, 기독교민족농민당 및 농촌주민당(Landvolkpartei) 등에게 기반을 넘겨주어야만 했다.

후겐베르크파가 선거의 결과로서 베스타르프의 퇴진을 요구한 반면에, 이데올로기적인 성격을 지닌 새로운 갈등이 터졌는데, 그 배후에서는 각자의 더 일반적인 정치적 견해차이들이 상당히 분명하게 자리하고 있었다. 독일민족점원연맹(DHV)의 영역 출신으로 젊고 친노동조합적인 보수주의자의 대표인 람바흐(Walther Lambach) 의원은 1928년 6월에 왕조주의 문제에 대한 에세이를 한편 발표하였다.[108] 이 논문은 센세이션을 불러일으켰을 뿐만 아니라, 사태를 움직이게 하였다. 왜냐하면 왕조주의적 이데올로기가 젊은 세대의 상상의 세계에서 구체적인 견인력을 현저히 잃어갔으나,[109] 한편으로 그 이데올로기의 유

---

108) Walther Lambach, "Monachismus", Politische Wochenschrift 4, Nr. 24 v. 14. Juni 1928.

109) 왕조주의적 이데올로기의 지속적 퇴조는 람바흐가 2년 전까지만 해도 왕조주의적 질서를 사회적 진보의 보증자로 칭송하였다는 사실에서 명확히 된

효성 문제와 더불어 공화국에 대한 기본입장을 둘러싼 당내의 논쟁이 새로운 추동력을 얻었고, 또 다른 한편으로는 왕조주의자들과 공화주의자들을 진정한 보수주의라는 보다 더 고위의 정치수준에서 통합시키는 "인민보수주의적"(*volkskonservativ*) 정당기획도 여기서 처음으로 구체적으로 표현되었기 때문이다.[110] 즉시 열광과 분노가 교차되었다.[111] (친)대기업적인 후겐베르크파의 권력욕과 이익욕은 이를 먼저 독일민족인민당의 친노동자파(*Arbeiterflügel*)에 대해서, 이어서는 온건한 독일민족인민당원 및 폰 베스타르프 자신에 대해서 결정타를 가하기 위한 동기로 이용하였다.

폰 베스타르프는 당 의장으로서 극히 어려운 상황에 빠졌다. 왜냐하면 특히 전직 장관 실레(Schiele)와 같이 기꺼이 연립에 참여할 준비가 되어 있던 독일민족인민당 대표들은 그를 "당내에서 왕조주의적 전통의 담지자"로서 "민족주의 공화주의자들도 당내에 거주권(*Heimatrecht*)을 갖는다"고—그러나 새로운 것이 아니라, "항상 정당하게 존재했던" 어떤 것으로서[112]—표명하도록 몰아붙였기 때문이다. 폰 베스타르프

다. Deutschnationale Flugschrift, Nr. 268(Berlin, 1926).

110) 그래서 여기서 "인민보수주의적"이라는 단어도 처음으로 여러 차례 사용되었다.

111) 여기에 관해서는 Einige Stimmen aus der durch den Aufsatz von Walther Lambach, MdR, in Gang gebrachten öffentlichen Aussprache, als Manuskripte gedruckt 20. Juli 1928(DHV), S. 1ff.를 참조.

112) Westarp-Akten: Brief Schieles an Westarp v. 25. Juni 1928. 실레는 출판을 위하여 첨부된 한 에세이("Über deutschen Monarchismus")에서 지난 4년간 독일민족인민당의 도움으로 공화국 전역에서도 우파정부를 안정시키려는 시도를 개관한다. 경직된 교조주의자들은 이를 "당의, 특히 군주제의 위대한 전통에 대한 배신"으로 기피하였고, 이로 인하여 독일민족인민당을 오직 전술적 정당정책적으로 판단될 수만은 없는 분열에 빠뜨렸다는 것이다. 타협할 준비가 되어 있는 민족적 보수주의에서 실레가 요구한 중요한 논점들은 힌덴부르크, 뷔르템베르크 및 바이에른 군주제의 부르주

의 중재시도는 군주정 문제를 거대한 민족주의적 우파의 목표 다음에 설정함으로써, 일단 분당의 위험을 막을 수는 있었다.[113] 그렇지만 실레는 이후 베스타르프와의 서신교환에서 어떠한 군주제적 구호의 강

아적 구성, 외국의 무기를 들고 일하는 프랑스적인 충성주의의 타락성, 그리고 바로 전통적으로 국가를 의식하는, 왕조적 애착 위에 세워질 수 있다고 생각하는 계층의 민족적 의무감에 대한 인식 등에 대한 언급이다. 군주정은 최선의 국가형식으로 남게 되리라는 것이다. 그러나 독일민족인민당은 바로 반대자의 선동으로 치장된 부정적인 군주제를 통해서가 아니라, 오직 의회에서의 협력을 통해서만 그러한 길로 나아갈 수 있게 되리라는 것이다. 바로 실레가 농업단체 전국의장으로서 그리고 "녹색전선"의 겉으로 드러난 대표자로서 능동적으로 논쟁에 개입하였고, 결국 농업부장관으로서 브뤼닝 정부에 입각하였다는 사실은 동시에 다가올 정당 및 정부개편에서 농업부문 이익단체들의 역할에 대한 시사점을 제공한다. (간접적이긴 하지만) 그 배경에 대해서는 Reichardt, Hermes(주 I/13), S. 118ff. 를 참조.

113) Westarp-Akten: Westarps Antwort an Schiele v. 27. Juni 1928. 먼저 1928년 6월 26일에 전화통화가 이루어졌고, 이어 실레의 에세이에서 핵심적인 문장이 지워졌다("비록 민족주의로 생각하는 독일인이 결코 자신의 믿음에서 나온 군주주의자가 아니라 할지라도 — 말하자면 민족주의 공화주의자라 할지라도 —, 그러한 사람은 누구나 이 당에서 환영받을 것이라는 사실에 대해서는 단 한 번도 의심을 품은 적이 없었다"). 그 대신에 실레는 민족주의적 — 군주주의적 — 왕조주의적이라는 등급을 다시 한 번 강조하면서, 튀링엔과 서부독일에서, 특정의 직업신분들 및 청년들 중에서 수많은 비군주주의적인 당 추종자들을 언급하고 있다. 실레는 "독일의 제국(*Kaisertum*)으로 나아가는 길은 민족주의적 공화국을 관통해서 실행된다"는 자신의 기본사상을 고수한다. 그러나 베스타르프는 "상응하는 내부의 준비 후에" 마주치게 될 이러한 종류의 공적인 확정("민족적 해방은 당의 기본이념이다. 민족적 공화주의자들도 당에서 거주권을 갖고 있다")을 거부하였다. 베스타르프에 의하면 사람들은 이것을 실천적으로 대표할 수 있지만, "공화주의자들"의 언급은 "우리 강령의 본질적인 핵심들 중의 하나인 군주제적 사상의 대가"를 의미하게 될 것이고 람바흐의 긴장들에 비춰볼 때 농업단체들의 의장으로서 실레에 의해서 회피되어야만 하리라는 것이다. 비록 "민족적 기본사상이 우리의 군주제적 기본태도에 결정적인 것"이라는 사실에 동의할 수 있다고 하더라도 말이다.

화도 기만적이고 해로운 대중선동으로 간주하여 반대투쟁하였다. 그는 독일민족인민당 출신의 총리 가능성을 언급하면서, 이를 위해서 — 프로이센의 전통에 따라 — 국가이성을 왕조적 욕망보다 우위에 둘 것을 요구하였다. 이러한 우위는 공화주의적 공무원 선서에서 독일민족인민당 소속 공무원들을 분열에서 벗어나게 할 것으로 보였다. 실레는 의회주의의 해체를 가능한 것으로 간주하였으나, (그 대안은) "이미 군주제적인 복고가 아니라, 우익 보수주의적 의미에서 공화국의 복고 또는 전환 또는 제버링-슈트레제만 독재"였으며, 궁극적으로는 새로운 선거를 치른 연후에 군주제적인 구호를 포함하지 않으면서 독일민족인민당의 지도 아래 구성될 거대한 우익정부였다.[114]

그러나 베스타르프가 — 이미 독일민족인민당과 결별한 후에 — 왕조적 문제를 취급할 때 취했던 중재적인 불확정성과 소극성은[115] 결정을 강요하는 당내의 권력집단들에게 그와 관련된 논쟁들을 전개할 수 있는 더 넓은 공간만을 제공하였을 뿐이다. 특히 후겐베르크는 몸소 당의 숙정을 요구하였고, 람바흐파에 대한 투쟁을 선언하였다.[116] 1928

---

114) Westarp-Akten: Brief Schieles an Westarp v. 30. Juni 1928.

115) 그는 혁명 13주년 기념일에 군주정에 대한 분명한 선언을 내놓으라는 (Westarp-Akten, Brief an Westarp v. 2. November 1931) "보수적 저작회사"(Arbeitsstelle für konservatives Schrifttum) (Karl Ludwig Frhr. v. Guttenberg)의 요구에 그의 근본적이지만 개별적으로는 막연하게 생각된 "본래의 역사적 법에서 나온 … 입헌적 자립적인 정부권력에 대한 고백을 언급하면서" 이렇게 답했다. 이 법은 이미 1927년에 "군주제적 사상을 … 실제 정치를 위한 선거구호로서가 아니라", "미래의 이상적인 원대한 목표로서" 지칭하면서, 다양하게 결합된 당을 대신하여 다면적인 당의 목표를 요구하였다〔*Ibid.*, Brief an H. v. Schimff(Schlesien) vom 23. November 1927 auf dessen Anfrage betr. einer geplanten Bürgerblockkoalition mit dem Zentrum〕.

116) 그의 논문 "Block oder Brei", Berliner Lokalanzeiger v. 26. und 28. August 1928을 참조. 여기에 관해서 Kaufmann(주 I/90), S. 195f.

년 10월 20/21일에 비밀리에 개최된 대의원 대회에서 베스타르프가 당 의장직에서 물러난 것은[117] 온건그룹과 기독교적 사회적 그룹에게는 일종의 상황악화를 의미했으며, 여기에는 동시에 후겐베르크의 강화된 공격성이 몰려왔다. 그러나 권력의 문제는 여전히 전혀 해결되지 못하였다. 최대의 사무직원 노동조합으로서 상위의 기독교적·민족주의적 독일노동조합연맹(DGB)에 중요한 영향력을 행사했던 독일민족점원연맹(DHV)에서는 후겐베르크에게 적대적인 세력들이 엄청난 물적·이데올로기적 배경을 보유한 듯했다. 직업신분제적인 지향성을 지닌 이 연합체는 모든 부르주아 정당에서 지지자를 가지고 있었으며, 중요한 출판수단을 소유했고,[118] 자신의 경제적 이익에 대한 정치적인 청취자를 만들어낼 수 있었다. 후겐베르크의 등장으로 이 단체가 독일민족인민당에 미칠 수 있는 엄청난 영향력과 특히 국가의 의지형성에 대한 구체적인 참여 전망은 심각한 위협을 받게 되었고, 그래서 트레비라누스를 둘러싸고 반란에 가담한 보수인민당의 정치적 의도들과 독일민족점원연맹의 물질적·조직적인 수단 및 이해관계는 하나로 모였다. 보수적·민족주의적인 공화주의자들에 대한 호소를 통해서 의문의 여지없이 독일민족인민당의 노동조합파를 강화시키려던 람바

117) 후겐베르크의 해석: Hugenbergs Ringen(주 I/6), I, S. 2. 이 설명은 흥미로운 정치적 배경과 후겐베르크 전술의 권력조건들을 전혀 언급하지 않았다. 상대편에 대해서는 Schlange-Schöningen(주 I/78), S. 32f. 새로 선출된 당 의장 후겐베르크가 1928년 10월 21일 대의원 대회에서 행한 연설("Die politische Lage Deutschlands und unsere Aufgaben")은 Deutschnationale Schriftenvertriebsstelle, Flugblatt Nr. 503.

118) 독일민족점원연맹(DHV)은 1920년에 한자출판사(Hanseatische Verlaganstalt)를 설립하였고〔여기서는 인민보수주의 운동에 중요하게 될 빌헬름 슈타펠(Wilhelm Stapel)의 Deutsches Volkstum에 재정을 지원하였다〕, 1928년에 게오르크 뮐러 출판사(Verlag Georg Müller)를, 1931년에는 알버트 랑엔 출판사(Verlag Albert Langen)를 획득하였다. Gildemeier(주 I/102), S. 81 참조.

흐의 돌출행동이 어느 정도나 그것의 탓으로 돌려질 수 있는지는 여기서 결론을 내려서는 안 된다. 이후 독일민족인민당과 기독교 노동조합의 결별은[119] 어쨌든 여기서 시작되었으나, 독일민족점원연맹의 지도부는 인민보수주의자들을 위한 정치적 선택조건을 약 30만 명에 달하는 그 회원들에게 의무적으로 부과하여 이미 1930년 9월의 선거에서 그들이 히틀러의 길로 가는 것을 막는 데 성공하지는 못하였다.[120]

후겐베르크파의 공격적인 돌진은 그사이 '영 안'을 둘러싼 격렬한 논쟁과 더불어 첫 번째 정점에 달하였다. 독일민족인민당, 나치당, 철모단, 전독일연맹 등에 의해서 주도된 국민발의(*Volksbegehren*)의 틀 내에서 선동적인 "자유법"(*Freiheitsgesetz*)을 표현하면서[121] 후겐베르크의 급진적인 선동구호들이 — 힌덴부르크에 반대하고 여기서 처음으로 사교계적인 성격과 정치적 비중을 획득했던 히틀러의 의미에서[122] — 관철되었다. 특히 '영 안'의 통과에 참여한 모든 정부구성원들을 매국노로서 처벌할 것을 요구한 이 "자유법" 제 4조는 당내 투쟁의 대상이었다.[123] 이제 7년 전 라테나우의 암살 이후 파기되었던 "민족적 반대

---

119) 다음에서 가장 단호하게 확정되었다: Die Abtrünnigen, Geschichte einer Absplitterung, die Festigung der Partei brachte (Deutschnationales Rüstzeug, Nr. 16) (Berlin, 1930), S. 28f.

120) Neumann (주 I/104), S. 70 참조.

121) 개별적인 것은 Kaufmann (주 I/90), S. 191ff. 또한 *Der Stahlhelm* 11, Nr. 23 v. 9. Juni 1929; *Ibid.*, Nr. 26 v. 14. Juli 1929도 참조. 대기업적인 "장명협회"(Langnamverein)도 이니셔티브 뒤에 설정되었다.

122) 힌덴부르크의 막대한 영향력 행사시도에 대한 인상적인 사료: Görlitz (주 I/66), S. 310ff.

123) "독일 인민의 노예화 반대법"(Gesetz gegen die Versklavung des deutschen Volkes) ("Freiheitsgesetz")의 저 악명 높은 제 4조는 제국총리, 제국정부 장관들, 그리고 대외적 세력들에 대하여 새로운 부담과 의무들을 "전쟁책임 인정"에 근거하여 이어받은 그 전권자들을 강제노역장에 처하도록 규정하고 있다. Reichstagsdrucksache Nr. 1429, IV. Wahlperiode

파"의 구호가 다시 수용되었다. 이때 독일민족인민당은 극단적 민족주의(*völkisch*) 그룹들 및 나치주의자들과 거리를 두었고, 루르투쟁, 도즈계획, 그리고 정부참여를 거쳐서 일시적으로 연립에 참여할 준비를 갖추고 부르주아적 중도파에 근접하였으며, 소수의 급진적인 나치당에 대하여 사민당과의 관계에 비교할 만한 입장을 취하였다.[124] 이제 사라져가던 전독일연맹 그룹의 영향력은 새로운 추동력을 얻었다.[125] 후겐베르크의 "권력인수"는 우파급진주의 블록정책의 결정적인 전환을 의미하였다. 그것은 무자비한 선동으로 1928년의 선거에서 분파정당으로 손실을 입은 나치당을 수단과 관계에 따른 중요한 정치적 운동의 영향력 있는 파트너로 되게 하였고, 그 결과 후겐베르크는 나치당의 방법과 목표들에 대한 통제력을 획득할 수 없었다.

'영 안'에 반대하는 "독일 국민발의 전국위원회"에서 히틀러는 후겐베르크, 젤테, 클라스와 동등한 권리를 갖고 있었다.[126] 나치의 프로퍼갠더가 "반동", 즉 철모단과 독일민족인민당에 대한 캠페인을 거의 완화시키지 못했음에도 불구하고 말이다.[127] "민족적 반대파"의 내적

1928/1929, Anlage 1. Deutscher Reichsanzeiger und Preußischer Staatsanzeiger, Nr. 261 v. 2. Dezember 1929를 참조.

124) Stampfer(주 I/4), S. 546ff.

125) 여기에 관해서는 Kruck(주 I/106), S. 172ff.; Kaufmann(주 I/89), S. 186f.

126) 이 동맹에 대해서는 Alan Bullock, Hitler. A Study in Tyranny(London, 1952), S. 131ff.; 거기서 전독일연맹의 구성요소들에 대해서는 Kruck (주 I/106), S. 167~176.

127) 대략 다음의 논문에 있는 괴벨스의 "반동"에 대한 캠페인을 일별해 보면 이것은 확인된다. "Die Aufgeregten", *Der Angriff* v. 8. Oktober 1928; "Der Kampf beginnt?", *Ibid.*, v. 27. Oktober 1929(철모단에 반대); "Einheitsfront", *Ibid.*, v. 27. Mai 1929; "Gegen die Reaktion", *Ibid.*, v. 13. Mai 1929; "Literaten", *Ibid.*, v. 29. April 1929(하인리히 글라이헨과 "Ring"에 반대), *Der Angriff.* Aufsätze aus der Kampfzeit(München,

외적인 문제 틀은 하르츠부르크 전선 단계에서 그리고 이어서는 나치의 권력장악 단계에서보다 이미 이 시점에 더욱더 분명했다. 후겐베르크와 그의 그룹에 대해서는 그렇지 않았다.[128] 1929년 9월에 출판된 히틀러의 "독일 인민 노예화 반대법 초안"은 순전히 선동수단이었으나 —그것은 도즈계획의 계속적인 존속을 의미할 뿐이었다—, 독일민족인민당 내 전선의 최종적인 결별을 위한 계기로 되었다. 그와 관련된 논쟁의 배후에는 결정을 재촉하는 당내의 여러 권력갈등들이 있었다. 당 의장으로서의 후겐베르크도 베스타르프의 여전히 건재한 권력지위로 인하여 원내에서 방해받고, 또 위협받는다고 생각했으므로, 지도부의 갈등을 최상층으로 밀어올렸고, —모든 정당에 존재하는 당 조직과 의회 대표단 사이의 오래된 갈등을 이용하여—제국의회 원내교섭단체 내의 강력한 베스타르프파에 대항하여 당 조직에 대한 자신의 권력을 행사하였다. 농업단체들 및 당 집행부 내의 후겐베르크의 추종자들은 이미 1929년 5월에 원내교섭단체와 당의 분리된 지도부 문제를 포기하고 독일민족인민당의 지도자 원리로부터 베스타르프의 이탈에서 생겨난 의견불일치의 근거를 든 중대한 돌진을 감행하였다.[129]

1935), S. 282ff.

128) Hugenbergs Ringen (주 I/6), I, S. 6ff. 에서 그들의 해석은 신속한 변명론으로 반복된다. 여기서는 나치당이 "국민발의에서 그 절반의 힘으로만 협력했다"는 터무니없는 주장도 있다.

129) 예컨대 Westarp-Akten: Brief v. Natzmers (Landesverband Ost-Hannover) v. 7. Mai 1929와 Antwort Westarps v. 14. Mai 1929. 여기에 관해서는 *Ibid.* 에서 많은 양의 교환된 저작이 이용될 수 있다. 이 중에서 Telegramm v. Dziembowskis an Westarp (3. Mai 1929) 가 인용될 수 있을 것이다: "제국의회 원내교섭단체의 결의는 지도자 원리의 거부를 의미합니다. 이것을 자극하거나 또는 거기에 동조했던 의원들은 민주적 의회주의체제 속에 배치되어 있으며, 이로써 독일민족인민당의 원리와는 모순관계에 있습니다. 나는 당 집행부의 일원으로서 우리의 기본원리에 대한 이 심각한 훼손에 단호하게 이의를 제기합니다." 여기에 대해서는 Antwort Westarps (4.

베스타르프는 원내교섭단체 지도부에 대한 당 의장의 영향력이 차단될 것이라는 소문을 공식 부인하긴 하였다. 그러나 그는 정부위기가 있을 경우 원내교섭단체에게 일차적인 책임과 민첩성이 있어야 한다고 주장하였다.

이러한 항상적 개입은 앞에서 언급한 "자유법"의 매국노 조항을 둘러싼 원내교섭단체의 갈등에서 구체화되었으며, 베스타르프는 1930년의 한 사적인 기록물에서 이것을 본격적인 분열의 시작으로 기록하였다.[130] 원내교섭단체의 실제와 당 기구 사이의 긴장에서 성장한 분열 과정의 개인적 뉘앙스에 대한 중요한 인식을 전달해 주는 그의 상세한 서술에 따르면, 1929년 9월에 먼저 4명의 의원(코이델, 클뢰네, 회취, 린다이너-빌다우)이 "자유법"의 통과에 반대를 표명하였다. 국민결정(*Volksentscheid*)의 실시일을 정하는 데 필요한 서명자 수가 간신히 채워진 후,[131] "자유법"은 제국의회로 이관되었다. 그러나 이제 제국의회에서는 독일민족인민당 의원들 중 더 많은 소수파가 후겐베르크 노선의 전선에 공개적으로도 반대하였다.[132] 후겐베르크파가 프라이탁-

---

Mai 1929) : "그대의 전보를 나는 이해할 수 없습니다. 그것은 나와 원내교섭단체의 다수가 받아들인 관점 및 그 근거들을 당신이 인정하지 않는다는 것을 보여주는 것입니다. 나는 유감스럽게도 있게 될 당 집행부의 추가발언에서 나의 이 견해에 대한 근거를 설명하도록 하겠습니다."

130) Westarp-Akten: Niederschrift Westarps über die Spaltung der DNVP.

131) 413만 명이 서명에 참여한 반면에, 1928년 5월에도 689만 명의 유권자들이 그 뒤에 있는 우익정당들에게 투표하였다. 국민투표 자체도 과도한 선전선동에도 불구하고 584만 표만 끌어모을 수 있었다. 반면에 "자유법"은 2천 백만 표 이상을 필요로 하였다. Fritz Poetzsch-Heffter, "Vom Staatsleben unter der Weimarer Verfassung, III. Teil", Jahrbuch des öffentlichen Rechts der Gegenwart 21, 1933/1934, S. 200f. 캠페인 자체에 대해서는 Zwoch(주 I/10), S. 90ff.

132) Curtius, Sechs Jahre(주 I/9), S. 109ff. (Rede vom 29. November 1929 gegen das Volksbegehren).

로링호펜(Freytagh-Loringhoven)을 통하여 12월 6일의 제국의회 토론에서 "자유법"을 바이마르체제에 대한 총공격으로 확대시킬 수 있기 오래전에,[133] 베스타르프도 자신의 의구심을 원내교섭단체 앞에서 공포하였다. 그러나 그가 전체적으로는 여전히 "국민발의"에 찬성하였으므로, 린다이너와 다른 의원들은 명부해석을 완료하기 직전에 새로운 시도를 하였다. 그들은 베스타르프에게 곧 있게 될 카셀 당대회에서 후겐베르크 정책에 대하여 지도부의 교체를 추진할 항의를 제기하라고 요구하였다. 베스타르프는 주저하였고, 거기에는 실레와 헤륵트도 동조하였다. 이러한 베스타르프의 태도에 대해 린다이너 그룹은 분당위협으로 맞섰다.[134]

이제 후겐베르크가 직접 활동에 나섰고, 당대회 이전인 1929년 11월 18일자로 원내교섭단체의 소집을 신청하였다. 베스타르프는 실레에게서의 회동에 즈음하여 린다이너에게 원내교섭단체에서 수상한 제 4조의 논의를 회피할 수 있는 동기를 부여함으로써, 다시금 중재를 시도하였다. 다른 한편 그는 실레와의 당대회 프로그램에 대한 논의에서 (11월 14일) 영 계획의 통과 후에 정부참여 또는 의회 중도파와의 협력이 더 이상 문제되지 않는다는 견해의 확정에 대하여 후겐베르크에게 경고하였다. 원내교섭단체 회의(11월 18일)에서 후겐베르크는, 전반적인 불쾌감이 회피되거나 원내교섭단체의 불일치라는 자신의 테제가 논박되지는 않았음에도 불구하고, 더 유연해졌다. 온건파 의원들이 정당하게 나치에 대한 후겐베르크파의 운명적인 타협으로 인식했던 제 4조를 둘러싼 싸움은 여기서도 다시 지도자의 위기(슐랑에-셰닝엔의 표현)로 생각되었다. 의원단의 다수가 나치당과의 단절을 요구한 반면에, 회의는 7시간 동안의 갈등 분위기에 뒤이어 중단되었다. 그러나

133) Deutschnationale Flugschrift, Nr. 342(Berlin, 1929), S. 3f.

134) 이 과정에 대한 개별적 사항들은 (다음에 대해서도) Westarps Niederschrift, Westarp-Akten.

11월 20일에 속개된 집행부 회의는 — 여기서 베스타르프는 집행부의 원내교섭단체에 대한 지속적인 개입에 강력히 항의하였다 — 결말을 내지 못한 긴장으로 가득 찬 카셀의 당대회와 마찬가지로 거의 아무런 해명도 내지 못하였다. 카셀 당대회에서 후겐베르크는 "체제"에 대한 자신의 비타협적인 "아니오"를 일반적인 구호로 제기했다.[135] 이제 이 문제는 최종적으로 극적인 정점으로 치달았다.

독일민족인민당의 첫 대규모 분열은 1929년 11월 27일과 12월 4일 사이에 실행되었다.[136] 그 전면에는 당내에서 건설적인 반대입장과 절대적인 반대입장의 대립이 공개적인 갈등으로 되었고, 동시에 나치 급진주의와의 관계가 정치적인 양심의 문제로 되었던 저 제 4조를 둘러싼 논쟁이 있었다. 11월 27일에 베스타르프는 린다이너의 요청으로 이루어진 흥분한 의원들 20명의 회동에서 자신의 모든 원내교섭단체에 대한 화해할 준비가 되어 있음을 강조하였지만, 동시에 농업단체들이 의원들에게 보낸 협박편지에서 있었던 것처럼, 외부로부터 원내교섭단체에 영향력을 행사에 대해서는 비판하였다. 그는 마침내 당의 통일성을 제 4조의 거부를 통해서 위험에 빠뜨리지 않고, 기권에 제한하자는 자신의 제안에 대한 동의를 얻었다. 그는 기권을 덮어둘 생각이

135) Deutschnationale Flugschrift, Nr. 339 (Berlin, 1929), S. 3~11

136) Westarps Niederschrift, Westarp-Akten: Chronologie der Spaltung (1929).
11월 27일 (18시) 콘티넨탈호텔 대화 (린다이너 의장)
11월 28일 (16~21:30시) 원내교섭단체 회의
11월 29일 (20~3시) 원내교섭단체 회의
11월 30일 제 4조에 대한 표결 (전체회의) (4시경) 하르트비히 (Hartwig), 람바흐, 휠저 (Hülser) 의 선언 발표
12월 3일 (10시) 집행부 회의 (18~21시) 원내교섭단체 회의: 하르트비히와 동료들 탈당. (23시) 트레비라누스, 레요이네 (Lejeune), 클뢰네, 린다이너, 슐랑에, 코이델, 회취 (Hoetzsch), 뭄 (Mumm), 베렌스 (Behrens) 탈당
12월 4일 (14시) 후겐베르크-베스타르프 대화, 원내교섭단체 회의에서 의장직 사임.

었다. 11월 28일에 크바츠(Quaatz)를 전면에 세운 상대편은 일치된 동의를 요구하면서 린다이너 그룹과 베스타르프의 타협시도를 맹렬히 공격하였다. 후겐베르크도 카셀에서 자신이 던졌던 기권구호에 대한 동의를 철회하였다.

저항은 다음날 더욱 강화되었다. 당의 단결을 호소하는 수많은 발언이 있은 후에 결국 양측 그룹은 자신의 협상을 분리하여 계속하였다. 언론이 여전히 조심스럽게 거리를 두었고, 또 후겐베르크 그룹이 원내교섭단체실에 머문 반면에, "기권그룹"은 베스타르프와 함께 옆방으로 옮겨가서 입장변화 불가를 결의하였다.[137] 이들의 기권결의안은 뒤이어 크게 격앙된 논의에서 의원단 (당론) 강제(*Fraktionszwang*)를 요구한 후겐베르크 그룹에 의해서 거부되었다(30:16). 새로이 분리된 협상에 따르면 후겐베르크가 자신의 의사를 관철시킬 듯이 보였다. 여기서 하르트비히, 람바흐, 휠저 등 의원들에 의해서 전신연합(Telegraphen-Union)을 통하여 발표된 반(反)후겐베르크 "특별선언"은 출당조치의 시작을 야기하였으며, 후겐베르크는 당 집행부에서 65 대 9로 이 조치를 관철시켰다. 결정은 내려졌다.

양측의 비판에 직면한 베스타르프가 12월 1일에 이루어진 3명의 탈당을 고립시키려 하였던 것은 아무것도 바꿔놓지 못하였다. 왜냐하면 이제 "트레비라누스 사건을 다루는 것은 총체적 위기를 야기"했기 때문이다.[138] 이미 오래전에 신임 당 의장의 주변으로부터 "후겐베르크

137) 베스타르프에 따르면(*Ibid.*) 이 그룹에는 다음과 같은 의원들이 속했다: 실레, 린다이너, 슐랑에, 클뢰네, 라데마허(Rademacher), 휠저, 람바흐, 코이델, 드리안더(Dryander), 레요이네-융, 트레비라누스, 뭄, 프롬(Fromm), 슈트라트만(Strathmann) (라이허트와 하르트비히는 아팠거나 또는 불참하였다).

138) *Ibid.*, 이하는 당시 트레비라누스의 보고서를 참조: Treviranus(Rückblick, als Manuskript gedruckt, "nur für den persönlichen Gebrauch des Empfängers") in den Westarp-Akten.

반대파"의 지도자들 중 1명으로 낙인찍힌 트레비라누스는, 반대편이 비방을 통하여 그를 정치적 기능으로부터 몰아내고자 했음에도 불구하고, 1928년 여름 이후 베스타르프를 지지하였다. 이는 1929년 12월 초 탈당선언에서 정점에 달했는데, 트레비라누스는 이 선언이 후겐베르크에 의한 사적인 편지의 정치적 남용(그는 이 편지에서 후겐베르크를 비판하였다)과 그와 가까운 세 의원 하르트비히, 람바흐, 휠저의 축출에 기인한 것이라고 주장했다. 먼저 그는 독일민족인민당 연합(Deutschnationale Arbeitsgemeinschaft)에 12명의 의원들을 모았는데, 이들은 (12월 21일의 선언에서) 의원직 사퇴를 거부했다. 특히 트레비라누스는 스스로 자신의 선거구 농업연맹의 대표자로 또 철모단과 해군장교연합(Marineoffizierverband)의 연결자로서 독자적인 행위로 나아갈 정당성이 있다고 생각했다.

독일민족인민당은 경제당과 보수적 그룹, 기독교적·민족주의적 농민·농촌주민당 그리고 기독교 인민봉사단(Christlicher Volksdienst)의 분열을 촉진하였다. 트레비라누스는 결국 거의 해결불가능한 당의 내적인 긴장관계를 참작하여[139] 후겐베르크 노선에서 벗어나 건설적인 "새로운 노선"으로 나아가는 과정에서 다시금 1919년의 보수적 프로그램에 접목하고자 하였다. 그는 "재통합"의 가능성을 배제하진 않았으나, 그의 프로그램은 명백히 후겐베르크에 반대하여 "당규의 지나친 강화"에 대한 비판에서 출발하였다. 이는 "순전히 민주적인 다수결 방법론에 따라 통일성을 그럴싸하게 치장하려 하였으나, 그 대신에 내적인 강함의 증거인 양심과 의사표현의 자유를 주장할 수 없게 하는 것"이었다.[140] 그는 여기에 반대하여 하나의 프로그램을 제시하였는데,

---

139) Kaufmann(주 I/90), S. 188ff.에 있는 스케치도 참조. 또 인민보수주의적인 저술 Hermann Ullmann, Die Rechte ist totes lebe die Rechte (Berlin, 1929), passim.

140) Westarp-Akten: Treviranus-Manuskript(Rückblick, 주 I/135). 트레비

이는 힌덴부르크 주변 인사들에 의해 수용되었고, 새로운 브뤼닝 정부의 표식에서 정치 전체의 변형과정을 위한 기초로 간주되었다.[141)]

트레비라누스 사건에서 베스타르프와 몇몇 후겐베르크 측근의(슈미트, 슈투벤도르프, 크바츠) 중재시도들이 수포로 돌아갔듯이, 후겐베르크 역시 베스타르프의 노력에 대해서 계속 우호적으로 대하려는 듯한

라누스도 "공화국에서 의회주의 수단으로 권력을 추구해야만 하는 군주제적 정당", 베르사유를 거부하지만, 국제법상의 조약을 인정해야만 했던 당의 내적 분열을 강조한다.

141) 이를 위해서는 Treviranus-Manuskript로부터 구상되었던 보수주의적 신질서의 행동방식, 노선, 기본사상 등을 알려주는 몇 문장을 인용할 수 있다. "당의 편협함은 타협의 강요, 프로그램 정책 및 일상정책 등으로 나아가는 경향으로 인하여 사람들의 반발을 불러일으켰다. 마치 교련교범처럼 다루어져 불쾌감을 강화시킨 당 결의안 엄수(*Parteidisziplin*). 경제적 이익, 직업신분제적인 소망들은 분열로, 항상 새로운 구조물로 나아가게 하였다. 오직 좌파만이 당 기구에 부담을 지우면서 국가와 사회에서 권력지위를 강화시킬 수 있었다. 다른 정당들이 충분히 휘말려 들어갔을 때, 항상 국민의 결집이라는 구호를 이데올로기서의 마르크스주의적 통일성에 대립시키려는 시도가 이루어졌다. 이것은 실패로 돌아가야만 했다. 왜냐하면 그것은 이른바 전통적·부르주아적 생활방식이 전후의 곤경에 빠져 있는 우리 인민의 소수에게만 유지되었다는 사실을 간과했기 때문이다. 최소한 청소년이 아니라, 광범위한 계층이 급진적 목표설정이라는 면에서 정치적 그룹에서 이웃하는 좌우익 정당으로 내몰리는 것은 놀라운 일이 아니다. 그러나 우리는 여기서 부정과 더불어 창조적인 세력을 그리워한다. 아마도 우리 인민을 위한 진정한 혁명은 근시안적인 채권자의 집착(*Umklammerung*)에서 벗어날 수 있는 마지막 탈출구일 것이다. 오늘 우리는 거기에 관해서 논쟁하려 하지 않는다. 독재에 대한 요구는 계속 본래의 심사숙고를 대체할 수 없다. 이를 위해서 우리는 현재 유효한 헌법을 해체하는 방식으로 권위를 형성시키는 작업을 시작해야만 한다. 그러나 그것은 국가생활 및 공동체의 변형에 대한 두려움 없이 새로운 힘을 발산시키는 방식으로 시작되어야만 한다. 여기서 우리는 사람들에서 출발하며, 그들을 성장하게 하여, 어떠한 삶도 영위할 수 없는 빈혈상태의 구조물을 구성하지 않으면, 그것들은 매우 사려 깊고, 합리적 경제적일 수 있을 것이다."

태도를 보였다. 그래서 베스타르프의 12월 3일과 4일의 탈당선언과 분열된 의원단 지도부로부터 물러나기로 한 결정이 이어졌다. 여기에 이의를 제기한 후겐베르크는 원내교섭단체 지도부의 붕괴에 대하여 베스타르프를 비난하였으며, 동시에 그는 자신의 사업집행을 더 이상 후원하지 않고 그를 더 이상 "원내교섭단체 의사의 대표자"로 만들지 않는 변화된 다수상황을 언급하였다. 몇 시간 후에 베스타르프는 자신의 후임자 오버포렌(Oberfohren)으로부터 후겐베르크와의 앞선 대화에서 그의 퇴임이 요구되었으나, 철회되었다는 소식을 접했다. 베스타르프가 그럼에도 불구하고 원내교섭단체에 남아서[142] 후겐베르크파의 염려에 대응하여 분열을 제국의회 의원 12명의 이탈에 한정시켰다는 사실은 매우 중요해졌다.[143] 반년 후의 최종적인 분당에 대한 결정은 더 이상 이 시점에 베스타르프파 전체의 뒤이은 이탈이 갖고 있었을 어떠한 영향도 미치지 않았을 것이다.

그 결과 후겐베르크가 미친 듯이 투쟁하였고 또 좌익경향으로 의심받았던 탈당운동은[144] 정치적으로 중요한 규모에 거의 도달하지 못하였

142) Görlitz(주 I/66, S. 313)는 21명의 의원들이 베스타르프와 함께 독일민족인민당을 떠났다고 주장하고 있으나, ― 수많은 다른 세부적인 내용에서와 마찬가지로 ― 이는 오류이다.

143) 탈당한 제국의회 의원들의 이름은 동시에 반대운동의 이익정책적 이데올로기적인 얼굴의 인상을 전해준다: 람바흐(DHV), 하르트비히(독일민족인민당 노동자연맹 의장), 휠저(독일민족인민당 농업노동자 지도자), 슐랑에-셰닝엔(제국농업연맹, 그 뒤에는 아직 탈당하지 않은 실레가 있었음), 클뢰네(사회적 경향을 지닌 소공장주들), 레요이네-융(가톨릭의 산업법률고문), 트레비라누스, 린다이너-빌다우, 코이델(협력준비가 되어 있는 청년보수파 지도자들), 회취교수(역사가로 대외정책 전문가), 뭄, 베렌스(기독교적·사회적 인사들).

144) 대략 Deutschnationale Flugschrift, Nr. 345, S. 13. 여기서 민족지상주의적 군주제적인 구속 없이 바이마르에 충실한 "토리 민주주의자들"인 인민보수주의자들은 밀고당한다.

다. 이 운동은 주 의회 및 농업과 산업의 저명한 대표자들에게로까지 확산되었으나, 동시에 후겐베르크의 잘 기능하는 당 및 언론기재를 통하여 중단되었다.[145] 이탈자들 중에서 람바흐, 하르트비히, 휠저, 뭄, 베렌스 등은 기독교적·사회적 제국연합의 구성원으로서 기독교적·사회적 그룹을 형성하였는데, 이 그룹은 후일 (남서독일) 기독교 인민봉사단과 함께 기독교 사회인민봉사단(Christlich-Sozialer Volksdienst)으로 통합되었고, 슐랑에-셰닝엔은 농촌주민당에 가담하였다. 반면에 독일 인민민족당 연합회의 나머지 의원들은 먼저 농촌주민당 원내교섭단체와 함께 기독교적·민족적 연합회에서 협력하다가, 1930년 1월 28일에 인민보수연합(Volkskonservative Vereinigung)을 창설하였다.[146]

5. 우파블록의 기획과 브뤼닝 정부의 시작

대연정의 위기는 뮐러정부의 곤경 및 힌덴부르크 주변인사들의 조각(組閣) 기획들과 더불어 — 그리고 트레비라누스의 형식을 통해서뿐만 아니라 — 밀접한 연관관계에 있던 이 과정들을 그 외적인 규모를 훨씬 넘어서까지 작용하게 하였고, 브뤼닝 정부의 형성에 중요한 무게를 획득하게 하였다. 여기서 추구된 우파로서의 확대는 독일민족인민당의 타협능력이 있는 부분의 협력을 전제하였다. 그래서 앞에서 개관된 당내의 권력투쟁은 동시에 중요하게 국가정치적인 관점에 의해서

145) 예컨대 후겐베르크는 헤센-나사우의 확대집행부가 103 대 6으로 당 소속 의원인 린다이너에 반대의사를 표명하도록 하는 데 성공하였다. Gildemeister (주 I/102), S. 23f. 를 참조.

146) 새로운 보수주의 그룹들에 대해서는 Kaufmann(주 I/90), S. 193ff.; Neumann(주 I/104), S. 70을 참조. 특히 기독교사회봉사단에 대해서는 Karl Buchheim, Geschichte der christlichen Parteien in Deutschland (München, 1953), S. 394ff.

전반적으로 가속화되었다.

이것은 이미 힌덴부르크가 베스타르프와 함께 우파를 새로운 정부에 포함시킬 가능성을 설명하면서 후겐베르크의 비타협적인 태도를 비판하였던 1929년 3월의 대화에서 명확히 되었다.[147] 베스타르프는 지속적인 정부위기를 고려할 때 개입하는 것이 어떻겠느냐는 힌덴부르크의 질문에 기다리는 쪽을 지지하였고, 뮐러의 사임에 대해서도 "전혀 긍정적인 제안"을 표명하지 않았다.[148] 이어 힌덴부르크는 당시의 고려영역을 조명하는 일련의 이름을 거명하였는데, 여기에 브뤼닝은 아직 포함되어 있지 않았다. 루터(Hans Luther)에 대해서는 별다른 관심이 없고, 그뢰너는—힌덴부르크가 생각하기에—너무 많은 적을 갖고 있다는 것이었다. 슐라이허의 이름 또한 나왔다.[149] 린다이너는—베스타르프는 보장했다—자신의 후원을 받고는 있지만, 후겐베르크와 당 기구의 지원을 받지 못한다는 것이었다. 힌덴부르크는 다시금 후겐베르크가 "너무 오른쪽으로 치우쳐 있어서 … 총리로서 고려하지 않고" 있다고 언급하였다.[150] 외무부장관으로는 이미 여기서 명백히

---

147) Westarp-Akten: Westarps Notiz über eine Besprechung bei Hindenburg (am 18. März 1929, nachmittags 5.30 Uhr bis 6.15 Uhr).

148) 1930년 이후 마침내 모든 정부들의 붕괴에 기여하였던 우익반대파에 대한 힌덴부르크의 지속적인 심리적 불확실성에 특징적인 것은 대화 초기와 말미에 그가 했던 발언이다. 그는 우파로부터 "비활동성으로 인한 어떠한 비난도 감수"하고자 한다고 말했다.

149) *Ibid.*, Westarp auf Hindenburgs Frage: "나는 그를 너무 적게 알고 있어서 무조건 예 또는 아니오로 확정할 수 없습니다. 또한 나는 몇 년 전부터 그가 위기시에 전쟁놀이처럼 가능한 한 발전에 대한 상을 찾는다는 것을 관찰하였습니다."

150) *Ibid.*, 이 기회에 베스타르프는 자신과 후겐베르크의 관계를 다음과 같이 분명히 한다: "후겐베르크는 소수파와 생각이 다른 사람들을 내가 하는 것보다 더 거칠게 다룸으로써 나와는 다른 체제를 갖고 있다. 그가 이로써 지속적으로 유지될 수 있을지는 아직 파악될 수 없다. 현재 약간의 불협화

밀쳐진 것으로 보이는 슈트레제만과 나란히 노이라트(Neurath) 또는 로젠베르크(F. H. v. Rosenberg: 1922/1923년에 외무부장관)가 거명되었으나, 카스는 힌덴부르크에 의해서 거부되었다.[151] 힌덴부르크는 제크트와 다른 장성들에 대해서 의구심을 보였다. 이는 독재적 폭력 의도에 대한 표시로서 받아들여질 수 있다는 것이었다. 그러나 특히 힌덴부르크는 이미 당시 1년 후 정부의 우익으로의 이동에 기초가 될 기본구상을 강조하였다. 우리는 사민당 없이, 사민당에 대항하여 통치해야만 한다고 그는 생각하였다. "이어 우리는 폭력의 사용의도로 추론될 수 있는 개인 앞에서도 뒤로 물러서서는 안 될 것이다." 이와는 반대로 베스타르프는 사민당 내에서 취약한 지위를 언급하면서 노스케에 대한 생각을 거부하였다.[152] 마지막으로 이미 핵심적으로 차기 정부구성과 뒤이은 대통령제 정부의 형식은 헌법에 적합한 권한에 대한 힌덴부르크의 마무리 질문과 맞닿아 있었다. 힌덴부르크는 원내교섭단체 사전논의의 관습에 대한 베스타르프의 언급에 단호하게 다음과 같이 확정적으로 대답하였다. 자신은 "이 관습에 따를 생각이 전혀 없으며", 오히려 자신의 해산권한을 사용하고자 한다고 언급하였다.

이러한 대화의 배경에서 뒤이은 준비는 힌덴부르크와 독일민족인민

음이 있으며, 이로부터 반대파가 성장한다면, 이 반대파는 현재 아직 시작 단계에 있다. 청년독일파 및 좌파의 지속적인 공격은 그 강인함에서 완전히 영향이 없지는 않다. 나는 처음 그에게 다음과 같이 말했다. 즉, 나는 반대파의 시간에 차별을 위한 어떠한 동기도 보지 못하며, 어떠한 경우에도 나는 그것을 필요로 하지만, 만약 후일 선거 후에 정부참여 가능성이 생겨난다면, 달라질 수 있을 것이라고."

151) *Ibid.*: "나는 결코 리셜리외와 같은 사람이 되지는 않을 것이다. 게다가 나는 사업 자체에 내재해 있지 않은 대외정책에 관해서 … 제국의회에서 발언하는 직업외교관들보다는 보통사람들을 더 선호한다."

152) *Ibid.*, Westarp: "이른바 이성적 사회민주주의자의 지명은, 바로 이들이 사민당을 동시에 견인하지 못하는 한에서, 그 목적이 없는 것이다. 또한 그것은 다른 한편에서 불신과 불명확한 상황을 만들어낸다."

당 측으로부터 보다 더 명백한 모습을 획득하게 된다. 후겐베르크는 더욱더 강력히 온건한 해결책에 대한 어떠한 긍정적인 협력도 거부하였으나, 이제 힌덴부르크에는 거의 매일 보수적인 친구들과 "전쟁동지들"의 격앙된 항의편지들이 날아들었는데, 이들은 우익정부와 '영 안'반대투쟁을 요구하였다.[153] 그러나 위험천만한 대연립의 막간극이 독일인민당과 중앙당의 우경화로 붕괴되고 사민당이 자발적으로 야당으로 내려앉았을 때, 정치세력들의 새로운 그룹화는 정부구성능력이 없는 히틀러-후겐베르크 전선과 고사상태에 있는 중도정당들 사이에서 가능한 듯이 보였다. 중도파는, 사람들이 희망했듯이, 우파를 온건한 개혁계획에 점진적으로 포섭하고 부르주아적 중도파의 거대한 "신당"으로의 길을 열 것이었다.[154] 후겐베르크가 1929년 12월에 정부참여를 거부하고, 힌덴부르크가 브뤼닝과 명백히 접촉을 시작한 이후,[155] 마이스너는 1930년 1월에 다시금 베스타르프에게 접근하였다. 마이스너는 베스타르프에게 2월이나 3월에 정부의 위기가 올 것으로 예상된다고 통보하고, 막후접촉을 요청하였다. 여기서 힌덴부르크는 비밀리에 독일민족인민당의 후원에 기초한 베스타르프 정부의 전망을 언급하고자 하였다. 동시에 그는 1930년 1월 6일에 다시금 후겐베르크의 태도에 대해서 문의한 결과 반의회주의적 · 반마르크스주의적 정부가 독일민족인민당의 반대에 부딪혀 수포로 돌아가고 힌덴부르크는 다시 사민당으로부터 풀려나오지 못하게 될 것이라는 자신의 우려를 표명하였다.

---

153) 여기에 관해서는 흥미로운 개별사실들은 Görlitz(주 I/66), S. 310~320를 참조.

154) 특히 Hans Zehrer, "Grundriß einer neuen Partei", *Die Tat* 21, Heft 9 (Dezember 1929), S. 641ff. 이 잡지 및 그 집단의 정치적 지위와 활동성에 대해서는 Hans Paul Brunzel, *Die "Tat" 1918~1933. Ein publizistischer Angriff auf die Verfassung von Weimar innerhalb der "Konservativen Revolution"* (Diss. Bonn, 1952, 미간), S. 15ff., S. 57ff.

155) 앞의 42쪽 참조.

이 대화 위에도[156] 후겐베르크의 그늘이 드리워져 있었다.[157] 베스타르프의 자포자기적인 견해에 따르면, 비록 베스타르프가 자신의 협력할 준비가 되어 있는 그룹을 약 30 대 35라는 강력한 소수파로서 간주할 수는 있었지만, 후겐베르크가 원내교섭단체의 다수파를 통제하고 있었던 것이다. 그는 특히 실레를 언급하였는데, 그는 "당내의 권력"을 행사하지만, 동시에 자신의 농업단체에서는 어려움을 갖고 있다는 것이었다. 베스타르프는 브뤼닝과 헤르메스의[158] 후겐베르크 거부에서 또 한 가지 복잡함을 보았으나, 동시에 독일민족인민당에 호소하려는 힌덴부르크의 계획에는 긍정하였다. 자신이 제 4조를 심각하게 보지 않으려 했던 국민발의가 실패로 돌아간 후, 힌덴부르크는 베스타르프의 반박에 맞서 영 계획을 승인하였고, 쿠르티우스와 몰덴하우어를 칭송하였으며, 동시에 챔벌린(Chamberlain)과 브리앙(Brian)에 대한 슈트레제만의 지나친 신뢰를 비판하였다. 그는 슈트레제만에게 좀 더 분명하게 입장을 개진하라고 환기시켰다는 것이다. 그러나 더 중요한 것은 복잡한 지위에 비해 충분하지 못한 권력수단에 대한 힌덴부르

156) Westarp-Akten: Notiz über vertrauliche Besprechung mit Hindenburg am 15. Januar 1930(11.30 Uhr bis 12.20 Uhr), eingeladen durch Meißner.

157) 힌덴부르크는 이 기회에 후겐베르크가 당 지도부를 넘겨받은 뒤 그와 가졌던 대화를 언급하는데, 거기서 그는 산업과 더불어 농업의 평등권 그리고 당의 통일성을 요구했다고 한다.

158) 여기서도 농업부문의 압력단체들이 행한 엄청난 역할이 명확히 된다. Reichardt, Hermes(주 I/13), S. 120ff. 도 참조. 물론 동부독일의 농업계가 가장 강력한 압력을 행사했다. 여기에 관해서는 1930년 1월에 제국의회와 프로이센 주 의회를 거쳐 힌덴부르크, 제국정부, 프로이센 주 정부에 전달된 다음의 보고서를 참조: Die Not der preußischen Ostprovinzen, hrsg. von den Landeshauptleuten der Provinzen Ostpreußen, Grenzmark Posen-Westpreußen, Pommern, Brandenburg, Niederschlesien und Oberschlesien(als Handschrift gedruckt).

크의 불쾌한 불평이다. 2년 이내에 자신의 자산에 가까지 가게 될 것이고 결단력 있는 반대파를 대표하게 될 것이라고 거의 예언적으로 덧붙임으로써, 힌덴부르크는 베스타르프에 대해서도 사임위협이라는 자신의 옛 수단으로 되돌아갔다. 힌덴부르크가 "차기 정부"를 다만 직업 공무원을 생각하고 있다는 부가적 언급으로써만 스쳐지나간 반면에, 그것은 베스타르프에 이어 마이스너에 의해서도 반의회주의적이고 반마르크스주의적인 것으로 미리 확정되었다. 그것은 특히 프로이센에서의 변화를 이끌어내야만 하고, 이를 통하여 아마도 후겐베르크가 그 편으로 옮겨 올 수 있다는 것이었다. 베스타르프는 다시금 독일민족인민당의 연립정부 참여가 기대될 수 없으나, 힌덴부르크 내각이 아마도 기다리면서 용인되리라고 확신하였다. 그리고 마이스너는 독일민족인민당이 내각을 내면적으로 허용해야 한다는 점과, 만약 이 기회를 놓치고 힌덴부르크가 계속 사회주의적 장관들과 함께 일하도록 강요당하게 되리라는 것을 표현해야만 한다고 다시 한 번 강조하였다.[159]

주인의 충실한 봉직자이자 동시에 훌륭한 격려자로서 마이스너가 이렇게 추진했던 준비는 3월 30일에 중앙당, 바이에른인민당(BVP), 독일인민당(DVP), 민주당(DDP)이 맡은 소수내각에 이르게 되었다. 이 내각의 주목할 만한 특징은 트레비라누스와 실레를 포함시킨 것이었다. 이제 실레는 독일민족인민당 의원직을 그만두었으며, 초기의 어려움이 지나간 후에는 힌덴부르크의 개인적인 개입을 통하여 자신의 농업 강령과 동부지역 지원강령을 관철시키기에 이르렀다. 게다가 예전에 자유보수당원이었던 브레트 교수(Prof. Bredt) (경제당)가 발을 들여 놓았다. 반면에 코이델과의 협상은 이미 3월 28일에 실패하였거나 또는 연기되었다. 그러나 정부구성은 주도자들을 완전히 만족시키

159) 이 장면은 오토 마이스너가(Staatssekretär unter Ebert, Hindenburg, Hitler, Hamburg 1950, S. 185ff.) 정부교체에 대해서 제공하는 변명론적으로 기재된 극히 간결한 묘사의 올바른 모습이 보이게 한다.

지 못하는 듯하였다. 왜냐하면 그뢰너와 더불어 트레비라누스와 실레만 의회의 결속에서 풀려났으나, 7명의 장관은 뮐러 내각에서 넘겨받았기 때문이었다. 적어도 일상적인 원내교섭단체의 대화가 진전되지 못하였다. 그리고 새 정부는 이미 그 첫 선언에서, 힌덴부르크의 절대명령[160] 및 그 조언자들의 구상에서 근거가 제시되었듯이, "대통령제 내각"(*Präsidialkabinett*)의[161] 첫 형식으로 소개되었다. 독일민족인민당도 처음에는 정부선언을 별다른 반대 없이 지나가게 하였다. 그리고 후겐베르크의 일정하지 않는 입장표명은 지속적인 내부분열의 명백한 징후를 제공하였으며, 새 정부와 특히 그 의회 외부의 후원자들은 이 분열로부터 여전히 보다 더 광범위한 우익의 기반을 희망하고자 했다. 비록 이것이 첫 시도에서 부분적으로만 성공적이었음에도 말이다.

특히 상공업에 종사하는 중간계급과 농업을 후원하겠다는 브뤼닝의 약속, 공공행정부문에서 경비절감조치 발표, 위협에 대하여 "비상한 수단"으로 근거를 제시한 "정당정책적인 고려"에 대한 비판 등은 먼저 좌익정당의 반대파와 맞부딪쳤고, 이를 대표해서 브라이트샤이트(Breitscheid)는 정부의 구성방식, 독재를 지향하는 그 반의회주의적 방향, 그리고 실레-힌덴부르크에 의해서 고무된 농업적인 경향 등을 공격하였다.[162] 이와는 반대로 독일민족인민당의 새로운 분열을 노린

160) 명백히 매우 의식적으로 의회와 연립정책에 대한 이 비상한 형식의 투쟁선언에서 퍼뜨려진 브뤼닝의 위탁에 관한 공식적인 통지가 여기에 상응하는 것은 우연이 아니다. 앞의 43쪽 및 Poetsch-Heffter, "Vom Staatsleben" (주 I/131), S. 157f. 를 참조.

161) 이 개념에 대해서는 Horst Hausen, Das Präsidialkabinett. Eine staatsrechtliche Betrachtung der Kabinette von Brüning bis Hitler (Erlangen, 1933)을 참조.

162) Breitscheid, Reichstagsprotokolle v. 2. April 1930, S. 4734 CC. 그의 소박하고 일방적인 평가방식에 특징적인 것은 Wheeler-Bennett (*The Nemesis of Power. The German Army in Politics 1918~1945*, London 1953, S. 224)가 브뤼닝 내각이 "통합되고 훈련된 부가이익"(!)을 지녔다

이 정부에 대한 후겐베르크의 원칙적인 비판은 극히 장황했다. 그는 자신의 당이 사회주의자와 공산주의자의 불신임안을 거부할 것이며, 전국농업연맹(Reichslandbund)과 같이 당에 가까이 있는 경제단체를 방해하지 않겠다는 지혜로운 발표에 만족했다. 비록 그는 농업과 동부가 극히 곤궁한 시점에도 책임지지 않으려 했지만 말이다.[163] 그래서 먼저 그의 절제된 관용으로 정부의 의회활동은 이루어졌으나, 나치당은 타협결의안에 반대하여 "민족적 반대파"의 "제국위원회"로부터 탈퇴함으로써 시위를 하였다.

얼마 후에 브뤼닝은 중앙당 제국위원회의 한 대회에서 사민당의 타협준비성 결여 및 의회주의의 "건전하지 못한 발전"에 대한 비판을 통하여 자신의 정부정책 의도들을 설명했다. 여기서 그는 제국의회를 해산하겠다고 위협하면서 다시금 의회와 민주주의의 회생을 위한 대통령의 비상령 발동권리를 언급하였다.[164] 이어 브뤼닝의 조세안 및 보전

는 점에 오늘날에도 여전히 열렬한 동의를 보내준다는 점이다. 그는 특히 내각에 있는 "옛 전선 전사들"과 7명의 철십자 훈장수상자들을 환영한다. 그리고 그는 ─ 완전히 이 시기의 초당파성의 허구라는 의미에서 ─ 그로부터 그리고 정부의 독립적인 성격으로부터 정부가 연립의 장애물들 및 음모로부터 덜 방해를 받았다고 결론을 내릴 수 있다고 생각한다. 이 브뤼닝식 해결의 숭배자는 이면을 보지 못한다. 여기에 관해서는 특히 Hans Herzfeld, "Das deutsche Heer als geschichtliches Problem", *Zeitschrift für Politik 1*(1954), S. 374ff.

163) Reichstagsprotokolle v. 3. April 1930, S. 4771. 이 회의에 대해서는 Keil(주 I/3), II, S. 385도 참조.

164) 브뤼닝(Egelhaaf, 1930, S. 128f. 에서 인용)은 옛 내각의 취약성에 출발하였다. 그에 의하면 바로 이 취약성이 진정한 개혁조치를 방해하였고, 책임을 점차 정부로부터 당 지도자들에게로 미루었다는 것이다. 그러나 의회의 작업불능으로 제국대통령의 권력이 자동적으로 성장하게 될 것인데, 대통령은 의회가 제대로 작동되지 않을 경우 다른 합헌적인 수단을 갖고 있다는 것이다. 그의 모든 권위는 현재의 내각 뒤에 있으며, 동시에 현 국가의 기반 위에 서고자 하는 우익의 젊은 세력들이 뿌리를 내리기 위해서 시간

안(保全案, *Deckungsvorlage*) 그리고 실레의 농업부문 보호조치들은 각 정당들 및 이익단체들과의 힘든 협상을 거쳐 가까스로 동의를 얻었고,[165] 베스타르프의 지도 아래 있던 독일민족인민당의 다수를 획득할 수도 있었다. 또 베를린의 중앙당 기관지인 〈게르마니아〉(*Germania*)(파펜이 영향력을 보유했다)의 발언에서 브뤼닝-카스 해결책과 유사하게 프로이센 정부의 개편을 위한 노력들도 새로운 추동력을 얻었다.[166] 그사이 중도파와 급진적 우익반대파 사이의 저 재편들, 즉 새 정부가 마지막으로 희망을 걸었던 전선의 완화는[167] 외관상으로는 희망적인 출발을 하였다. 4월 6일에 마라운의 신생 인민민족제국연합(Volksnationale Reichsvereinigung)은[168] 공공집회를 개최하였다. 그에 이어 기독교 사회봉사단의 첫 전국대회가 카셀에서 열렸다. 여기서 주제발표에 나선 뷔르템베르크 주 의회 의원 바우쉬(Bausch)는 현 국가에 대한 충성을 위한 "청년운동"을 호소하였고, 인민보수파 운동과 청년독일기사단(*Jungdo*)으로부터 생겨나게 될 "인민민족적 세력"을 환영하였으나, 동시에 인민봉사단의 "독자적인 길"을 강조하였다.[169] 이

을 갖고, 강력한 정당으로 되기를 원했다. "우리는 우리 역사의 새로운 단계 앞에" 서 있으며, "비사회적"인 긴축을 실행해야만 한다는 것이다. "만약 의회에서 필요한 과제를 충족시키는 데 성공하지 못한다면, 독일 인민은 새로운 선거투쟁에서 결정을 책임져야만 한다."

165) Reichstagsprotokolle v. 12. April 1930, S. 4939ff. ; *Ibid.*, v. 14. April 1930, S. 4993ff. 브뤼닝은 다시 거부될 경우 정부가 "다른 방식으로 그 조치를 관철시키겠다"는 위협으로 맞섰다. *Ibid.*, v. 12. April 1930, S. 4921 A.

166) 개별적인 내용들은 Otto Braun(주 I/5), S. 296ff.

167) Hermann Wentz, "Die Auflockerung der Fronten", *Die Tat* 21, Heft 12 (März 1930), S. 915ff. 여기에 있는 보수파의 재편에 대한 상세한 내용들도 참조.

168) 이 책의 제 1권 265쪽 참조.

169) 뭄이 주재한 이 대회에는 코이델, 베렌스, 하르트비히, 휠저 등이 참여하였다. Schultheß, *1930*, S. 114f.

모든 시도들에는 연합적 이념이라는 의미에서, 그리고 동시에 현 정치의 토대로서 공화제 국가의 결정적 긍정이라는 의미에서 정당제도의 재편에 대한 열렬한 옹호자들이 함께 하였다.[170]

독일민족인민당에서 내부의 위기는 계속되었다. 4월 8일과 9일에 원내교섭단체와 당 집행부는 만장일치로 후겐베르크를 인정하였다. 그러나 계속 연기를 피우던 갈등은 2주 후에 다시 점화되었다. 4월 25일 베를린에서 개최된 집행부 대회에서 다수의 의원들에 대해 격렬한 반대에 나선 당 지도부는 브뤼닝의 조세법에 대한 의원단의 동의를 비판하면서,[171] 브뤼닝 내각에 대한 독일민족인민당의 반대견해를 확인하고, 새로이 "당과 원내교섭단체의 무조건적인 협력 및 결정적인 당 표결에 합심해서 나설 것"을 요구하였다. 그리고 베스타르프는 (당연히 출판되지 않은) 자신의 의사개진에서 "의원단의 표결을 당 의장의 결정에 종속시키는 데" 강력히 항의하면서, 브뤼닝 실험 전체를 비난하는 데는 반대하였다. 또 그는 브뤼닝에 찬성하는 원내의원 다수에 반대하여 소속당의 언론에서("이는 후겐베르크의 강력한 영향력 덕택이다") 그리고 당 관료조직으로부터 맹렬하게 전개된 후안무치한 캠페인에 대하여 자신의 분노를 표시했다.[172] 5월 2일에는 28인의 제국의회

170) 이 의미에서 대략 Adolf Grabowsky, "Das Problem der Parteiumbildung", *Die Tat* 21, Heft 10(Januar 1930), S. 750ff.

171) 베스타르프는 그 직후 작성된 한 메모에서 실제로 4월 14일의 표결 이전에 "베스타르프 그룹"이 있었다는 것을 부인하였으나, 브뤼닝-실레에 동의하는 원내의 다수파가 그에게 4월 14일 저녁에 당 집행부에서 그들을 대표해 달라고 요청했다는 것을 확인하였다. 베스타르프의 중간적 위치는 — 적절하게 위장된 — 표결에 대한 그의 강령적인 입장표명에서 출발한다. Graf Westarp, "Agrarprogramm und Steuervorlagen", *Neue Preußische Kreuzzeitung Nr.* 108 v. 17. April 1930. 또한 베스타르프의 예전 논문 "Das Kabinett Brüning und die Deutschnationalen", *Ibid.*, v. 6. April 1930도 참조.

172) Westarp-Akten: Notizen zur Sitzung des Parteivorstands am 25. April

의원들은 후겐베르크에게 보낸 편지에서 완전한 행동의 자유를 갖기로 한 결정을 강조하였다.[173]

이미 12월에 린다이너가 준비했던 것보다[174] 훨씬 더 큰 분파의 (형성) 가능성은 더 가까이로 움직인 듯했다. 당시 린다이너의 협상에 참여했던 대다수는[175] 여전히 제 4조를 둘러싼 갈등, 3명의 기독교 사회봉사단원의 탈당 그리고 트레비라누스 사건이 제공했던 것과 같은 실질적인 이유들이 탈당을 위해서는 충분하지 못하다는 사실을 확신할 수 있었다. 사람들은 탈당을 염두에 두고는 있었으나, "신생 힌덴부르크 정부에 대한 입장표명이 문제가 될 경우, 시작될 실질적인 의견차이를 그 기회로 이용하고자 했다."[176] 이제 상황이 그렇게 되었다. 실레 프로그램의 배후에 있으면서 정부참여를 밀어붙이는 경제적 이익과 더불어[177] 전술적인 고려사항들도 결별을 재촉했다. 새 정부의 상황

1930. 베스타르프는 이 기회에 독일민족인민당 언론국의 활동 및 원내교섭단체 다수에 반대하는 당 회람문에 대하여 강한 불만을 표시했다. 특히 "신뢰의 배신, … 지도부의 포기, … 당의 성공전망에 대한 태업, 그리고 … 그 위신의 손상"에 관해서 언급한 당 회람문 12a는 후겐베르크의 (4월 18일자) 강력한 지시로 대략 3천 6백 명에게 발송되었다는 것이다. 이 표현들이 당규의 출당조항에서 그대로 발췌된 것이므로, 그것들은 거기에 상응하는 협박이었으며, 계속적인 협력을 문제시하였다. 회람문을 통한 공격은 특히 전국농민연맹에 대해서도 행해졌는데, 이 연맹의 정책이 중도파를 강화시켰다는 것이었다.

173) 베스타르프와 함께 특히 바칠레(Bazille), 드리안더, 코흐, 레오폴트, 린트(Lind), 라데마허, 라이헤르트(Reichert), 리히트호펜(Richthofen), 슐츠-브람베르크(Schulz-Bramberg), 발라프(Wallraf).

174) Westarp-Akten, Private Niederschrift Westarps(앞의 주 130 참조): "… 그는 대략 30명 정도의 이탈자를 추산하였다. 실레와 나의 신속한 설득으로 그들의 이탈을 막는 데 성공하였다."

175) *Ibid.*: 베스타르프는 라데마허, 라이허트, 린트와 "농민들", 슈트라트만과 "프랑켄인들", 드리안더 등을 거명했다.

176) *Ibid.*

과 전권자들이 암시했듯이, 브뤼닝의 노선은 즉시 새로운 선거로 이끌고자 하였다. 그러나 뒤이어 후겐베르크는 어차피 자신의 조직기구들 및 언론기구들을 이용하여 선거구를 체계적으로 조정함으로써 자신에게 무조건 복종하지 않는 모든 의원들의 재공천을 막을 수 있을 것이었다.[178] 대부분의 사람들은 베스타르프의 이러한 비판을 숙명적인 망설임이라고 비판하였다. 실제로 베스타르프의 주저함은 불가피한 단절을 고려할 때 이 일의 수준 및 과정에서 극히 현실적인 자신의 인식에서도 더 이상 근거가 없는 것이었다. 그에게서 문제가 되는 것은 심리적으로나 조직적으로나 올바른 분리시점이었다. 그러나 그가 “진정으로 불가피하게 된 분리에도 불구하고” 신당의 창당대신에 “… 기구와 회사”를 유지하면서, 어쨌든 “우리가 그 기재로부터 가능한 한 많이 얻어낼 수 있는” “동기를 그렇게 선택한 것으로” 간주하고자 했을 때, 그는 이로써 후겐베르크와 분리를 불가피한 것으로 간주한 분리주의자들 사이에서 기약 없는 고립상태에 있었다.[179] 또한 그는 선거구의 동원을 통한 당 지도부의 소속의원들에 대한 압력[180] 및 원내교섭단체

177) 변절한 “더러운 정치가들”(*Speckpolitiker*)에 대한 광적인 후겐베르크 캠페인은 특히 이 동기들을 공격하였다. 예컨대 Deutschnationales Rüstzeug, Nr. 16(Berlin, 1930), S. 78, S. 17; Neumann(주 I/104), S. 64.

178) 라데마허의 경우가 그랬다. Westarp, Westarp-Akten. 아래의 주 184에 인용된 메모에서 베스타르프는 특히 당 본부 및 언론부서에서(*Deutsche Zeitung*과 전독일연맹 계통의 신문들) 후겐베르크 주변인물들의 활동을 강조한다.

179) 그래서 발라프는 “정부가 우리에게 특히 후겐베르크와의 실질적인 갈등이 발생하는 기본적인 표결을 위한 계기를 제공해주기를” 원했다. Westarp, *Ibid*.

180) 아래의 주 184에 인용된 메모에서 베스타르프는, 자신이 원내의원 다수에 반대하는 후겐베르크의 조치들을(4월 14일) 의원의 양심, 선거구, 그 뒤에 있는 여러 주변집단 그리고 다른 정당들에 대하여 그가 지고 있는 책임에 대한 독단적인 억압이라고 비판하였다. 그러나 그는 특히 후겐베르크의

다수에 대한 당 의장의 실질적인 거부권 — 늦어도 4월 25일 이후에 있었던 것처럼 — 이 꾸준히 커졌고, 그리하여 의장이 곧 원내교섭단체를 완전히 통제하게 되리라는 자신의 인식과도 갈등상태에 있었다.

물론 베스타르프의 전술적인 고려와 염려가 전혀 부당하지는 않았다는 것은 곧 드러나게 될 것이었다. 그러한 고려와 염려는 브뤼닝이 25명에서 30명에 달하는 변절자들로 구성된 새로운 원내교섭단체를 통해서 보다는 오히려 원내교섭단체 내부의 의원활동을 통하여 후겐베르크에 반대할 수 있다는 데로 나아갔다. 그리고 여기서 변절자들은 (당에 여전히) 남아 있는 사람들로부터 정부를 위해서 단 한 표도 얻을 수 없을 것으로 생각되었다.[181] 다른 한편에서는 이제 실레도 신당창당을 강력히 추진하였다. 그는 이미 4월 25일 이전에 베스타르프에게 "후겐베르크의 제거를 무엇보다도 우선적으로 추진해야 할 목표라고 지칭하였으며, 자신이 흔히 예상되는 대로 제때에 달성할 수 없는 경우에 대비해서, 농민당과 불가피하게 등장하게 될 새로운 농민연맹을 다시 조직으로 묶어내는 일에 독일민족인민당보다 더 일찍 성공할 수 있는 보수인민당 계획을 발전시켰다."[182] 그러나 중공업 출신의 라데마허, 라이허트, 레오폴트 등이 참석한 가운데 4월 28일 실레의 자택에서 가졌던 회동에서도 베스타르프는 재차 현 상황에서 새로이 창건된 당의 취약한 위치를 언급하였다. 그를 지지하는 농민단체의 의장들도 4월 26일에 그에게 당 조직의 대부분을 동시에 넘겨받는 데 성공하게 될 것임을 설명해야만 했다.[183] 그래서 결정은 계속 연기되었다.

기구가 다가오는 선거에 비춰볼 때 선거구에서 그들의 지위를 체계적으로 파괴한다는 여러 의원들의 인상을 공유하였다. 왜냐하면 그들은 "정치적 전술과 방법 면에서 후겐베르크와는 다른 관점을 대표했기" 때문이었다.

181) Westarp, *Ibid.* : "우리가 의원단에 남았더라면, 4월 12일과 14일과 같은" — 4표와 6표 — "다수는 달성될 수 있었을 것이다."

182) *Ibid.*

183) Westarp, *Ibid.* "4월 25일에 빙클러(Winckler)와 크리스(Kries)를 제외한

반면에 이제 적어도 후겐베르크가 〈크로이츠차이퉁〉(*Kreuzzeitung*)에[184] 손을 뻗치지 못하게 하려고 했던[185] 베스타르프는 항상 새로운

지역단체의 의장들인 고슬러(v. Gossler), 그라프 슐렌부르크(Graf Schulenburg, Filehne), 치체비츠(Zitzewitz), 발도브(Waldow), 마이어(Meyer, Magdebrug), 옌취(Jäntzsch, Dessau), 베젠펠트(Wesenfeld) 등이 우리와 같은 생각이었다. 나는 26일 저녁에 미쳐(Mitscher)의 집에서 그들 중 몇몇에게, 만약 단절이 불가피하다면 그들이 당 기구와 함께 넘어올 것을 제안했다. 고슬러는 최대로 잡아 5~6개의 크라이스에 대해서는 그것이 가능하다고 설명했다. 치체비츠는 폼머른이 전반적으로 (분위기가) 성숙해 있지 않아서 찢어질 것이라고 생각했고, 마이어는 단절을 피하자고 부탁했다. 그의 지방단체에서도 다수가 후겐베르크를 지지하고 있다는 것이었다. 베젠펠트만 나의 질문에 긍정적으로 답했다."

184) 여기에 대한 한 가지 사례는 마찬가지로 1930년 5월 초에 작성된 제 2차 메모(Westarp-Akten, Niederschrift über Vorgänge in Partei und Fraktion April 1930)인데, 베스타르프는 이것을 리히트호펜, 자이들리츠-알버스도르프(Graf Seydlitz-Albersdorf), 그리고 특히 〈크로이츠차이퉁〉의 푀르취 예비역 소장에게 보냈다. 여기서도 베스타르프는 자신이 후겐베르크에 반대하는 한 파벌의 지도자로서 자신의 지위를 회복하려 한다는 비난에 반박하면서, 후겐베르크의 방법과 정책에 대한 반대는 원내교섭단체에서 자신의 관여 없이 형성되었고 현재의 분열위험으로 나아갔음을 강조한다. "이것은 고려되어야만 하고 또 내가 항상 완화시키려고 시도하고 있는 사실이다." 그리고 여기서도 베스타르프는 문제점들에 대한 주목할 만한 명확한 인식을 단호한 타협분위기와 관련시킨다.

185) 이 잡지는 트레비라누스나 후일 파펜의 추종자에게 가까운 잡지 *Der Ring*과 마찬가지로 먼저 후겐베르크와의 당 독재와의 갈등 속에서 이미 보수인민당의 노력들로 기울어진 듯했다. *Ring*의 글라이헨은 베스타르프에게 보낸 한 편지(Westarp-Akten, 8. April 1930)에서 트레비라누스와 가졌던 대화에 관해서 전해주었다. 그에 의하면 트레비라누스는 한때 후겐베르크의 기구들을 과소평가하였으나, 이제는 내각의 우파에 대한 보다 더 강력한 후원을 지지하고, 〈크로이츠차이퉁〉의 육성(물론 푀르취에 반대하여)에 동의하며, 경제적 이유에서 *Ring*과 〈크로이츠차이퉁〉 사이의 적합한 협력을 허가한다는 것이다. 마치 식자공의 파업(*Setzerstreik*)에 즈음하여 협력이 이루어졌듯이 말이다.

공격으로부터 자신을 지켜내야만 했다.

그사이에 전반적인 정치상황이 발전되어, 초기에 불리하지 않았던 정치세력의 정세는 브뤼닝에 불리하게 바뀌어 갔고, 오래전부터 예상되었던 의회민주주의의 위기에 이르게 되었다. 의회민주주의의 위기가 유권자들에게서 그리고 정당들과 압력단체들 사이에서 야기한 운동은 나치의 권력장악에 이를 때까지 더 이상 안정되지 못하고, 공화국의 해체를 본래 경제주기적인 가능성에서 구조적인 실제로 되게 할 것이었다.

제2장

권위주의 국가로 가는 길목에서

1. 각 정당의 입장표명

힌덴부르크의 명백한 소망에 따라 우익으로 지향된 새 정부는[1] 소수파 내각이었다. 그렇지만 그 의회적인 전제조건들은 처음에 유리하게 전개될 듯이 보였고, 따라서 예정되었던 의회 외적인 수단의 도입은 위협에 머물 수 있었다. 여기에 결정적인 것은 독일민족인민당 입장의 새로운 발전이었다. 후겐베르크가 전면적으로 요구했듯이, 만약 원내교섭단체들이 1930년 4월 3일과 4일에 공산당, 사민당, 나치당의 브뤼닝에 대한 불신임안에 가담한다면, 농업출신 의원들의 대다수가 가담하지 않으리라는 것은 확실한 것으로 간주될 수 있다. 동일한 사실은 베스타르프의 당시 견해에 따르면 4월 12일과 14일의 표결에서도 그대로 적용되었다. 대규모 농업조직들은 거의 만장일치로 실레의 프로그램을 지지하였다. 또한 기업진영 출신의 일부도 원내교섭단체의 관용투표에 찬성하였다. 그러나 제국의회의 해산은 이 시점에 다양

---

1) 기독교 노동조합 출신으로 브뤼닝의 은사이자 그의 노동부장관이기도 했던 슈테거발트도 남긴 편지에서 다음과 같이 썼다. "힌덴부르크는 1930년 이후 노선을 '우측으로' 돌리고자 했다." 인용은 Josef Deutz, *Adam Stegerwald. Gewerkschaftler, Politiker, Minister 1874-1945. Ein Beitrag zur Geschichte der christlichen Gewerkschaften in Deutschland*(Köln, 1952), S. 132.

한 지역별 기호로의 분열로, 수많은 의석들뿐만 아니라, 독일민족인민당의 농업부문 기반의 상실로 이끌었을 것이다.[2)]

실제로 후겐베르크는 처음부터 제국의회의 해산공작을 벌였다. 이미 브뤼닝 정부의 승인에 앞선 논쟁에서 그의 지지자는 "사회민주주의자들에게 선동적으로 그들의 정부활동에 대한 책임으로부터 회복할 수 있는 시간을 허용해서는 안 된다"는 구실로 원내교섭단체에 이를 설명하였다. 실제로 후겐베르크에게 중요한 것은 독일민족인민당의 탈당그룹 및 새로운 분열을 재조직하는 데서 기선을 제압하는 것이었으며, 이 의도는 4월 3일 이후 결코 포기되지 않았다.[3)] 브뤼닝 내각의 예산안 및 보전안을 둘러싼 투쟁은 새로운 선거의 전반적인 정치적 위험성을 고려하지 않고, 베스타르프파의 계속된 경고에도 불구하고 추진된 당내 노력의 영향 아래 있었다. 이 투쟁은 5월과 6월 사이에 국내정치무대를 지배하였으나, 7월 16일의 결정적 표결이 있을 때까지 결정되지 못했다. 왜냐하면 브뤼닝을 후원한 베스타르프 그룹은 수적으로 변동이 심했고, 또 항상 후겐베르크의 부분적인 양보에 기대를 걸었기 때문이다.

부침이 심한 우파의 상황은 극히 혼란스러웠다. 가장 중요한 새로운 그룹은 기독교 민족 농촌주민당(10명), 새로운 인민보수연합(8명), 기

---

2) *Westarp-Akten*: 2. Niederschrift Westarps über "Vorgänge in Partei und Fraktion"(주 I/181). 베스타르프는 특히 농업회의소(Landwirtschaftskammer)와 전국농민연맹을 지칭하는데, 후자의 중앙집행부는 처음에 거의 모든 지방단체들과 함께 실레를 지지하였다.

3) *Ibid.*: "당 의장이 4월 3일 불신임안을 거부한 후에도 해산의 즉각적 실행이라는 생각의 명백한 포기는 표명되지 않았고, 원내 다수파의 구성원들은 전반적으로 원내 소수파가 조세의 거부를 통해서 부활절 이전에 해산을 실행하기로 한 계획을 확정하라는 압력을 받고 있었다." 후겐베르크의 변명이 오늘날 참작되고, "후겐베르크와 오버포렌의 지도 아래서" 공산당-사민당이 제출한 불신임안에 대한 거부가…"브뤼닝 내각을 구했다"는 것은 기이한 일이다. Hugenbergs Ringen(주 I/6), S. 10f.

독교 사회봉사대(4명)의 의원들로 구성된 기독교 민족연합(Christlich-nationale Arbeitsgemeinschaft)이었다. 1월 28일에 있었던 첫 대중집회에서 인민보수주의자들은 정치적으로 부정적인 교조적 정당을 넘어서 보수세력의 결집을 요구하였고(트레비라누스), 토리 민주주의의 이상을 선언하였다(회취). 나머지 연사들도 — 람바흐, 에드가 융(Edgar Jung), 게레케(Gereke), 클뢰네, 슐랑에-셰닝엔 — 정당제도의 개혁을 지지하였으나, 현행 헌법의 기반 위에 서 있었고, 그것의 "기독교적 · 보수적인 의미에서의 지속적인 발전"을 위하여 일하고자 하였다.[4)]

몇몇 지방단체들이 베스타르프, 발라프, 드리안더의 출당조치를 요구함으로써 폭풍이 휘몰아쳤던 4월 25일의 당 집행부 대회 이후에도 독일민족인민당은 평온을 회복하지 못하였고, 강력한 "중도의 국가정당"에 대한 진지한 노력으로 여러 정당의 경연장 중심부 또한 변화에 빠져들었다. 청년독일기사단의 새로운 정치활동은 여기에 속했다. 빌리 헬파흐(Willy Hellpach)의 항의는 또 하나의 징후적인 사건이었다. 그는 자신의 제국의회 의원직을 사퇴하고 독일민주당의 당 지도부에서 물러남으로써 보수인민당을 포함한 대규모 부르주아 정당에 대한 지지를 보여주고자 하였다. 이는, 실레의 농업정책을 확정한 내각에 디트리히(Dietrich)가 잔류한 것에 대한 항의의 목소리가 커진 이후, 특히 독일민주당의 "좌익적인 경향"에 반대한 것이었다. 헬파흐는 5월 초에 이 문제를 다루었던 민주당 당위원회의 할레(Halle) 대회에서도 반소유 부르주아 청년독일기사단의 프로퍼갠더와 마찬가지로 거의 동의를 얻지 못하였다. 결국 당은 내각참여를 확정하였다.[5)]

독일인민당은 이미 3월 22~23일의 당대회(마인츠)에서 신임의장 숄츠(Scholz)가 힌덴부르크에 대한 신뢰를 표명할 때 대통령이 중심이 된 정부형성을 미리 재가하였고, 한 집회의 호소에서 독일인민당과 함

---

4) Schultheß, *1930*, S. 10ff. 호소문은 *Germania*, Nr. 45 v. 28. Januar 1930.

5) Schultheß, *1930*, S. 120f. ; S. 59도 참조.

께 긍정적이고 국가를 유지하는 정치활동을 하고자 하는 모든 부르주아 정당들에게 보다 더 밀접한 결속을 요구하였다. 숄츠는 반공화주의를 애국보다 상위에 설정하는 독일민족인민당의 복고적인 경향에 대한 비판을 "중도파 그룹, 중앙당, 민주당, 바이에른인민당이 현존하는 국가를 긍정함에서 우리와 일치한다"고 인정하는 것과 관련시켰다. 그는 흑적황보다는 사민당의 흑-적-황색 반자본주의보다는 적색 반자본주의에 더 반대하였으나, 사민당에 반대하거나 또는 사민당 없이 지속적으로 통치한다는 것이 가능하지 않다고 굳게 믿었다.[6] 먼저 독일민주당, 경제당, 보수인민당 그리고 청년독일기사단과의 대화에서 추진한 대규모의 의회 작업공동체를 위한 노력은 거의 성과를 보여주지 못하였다. 그리고 동시에 경제위기의 심화는 독일인민당에 가까이 있는 고용주 단체들을 자신의 이익정책적인 태도에서 더욱 경직시켰으며, 예전의 "중앙노동공동체" 정신에서 노동조합이 새로이 제안한 중재시도들은 이제 더 이상 어떠한 성과도 이루지 못하였다.[7]

브뤼닝 내각에서 다시금 중요한 정당으로 된 중앙당에게도 상황은 문제가 없지 않았다. 5월 11일 베를린에서 개최한 당의 프로이센 지부 회의는 사민당과의 연립을 포기하고 프로이센 연립관계의 통폐합(*Gleichschaltung*)을 제국 측으로부터 재가받는 데 찬성하지 않았다. 또한 제국의회 원내교섭단체 소수파의 명백한 바람 및 브뤼닝과 카스가 사민당과의 협력 노력에 대하여 적어도 프로이센에서 유지되었던[8]

---

6) *Ibid.*, S. 83ff.

7) 그들은 중앙노사공동체의 창건자에 관한 자료를 제공했다: v. Raumer, "Unternehmer und Gewerkschaften"(주 I/19), S. 434.

8) 여기에 관해서는 *Westarp-Akten*: Brief Westarps an Eisenhart v. 23. August 1930(Antwort auf dessen Brief v. 20. August 1930). 베스타르프는 브뤼닝과 카스가 프로이센 사민당의 해체를 추진했으나, 프로이센 원내교섭단체(대표는 헤스)와 제국의회 원내교섭단체 좌파에 의해서 제지되었다는 것을 확인시켜 주고 있다. 그는 이 문제가 심리적으로 후겐베르크의 처

접촉이 브뤼닝 정부의 존속 및 최대의 정당에 의한 정부의 용인에 엄청나게 중요하다는 것을 보여주어야만 했다.

새로운 정부에 대한 사민당의 입장표명은 이미 현저한 딜레마에 빠졌다. 그것은 특히 사회정책을 둘러싼 반대구호들과 의회체제의 존속을 둘러싼 염려 사이에서 전반적으로 방해를 받았다. 헤르만 뮐러의 의지와는 상반되게, 당이 극적으로 대연립에서 탈퇴하였다. 또한 뮐러는 브라운이나 힐퍼딩과 마찬가지로 브뤼닝에 대한 불신임안에도 참여하지 않았다. 반대파들은 일시적인 부분승리를 달성했다. 그러나 당은 다만 현저한 불확실성과 더불어 보다 더 나은 지식에 반대하여 계략을 쓸 수 있게 하는 상황에 있을 수 있었다. 이제 사민당은 정부가 패배할 경우 자신이 한편에서는 공산당과 함께, 다른 한편에서는 후겐베르크 그룹 및 나치당과 함께 전반적으로 취약한 시민블록에 맞서게 될 비상령 시대를 염려해야만 했다. 격렬한 언론논쟁도 사민당이 중앙당 및 독일민주당과 제국기치 및 주 정부들, 특히 프로이센에서의 연결을 통하여 더욱 복잡해진 사민당 입장표명의 내적인 문제점들에 대해서는 속일 수 없었다.[9)]

공산당의 입장은 여전히 명백히 부정적이었다. 공산당은 연초에 "혁명적 투쟁영역"으로의 진입을 선언하였다. 공산당의 발표에 따르면 여

방에 따른 거친 "선동적 논리"를 통해서가 아니라, 제국 중앙당 정책의 후원을 통해서 해결될 수 있었다는 점을 강조한다. 너무 과소한 평가를 받았던 헤스의 중요성에 대해서는 Leo Schwering, *Deutsches Monatsblatt* (Febr., 1957), Rheinische und Westfälische Ausg., S. 5를 참조.

9) 1930년 4월 16일 율리우스 레버(Julius Leber)가 뤼벡의 사민당 집회에서 정부로부터의 탈퇴를 동반한 신랄한 비판을 참조. 연정으로부터의 탈퇴는 실업자에 도움을 주지 못했고, 민주주의에 손상을 주었으며, 1928년의 유권자들의 의지에도 상응하는 것이 아니라고 주장하였다. "우리는 앞으로 제국과 공화국에서 권력이 의미하는 바를 훨씬 더 수미일관되게 알아야만 합니다. 또한 우리는 민주주의의 견고함에 더 많은 주의를 기울여야만 합니다" (Leber, 주 I/37, S. 64f.).

기서는 실업자의 대중운동이 특히 사민당이라는 "사회적 파시스트들"의 억압시도에 맞서야 하며, 당은 필요할 경우 "지하"활동을 위하여 무장했다는 것이었다. 에른스트 탤만(Ernst Thälmann)은 대연립이 붕괴되기 오래전에 이미 진단을 단순화시키고 "독일에 파시즘이 지배하고 있다"고[10] 선언하였다. 그는 이제 명령을 수령하기 위하여 모스크바로 향했으며, "노동자의 해방, 프롤레타리아 독재와 자본주의 전복을 위한 최종투쟁", "우리의 사회주의 조국인 소련을 방위"하기 위하여, "사회적 파시즘에 대한 투쟁을 위하여" 그리고 "독일과 세계의 혁명"을 위하여 라는 구호를 갖고 귀환하였다.[11] 그렇지만 처음에는 전혀 이렇다 할 행동으로 나아가지 못했으며, 새로운 정부에 대한 투쟁에서도 의회민주주의의 모든 선언에 반대하는 기본입장이 이렇다 할 변화를 겪지도 않았다.

경제적·정치적 상황에 대한 깊은 불만은 공산당보다 나치당에게 훨씬 더 유리했다. 나치당의 상승은 즉각 가시적으로 사민당의 축출하고 중도우파의 지탱가능한 연립을 안정시키려던 힌덴부르크-브뤼닝 계획의 파탄을 의미했다. 이미 후겐베르크의 국민발의를 위한 선동은 당에 위신과 추종자들뿐만 아니라 점차 "이행정책"에 불만을 품은 경제계의 재정적 후원까지도 얻게 되었다.[12] 또 정치적 관찰은 여론연

---

10) *Reichstagsprotokolle* v. 11. Februar 1930, S. 3940.

11) Ernst Thälmann, *Rede auf dem Reichsjugendtag in Leipzig*, *Die Rote Fahne* v. 23. April 1930, abgedr. Ernst Thälmann, *Kampfreden und Aufsätze*, hrsgg. von der KPD (März 1932), S. 63ff.

12) 여기서 보다 더 정확한 정보를 파악하기는 매우 어렵지만, 확실한 것은 경제공황의 발발 및 히틀러가 "민족적 반대파"로 편입되면서 티센이나 키르도르프 같은 대기업가들에 의해서 오랫동안 이루어졌던 나치당의 재정적 후원과 더불어 새로운 사료들이 이용가능하게 되었다. 여기에 대해서는 Heinden (주 I/16), S. 260; Fritz Thyssen, *I paid Hitler* (New York, 1941), S. 129ff.; 종합적인 것으로는 Hallgarten (주 I/16), S. 222ff.; Bullock (주 I/126), S. 154ff. 여기서 불록은 뉘른베르크 재판의 결과들, 특히 풍크

구 및 선거분석 수단, 즉 나치팽창의 방식, 속도, 방향에 대한 충분한 인식을 전달해 주는 수단을 사용하지는 않았다. 아마도 힌덴부르크의 조언자들도, 브뤼닝 자신도 그 계획을 관철시키기 위해서 의회 다수관계의 전복을 감수하지 않았을 것이다. 이 전복은 전반적으로 여전히 활동능력과 연립능력을 갖춘 옛 제국의회의 파괴에 뒤이었다. 적어도 여러 지역 선거의 결과들은 이 운동을 매우 분명하게 알려준다. 이 운동은 독일민족인민당의 약화와 중도정당의 감퇴에 모든 주에서 나치당의 놀라운 성장을 대비시켰던 반면에, 공산당도 부분적으로 사민당을 제물로 삼아 득표를 증대시킬 수 있었다. 이 경향은 1929년 12월 8일의 튀링엔의 주 의회 선거에서 처음으로 명확히 나타났다. 여기서 나치당은 (득표율을) 11.3% (1927년에 4.6%)로 증가시켰고, 프릭을 그 최초의 "공화정" 장관에 앉힐 수 있었다. 1930년 6월 작센의 선거에서 사민당은 (기존의 지지율을) 계속 유지할 수 있었다. 그 대신 특히 독일민족인민당과 독일인민당은 14%로 상승한 나치당에 패하였다.

(Funk)의 증언을 평가한다. 그러나 나치적 현상의 한 가지 요소만이 이와 관련된다. 게다가 이 요소는 주로 사회적 수준에서가 아니라, 조직적 · 선전 선동적 수준에서만 영향을 미쳤다. 사료비판의 뒷받침을 받지 못한 이질적인 기사 또는 이차적인 인용의 편집으로 "파시즘"의 해석, 즉 히틀러를 완전히 중공업의 권력욕의 산물로서 설명하는 해석을 세우려는 시도는 순진한 것이다. 여기에 속하는 것으로서 특히 학문적으로 가치가 없는 논쟁저작: Albert Norden, *Lehren deutscher Geschichte. Zur politischen Rolle des Finanzkapitals und der Junker* (Ost-Berlin, 1947), S. 88ff.; 극히 일방적이고 기반이 취약함에도 불구하고 많은 정보를 제공하는 것으로서: Fritz Klein, "Zur Vorbereitung der faschistischen Diktatur durch die deutsche Großbourgeoisie (1929-1932)", *Zeitschrift für Geschichts-wissenschaft* 1 (1953), S. 874ff. (Ost-Berlin). 클라인의 주 15는 이런 류의 연구의 선동적인 부주의에 대한 훌륭한 사례를 제공한다. 여기서는 키르도르프가 나치당에 제공한 금액이 서독마르크〔sic!〕로 "계산되어" 있다. 보다 더 상세한 내용은 아래의 267쪽 이하를 참조.

말하자면 발전은 분명했고, 1930년 6월 이후 공개적인 경쟁관계로 등장한 나치당과 철모단 사이의 절교는 "민족적 반대파" 내부의 점증하는 긴장을 표현한 것이었다. 거기서는 우익으로의 힘의 이동이 명확해졌다. 이러한 이동은 분열된 독일민족인민당의 가시적인 위축과정에 상응하였으며, 이미 "보수적 개혁" 계획들, 즉 브뤼닝 시대의 이 기본적인 구상의 구체적인 기반을 빼앗아 갔다. 국내정치적인 권력경향의 주목할 만한 관찰은 본래 새로운 선거결정의 시작과 결과에 대한 어떠한 의문도 허용하지 않았다. 문제는 정부가 이 사실과 어떻게 대면하고, 경제적 사회정책적인 고려를 넘어서 어떠한 정치적 조치들을 거기에 대응시킬 것인가라는 것이었다.

2. 브뤼닝과 제국의회의 결별

새 정부가 주목한 첫 번째 것은 대연립을 붕괴시키는 데 결정적이었던 제국의 재정문제였다. 마지못한 조치들, 임시변통, 한 해 예산의 엄청난 결손액을 다음 해로 연기시키는 등으로 경제위기의 재정기술적인 영향들은 실업보험금의 보조금 수요증가가 직면하게 된 조세수입의 감소가 이미 파탄을 초래한 듯이 보일 정도로 심화되었다. 몰덴하우어는 또 한 차례의 조세인상을 피할 수 없었다. 그의 조치들은 정부참여정당들 내부와 외부에 있는 관련 경제부문들 및 이익단체들과의 힘겨운 줄다리기 속에서 처음에는 적어도 제한적으로 의회의 승인을 얻을 것으로 보였다. 제국예산의 균형에 대해서는 말할 수 없었다. 그사이 좌파의 항의는 농업관세의 인상에 반대하는 것이었다. 농업관세는 농업 자체의 위기를 완화시키기는 하겠지만, 동시에 소비자의 상황을 악화시키고 이로써 경제위기의 핵심문제인 일반적인 판매난을 더욱 높이게 될 것이었다. 자유주의 측으로부터의 비판도 강화되었다.[13] 게다가 중도정당과 우익정당에서는 농업이익과 산업이익 사이의 오랜 대립이 있었다.

뒤늦게 상정된 1930년 예산을 둘러싼 의회의 투쟁은 5월 2일에 첫 독회를 개최함으로써 시작되었다.[14] 몰덴하우어는 1929년의 적자액 및 새로 크게 늘어난 부담액을 언급함으로써 투쟁을 시작하였다. 그의 (재정) 재건계획은 "경제"의 부담축소, 특히 자본형성의 추동력으로서의 즉각적인 조세인하에서 출발하였다.[15] 물론 동시에 예산이 예정된 형식으로도 균형적으로 유지될 수 없다는 것이 증명되어야만 했다. 실업보험의 수요증가가 다시금 가장 강력하게 영향을 미쳤다. 여름의 첫 몇 달 사이에도 실업은 본래 계산하였던 평균을 훨씬 상회하였다. 반면에 늘어난 지출은 여전히 — 뮐러내각의 붕괴 이후 연기된 — 사회보험 부담금 인상을 통해서 만회되지 못하였다. 실업보험청(Reichsanstalt für Arbeitslosenversicherung) 이사회는 다양한 개선계획과 긴축계획에도 불구하고 (당시 사민당이 요구했던) 약 0.5%가 아니라, 약 1%의 부담금 인상이 불가피하다고 명확하게 선언하였다. 동시에 조세의 감소는 꾸준히 계속되었다. 이미 5월 30일에 몰덴하우어는 예산위원회에서 1926~1929년의 체납액에 대하여 약 7억 마르크의 새로운 적자를 계산해야만 했고, 긴축계획은 이제 정부의 고려에서뿐만 아니라 정치적 논의에서도 제국군대 예산으로까지 확산되었다. 장갑차 B의 새로운 건조는 이미 5월 23일에 우파의 반대로 거부되었고, 제국군대 예산은 격렬한 논의의 대상으로 되었다. 6월에는 조세인상에 대한 정부

---

13) 당시의 논평: Gustav Stolper: "Resignation", *Der deutsche Volkswirt* 4 (1930), S. 1071 (9. Mai 1930); "Planlosigkeit", *Ibid.*, S. 1179 (30. Mai 1930); "Notprogramm", *Ibid.*, S. 1255 (13. Juni 1930).

14) *Reichstagsprotokolle* v. 2. Mai 1930, S. 5013ff.

15) Gesetz zur Vorbereitung der Finanzreform v. 28. April 1930, *RGBl.* (1930), I, S. 145f.

의 새로운 제안과 더불어 일정한 봉급수령자의 "제국보조금"[16]에서 긴급구제세 사상(*Notopfergedanken*)의 재수용을 가져왔다.

특히 관련된 중간계급에서 그러한 조치들에 대한 저항은 눈에 띄게 증가하였으며,[17] 논쟁은 마침내 임금구조와 가격구조 사이의 논쟁적 관계와 관련하여 독일인민당과 그 재무부장관 몰덴하우어 사이의 심각한 의견차이를 낳았고, 그의 퇴진으로 이끌었다. 긴급세가 거부된 후 그는 자신의 원내교섭단체와 새로운 협상을 시작하였다. 그렇지만 독일인민당의 산업계파는 일반적인 임금감축을 이끌어 내기 위하여 장기적인 임금협정의 폐지에 관한 법을 요구하였다. 몰덴하우어는 이를 거절하였으며, 이 계파는 그의 해임을 요구하였다. 원내교섭단체의 결의 이전인 6월 18일에 그는 장관직을 물러났다.

이제까지 경제부를 관리했던 후임자 헤르만 디트리히(Hermann Dietrich) 아래서도 이러한 발전에서는 전혀 변화가 없었다. 6월 말에 있었던 슈테거발트, 브뤼닝, 디트리히 등 장관들의 연설은 경제정책·재정정책·사회정책적인 상황의 이미지를 더욱더 어둡게 보이게 하였다. 외국자본 유입의 급격한 감소, 자본의 해외도피, 그리고 한편으로 단기적으로 주어졌으나 장기적으로 투자되었던 대부금 및 차용금의 회수와 다른 한편으로는 꾸준히 증가하는 사회적 부담금 등은 딜레마를 심화시켰으며, 정부의 견해에 따르면 바로 오직 모든 영역에서 엄격한 조치들만이 이 딜레마로부터 벗어나게 할 수 있을 것이었다. 정부는 좌익정당으로부터 이제 자신이 — 흔히 기대하였듯이 — "자본을 형성하는" 경제에 반대한 것이 아니라, 사회적 지출의 증가에 반대하였다는 의심을 사게 되었다. 그러나 같은 시기에 반대 측은 이러한

16) 〔역주〕 Reichshilfe: 실업보험의 재정을 건전하게 하기 위하여 1931년 3월 말까지 모든 정규직 피고용인의 봉급에서 2.5%를 일률적으로 징수한 일종의 특별세금.

17) 특히 자유주의자들의 저항에 대해서는 앞에 인용된 Stolper의 논문을 참조.

"사회반동적인 노선"이라는 비난에 대하여 정부의 "강제 경제적인" 조세정책 및 자본정책에 대한 비판으로 맞섰다. 그들의 요구는, "과다한 요소비용"이 가격과 임금을 행정적으로 과도하게 확정했다는 점에 있는 한, 그것의 제거를 겨냥한 것이었다.[18]

그러나 브뤼닝의 독자노선은 점차 국내정책이 복잡해졌음에도 불구하고 "가차없는 재정개혁"에 지향되어 있었으며, 그는 모든 다른 문제들을 이 문제보다 하위에 두었다. 여기서 재정위기, 불황, 실업, 정치적 급진화, 그리고 민주주의의 의회적 난관 등의 해결책, 즉 학문적인 철저함과 엄격함을 추구하는 유일하게 올바른 해결책이 있었던 이 "전문가"는 경제적으로는 디플레이션이라는 긴축프로그램에, 정치적으로는 분열된 의회를 관대한 동의로 나아가도록 강제하면서 그가 권위주의적으로 처리한 배제에 영향을 미쳤다.

엄격한 재정제안들은 7월 3일에 제국상원[19]을 통과하였고, 제국의회에서도 집권중인 중도정당들 사이에 타협이 불가능하지 않아 보였다. 그러나 결정권을 쥐고 있음에 틀림없던 우익에서 전선의 더욱 분열되어 있었다. 7월 7일에 시작된 제국의회의 심의에서 독일민족인민당의 원내대표인 오버포렌은 모든 조세개혁안을 반대하였다.[20] 동시에 다른 한편에서 사민당의 헤르츠는 긴축정책이 전혀 충분하지 못하

---

18) 대략 다음의 비판을 참조: Alexander Rüstow, "Selbstkostensenkung, Lohnabbau und Preisabbau"(11. Juli 1930), *Der deutsche Volkswirt* 4 (1930), S. 1403. 이 비판은 단체협약에 연동된 임금과 보수, 조세와 공공요금, 독점적 가격, 과도한 관세정책 등의 지나친 강조에 반대한다. 여기서 위기는 시장에 연동된 과도한 관료제적 경직성에 기인한 것으로 설명된다. 여기에 관해서는 Mühlich(주 I/37a), S. 59ff.; Grotkopp(주 I/12), S. 19ff.

19) 〔역주〕 Reichsrat: 바이마르 헌법에서 독일제국을 구성한 각 연방주 대표들로 구성된 대의기관으로 특정의 연방주 대표가 전체 구성원의 40%를 초과할 수 없었음. 오늘날 Bundesrat과 비슷한 성격.

20) *Reichstagsprotokolle* v. 7. Juli 1930, S. 6204f.

다고 비판하였다.[21] 예산위원회가 논쟁을 계속하자, 브뤼닝은 의회에 실업보험을 보전하기 위한 추가조치들을 제안하였다. 그러나 그는 사민당 반대파가 더욱 강경해지는 것을 막을 수 없었다.

그래서 결정적인 표결이 다가왔다. 그 출발점은 극히 불확실한 듯했으나, 브뤼닝이 전혀 정치적 대안을 고려하지 않았고, 특별한 재정정책·경제정책적인 고려와 같이 자신의 정부구성에 영향을 미쳤던 본래의 구상들을 고수하였다. 그는 자신의 구상들을 여러 차례의 선언을 통하여 국내정치적인 결과에 상관없이 "모든 합헌적인 수단들을 동원하여" 관철시키고자 하였다. 제국의회의 배제와 해체에 직면한 모든 민주적인 정당들의 경고와 염려, 명백히 저돌적으로 성장하는 나치적 급진주의의 파괴적 선동에 대한 언급, 경제위기의 영향으로 독일무대의 흥분과 무분별이 반영된 새로운 제국의회의 완전한 활동불능에 대한 두려움, 이 모든 것들은 브뤼닝의 사고와 계획 속에서 가차없는 정부령을 통하여 자신의 재정경제적 계획을 관철시킬 수 있는 가능성들과 계획들의 배후로 밀려난 듯했다.[22]

이미 7월 16일과 18일의 결정적인 표결이 있기 전에 정부에 대한 의회의 후원이 충분하지 않을 것이고, 또 독일민족인민당을 끌어들일 수 있으리라는 희망도 제대로 실현될 수 없으리라는 것은 분명해졌다. 제국의회가 여전히 분명한 공화주의의 다수를 보유하였고, 브뤼닝의 우익연립 계획들이 이러한 사실에 대하여 명백히 비현실적인 것으로 확인되었음에도 불구하고, 총리는 자신의 확고한 개혁구상을 실현하기 위하여 의회에 반대하여 또는 의회 없이 예전에 종종 위협하였던 권위주의의 길로 나아갔다. 사민당은 모든 측으로부터 필요한 것으로 인정

---

21) *Ibid.*, S. 6198ff.

22) Brief von Eugen Bolz über eine Besprechung mit Brüning(Ende Juni 1930) : "그는 극단적인 상황으로까지 가기로 결심했고, 독일 인민들이 처해 있는 숙명적 시간의 의식으로 깊이 채워져 있었다"(Miller, 주 I/41, 374).

된 재정제도의 재건을 다른 방식으로 달성하기 위한 길이 있었고, 또 여전히 있다고 언급하면서 타협할 준비가 된 선행조치를 취하려 하였다. 내각은 자신이 원했던 것과는 다른 기반 위에서 다수를 획득할 수 있는지에 대해서 단 한 번도 진지하게 검토한 적이 없었다는 것이었다. 실제로 사민당은 중앙당과 공산당을 포함한 다수가 동의한 연금축소 제안으로 이 주장에 대한 어느 정도의 증거를 제시할 수 있었다.[23)]

이것은 7월 17일에 발생했으나, 이미 때는 늦었다. 왜냐하면 7월 15일에 브뤼닝은 다시금 "합헌적인 모든 수단"이라는 위협, 즉 정치적 협상가능성 및 타협가능성을 전혀 고려하지 않는 재정적 조치들에 대한 결정적인 제국의회의 논쟁을 개시했기 때문이다.[24)] 사민당이 반의회적인 정부의 전술이 가져올 결과들에 대해서 명백히 언급하면서[25)] 다시 한 번 기권하면서 정부안 첫 부분의 통과를 가능하게 해준 대신에 추가적인 협상을 요구한 후에도 브뤼닝은 자신의 노선을 밀어붙였다. 사민당에 따르면 추가협상은 이러한 상황 아래서 전혀 근거가 없는 제 48조의 사용을 불필요하게 만들 것이었다. 사민당의 대표발언자인 빌헬름 카일은 정부가 처한 난관을 확인하고, 우익블록의 희망의 포기를 포함하여 가능한 한 의회를 통한 해결을 주장하였다.[26)] 자유주의적인 중도파에서도 이미 명백한 경고들이 — 이 경우 너무 높은 조세정책을 위하여 헌법 제 48조를 남용하는 것에 반대하여 — 커졌다.[27)]

---

23) *Reichstagsprotokolle* v. 17. Juli 1930, S. 6774. 사민당의 타협이 준비된 입장에 대해서는 Stampfer (주 I/4), S. 573ff. 와 Keil (주 I/3), S. 388ff. 디트리히 또한 타협에 동의하였으나, 브뤼닝의 우익블록에 반대하여 자신의 견해를 관철시킬 수 없었다.

24) *Reichstagsprotokolle* v. 15. Juli 1930, S. 6375.

25) *Ibid.*, S. 6400 (Keil).

26) *Ibid.*, Keil (주 I/3), II, S. 389ff. 도 참조.

27) 예컨대 Gustav Stolper, "Wie lange noch?" *Der deutsche Volkswirt* 4 (1930), S. 1435ff. (8. Juli 1930).

7월 16일의 표결에서 정부는 공산당, 사민당, 나치당 등 야당과 독일민족인민당 다수파의 반대로 193 대 256으로 패배하였다. 뒤이어 브뤼닝은 정부가 (재정) 보전안에 대한 협상의 지속에 전혀 가치를 두고 있지 않다고 선언하고,[28] 즉시 대통령의 비상령을 선포하는 길로 나아갔다.[29] 정부가 형성된 후 독일민족인민당 우파를 끌어들이려던 정부의 희망이 거의 충족되지 못하고, 정치적 타협이라는 민주적인 길을 포기한 후, 이 길은 이제 외관상으로도 벗어난 상태였다. 사민당이 비상령을 무효화시키자는 안을 (정부에 대한) 불신임안과 연결시켜[30] 제출하자, 7월 18일의 격렬한 논쟁과 브뤼닝의 새로운 패배가 이어졌고, 이어 브뤼닝은 대통령령을 통해서 제국의회를 해산하였다.[31]

숙명적인 전환점에 도달한 것은 보전안에 대한 거부가 거칠게 그리고 추가적인 협상시도도 없이 제 48조에 따른 비상령의 선포로, 그리고 뒤이은 제국의회의 (법안) 폐지안은 현장에서 제국의회의 해산으로 응답하면서, 폐지된 비상령은 7월 26일에 거의 바뀌지 않은 채 힌덴부르크에 의해서 다시금 발효되면서 부터였다.[32] "재정적 · 경제적 · 사

28) *Reichstagsprotokolle* v. 16. Juli 1930, S. 6407(표결과 브뤼닝의 선언).

29) *RGBl.* (1930), I, S. 207, S. 212.

30) *Reichstagsprotokolle* v. 18. Juli 1930, S. 6501ff.

31) *Ibid.*, v. 18. Juli 1930, S. 6523. 이 조치의 명명백백한 반의회주의적 성격에 특징적인 것은 유일하게 합헌적으로 헌법 제 48조를 제한할 수 있는 제국의회의 해산결의안으로 근거가 설명되었다는 사실이다. 브뤼닝이 제국의회에서 읽어내린 대통령의 해산령은 처음으로 독재권과 해산권(제 48조와 제 25조)의 숙명적인 결합을 보여주며, 이들은 2년 후에 바이마르공화국의 의회주의적 기본질서가 불합리함을 논증하는 데에도 이용되었다. "제국의회가 오늘 제국헌법 제 48조에 기초하여 공표된 7월 16일자 나의 비상령을 무효화시켜야 한다고 요구한 후에, 나는 제국헌법 제 25조에 근거하여 제국의회를 해산한다"〔*RGBl.* (1930), I, S. 299〕.

32) *RGBl.* (1930), I, S. 311. 또한 Keil(주 I/3), S. 393: "만약 브뤼닝이 원했다면, 아마도 〔비상령에 포함된〕 일탈사항들 중 하나로써 우리의 지지를 얻

회적 비상사태를 극복하기 위한" 이 비상령에서 내려진 조치들은 제국의회가 거부했던 제안들보다 훨씬 더 많이 나아간 것이었다. 이 조치들은 결정적인 개혁계획들 이외에도 1930년의 전체 예산까지 포함하였다. 관료적인 비상령 정권과 더불어 민주주의에서 권위주의로의 전환은 첫 단계에 진입하였다. 그러나 제국의회 해산 그 자체로서 이미 의회민주주의로의 복귀는 거부되었고, 새로운 발전으로 나아갈 문이 열린 셈이었다. 말하자면 이 발전은 의회의 활동무능을 거쳐 시들어가는 바이마르 정당들의 좌우에 있는 "겉치레뿐인 다수파"의 타협무능 야당으로 나아가게 될 것이었다.

물론 마지막 표결은 극히 아슬아슬하게 진행되었다(236 대 222).[33] 브뤼닝은 마지막으로 자신의 정부구성에 첫 조치들을 취했던 독일민족인민당의 다수파를 끌어들이기 위한 계획을 실험하였다. 그러나 이 계획은 최종적으로 수포로 돌아갔다. 브뤼닝은 대통령의 권력확대를 항상 강력히 대변하였던 당의 대표인 후겐베르크 및 오버포렌과의 7월 17일의 막후접촉에서도 즉각적인 결정을 굳세게 고집함으로써 더 이상 나아가지 못했다. 그 원내교섭단체의 핵심적인 지위를 알고 있었던 후겐베르크는 표결을 3개월 정도 연기하자고 제안하였고, 그 기간 동안에 내각을 "진정한 우익정부로" 전환시키고, "프로이센 정부를 완전히 개편"할 것을 요구하였다.[34] 그리고 마침내 자신의 주저하는 태도로부터 벗어나서 브뤼닝의 비상령 프로그램을 인정하였던[35] 베스타르프의 친정부적인 입장표명도 이제 더 이상 상황을 구출할 수 없었다.

는 데 충분했을 것이다. … 그러나 브뤼닝은 사민당의 지원을 원치 않았고, 이미 계산된 독일민족인민당의 일부를 자신의 편으로 얻으려 하였다."

33) *Reichstagsprotokolle* v. 18. Juli 1930, S. 6523. Otto Braun(주 I/5), 305에는 236 대 121로 잘못 인쇄되어 있다!

34) 후겐베르크의 견해는 Hugenbergs Ringen(주 I/6), I, S. 11.

35) *Reichstagsprotokolle* v. 18. Juli 1930, S. 6517.

이로써 오히려 독일민족인민당은 마침내 분열되었고, 당을 건설적 · 보수적인 거대정당으로 전환하려던 시도는 완전히 좌절되었다. 상당수의 의원들은 베스타르프와 함께 정부를 지지하거나(25명) 또는 기권하였다(5명). 8월 8일에는 이들 외에도 독일민족인민당의 프로이센 주의회 원내교섭단체의 농업계 출신 7명의 의원들이 여기에 가담하였다. 그러나 그들은 거의 조직수단도 없이, 그리고 동시에 분명한 정치적 지향성도 없이 이제 막 시작된 권력투쟁에 대면하였다. 여기서 그들은 거의 모든 의회적 영향력으로부터 그리고 곧 정치적 영향력으로부터 배제되고 말았다.

3. 권위주의적 노선과 권력의 상실

물론 정부가 이 시점에 당면하던 경제적 · 사회적 문제들은 필연적으로 국가의 극단적인 대응조치와 결정적인 개입을 요구하는 듯한 긴장을 내포한 상태에 도달하였다. 특히 (위기에 덜 민감한) 안정된 자본소유자들에 비해 임금 및 봉급 수령자가 꾸준히 증가하면서 작용한 사회적 계층변동은 안정화 시기에는 새로운 자본형성과 나란히 진행되었다. 그러나 이러한 경제적 · 사회적 구조의 공고화는 높은 조세와 — 위기가 계속되면서 — 더욱 높아진 사회적 부담으로 약화되었다. 무역수지는 어느 정도 균형을 이루었으나, 국제수지는 배상금 부담, 대외부채, 자본도피 등으로 그 어느 때보다도 불리하였다. 이미 1929년에 엄청난 이자 지불의무의 증가는 자본수입의 감소와 대비되었다. 반면에 제국, 주, 지방자치단체의 공공기관이 세계경제적인 조건으로 인한 생산의 감소와 특히 공업부문에서의 판매위기로 인한 채무는 서로 밀접한 상호관계에 있었다. 농업이 위협적인 가격난에 빠지면서 몇 달 이래로 이러한 발전의 가장 심각한 사회적 결과인 실업이 외관상으로 계속 증가하자, 전반적인 불경기와 깊은 불안감은 사회의 모든 계층으로 확산되었다.

브뤼닝의 개혁계획은 특히 완전히 균형잡힌 예산, 실업보험의 자립화, 일반적인 긴축과 간결화, 생산과정에 활기를 불어넣으면서 동시에 자본형성을 촉진하는 조세정책, 제국·주·지방자치단체 사이에 궁극적인 재정균형의 준비, 가격의 인하, 농업의 보호 등을 위하여 노력하였다. 문제는 이처럼 매우 일반적인 "재건계획"이 정치적 현실이라는 공간 속에서 어떻게 자리매김 될 수 있는가였다. 그리고 여기서도 동시에 새로운 정부의 권위주의적인 성격이 확인되었다.

이미 브뤼닝의 첫 조치들, 즉 정부구상의 모든 것은 정치적 관점보다 저 경제적 문제들을 관료주의적으로 해결하는 것을 더 우선시하는 데 그 특징이 있었다. 세계경제위기에서 이 문제들은 전후 몇 년 사이에도 경험한 적이 없었던 강도에 도달하였다. 뮐러정부는 점차 커져간 위기상황의 경제적·사회적·정치적인 측면들 사이에서 오랫동안 지속된 갈등으로 붕괴되었다. 양 진영 당사자들의 투쟁에서 마침내 경제정책의 우위를 지지한 사람들은 부분적인 승리를 거두었다. 브뤼닝은 모든 결단을 거기에 연결시키려 하였고, 거기서 그는—만약 필요하다면 "인기 없는"—"권위"를 가진 정부를 요구하였던 친기업적 언론매체들의 갈채를 받았다.[36] 그의 정부활동의 기본적 색조는 처음부터 대연립을 좌초시킨 예산문제와 자본문제를, 비록 필요하긴 했지만, 의회의 장애물과 통제들을 뛰어넘는 관료적·기술적으로 수미일관되게 처

36) *DAZ*, Nr. 152 v. 31. März 1930에 있는 다음을 참조: "실험과 마지못한 조치를 위한 시기는 지나갔다. 지도와 권위에 대한 깊은 향수가 인민들 속으로 배어들고 있다…'인기에 영합하여' 또는 '인기에 영합하지 않고' 통치하느냐의 문제는 더 이상 결정적인 것이 아니다. 결국에는 제대로 통치해야 한고, 결국에는 그렇게 되어야만 할 것이다." "긴축정책"의 비판에 대해서는 Mühlich(주 I/38), S. 59ff.

리한다는 것이었다. 여기서 그의 해결시도 배후에 숨겨져 있는 정치적 · 경제적 이익단체들에 대한 언급은 충분하지 못하다.[37] 오히려 하나의 정부가 그렇지 않을 경우 — 민주주의적이든 또는 권위주의적이든 간에 — 고려해야만 할 정치적 · 사회적 · 심리적인 모든 타협가능성을 엄격한 수미일관성이라는 방법에 종속시킨다는 것은 관료적 · 반의회적인 실행을 위한 조치와 수단의 성격에 상응한 것이었다. 전술적인 고려를 전혀 받아들이지 않는, 세심하게 가공된, 그리고 단선적인 구상을 유지한다는 원칙만이 관료국가를 지배하고 있다. 이 국가는 사회적 · 정치적으로 다원적인 사회에서 타협메커니즘과 통합메커니즘의 무시를 통해서 의회민주주의와 구별되고, 선동적 또는 테러적인 대중지도수단에 대한 결정적 포기를 통해서 전체주의적 독재와 구별된다.

근본적으로 "권위주의적인 보수주의자"로서[38] 자신의 정신적 능력에 따르면 모든 전임자들을 능가한 브뤼닝에게서는 그러한 정부체제가 분명 전문적으로나 성격상으로나 자질을 갖춘 지도자를 보유했다. 게다가 이 정부체제는 프로이센 야전근무수칙(*Felddienstordnung*)이라는

---

37) 다음의 특징적인 발언은 "녹색전선"이 얼마나 강력하게 이 방향으로 밀어붙였는지를 증명한다. 이 발언은 브뤼닝을 충실히 따르는 온건한 전문가들의 공식적 논평으로 간주될 수 있다: "1930년 4월 15일의 농업보호법(*Gesetz zum Schutz der Landwirtschaft*)은 여러 영역에서 녹색전선의 요구에 널리 부합되며, 이로써 독일농업의 보호를 강화시킨다. 이 법은 녹색전선이 수차에 걸쳐 요구한 쌀보리, 밀, 귀리, 보리 등에 대한 관세율의 결정과정에서 '의회의 배제'(원문에는 이탤릭체로 표시)를 실행하였다. 이 법은 제국정부에게 전권을 부여했고, 또한 어느 정도는 경제적 상황〔?〕에 상응하여, … 입법과정을 거침으로써 신속한 결정을 방해받지 않으면서, 곡물관세를 정할 의무를 부과하였다." Reichert(주 I/13), S. 122. 또한 이 방향에서 농업 이익단체들의 추가적인 성공에 대한 언급들(S. 122ff.)을 참조. 여기서 이들은 자연스럽게 "국민경제적인 이유"로써 정당화되고, 이익영역으로부터 흔히 낡아빠진 "민족적"인 영역으로 상승되었다.

38) Bonn(주 I/81), S. 306.

조야한 원리로써 모든 정치적 의구심을 무시하곤 했던 제국대통령에게 의존할 수 있었다.[39] 파펜과 슐라이허 아래서 비로소 이 체제는 그 내적 모순성을 숙명적으로 드러내게 될 것이었다. 전문적·개인적인 권위에서 나오는 모든 수단을 동원하여 그리고 부분적이고 "근시안적인" 이해관계를 고려하지 않고 그 규모면에서 여태껏 경험한 적이 없을 정도의 경제·사회구조의 위기가 던져놓은 심각한 경제·사회기술적인 문제들의 해결에 몰두하였다. 이것이 바로 브뤼닝 자신뿐만 아니라, 그를 인정하고 높이 평가했던 정치가나 전문가들의 의도였다. 그러나 그는 동시에 관료적 전문관련성이라는 이상이 비밀정당적 환상으로 변질되거나 또는—"초당파성"의 관점이 실제로 힘에 따라 유지된다면—자발적인 거리두기, 모든 조치의 무효용성, 정부와 인민이 소외될 위험성, 그리고 결국에는 냉정한 익명성 속에서 그리고 대중성에 대한 고려 없이 작용하는 관료정권에 대한 주민의 급진화 등으로 이끌 수 있었던 정치적 현실에 부딪쳐야만 했다. 창구 뒤에서 효과적인 모든 모순을 회피한 그들의 명령에서 이해할 수 있는 불쾌하고 먼 권력을 대표하는 접근하기 어려운 관리는 객관적으로 전문성이 있는 명령과 정보로써 "냉대받은" 대중의 불만을 야기한다. 대중은 효과적인 통제나 계몽에 대한 전망을 갖지도 못하고 자신의 부분적인 이익을 침해당했다고 생각한다.

바로 독일에서의 관헌국가 전통은 그러한 처방에 따라 행동하는 전문성 있는 정부에게 의회와 정당에 대항하는—또한 그들에게 연관된

39) 힌덴부르크는 후일 주목할 만한 언급으로써 비상령의 서명을 정당화시켰다: "나는 이에 프로이센 야전근무수칙이라는 예전의 훌륭한 원칙에 따라 다루었다. 이 수칙에는 수단선택의 오류가 모든 행위의 중단만큼 나쁘지는 않다고 되어 있다"("Persönliche Darlegung des Herrn Reichspräsidenten über die Vorgänge und Vorgeschichte seiner Wiederkandidatur", vertraulich vom 25. Februar 1932, *Westarp-Akten*).

이익단체들에도 대항하는? — 공간과 권위를 만들어 주기에 여전히 충분히 강력할 것이다. 이것은 적어도 이미 지난해에 권위주의적 질서의 불확실성과 전문관련성을 의회민주주의의 적대주의에 대립시켰던 저 이론가들과 선동가들의 견해였다. 그들은 브뤼닝 내각에서 첫 출발을 환영하였다. 그래서 예컨대 후겐베르크와는 달리 정치적 개혁이라는 이 구체적인 시도에 긍정적으로 맞선 보수진영에서는 1930년의 성림 강령일 무렵에 힐데스하임(Hildesheim) 출신의 총서기 아이히호른(Eichhorn)의 비밀보고서가 유포되어 있었다. 이 보고서는 힌덴부르크에게도 전해졌고, 그의 동의를 얻었으며, 베스타르프 그룹의 고려에도 영향을 미쳤다.[40] 여기서 공화국의 헌법구조로까지 확대된 제국개혁의 지지자들에 속했던[41] 작성자는 널리 알려진 주장을 통해서 정당민주주의를 위헌이라고 선언하였고, 권위와 주권에 의거한 자립적인 "국가이익"을 "다수당의 당파적 이익"에 대비시켰으며, 대통령 정부의 관심사에 "정당에 의한 헌법의 남용은 어떻게 극복될 수 있는가?"라는 의문을 제기하였다. "정당들의 추악한 거래(*Parteienkuhhandel*)"에 대한 투쟁은 제국개선연맹의 노력을 언급하면서 법률적으로 정부의 구성과 관리의 임용에서 대통령의 권한강화를 이유로 들었다. 여기서 합법적인 2/3 다수를 결여하게 될 헌법개정이라는 전망 없는 길이 아니라, 대통령을 통한 길이 추진되어야 한다는 것이었다. 물론 작성자는 베스타르프의 동의를 얻지는 못하였다.[42] 만약 작성자가 바이마르 헌

40) *Westarp-Akten*: K. Eichhorn, "Zur innenpolitischen Lage des deutschen Reiches"(vertraulich), mimeogr., etwa Pfingsten 1930.

41) Idem., "Die Parteien und die Verfassung", *Die Reichsreform*(Märzheft 1930).

42) *Westarp-Akten*: Anmerkung Westarps zu der Eichhorn-Denkschrift(30. Juli 1930). 베스타르프는 여기서 제국헌법 제53조의 확장에 반대하지만, 기본원리에는 동의한다. 그는 다음과 같이 덧붙인다: "브뤼닝 내각은 그것이 당 정치노선에 따라 첫 번째 오류에 고통받고 있다. 그러나 그의 현 방식

법 제 53조의 확대에서[43] "책임있고, 강력하며, 정당으로부터 독립적인 정부"를 위한 지렛대를 보았다면, 또 이 발전이 후에 저절로 "실제가 필요한 것으로 증명한" 헌법개정을 가져오게 될 것이라고 희망하였다면 말이다.

이데올로기적으로는 비스마르크 숭배에서, 이익정책적으로는 완고한 민주적 · 의회적인 프로이센 정부의 (강제적) 통폐합에서 그 근거가 설명되었고, 1932년 7월 20일 파펜의 폭력적인 해체에서 미리 예견되었던[44] 이 사상도 말하자면 권위주의적 국가로의 길을 열었다. "국가공직에서 (뛰어난 능력이) 입증된 사람들로 구성된 실무내각(*Geschäftsministerium*)"이 국가를 통치해야 할 것인데, 이 내각은 — 비스마르크처럼 — 개별사안에 따라 그 다수를 획득하게 되고, 배제된 정당들의 갈등과 반대에 대해서는 항상적이고 우월한 권력으로서의 힌덴부르크와 — 여기에 다시 명확히 이익정책적 강조점이 있다! — 같은 대통령의 권위를 이용하여 (자신의 의견을) 관철시킬 수 있게 될 것이었다. 이것은 "민족적 · 민주적인 독재"의 얼굴을 한 반의회주의적인 "강력한 국가" 구상이었으며,[45] 이 얼굴은 브뤼닝 시기의 첫 단계에서 널리 숨겨진 기대를 발전시켰다. 그러한 구상과 기대는 제국군대와도 공유되었으나,[46] 브뤼닝의 의견과 의도에 잘 들어맞지는 않았다. 그러나 그

은 내가 보기에 올바른 길로 나아가는 시작인 듯하다. 따라서 나는 비상령의 해제에 찬성할 결심을 할 수 없었다."

43) Eichhorn(주 II/40, *Ibid.*)은 "제국대통령에 의해서 임면된다" 대신에 "프로이센 주 총리도 마찬가지로"라는 추가구절을 첨가하자고 제안한다. 물론 저자는 그것이 헌법개정 없이 어떻게 가능한지에 대해서는 말하지 않는다. 여기서 베스타르프의 부정적인 입장표명이 출발한다.

44) 여기에 관해서는 이 책의 제 3권 59쪽 이하를 참조.

45) 이러한 의미에서는 대략 Horst Grueneberg, "Warum Diktatur?" *Die Tat* 22, Heft 5(August 1930), S. 321ff.

46) Brief Groeners an v. Gleich v. 21. Juli 1930(Phelps, 주 I/52,

는 경제적 난관을 극복하기 위해서 의회의 의견대립과 정치적 세력판도 변화라는 우연성에서 일시적으로 벗어난 강력한 조치들의 필요성을 깊이 확신하였으며, 바로 이 확신으로부터 유사한 생각들이 떠오르게 되었다. 말하자면 이 생각들은 극히 다양한, 그렇지만 의회민주주의에 대한 부정에 의견의 일치를 보인 공화국 반대자들의 지칠 줄 모르는 활동과 공화국의 구조적 문제점으로부터 거의 논리정연하게 성장한 것이었다. 브뤼닝의 결정은 그들에게 매우 포괄적인 계획과 활동에 대한 논점들과 접점들을 제공하게 될 하나의 위험한 선례를 남겼다.[47)]

여기에 언급된 문제는 결국 브뤼닝 해결시도의 순전히 기술적인 성격에서 그 근거가 설명된다.[48)] 만약 우리가 오늘날 바이마르공화국의 해체와 나치의 승리를 계속 경제적 곤경의 결과로서 해석하면서, 파멸을 일차적으로 경제학적인 고찰을 통해서 설명한다면,[49)] 우리는 이로

S. 1015) : "비록 내가 모든 것 각각에 동의하지는 않지만, 내각은 전반적으로 훌륭하게 전진하고 있습니다. 지금까지 사람들은 여전히 정당들에게 대화에 참여하도록 하였으나, 아마도 그것은 자신의 행동을 통해서 정당들을 오류에 빠지게 하려는 브뤼닝의 현명한 전술이었을 것입니다."

47) Brecht (주 I/85), S. 52ff.

48) 오해를 피하기 위해서 이 자리에서는 일반적으로 브뤼닝의 비상령 정책에 대한 비판이 마이스너나 파펜 같은 자만에 빠진 회고록 작성자들과의 불쾌한 논쟁과는 달리 약간은 원칙적이라는 사실을 언급해 두는 것이 좋을 듯하다. 왜냐하면 브뤼닝은 — 당시의 대다수 정치가들과는 달리 — 잘못된 구상들을 수정하고, 역사적으로 중요해진 비상령 정책의 결과로부터 유용한 결과를 이끌어 낼 준비가 되어 있었고, 또 그럴 수 있었기 때문이다. 만약 그가 1953년 2월에 본 사법기구의 강연 시리즈에서 심각한 상황이 법을 통하지 않고 관료의 행정령을 통해서 수습될 경우에 있게 될 커다란 위험을 다음과 같이 강조했다면, 상황은 그랬던 것이다: "과도한 관료제에서 법치국가는 중단된다" (인용은 *Die Neue Zeitung*, Westdeutsche Ausgabe, v. 27. Feb. 1953, S. 2, S. 5).

49) 사회주의적 · 경제주의적인 테제 (Kurt Stechert, *Wie war es möglich? Der Ursprung des Dritten Reiches in historischer und soziologischer Beleuchtung*

써 완전히 브뤼닝 자신이 철저히 방법론적으로 구별되게 정치적 관점을 경제적 관점에 종속시킬 수 있다고 생각했다는 견해에 따르게 된다. 그가 자신의 일관된 노력에도 불구하고 권력정치적인 현 상황과 자신이 세밀한 법령의 망을 통해서 적어도 일시적으로 사로잡았다고 생각했던 계량불가능한 어떤 것들에 막혀 수포로 돌아갔다는 것은 그러한 관찰방식이 일방적인 것이었음을 확인해 준다. 브뤼닝은 1930년 7월 18일에 자신의 계획에 반대하는 우연적인 다수(*Zufallsmehrheit*)의[50] 저항에 반의회 투쟁으로 대답함으로써, 그리고 흥분한 국민들에게 그러한 상태에서 조기선거라는 거의 도발적인 (무리한) 요구를 부과함으로써, 자신이 오랫동안 고려해왔던 경제정책을 (어쩔 수 없이) 일관성 있게 수행하고 있다는 전술적 의구심과 모든 정치적 고려를 일거에 희생시켰다. 이제 그는 선거를 통하여 의회에서 안정된 기반을 얻을 수 있으리라고 기대할 수 없었다. 그는 또한 이미 시작된 조치들의 영향을 얼마나 오랫동안 기다려야만 하는지를 알고 있었다. 만약 새로 선출된 제국의회가 다시금 비상령의 해제를 요구한다면 이제 그는 궁극적으로 무엇을 할 수 있었을까? 그렇게 본다면, 브뤼닝은 1930년 7월의 결정으로 차기 의회에 관용, 즉 자발적인 배제라는 위협적인 요구를 암시하고자 했을 것이다. 이로써 그는 실제로 제한적인 성공을 거두었다. 그러나 그는 주로 민주적인 의회로 인한 계획들의 위험과 교환하여 그와 비교할 수 없을 정도로 더 큰 위험을 얻었다. 그 영향

(Stockholm, 1945), S. 280ff., S. 301f.; Fritz Sternberg, *Der Niedergang des deutschen Kapitalismus*(Berlin, 1932), S. 371ff. 등뿐만 아니라, 독일 민족주의적 변명론도 그랬다. "나치당은 말하자면 독일 경제위기의 체온계였다"(Hugenbergs Ringen, 주 I/6, S. 8). 자유주의적 테제도 크게 차이가 없었다: Gustav Stolper, *Deutsche Wirtschaft 1870-1940*(Stuttgart, 1950), S. 114ff. 그리고 마지막으로 팽창주의적 이론가들의 관점도 마찬가지였다. Grotkopp(주 I/12), S. 84f.

50) Brüning, "Brief"(주 I/9), S. 12.

면에서 거의 파악될 수 없는 이 더 큰 위험은 이제 정치적 지평선을 점점 흐리게 하였으며, 마침내 바이마르공화국을 구출하기 위하여 잘 계획된 모든 경제적 조치들을 환멸적인 것으로 만들게 될 것이었다. 이제 원칙적으로 반공화국적인 나치당이 거리와 의회에서 제일의 정치적 강자로 부상하게 되었다.

게다가 "민족적 반대파"에 대한 공화국과 그 대표자들의 실질적인 상태는 점령 라인란트로부터의 조기 철수에 즈음하여 6월 30일에 축제들이 열린 상황에서도 가시적으로 되었다. 독선적인 (배상) 이행정책과 영 계획 서명의 결과인 이 사건은 2년 후에 배상의 종식과 마찬가지로[51] 슈트레제만이 — 그리고 두 번째의 경우는 브뤼닝이 — 그토록 자신만만하게 희망했던 것과 같은 공화국의 심리적 기둥으로 되지 못하였다. 그것은 오히려 "민족적 반대파"의 새로운 활동공간이자 선동거리로 되었다. 반대파는 그 전제조건들, 즉 슈트레제만이 공들여 로카르노로 갔던 대외정책 노선과 배상문제에서의 타협노선에 대하여 예전부터 끊임없이 그리고 모든 수단을 동원하여 반대투쟁하였다. 이미 공식적인 정부의 호소문은 슈트레제만이라는 단어를 단 한 번도 인용하지 않았다. 이는 민족주의적 캠페인 앞에서의 의식적인 후퇴였으며, 이 후퇴는 — 새로이 프로이센-제국이라는 이원성의 돌발과정에서 — 프로이센 정부의 단독 호소문뿐만 아니라 브라운과 힌덴부르크의 갈등을 낳았다.[52]

그사이 철모단은 1929년 10월 8일에 라인란트-베스트팔렌에서 그 군사적 활동이 금지되었음에도 불구하고 해방의 축제에서 선동적인 이

---

51) 이 책의 제 3권 57쪽 참조.

52) 개별적 내용들은 Otto Braun (주 I/5), S. 298ff. 제국대통령실과 제국총리실은 브라운에게 호소문의 변경을 요구하였으나, 이에 대하여 그는 처음에는 라테나우 이후 거기에 참여한 모든 정치인들을 나열하는 것이 불가능하다는 점을 내세웠다(!). 그리고 나중에는 시간이 부족하다고 변명하였다.

니셔티브를 장악하고자 하였다. 그 명예회원인 힌덴부르크를 통해서 나아가는 길목에서 철모단 지도부는 브라운을 압박해야 한다는 것을 잘 알고 있었다. 아직 타협이 이루어지기 전에, 이번에는 힌덴부르크가 직접 개입하였다. 즉, 힌덴부르크는 브뤼닝의 승낙하에 그리고 동시에 제국전역에 보내는 한 공개서한에서 (철모단의) 금지가 계속되는 경우 축제에 참여하기를 거부하였던 것이다.[53] 이 압력은 힌덴부르크의 본래 정치적 입장을 잘 보여주는 것이었다. 동시에 제국대통령이 프로이센 주 총리에게 보낸 공개서한도 점진적인 급진화와 임박한 선거에 비춰볼 때 공화주의적 구조 자체에 대한 심각한 일격이었다. 또한 이 사상은 프로이센 연립을 붕괴시키려는 지속적인 노력이 그 배후에 있었음을 부인할 수 없게 한다. 브라운이 7월 16일에 성사시킨 젤테 및 뒤스터베르크와의 타협은 쓰라리기도 하고, 또 위험하기도 한, 어쨌든 극히 선동적으로 이용된 힌덴부르크의 개입이 가져온 영향을 조정한 것이었다. 브라운 자신의 인상에 따르면 힌덴부르크의 개입은 거의 그의 이니셔티브에서 나온 것이 아니었다.[54]

그러나 여기서도 공화국은 결정적인 순간에 그 반대자와 유권자의 자기의식에 대한 압력 없이는 머무를 수 없는 심리적 패배를 당했다. 그것은 힌덴부르크의 결속을 매우 잘 조명해 줄 뿐만 아니라, 진정한 정치적 결정들에 대한 브뤼닝의 신중함과 당시 아직 기만당하지 않았다고 생각하려는 경향을 잘 조명해 주었다. 이는 곧 "반가톨릭주의자"인 힌덴부르크와 그의 신뢰관계를 국내정치를 둘러싼 건설적인 논쟁 대신에 설정하고, 그의 계획을 위협하는 민주적·의회적인 모든 장애물들을 차단하려는 경향이었다. 특히 라인란트로부터의 철수를 둘러

53) *Ibid.*, S. 300ff. 여기에는 브라운이 힌덴부르크에게 보내는 답신에 포함되어 있는데, 이는 독일어판에 수록되어 있지 않다.

54) 전체적인 연관관계에 대해서는 브뤼닝이 참석한 가운데 있었던 힌덴부르크와의 대화에 대한 브라운의 묘사가 유용하다(*Ibid.*, S. 302f.).

싼 여러 과정들은 외국인들에게 독일로부터 양보에 대한 고마움보다는 민족주의적 조급함과 점차 새로운 요구들을 기대할 수 있을 뿐이라는 인상이 굳어지게 하였다.55)

4. 보수인민당을 둘러싼 문제들

제국의회의 해산은 특히 나치들의 격렬한 요구를 수용한 것이었다. 그것은 브뤼닝의 결집 프로그램에 주저하면서 받아들였던 정당들과 세력집단들에게 가장 불리하게 작용하였다. 이 상황 아래서 일반적인 정치적 상태에 대한 충분하지 못한 평가와 고려는 동시에 엄청난 영향을 미쳤다. 정부의 일방적인 전술이 새로운 정치적 권력배분에 대한 기만적인 희망 속에서 이제까지의 의회를 통한 협상가능성을 파괴시키고, 고분고분하지 않는 제국의회의 급진화를 가속화시킨 후에, 정부가 특

---

55) 예전에 파리로부터 온 독일의 정보들은 베르사유 분위기의 완화를, 그러나 6월 30일 이후 독일의 인정에 대하여 기대했던 반응이 일어나지 않음에 대한 프랑스의 실망을 그렇게 전하고 있다. Ernst Deuerlein, "Die informatorischen Aufzeichnungen des Auswärtigen Amtes 1918-1933. Eine bisher unbekannte Geschichtsquelle", *Außenpolitik* 4, Heft 6(Juni 1953), S. 379. Bericht des britischen Botschafters in Berlin, Sir Horace Rumbold, an seinen Außenminister Arthur Henderson v. 3. Juli 1930, *Ducuments on British Foreign Policy, 1919-1939*, ed. by E. L. Woodward and Rohan Buttler(London, 1949ff.), 2nd series, vol. I, S. 485ff.: "받은 호의에 대해서 거의 감사함을 표하지 않는 것은 독일인 성격의 매력 없는 특징이다. 그러나 호의의 수령이 새로운 요구로 이어질 때, 조급함을 느끼는 근거들이 있다." 럼볼드(Rumbold)의 판단에 대해서는 Franklin L. Ford, "The Observers in Berlin: Rumbold, Dodd, and François-Poncet", *The Diplomats*, 1919-1939, ed. by Gordon A. Craig and Felix Gilbert(Princeton, 1953), S. 438ff.

히 숙명적인 상황을 불러오는 듯한 호소는 거의 기이한 느낌을 줄 것임에 틀림없다. 거기에는 "제국의회는 제국이 지출을 실행하기 위하여 필요한 수단을 거부하였다"고 되어 있었다. 그러나 제국의회는 관료적 소수파 정부가 자신의 전문가 이데올로기에 따라 증거로 내세운 저 "제국"의 정치적 의지형성을 대표할 수 있었던가? 그리고 그것은 지금까지 말할 수 없었던 저 대중의 선동된 불만과 급진적인 생존의 공포라는 맹목적 도전은 아니었다. 만약 우리가 자신의 특이한 상황과 무거운 책임을 부인하고 "독일인민은 지금 스스로 자신의 미래에 대해서 결정하도록 요구받고 있다"라는 호소문으로 의문의 여지없이 반대파의 명령을 도발한다면 말이다.56)

곧바로 선거전이 시작되었다. 선거전은 특히 경제위기에서 강화된 이익투쟁에 직면하여 그 사회적 · 경제적 위험성에, 심리적 · 이데올로기적으로 심화된 불만에 정치적 전기(轉機)를 제공하려는 경향이 있는 저 젊은 투표자 대중 및 비투표자 대중의 동원에 집중되었다. 그것은 지난번의 사건들에서 외관상 터무니없는 것으로 논증된 의회정책에 대한 거부였고, 건설적 타협, 무관심한 투표자들도 동원한 민주적 협력의 경기규칙에 따른 이익과 이데올로기의 균형과 통제사상으로부터의 이탈이었다. 무관심한 투표자들이란, 브뤼닝이 의회를 넘어서서 헌법 제 48조를 적용하여 권위주의적 · 탈의회적인 해결책을 암시한 후에, 호소할 수 있을 것으로 생각했던 사람들이었다. 그러한 해결이념은 그 구조적 오류로 어려움을 겪고 있던 바이마르공화국의 주변부를 계속 지배하고 있었고, 이제 경제적 · 사회적 위기감으로 공화국의 내적인 구조 속으로까지 침투하기 시작했다. 또한 이 이념은 "권위주의적인" 정부로 향해졌다. 브뤼닝은 실업을 중단시킬 수 없었고, 모든 약속의 대가로 남아 있는 복지를 새로운 조세로 위협하였다. 그리하여 관리들

56) Poetzsch-Heffter, "Vom Staatsleben"(주 I/131), S. 158.

의 "제국보조금"(이는 그사이 비상령으로 시작되었다), 미혼자세, 시민세(*Bürgerabgabe*) 등은 영 계획으로 인한 "노예화" 또는 좌파에게서 의심받은 사회보험의 "개혁"에 못지않게 효과적인 선동의 재료를 제공했다. 모든 경제적 어려움과 민족적 실망감을 이 "노예화" 탓으로 돌리려 하였다.

그래서 선거전은 본래 이를 이용하여 정치적 공간과 보다 나은 세력관계를 획득하고자 했던 저 정부에 대한 실질적인 전면공격을 가져오게 되었다. 중앙당이 별다른 손상 없이 구출될 수 있었던 중도파와 온건우파의 소멸로 1929/1930년의 브뤼닝 계획 주창자들의 가장 우선적인 희망은 붕괴되었다. 이러한 발전은 매우 빨리 가시화되었다. 제국의회의 해산 이후 당의 대규모 분열에 이은 탈당운동은 독일민족인민당을 그 기반에서부터 동요시켰다. 그러나 그 운동은 너무 늦어서 브뤼닝에게 유리한 의미에서 유권자들에게 별로 중요한 의미가 없었다. 후겐베르크는 몸소 모든 민주적 정당들, 특히 중앙당에 대한 격렬한 캠페인을 개시하였고, 영 계획을 모두의 책임으로 돌렸으며, '나의 우파를 강화시켜 주십시오!'라는 투쟁구호로 계속 나치당을 반쯤 의식한 선거운동을 펼쳤다. 그는 비록 얼마 전에 —자신감 있게 —"나에게 나치운동의 위험성은 너무도 분명하다"고[57] 선언하긴 했지만, 슈투트가르트의 한 선거유세(9월 4일)에서 자신과 나치당이 100~150석을 얻을 수 있을 것으로 계산했다.

이와는 반대로 여전히 보수적·토착적·우익적인 주민집단을 완전한 의회의 단위로 가져갈 수 있을 것이라고 믿었던 베스타르프의 희망은 산산이 부서졌다.[58] 그 대신에 7월 23일에 구성된 보수인민당(트레비라누스, 회취, 린다이너, 베스타르프, 람바흐)[59]과 나란히 기독교

57) Hugenberg an den Parteivorstand am 24. Juli 1930: Hugenbergs Ringen (주 I/6), S. 63.

58) Kreuzzeitung, *nach Egelhaaf*, 1930, S. 182.

민족농민당(실레, 게레케, 헵, 회퍼) 그리고 기독교 사회봉사(뭄, 베렌스, 휠저) 등 3개의 보수그룹이 나란히 선거전에 뛰어들었다. 이들은 사회적·이익정책적·이데올로기적인 면에서 많은 접점을 갖고 있었고, 정치적 전술과 강령적인 기반에 따라 광범위하게 일치하였으며, 현존하는 국가의 틀 안에서 협력의지를 갖는 온건한 보수주의를 표방하였다. 이 보수주의는 "납득시키기 어려운 독일민족인민당의 후겐베르크 그룹"과는[60] 분명한 차이를 보여주려 하였고, 실레의 지도 아래 있던 제국농업연맹을 농촌주민당(Landvolkpartei)의 틀 안에서 획득할 수 있었다. 그렇지만 정당영역의 모든 중도파가 변화에 휩싸였음에도 불구하고, 광범위한 모든 통합시도는 여전히 정치적·전술적인 맹아 속에 숨겨져 있었다. 2년 이상이나 지나서야 비로소 여기서는 바이마르공화국의 국내정치적·의회적인 운명에 관한 결정이 내려졌다.

베스타르프의 기록물과 서신으로부터 정당간의 상황 및 독일 정당의 발전 전반에 대하여 특징적으로 여러 어려움들이 명확히 된다. 베스타르프가 본래의 개혁계획 실현과 독일민족인민당의 브뤼닝 노선 참여에 대한 그토록 오랫동안 그리고 열렬히 고수했던 최후의 희망이 산산이 부서진 것은 후겐베르크가 정부의 농업계획을 포함한 모든 계획에 대한 근본적인 반대를 표명하도록 한 4월 25일의 명령을 고집하고, 독일민족인민당이 이제껏 계속 지지했던 비상령 노선을 거부하면서 심지어는 사민당의 불신임안에 동의하였을 때였다. 후겐베르크와 오버포렌의 경직된 협상전술은 의회체제의 점진적 변화를 방해하였고,[61]

59) 그 밖에 보수인민당의 창당 선언문에는 하버만(Max Habermann), 카메케, 레토브-포어벡(Lettow-Vorbeck), 라데마허, 댄하르트(Dähnhardt), 드리안더, 기어케(Anna v. Gierke), 하르트만(Georg Hartmann), 레요이네-융, 밀초브(Miltzow), 뤼멜레(Rümmele), 슐렌부르크-트레쏘브(Graf v. d. Schulenburg-Tressow), 티쉬바인(Erna Tischbein), 울만(Hermann Ullmann) 등이 서명하였다.

60) 예컨대 농촌주민당(Landvolkpartei)의 선거구호 Egelhaaf, 1930, S. 183.

동시에 정당 내부의 변화 또는 지도부와 노선의 변화에 대한 모든 희망을 무너뜨렸다.[62] 제1차 비상령의 공포 이후에 오랫동안 주저하던 베스타르프 그룹에게도 후겐베르크의 반대노선에 새로이 종속되는 것은 불가능해졌다. 7월 18일의 결정적인 표결 이전에 베스타르프는 먼저 21명의 의원들의 위임으로 원내교섭단체에서 선언문을 발표했는데, 여기서 그는 분열의 결과를 의식하여 비상령에 대한 자신의 동의를 선언하였다.[63] 며칠 후인 7월 24일에 후겐베르크의 입장을 허용하

61) *Westarp-Akten*: Vorbereitung eines Interviews für die Schlesische Zeitung, Breslau(날짜 미상).

62) 총괄적으로 *Westarp-Akten*: Brief Westarps an Frau v. Waldow(geb. v. Hindenburg), etwa August 1930: "왜 우리가 당에 머무를 수 있기 위해서 후겐베르크 씨에게 당 의장직에서 물러나도록 하지 않았느냐는 각하의 질문에 대하여 당 정책을 내부로부터 변화시키는 것이 예전부터 항상 저의 목표였다고 대답할 수 있습니다. 후겐베르크 씨가 자신의 이념을 고수하는 믿음과 의지의 단호함에도 불구하고 집행부와 당 대표단에 있는 지역출신의 강력한 다수가 그에 반대할 경우에만 그의 퇴진은 문제가 되었습니다. 그러나 상황은 이제까지 그렇지 못했으며, 계속 그렇게 기대할 수도 없습니다. 왜냐하면 제국의회에서의 구체적인 결정들은 연기될 수 없기 때문입니다. 저는 4월과 7월에 후겐베르크 씨가 원내교섭단체에게 강요하려고 했던 태도가 농민연맹과 농촌주민의 절대다수를 당과 분리시킬 것임에 틀림없다고 예측했습니다. 이것이 바로 우리의 표결에 동기를 제공한 주요 동기들 중의 하나였습니다. 반면에 다른 한편에서는 당 의장의 명백한 의지에 따르면 의장의 정책으로부터 일탈은 출당으로 위협받았으며, 따라서 우리와 당의 분리로 나아갈 것임에 틀림없었습니다."

63) *Westarp-Akten*: Westarp an die deutschnationale Reichstagsfraktion, Wortlaut der Erklärung in der Fraktionssitzung am 18. Juli 1930(9 Uhr) zu Protokoll der Fraktion: "나는 원내교섭단체의 몇몇 구성원, 구체적으로는 현재 21인의 위임을 받아 다음과 같이 알린다. 수치는 아직 최종적인 것이 아니다. 왜냐하면 몇몇 선언들이 아직 없기 때문이다. 우리는 오늘 제국의회 회의에서 본질적인 비상령의 해제에 대한 사민당의 제안 수용에 반대투표하고, 이 입장을 전체회의에서 간단한 선언을 통하여 설명하기로 결정하였다. 우리는 4월 26일의 당 집행부 결의에 따르면 그리고 당 의

고 브뤼닝 노선을 지지하는 모든 의원들을 징계한 당 집행부의 결정으로 분열은 공식적으로도 확인되었다. 후겐베르크는 오버포렌의 후원을 받은 신랄한 연설에서 독일민족인민당의 집행부 앞에서 브뤼닝에 대한 자신의 반대이유를 설명하고, "마르크스주의에 대한 투쟁"을 나치적인 위험의 모든 고려보다 앞에 설정하여, "원내교섭단체의 일치단결"이라는 구호로써 공식적으로 베스타르프-트레비라누스 그룹과 자신의 단절을 실행하였다.[64]

이제 동시에 독일민족인민당의 가능한 한 이상적 경쟁에 대한 격렬한 캠페인이 시작되었으며, 이 또한 베스타르프의 서한집에 반영되어 있다. 구식의 융커이자 힌덴부르크의 친구이며, 이제는 독일민족인민당의 간판후보자이기도 한 올덴부르크-야누샤우(Oldenburg-Januschau)는

장이 지난번에 원내교섭단체에서 제출한 선언에 따르면 이러한 행동이 원내교섭단체와 당의 분리를 의미한다는 것을 알고 있다. 따라서 우리는 그것을 미리 원내교섭단체에서 통지하고, 원내교섭단체에게 마지막 순간에 이 결과들이 원내교섭단체의 비상령에 대한 입장변경을 통해서 회피될 수 없는지 고려해 달라는 긴급하고 진지한 부탁을 하지 않고서는 더 이상 진전시키지 않을 것이다. 우리가 보기에 이것은 오는 가을까지 표결을 연기하자고 정부에 했던 당 의장겸 원내대표의 제안이 실제로 초래하게 될 결과, 즉 비상령을 일단 발효시키고, 거기에 규정된 세금을 징수케 하는 것보다 오히려 가능성이 더 많아 보인다."

64) *Westarp-Akten*: "Mitteilung Nr. 17 der Parteizentrale"; 배포자(총 1971부)는 당시 독일민족인민당에 가입된 그룹들 및 그 수적·선동기술적인 규모에 대하여 다음과 같은 내용을 언급한다.

지역단체들, 크라이스의 클럽들과 더불어 비스마르크연맹	1부
독일민족인민당 변호사 및 공증인 제국연맹	1부
지방 및 크라이스 단체들에 있는 독일민족인민당 노동자 그룹	192부
치료업 제국연맹(Dr. Hoedenkamp)	1부
독일민족인민당 기업가위원회	1부
종족주의 제국위원회(Völkischer Reichsausschuß)	1부
독일민족인민당 대학생 그룹	23부
독일민족인민당 교사연맹의 전국집행부 및 그룹들	12부
개별 수령자	207부

결별 이전에 수많은 이익논거로서 베스타르프에게 압력을 가하려고 하였다.[65] 베스타르프는 다른 측으로부터 이른바 브뤼닝의 프로테스탄트에 반대하는 분열전략을 무의식적으로 후원했다는 의심을 받았다.[66] 특히 "규율 없는 행동"이라는 비난이 쏟아졌는데, 독일민족인민당의 분열에 대한 반대논거도 군국주의적 · 봉건적인 세계관에 따라 이러한 비난에 근거한 것이었다. 그들은 베스타르프에게 다시 한 번 그

---

65) *Westarp-Akten*: v. Oldenburg-Januschau an Westarp, v. 13. Juli 1930. 문체상으로도 매우 유용한 이 편지의 주요 논거는 독일민족인민당이 4월 14일 이후의 새로운 선거에서 패배했고, 베스타르프가 정당하게 정부의 붕괴를 막았으나, 이제는 농업프로그램의 실망스런 실패가 브뤼닝에 대한 모든 지원을 가로 막고 있다는 단언이다. 프로이센 정부의 변화 없이는 어떠한 동부지원도 사보타지 될 것이라고 올덴부르크가 계속해서 말한다면, 그는 자신의 이익정책과 관련된 카드를 커낸 것이 아니라, 2년 후에 프로이센에 대한 파펜의 반란에서 그 자신의 활발한 협력으로 그것의 실현이 가능하게 되리라는 오랫동안 자신이 품어왔던 의도를 표현하였다. 베스타르프 그룹의 "추진력"은 바로 지금 당에 남아 있어야만 한다는 것이었다. "나는 당신 대신 브뤼닝과 같은 사람의 가슴에 피스톨을 들이대고자 합니다. 프로이센에서 그곳의 우파를 정부에 끌어들여 정부를 파괴하는 것 또는 제국정부를 붕괴시키는 것입니다. 제가 보기에는 이러한 대안으로 후겐베르크를 선두로 한 원내교섭단체는 이러저러하게 커다란 승리를, 다시 말해서 새로운 선거에서보다는 지금 더 많은 성공을 거두게 될 것입니다. 그리고 이제 마무리하고자 합니다. 프로이센에서 사민당 정부가 있는 한 실질적인 동부지원은 실현될 수 없습니다."

66) *Westarp-Akten*: Brief Dr. Hoelschers (Ulm, württembergischer Landtagsabgeordneter) an Westarp v. 25. Juli 1930. 횔셔는 분열을 안타깝게 여기며, "브리닝이 원내교섭단체 내부에서의 대립에 대해서 그토록 일찍 알고서 자신의 정책에서 원내교섭단체의 일부가 의원단 다수파에 반대표를 던지게 될 것을 고려할 수 있었는지"를 묻는다. 베스타르프는 1930년 7월 28일의 답장(*Ibid.*)에서 이 물음에 그렇지 않다고 답하지만, 다음과 같이 강조한다. "그가 이러한 일반적인 인식에 기초한 이 가정, 즉 그가 4월의 과정들 및 여론 속에서 그것이 다루어진 이후 형성된 이 가정을 고려했는지에 대해서 저는 아는 바 없습니다."

의 당 및 원내교섭단체 지도부가 후겐베르크의 독재적인 지도부와 근본적이고 내적인 다양성이 있다는 점을 강조할 수 있는 기회를 제공했다. 후겐베르크의 독재적 지도부란 설득과 호소를 통해서가 아니라, 당 집행부의 선거구 압력과 명령을 통해서 관철되고, 1929년 초 이후 지속적인 출당협박으로 당을 이끌었다는 것이었다. 4월 14일과 7월 18일의 투표 후에 분당으로 나아갈 최후의 동기를 제공한 것은 후겐베르크와 당 지도부의 다수가 농업과 당을 분리시키고, 당을 제국농업연맹에 제한해야 한다는 입장을 요구했다는 사실이라고 동시에 베스타르프는 강조했다. 그는 "다른 보수정당"의 창당을 통해서 이 숙명적인 직업신분제적인 고립을 방지하는 것을 시급한 과제로 간주하였다.[67)]

베스타르프는 프로이센의 연립상황의 변화에 관심을 가졌던 대농업가들에게 중앙당과 사민당의 분리가 후겐베르크의 최후통첩 및 "중앙당에 대하여 사용된 적대적인 협박전술"에 의해서가 아니라, 책임있는 정치적 협력 속에서 달성될 수 있다는 확신을 주고자 하였다.[68)] 반면에 그는 후겐베르크로 인하여 발생한 농촌주민당과 구당 사이의 분열 극복을 자신의 새로운 제일 목표로 제시하였다. 베스타르프는 실레와 함께 농촌주민당과 보수인민당을 결합시킴으로써 이를 달성하고자 하였다.[69)] 그러나 저항은 처음부터 엄청났다.[70)] 분열과정 자체는 커다란 주목을 받았고, 또 영향력 있는 보수진영에서 일련의 반향을 얻기도 했다. 그러나 그것은 선거전에서 이중으로 어려운 (상황에 처한)

---

67) *Westarp-Akten*: Antwort Westarps an Graf Eulenburg v. 1. August 1930 auf dessen scharfe Kritik an Westarps "Disziplinlosigkeit"(Brief Eulenburgs v. 29. Juli 1930).

68) *Ibid.*

69) *Westarp-Akten*: Brief Westarps an v. Oldenburg-Januschau v. 1. August 1930.

70) 베스타르프는 특히 헵(Hepp) 측의 저항에 대하여 불평하였다. *Ibid*. 연합시도는 Kaufmann(주 I/90), S. 196f. 참조.

보수인민당의 계획을 위한 노력에 구체적인 도움을 제공하지 못했다. 베스타르프는 즉시 대화를 시작하였으며, '귀족클럽'(*Herrenklub*)의 잡지 〈링〉(*Ring*)의 편집자와 프로그램 문제에 관해서 대화를 나누었으나, 상황을 매우 객관적으로 평가하였다.[71] 양측에게 분명한 것은 제국의회의 해산이 갈기갈기 찢어져 있던 우파를 해방시켜 주었고, 또 후겐베르크의 결점 없는 기구와 경쟁하는 것이 손실이 클 것이라는 점이었다. 그러나 동시에 실패는 브뤼닝이 새로운 선거에 부여했던 의미를 그 반대로 뒤집을 것이었다. 주의깊은 관찰자가 보기에 위협받고 있던 중도파의 손실이 특히 나치당에 도움이 되리라는 것, 따라서 브뤼닝의 연립 파트너와의 결합이 시급하다는 것은 의문의 여지가 없었다.[72] 트레비라누스, 슐라이허, 그뢰너 등이 선거에 중도파와 온건우파의 "힌덴부르크 연합"에게 걸었던 기대들도 거기에 관련된 것이었다.[73] 그들은 신속히 파괴되어야 했으나, 1년 후 새로이 등장하여 브뤼닝 정부의 마지막 단계에 매우 중요한 역할을 수행하였다.[74]

---

71) *Westarp-Akten*: Brief Heinrich v Gleichens an Westarp v. 20. Juli 1930. 이 편지는 카이저호프 호텔에서 있었던 베스타르프와의 회의에 관련되어 있다.

72) *Ibid.*, Anlage: "Information zur Beurteilung der innenpolitischen Lage", v. 24. Juli 1930. 또한 Heinrich v. Gleichen, "Kein Bruderkrieg", *Der Ring* 3, Heft 30 v. 27. Juli 1930, S. 513f. 도 참조. 여기에는 온건우파의 의심쩍은 분열이 도마 위에 올랐으며, "선거전이 더 이상 독일의 운명에 대해서 결정하지 못한다!"는 구호 아래 다시금 국가위기를 정당 외부에서 해결하라고 요구하였다.

73) Brief Groeners an v. Gleich v. 21. Juli 1930(Phelps, 주 I/52, S. 1014f.): "몇몇 정복자들은 후겐베르크 추종자들이 나치와 새로운 힌덴부르크 연합에 의해서 전멸될 것이라고 예언한다. 친구인 트레비라누스는 이미 우리의 지원을 받아 전투계획을 추진하고 있다. … 위에 언급된 연합은 선거를 위해서 농민연맹에서부터 민주당 당원에 이르기까지 느슨한 연합체로 될 것이다. 나는 그 뒤에 의문부호를 붙인다. 미래가 그것을 보여줄 것이다(Qui vivra, verra). 나는 그것을 기다릴 수 있으며, 선거사기에 관련된 일을 추기경에게 맡긴다."

이러한 희망의 일부가 연결되어 있던 신생 **보수인민당**(Konservative Volkspartei)은 어쨌든 매우 약한 기반 위에 서 있었다.[75] 독일민족점원연맹은 "유일하게 실제로 파악가능한 조직적 기반"을 제공했으나, 동시에 당을 베스타르프의 본래 의도인 농촌주민당과의 통합에 반대되는 방향으로 몰아가려고 위협하였다.[76] 광범위한 선거명부연합(Wahllisten-gemeinschaft), 그리고 후일 원내교섭단체연합(Fraktionsgemeinschaft)에 대한 협정만이 성공에 대한 어느 정도의 전망을 열 수 있었다. 그렇지만 베스타르프가 7월 18일 이전과 이후에 실레와 함께 실행했던 공동의 제국전역(선거)명부에 관한 협상은 매우 힘든 진전을 보여주었으며, 저명한 후겐베르크 반대자들의 동원도 정치적 효과보다 더 많은 어려움을 초래하였다.[77] 처음의 여러 차례 협상에서 성공을 거둔 후에도 — 농촌주민당과의 제국 전역 공동명부(gemeinsame Reichsliste) — 보수인민당은 베스타르프가 "농업을 그 직업신분제적인 고립으로부터 우익적인 국가정당(*Staatspartei*)으로 포섭하고" 이를 통해서 마침내 독일민족인민당을 건설적인 길로 가도록 강제하기를 희망했던 "우익의 통합"과는 아직 거리가 있었다.[78] 새로운 당으로 전달된 다양한 이해

---

74) 아래의 292쪽 이하를 참조.

75) 이는 특히 영향력 있는 각계의 분명한 동정에도 불구하고 충분히 보장될 수 없었던 선거자금조달문제에 적용된다. 이미 잠재적인 자금제공자의 계산은 당의 실패를 예감하게 했다. Gildemeister(주 I/102), S. 80f. 에 있는 참가자의 구술을 참조.

76) *Westarp-Akten*: Brief Westarps an Wallraf v. 28. Juli 1930과 특히 *Westarps Memorandum*: "Meine Verhandlungen zwischen dem 18. Juli und 18. Oktober 1930"(*Ibid.*).

77) *Ibid.*: Brief Westarps an Wallraf v. 28. Juli 1930.

78) *Ibid.*: Brief Westarps an Frau Annette Helfferich(geb. v. Siemens) v. 30. Juli 1930. 베스타르프는 헬페리히도 반후겐베르크 전선을 만들 것이라는 자신의 확신을 표현했으며, 다음과 같이 계속했다. "새로운 창당에 대하여 저는 실레와 협의하여 다시 우파의 통합을 가져오는 것을 특별과제로 만

관계들, 이념들, 기대들의 흐름을 하나의 침대로 통하게 하거나 또는 호의적으로 회피하기는 어려운 것으로 확인되었다.[79] 전체적으로 이 통합과제에 대한 정당간의 이동은 수포로 돌아갔고,[80] "브뤼닝 블록" 내부의 그룹 역동성이 마침내 나치의 통합선동에 이익을 주었다는 것은 이미 선거전 동안에 점차 명확해졌다.

그래서 보수인민당이 희망에 차서 선전하였고 많이 논의되기도 했

들었음을 알려드립니다. 저는 오직 이 과제를 위하여 정계에 남아 있고자 합니다. 우리는 엄청난 어려움에도 불구하고 천천히 전진하게 될 것입니다. 저의 희망대로 농업을 그 직업신분제적인 고립으로부터 우파적인 국가정당으로 포섭해 내려는 이 목표로의 전망있는 진전은 우리가 바로 어제 보수인민당과 농촌주민당 공동의 제국 전역 선거명부을 달성했다는 것입니다. 통합으로 나아가는 다음 단계는 원내교섭단체연합일 것입니다. 독일민족인민당에의 접근은 다음의 목표입니다. 그것은 당연히 특히 달성하기 어렵습니다. 그리고 저는 현재의 지도부 아래서 이 당에 접근하는 것이 전반적으로 가능할 것인지에 의구심을 갖고 있습니다." 또한 Westarp, *Kreuzzeitung*, Nr. 205 v. 24. Juli 1930도 참조.

79) 예컨대 *Westarp-Akten*: Brief von Eugen Frhr. v. Reibnitz an Westarp(날짜 미상). 여기서는 "인민당 흑-백-적"(Volkspartei Schwarz-Weiß-Rot)이 새로운 베스타르프 당의 이름으로 제안된다. 오직 그렇게 함으로써만 당 기구에서 동작이 둔하게 남아 있거나 또는 결연히 급진화된 대중에게 다가갈 수 있다는 것이다. "간단한 강령의 첫머리에 헌법개정과 옛 깃발의 재도입이 요구되어야만 한다. 선거운동 자체는 흑-백-적색 깃발을 충분히 사용함으로써 용이해진다." 베스타르프(*Westarp-Akten*: Brief an Walther Werner, Bankvorsteher a. D., Berlin, v. 16. August 1930)는 다른 한 이해관계자에게 그들이 동부의 실향민들에 대한 배상과 소연금생활자법(*Kleinrentnergesetz*)을 강력히 추진하였고, "보수인민당에서 반유대인적인 생각을 가진 계층이 … 게르만 종족주의적(*völkisch*)이고 민족주의적인 문제의 완전한 충족을 기대할 수 있으며", "국가와의 논쟁에서 신교 교회의 평등권"이 대표되고, 장차의 정부구성에서 "제국과 프로이센에서 사민당의 힘"이 제한되어야 한다는 것을 보장했다.

80) 앞의 주 II/76에 인용된 베스타르프의 회고록(*Memorandum*) ("Meine Verhandlungen …")은 후보자의 공천을 둘러싼 힘든 줄다리기를 잘 보여준다.

던 보수적 농업계의 "녹색전선"은 여전히 수많은 그룹으로 분열된 채 머물렀다. 녹색전선은 한편으로는 — 예전의 이익갈등에도 불구하고 — 여전히 독일민족인민당을 고집하였고, 다른 한편으로는 농촌주민당에서, 또 다른 한편으로는 기독교사회인민봉사단과 독일-하노버당에서 직접적인 이익대표를 찾았다. 또한 보수인민당 내에서 농업계의 통일된 선거전선을 조직해 내려던 제국농업연맹 지도부의 노력도 거의 성과를 거두지 못했다. 여기서도 온건우파의 "브뤼닝 블록"은 나치의 약속에 많은 것을 잃었다. 힌덴부르크 프로그램의[81] "광범위한 기반 위에서 정치적 협력"에 관한 협상과 더불어 브뤼닝식 해법의 주창자들이 온건우파 내에서 교차연결망의 효율성에 걸었던 희망 또한 물거품이 되었다. 독일민족점원연맹은 가톨릭 계통의 노동조합이나 중앙당뿐만 아니라, 사회주의적 노동조합과도 독일노동조합연맹(DGB: 바이마르 시기의 여러 기독교 노동조합을 통괄한 전국조직. 사회주의 계열의 독일노동조합전국연맹 ADGB에 이어 두 번째로 거대한 노동조합조직. 1945년 이후의 독일노동조합연맹과 그 명칭이 동일하나 시기에 차이가 있음 — 옮긴이)을 거쳐 연결망을 갖고 있었다. 그러나 여러 정치그룹에서 대표자를 갖고 있던 독일민족점원연맹의 가능성도 후겐베르크파를 특별한 불신으로 가득차게 하였으며, 람바흐와의 절교결정을 더욱 가속화시켰다.[82] 1929년 12월의 분열과 새로운 정부의 구성에서 브뤼닝이 주도적인 역할을 담당했던 — 그 결과 기독교 노동조합의 보수적 대표자로서 그에게 잘 알려진 독일민족인민당 소속의 독일노동조합연맹 저명인사들 및 그 정치적 동료들을 자신의 정부프로젝트에 포섭하려 하였다 —[83] 독

81) *Ibid.*

82) 후겐베르크 측의 캠페인은 본질적으로 독일민족인민당 피고용인 계파 내에서 가톨릭적 또는 사회주의적 노동조합의 음모적인 비방을 겨냥하였다. 예컨대 v. Freytagh-Loringhoven(주 I/104), S. 53; Leo Wegener, *Hugenberg. Eine Plauderei*(Berlin, 1930), S. 9; *Die Abtrünningen*(주 I/119), S. 12 등; Kriegk(주 I/89), S. 82ff.; Nobel(주 I/81), S. 40 등이 그 예이다.

일노동조합연맹 내의 이 교차연결망들은 영향을 미쳤다. 나아가서 독일노동조합연맹에서는 인민당 소속 제국의회 의원인 베흘리(Bechly)가 독일민족점원연맹의 의장으로서 독일인민당과의 연결망을 유지하였다. 이외에도 베를린 모츠슈트라세(Motzstraße) 22번지의 보수적인 클럽들에서 그리고 2년 뒤에는 파펜의 대통령제 정부를 둘러싼 여러 계획과 억측에서 중요한 역할을 한 여러 교차연결망들이 있었다.[84] 이 연결망들을 서로 연결시키고 유지시킨 추동력은 스스로를 그들에 결합시키지 않으면서 여러 우익정당들로부터 돈을 받았던 그러한 클럽들로부터 나왔다. 이들은 브뤼닝의 정부구성 배후에 있는 일반적·이

---

83) Nobel(주 I/81), S. 47을 참조.

84) 이 책의 제 3권 26쪽 이하 참조. 그 기관지들 중의 하나인 *Ring*과 베스타르프의 접촉도 포함하는(앞의 120쪽 참조) 이 상호교차연결망의 의미에 대해서는 Armin Mohler〔*Die Konservative Revolution in Deutschland 1918~1932, Grundriß ihrer Weltanschauungen*(Stuttgart, 1950), S. 92f.〕에 수록된 한 참가자의 후일 보고서가 많은 시사점을 제공한다. 여기에 따르면 베를린의 모츠슈트라세에는 6월클럽(Juniklub)(Heinrich v. Gleichen, Moeller van den Bruck, Rudolf Pechel), 정치 콜렉(Politisches Kolleg)(Martin Spahn), 인민독일클럽(Volksdeutscher Klub)(Karl Christian v. Loesch, Pechel), 대독일청년(Großdeutsche Jugend)(Adolf v. Trotha 제독), 잡지 〈양심〉(*Das Gewissen*)(반볼셰비키 리가의 Eduard Stadtler) 등이 위치했다. 대학연합회(Hochschulring)(정치 콜렉에 포함됨), 후겐베르크(좌파로의 전향 위협으로 "금전사용에 연루"되었다), 독일인민당 그리고 종족주의 그룹(*Völkische*)(글라이헨을 거쳐서)과는 슈판을 거쳐서 관계가 있었다. 종합적으로(*Ibid.*, S. 93): "당을 만들려고 하지는 않았으나, 여러 정당 내에 발을 들여 놓고서 이를 느슨하게 만들려고 노력하였기 때문에, 모츠슈트라세는 일상정치에 엄청난 정치적 영향력을 얻는 데 성공하였다. 외적인 형식은 영국 클럽의 그것과 유사했고, 정당들은 그 젊은 구성원들 때문에 항상 이 집단을 고려하였으나, 동시에 그 내적인 일치단결을 파괴하려 하였다." 보다 더 상세한 내용은 Wilhelm Wunderlich, "Die Spinne", *Die Tat* 23, Heft 10(Januar 1932), S. 841ff. 정치적 살롱에 대해서는 v. Reibnitz(주 I/81), S. 200ff. 을 참조.

익정책적인 의도들과 결합시키려 하였으며, 슐라이허 내지 힌덴부르크 집단 핵심부로까지 직접적 접근통로를 보유하고 있었다.[85)]

그러나 온건하지만 권위주의적 비상령 정부의 주도로 전력을 투입했고, 전도유망하게 추진된 이 교차연결망들은 정치적 그룹의 발전과 1930년의 선거결과에 거의 직접적인 영향력을 행사하지 못하였다. 이들은 음모의 암흑 속에, 공허한 이념의 영역 또는 개별적인 행동의 공간에 머물렀다. 따라서 이들은 정치적 권력투쟁의 구체적인 수준에서 민주적 좌파의 배제도, 또 대중민주주의의 현실 속에서 부르주아적 중도파와 협력할 준비가 되어 있던 우파의 통합도 달성할 수 없었다. 〈타트〉(*Tat*)지 주변의 청년보수집단과 귀족클럽의 〈링〉(*Ring*)지와 함께 광범위한 저작은 이들의 보수적이고 귀족적인 엘리트 사고를 선전하고, 이를 불신받은 정당의회주의에 대한 진정한 대안으로서 그럴듯하게 만들고자 하였다.[86)] 이 사상은 확고하게 개인화된 나치즘의

---

85) 귀족클럽(Herrenklub)의 파펜계 내부에서 나온 확인을 참조: Walter Schotte, *Das Kabinett Papen, Schleicher, Gayl* (Leipzig, 1932), 특히 S. 17.

86) 여기에 관해서는 이 책의 제 3권 27쪽 이하를 참조. 그의 선동적인 남용과 나치즘에 의한 세계관적인 불신이 이 상황에 전형적인 공범증인(*Kronzeuge*) 판 덴 브룩(van den Bruck)과 더불어 무엇보다도 방대한 규모의 신분제적·귀족적인 철학지상주의(*Philosophismen*) 개요 Edgar J. Jung, *Die Herrschaft der Minderwertigen, ihr Zerfall und ihre Ablösung durch ein Neues Reich* (Berlin, 1929, 2판, 1930)는 대중민주주의와 반대입장에 있다. 이와의 연관관계 속에서 청년보수주의 내지 보수혁명적인 문헌을 상세히 연구하는 것은 가능하지 않다. 거의 일방적으로 문학적·철학적으로 채워진 아르민 몰러(Armin Mohler, 주 II/84)의 연구를 넘어서서 특히 이른바 "타트크라이스"(Tat-Kreis)의 활동을 정치적·학문적으로 분석하는 것도 중요할 것이다. 이 그룹은 여기서 오직 자신의 강령들을 통해서만 특징지어 질 수 있을 것이다. "세계경제의 종말, 권위주의 국가, 계획경제, 자급자족경제(*Autarkie*), 남동지역정책(*Südostpolitik*), 그리고 민족주의와 사회주의의, 즉 우파와 좌파를 새로운 민족공동체로 통합할 필요성", 이들은 가장 중요한 표어였다("Der Weg der Tat", *Die Tat* 24, Heft 6, September 1932,

독재선동에 의해서 이 시기에 이미 타의 추종을 불허할 정도로 절대적인 우위에 있었다.

5. 정당 전선에서의 움직임

정당 전선에서 블록형성을 통하여 극단적인 파벌의 움직임으로부터 부르주아적 중도파를 보호하고, 자유민주주의의 안정된 요새를 만들려는 기존의 노력들도 슈트레제만의 진지한 계획들 중 하나에 속했다.[87] 이러한 노력들은 새로운 선거에 즈음하여 결정적인 단계에 진입했다. 우파로 기울어지던 독일인민당이 8월 21일에 경제당 및 보수인민당과 공동으로 가진 선거참여 독려에서 "힌덴부르크 대통령에 의해서 시작된 개혁작업"의 실행을 선언한 반면에, 기독교사회인민봉사단과 독일민주당은 독자적인 길을 갔다. 그사이 독일국가당(Deutsche Staatspartei)의 창당은 여론을 깜짝 놀라게 하였는데, 이는 현존 국가에 협력하고 좌와 우로의 연립능력을 가진 광범위한 부르주아적 결집운동을 통해서 한때 그토록 강력했고 중앙당과 함께 본래 국가를 지탱

S. 517). 이 그룹의 정치적 위치는 슐라이허의 제국군대 및 인민보수적 실험에의 근접성으로 특징지어지며, 그 중요성은 귀족클럽에 뒤져 있었다(앞의 주 II/84 참조).

87) 코흐-베저(Koch-Weser)와 볼프강 슈트레제만(아들)의 증언에 의하면 슈트레제만은 죽기 직전에도 "국민"(*Staatsvolk*)에게 호소력을 갖는 새로운 중도정당의 창당을 계획했다. 그는 영 계획의 채택 후에 코흐-베저 및 마라운과 협력하여 이 프로젝트를 진지하게 추진시키려 하였으며, 청년독일기사단에 특히 희망을 걸었다. 왜냐하면 그는 오직 독일민주당 및 독일인민당의 일부만, 그렇지만 이를 지지하는 경제당 및 독일민족인민당의 일부를 고려할 수 있을 것이라고 믿었다. 이러한 복합적인 영역은 국가당을 둘러싼 논쟁에서 비로소 알려졌다(*Hamburger Fremdenblatt M*, v. 30. Juli 1930, S. 1과 A, v. 2. August 1930, S. 2를 참조).

한 독일민주당의 부인할 수 없는 하강을 막으려는 새로운 시도가 이루어졌다. 이 시도의 주창자들은 특히 청년독일기사단 성향의 인민민족전국연합(Volksnationale Reichsvereinigung)과의 결합으로 당의 좌파자유주의적인 인상을 줄임으로써 그 정치적 틀을 확장시키고, 나치의 선전에 점차 고사해 가던 소부르주아적 중간계급을 다시 획득할 수 있기를 기대하였다.

그렇지만 처음에 당의 젊은 지지자들에게 어느 정도의 영향력을 행사하는 듯이 보였던 이 시도는 동시에 독일민주당 내부의 옛 자유주의계파의 격렬한 저항에 부딪쳤다. 7월 28일의 첫 성명에는 정당민주주의 비판자들의 국가보수적 또는 권위주의적·관료제적인 구호를 연상시키는 표현들이 포함되었다.[88] 그러나 독일민주당의 당위원회는 이틀 후에 새로운 창당에 동의하였고, 당 조직을 선거전에 투입하였다. 좌파계열에서는 분열이 발생했다. 에어켈렌츠(Erkelenz) 의원은 사민당에 가담하였고, 평화주의자 크비데(Quidde) 주변의 급진적 민주주의 그룹은 독자적인 분파당을 창설했다. 그러나 오스카 마이어(Oskar Meyer)와 같은 극히 자유주의적인 다른 의원들은 무거운 마음으로 자신의 의구심을 철회하였다. 지도급 당원들은 레머와 독일민주당 사무총장 슈테판(Stephan)에 의해 개시되었고, 게르트루트 보이머(Gertrud Bäumer)와 당 의장 코흐-베저의 후원을 받은 합당협상을 본격적으로

---

88) 지금까지의 정당정책은 "인민의 의지를 이해할" 수 없었으며, 몇 년 전부터 수백만 명이 구역질을 내면서 신뢰 없이 정치생활을 멀리하고 있다고 되어 있다는 점에서 그랬다. 특히 젊은 세대는 "실망하였고, 반발하여 떠나가거나 또는 부정적인 급진주의의 유혹에 희생"되고 있다고 되어 있다. 따라서 "낡아빠진 정치형식들 및 의미 없어진 차단기로부터 독립된, 흑-백-적 깃발과 흑-적-황 깃발 사이의 선동적인 투쟁을 넘어선" 하나의 단체, 즉 "이 무용한 곤경으로부터 이익그룹들의 악랄한 거래를 몰아내고 독일인들을 국민으로서 통합하고자 하는 이들 모두의 공동체"를 만들어 내야만 한다는 것이었다. Egelhaaf, 1930, S. 184에서 인용.

시작하였다. 이 놀라움은 동시에 자포자기적인 성급함과 경솔함을 보여준다. 나치 유권자의 소용돌이 증가에 직면하여 조급하게 제국의회를 해산한 것은 공화주의자들을 결정적인 상황에 빠지게 하였음에 틀림없다.[89]

이 과정은 사민당에서 격렬한 비판을 야기한 반면에, 독일인민당은 민주당의 자력에 의한 합당 이니셔티브를 자신에 반대하는 분열시도로 간주하고, 동시에 다시 대담하게 좌파와의 관계를 끊었다. 그래서 독일인민당 의장인 숄츠(Scholz)와의 뒤이은 합당협상들도 아무런 성과를 거두지 못했다. 본래 숄츠는 "힌덴부르크 프로그램"을 위한 자신의 독자적인 노력에서 방해받고 있다고 생각했다. 동시에 늙은 추밀고문관 칼(Kahl) (독일인민당)을 공동의장으로 선출함으로써 강령상의 차이 및 조직전술적인 차이를 제거하려던 디트리히와 횝커-아쇼프(Höpker-Aschoff)의 중재제안 또한 완전히 실패로 돌아갔다. 칼 자신은 실질적인 의사소통이 선행되어야 한다고 주장했다. 그러나 그것은 이미 숄츠와 칼의 견해에 따르면 트레비라누스에서 코흐-베저에 이르는 그리고 "강력한 국민적인 블록", 즉 "제국대통령의 구제프로그램을 위한 빈틈없는 밀집대형(*Phalanx*)"를 지향해야 한다는 등 합당구상의 차이로 수포로 돌아갔다.[90] 다시 횝커-아쇼프와 함께 브라운 정부에 참여하고

89) 여기에 대해서는 특히 다음의 서술을 참조: Oskar Meyer, *Von Bismarck zu Hitler*, *Erinnerungen und Betrachtungen*, 2. Aufl. (Offenbach/ M., 1948), S. 151f. 마이어도 먼저 "청년독일기사단원들의 이 낭만적 기사단 놀이에 대한 직관적인 불신에서" 이로부터 거리를 두고자 한다. "유감스럽게도 나는 마음을 바꾸었다. 그래서 나는 민주당과 함께 죽기보다는 첫날부터 가망 없는 자웅동체인 한 당의 산파(*Geburtshelfer*)로 되었다."

90) 특히 프랑크 글라첼(Frank Glatzel)의 주도로 카셀에서 개최되었던 청년인민당원 제국연합 대표자대회(8월 3일)는 "대규모의 통합을 목표로 한 여러 정당들의 새로운 전선"을 지지하였으나, 동시에 이 운동이 "일방적인 부분해체", 즉 "감독실수와 오류"로 망가지지 않고, 또 독일인민당을 분열시키려는 시도이지도 않아야 함을 요구하였다. Egelhaaf, 1930, S. 185.

있던 독일민주당은 베스타르프-실레-트레비라누스 그룹과의 밀접한 제휴나 특히 프로이센에서 이로써 주어진 반사민당 전선상황을 허용할 수 없었다.

그리하여 지역적인 이유에서 다만 바덴과 뷔르템베르크에서만 옛 독일민주당과 독일인민당 사이의 밀접한 협력이 성사되었으나,[91] 처음에는 새로운 국가당의 건설이 잘 진전되는 듯했다. 합당을 위한 첫 대화는 이미 작센의 선거 이전에 개최되었고, 그 위험을 경고하는 듯한 결과로 더욱 강화되었으며, 비밀합의들을 거쳐 7월 27일에 창당결의라는 놀라운 결과를 가져왔다. 그 배후에는 인민민족 제국연합 측의 마라운과 그의 "기사단 총리"(*Ordenkanzler*) 인 보르네만(Otto Bornemann), 기독교 노동조합의 발트루쉬(Baltrusch), 아돌프(Adolph), 글림(Glimm)(이들은 독일민족인민당에서 국가당에 가담했다), 독일민주당의 코흐-베저, 레머, 디트리히, 횝커-아쇼프, 게르트루트 보이머, 아우구스트 베버(August Weber), 오스카 마이어 등이 있었다. 여기에 청년자유주의자들인 에셴부르크(Eschenburg)와 빈슈(Winschuh) 그리고 독일인민당의 라인바벤(Rochus Frhr. v. Rheinbaben)이 추가되었다.[92] 7월 29일의 임시집행위원회에는 마라운, 코흐-베저, 빈슈 그리고 그림 등이 포함되었다. 새로운 구성체는 전술적·이데올로기적인 어려움에도 불구하고 안정되는 듯이 보였고, 인민민족당 구성원들의 충성도 확보한 듯이 보였다.[93] 청년독일기사단의 사상으로부터 영향을 받은 공동의 당 플랫폼은 공화국 국민의 협력을 위하여 청소년에게 보내는 호소문에, 선

---

91) 뷔르템베르크에서는 공동정부가, 바덴에서는 주 의회 공동원내교섭단체가 있었다.

92) Schulteß, 1930, S. 182.

93) 8월 22일 선언문에서 이렇게 결정되었다. Arthur Mahraun, *Die Deutsche Staatspartei. Eine Selbsthilfeorganisation deutschen Staatsbürgertums* (Berlin, 1930), 특히 S. 37ff.

거개혁, 제국개혁, 행정개혁 등에 대한 요구에서, (정당명부식 투표제에 표현된) "당리당략적인"(*parteiistisch*) 정책, (독일) 제국-프로이센 이원주의, 그리고 공무원의 정치화 등에 대한 비판에 포함되었다. 이와는 반대로 대외정책적인 구상에서 민주적인 (배상) 이행정책의 현실주의는 청년독일기사단의 대독일주의적 · 식민주의적인 수정정책과 이주정책이라는 희망(*Wunschvorstellung*)을 몰아냈다. 문화정책 분야와 경제 · 사회정책 분야에서도 국가당의 프로그램은 독일민주당의 자유주의적 특징을 그대로 지녔다. 여기서 "사회적 자본주의"(*sozialer Kapitalismus*)는 현존하는 것의 유지에서 사회주의적 불관용과 독점주의적 불관용에 반대하였다.

실제로 실험된 옛 독일민주당의 사유영역은 군사적 이상주의 또는 즉흥적인 비판에 의해서 결정된 청년독일기사단의 무형의 견해들과 목표들에 대해서 현저한 우위를 획득했다. 반면에 좌와 우의 급진주의 및 (헌법) 제 48조에 따라 소수파의 독재를 방지하고, 또 모든 정치적 결정에서 민주적인 토론기반을 지키려는 의지는 공동의 기반으로서 확고하게 자리를 잡았다.[94] 마라운도 자신의 추종자들과 엄청난 어려움에 직면했다. 새로운 정당의 의회 외부 지도자로서 자신을 인정하기로 한 코흐-베저의 약속만이 인민민족적인(*Volksnational*) 저항을 이겨낼 수 있었다. 유대인의 청년독일기사단 가입을 금지시킨 기사단의 "아리안(족) 조항"(*Arierparagraph*) 또한 하나의 마찰점을 형성했다. 8월 첫 주에 숄츠와 코흐-베저 내지 횝커-아쇼프 사이에 있었던 추가적인 통합협상들이 실패로 돌아간 후에 — 근본적으로 독일인민당과 독일민주당이 전통적으로 발전시켰던 서로 다른 정치지형으로 실패로 돌아갔는

94) 여기에 관해서는 Vera Gebhardt, *Ideen und Politik des Jungdeutschen Ordens unter besonderer Berücksichtigung des Versuches zur Gründung einer neuen Mittelpartei: "Volksnationale Reichsvereinigung", "Deutsche Staatspartei"*(Diss. Hamburg, 1952, ungedr.), S. 39ff.를 참조.

데, 이 지형의 차이는 이미 예전의 시도에서 모든 통합노력들을 수포로 돌아가게 하였고, 또 새로운 우익연립사상과 바이마르의 좌익연립사상의 비화해성에 상응한 것이었다 —, 국가당의 여러 종류의 요소들 사이에 견해차이도 눈에 띄게 커졌다. 베를린의 언론회관에서 있었던 3주 동안의 투쟁은 후보공천에 앞선 것이었는데, 여기서는 인민민족당 후보자들에 대한 양보를 둘러싸고 횝커-아쇼프와 통합의 지지자들인 코흐-베저 및 레머 사이에 견해차가 불거졌다. 8월 28일에 후보자 명부를 뒤늦게 발표하였으나, 이로써 효과적인 선거전이 거의 불가능했고, 집회와 캠페인에서 양당 지도부의 협력 또한 문제로 되었다. "반(反) 과두제적인" 청년독일기사단 이데올로기는 50배의 감사회 구성원인 헤르만 피셔(Hermann Fischer)의 최상위 입후보에 반발하였고, 민주당은 다시 독일청년기사단의 반유대인주의적 · 반평화주의적인 경향에 반발하였다. 이제 새로운 정당의 구성인자들은 호의적인 의지에도 불구하고 그 정치적 · 이데올로기적인 출신에 따라 너무 이질적인 것으로 확인되었다.[95]

영향력 있는 중도파 블록의 형성은 성공하지 못하였다. 왜냐하면 본래 독일민주당은 좌파와 연결망을 포기하지 않으려 하였고, 이제 제크트가 입후보하였던 독일인민당은 이른바 우파로의 기회를 포기하거나 또는 전술적으로 충분히 변화시키려고 하지 않았기 때문이다. 비록 양 그룹이 명백히 나치당에 반대하긴 했지만 말이다. 중앙당과 바이에른인민당을 포함시키려는 시도 또한 거의 완전히 실패하였다. 카스와 브뤼닝의 선거유세는 — 프로이센에서의 가능한 한 결과들을 암시하면서 — 후겐베르크 및 히틀러와 함께 사민당의 파괴적인 반대파에 반대하였고, 우파의 재편성과 새로운 형성을 환영하였으며, 당연히 에버트에 대한 낡아빠진 언급을 하면서, 〈헌법〉 제 48조의 사용을 옹호하였다.

95) *Ibid.*, S. 42ff. 이러한 발전에 대한 증거들.

전체적으로 그들은 분명 실제의 선거경향과 그 결과들을 고려하지 않고서 의식적으로 그리고 결단력 있게 사민당과의 어떠한 협력도 차단하였으나,[96] 사민당은 쓰라리지만 즉시 필요하게 될 것이었다.

이에 반해 사민당의 캠페인은 위헌적인 "비상령 독재"에 집중되었다. 여기서 사람들은 동시에 사회적 분담금의 축소와 자의적인 통제를 보았다. 왜냐하면 모든 의회의 통제를 박탈한 조세정책의 길이 열렸기 때문이다. 그러나 그 법령으로 의회민주주의를 억압하는 "비사회적인" "브뤼닝의 부르주아블록 정부"에 대한 사민당의 선거정견발표는 너무도 신랄하게 규정되었지만, 사민당 지도부는 의회의 대안을 거의 보여줄 수 없었다. 이미 전통적으로 되어버린 사민당의 고립은 쌍방과실에 의한 브뤼닝 정부의 붕괴가 만들어낸 우파와의 간극으로 더욱 강화되었다. 그러나 좌파 쪽에서 계속 성장하면서 비화해적인 적대관계에 있던 공산당은 "배신적인 사민당"에 대해서 더욱 강경해졌다. 이 당에게서는 모든 것이 "파시스트적"이었으며, 이는 그 상징성을 지녔다. 그리고 "프롤레타리아트의 독재"를 위한 당의 투쟁은 이제 "약탈적인 베르사유 조약"에 대한 나치의 선동에서보다 더욱더 민주주의에 반대하였다.[97] 이는 더 나아가서, "붉은 스포츠선수들"은 모든 수단을 동원

---

96) 이는 특히 뮌헨의 가톨릭 대회(9월 4일 이후)에서 브뤼닝의 등단에서 나타난 분위기였다. Egelhaaf, 1930, S. 189.

97) 공산당의 선거정견발표: "Programm-Erklärung zur nationalen und sozialen Befreiung des deutschen Volkes" v. 24. August 1930(Mommsen/Franz, *Die deutschen Parteienprogramme 1918-1930*(Leipzig, 1931), S. 119ff.). 전술적 · 선동적인 민족주의로의 전환은 "배신적인 사민당과 여전히 함께 가는…, 연립정책의 당, 베르사유 평화의 당, 영 계획의 당, 직업생활중인 독일주민을 노예화시키는 이 당과 절연하려는 모든 노동자들"에게 보내는 요구의 마지막에서 명확히 된다. 영 계획의 포기! 자본가와 융커의 정부 타도! 파시즘과 사민당 타도! 프롤레타리아트 독재는 살아 있다! 소비에트 독일은 살아 있다!" 나치의 선전에 대한 투쟁수단으로서 민족주의적 전술은 에른스트 텔만의 제 11차 공산주의 인터내셔널 본회의 연설에서

하여 "사회적 파시스트들에 의한 모든 노동자 스포츠의 부르주아화와 공화국화를 막아야" 한다는 구호가 제시되었다. 붉은 스포츠 선수들은 "붉은 스포츠 부대"를 재건하고, "노동자 스포츠선수의 혁명적 계급투쟁을 통해서 사회주의의 조국인 소련"에 도움을 주어야 할 것이었다.[98] 동시에 공산당은 지금 그리고 특히 다음 몇 개월에 위협받던 소농민들에게 호소하였으며, 소비에트의 집단경제를 요구했지만 나치의 선동에[99] 보조를 맞출 수는 없었다. 그러나 바로 이 손실이 심한 좌측으로의 경계투쟁은 사민당 지도부를 더욱더 우유부단함에 빠뜨렸고, 이는 그들을 — 공산주의자들의 급진 사회주의적이고 민족주의적인 선전에 대한 경쟁의 두려움에서 그리고 현재 형식의 민주주의 존속에 대한 염려에서 — 양측으로의 운동능력을 불가능하게 하였다. 공화국의 최대 정당은 사실상 최종적으로 방어상태로 내몰렸다. 이 당은 또한 자신의 이니셔티브와 정당간의 전략을 통해서 다시 한 번 능동적으로 바이마르공화국의 역사에 개입하려는 진지한 시도를 하지 않았다.

1930년 9월 14일의 선거는 마침내 25개 정당과 분파그룹들의 격렬한 투쟁에 대하여 소수의 관찰자들, 그러나 정부와 의회의 그 장본인들이 그 숙명적인 규모를 거의 예상하지 못했던 결정으로 반응하였다.[100] 나치당의 혜성 같은 등장은 광범위한 우려를 자아냈으나, 어

꾸밈없이 발전되었다(1931년 5월) : "Die Freiheitspolitik des Kommunismus in Deutschland", Thälmann, *Kampfreden* (주 II/11), S. 90ff.

98) Ernst Thälmann, "An die roten Sportler!" Begrüßrede auf der Massenkundgebung des Kampfkongresses der roten Arbeitersportler in Erfurt am 8. Juni 1930 (*Ibid.*, S. 66f.).

99) 예컨대 Ernst Thälmann, Rede über das "Bauernhilfsprogramm der Kommunistischen Partei" in Oldenburg (Mai 1931) : *Ibid.*, S. 68ff.

100) 영국대사 럼보울드(Rumbold)는 1930년 9월 7일에도 여전히 헨더슨(Henderson)에게 보내는 보고서에서 나치의 의석을 50~60석 정도로 예상하였다. *Documents on British Foreign Policy* (주 II/53), 2nd series, vol. I, S. 504. 독일민족인민당의 오판은 변명론적인 언급에서 출발한다.

느 측으로부터도 진정으로 방해를 받지 않았고, 선거에 책임이 있는 사람들의 어느 조언자에 의해서도 세밀하게 분석되지 못하였다. 사람들은 민주주의의 정치적 안전과 지도라는 수단들을 포기하였다. 그것은 무지나 원칙적인 의구심에서가 아니라 이 대중운동이 형식과 실체를 갖추지 못한 일시적인 성격임을 확신하였고, 또 그 선동적인 무한성을 무시하거나 또는 그것을 심지어 자신의 목표를 위한 도구나 보조기관차로 이용할 수 있다고 생각했기 때문이다.[101]

여론은 처음으로 나치의 선전·선동수단의 완전한 전개를 경험했다. 여러 해 동안 호전적인 간부정당 내부에서 철저히 준비되었던 이 수단들은 이제 재정적 기반을 개선시킴으로써 — 왜냐하면 이 당은 빠르게 성장했을 뿐만 아니라, 여러 이익단체들로부터도 즉각 구애를 받았기 때문이다 — 그 효용성을 입증할 수 있었다. 여러 개별적인 "투입전선들" 사이의 거리를 흔히는 비행기로 메우면서 진행된 열정적인 집회 캠페인에서 히틀러와 그의 제 1군 연설자들은 거친 논거와 약속을 마다하지 않고 도시와 촌락의 흥분한 대중을 앞으로 내몰았다. 선거 후 정부참여에 대한 요구가 제기되기는 했었다. 이를 위해서 빌헬름 프릭(Wilhelm Frick)은 전면에 나섰다. 튀링엔의 우파정부에서 1930년 이후 내무 및 대중교육장관으로서 프릭의 활동은 나치적인 국가정책의 첫 맛보기를 제공했고, 제국정부와의 지속적인 갈등을 초래하였다.[102] 나치당은 선거 이전에 내무부와 국방부의 장관직을 요구함으

Hugenbergs Ringen(주 I/6), I, S. 13.

101) 사민당의 무지에 대해서 대표적인 것으로는 Keil(주 I/3, II, S. 395)에 있는 솔직한 고백: 사람들은 나치주의자들을 "1928년의 패배 후에 제대로 심각하게 받아들이지 않았다. 그들이 강력히 조직되어 선거전에 뛰어들었을 때, 사람들은 더욱 놀랐다."

102) 프릭은 거기서 국가의 내부구조와 공무원의 독립성을 훼손하는 "수권법"(*Ermächtigungsgesetz*)을 추진하였고, 인종학 교수직(*Rassenprofessur*)을 귄터(H. F. K. Günther)에게 넘길 때 예나(Jena) 대학의 (인사) 제안권

로써 국가의 정복에 필요한 권력기반을 확보할 수 있다고 생각했으나 — 왜냐하면 이 요구는 경찰과 제국군대, 즉 행정부의 직접적인 권력 도구들에 대한 처분권을 포함하였기 때문이다 —, 이 요구는 다른 수많은 요구들로 인하여 진부한 것으로 되었다.

나치의 선동부대와 저지부대들이 사용한 무차별적인 투쟁수단에 대한 대응조치들은 이러한 협박 캠페인을 효과적으로 제한할 수 없었다. 후에 국사재판소에 의해서 인정된 7월 3일의 법령에서 프로이센 정부는 모든 국가공무원과 사무직원들에게 나치조직이나 공산당 조직에 참여하는 것을 금지시켰고, 이와 관련된 모든 활동이나 후원을 국가전복활동으로 간주하여 처벌하였다. 이와는 반대로 제국정부는 유사한 조치에 대하여 결정을 내릴 수 없었다. 여기서도 제국과 프로이센이라는 이원주의가 영향을 미쳤다. 즉, 프로이센에서는 "제국소유의" 우편관리, 조세관리, 철도관리들은 주 관리들에게 금지된 것을 할 수 있었다.[103] 게다가 나치가 참여한 튀링엔 연립정부와의 갈등으로 국사재판소에 제출된 한 실태보고서는 언론과 연설의 발언으로부터 나치의 폭력적인 독재의도를 추론해 냈고, 이 당의 내적인 건설과정이 비민주적이고 명백히 현존 국가의 파괴를 지향한다는 점을 — 이것이 의회 내외적인 수단으로 이루어지든, 또는 직접 테러적 수단으로 이루어지든 간에

을 침해하였으며, 일방적인 인사정책을 후원하였다. 특히 이러한 인사정책은 나치 경찰공무원을 통합시킨 바 있는 경찰공무원 계층에서 두드러졌다. 프릭의 게르만지상주의적·나치적인 학교지역 권유는 — 이는 6월 30일과 7월 11일에 국사재판소의 판결이 그러한 조치에 반대한 침해에 해당되었다 — 특별한 주목을 받았다. Georg Witzmann, *Thüringen von 1918-1933* (Meisenheim, 1958), S. 158ff. 를 참조.

103) Otto Braun (주 I/5), S. 327. 프로에센 측에서 작성한 한 방대한 실태보고서로 제국대법정에 전달한 나치의 반국가적 행위에 대한 자료는 제국당국의 관용노선 영향을 받지 않았다. 이 보고서는 M. W. Kempner, "Blueprint of the Nazi Underground", *Research Studies of the State College of Washington* 13, No. 2 (June 1945), S. 56~130에 수록.

— 확인하였다. 그러나 사람들은 복잡하면서도 냉정한 거대정책의 무대에 처음 등장하였을 때 그토록 비유기적으로 팽창하면서도, 거의 제대로 특징을 갖추지 못한 대중운동의 지속적인 구성 흐름을 고려하였다.

최근의 나치당 발전에서 많은 것은 사실상 이 당이 자체의 어려움과 모순점들 때문에 곧 실패하게 되리라는 가정을 지지하고자 한다. 또 과도한 지도자 숭배(儀式)도 다양한 이익집단과 기대관념집단 속에서 점차 성장하는 추종자 대중을 더 이상 상세히 해석되지 않은 애매한 프로그램 아래, 정치적으로 외관상 교육받지 못한 지도자단 아래, 그리고 단순히 반복되기만 할 뿐인 파괴적인 반대파의 선동 아래 있던 덧없는 허구(*Fiktion*)와 결합시킬 수 있었다. 갑작스럽게 대중정당으로 비약하면서 특히 의회민주주의에서 전술적·전략적인 행동의 문제가 발생했다. 즉, 권력참여, 협력, 권력장악 등의 문제는 혁명적 간부정당에게 전혀 실천적인 사유의 과제를 의미하지 않았다. 히틀러가 선거선전에서, 특히 선거 직전에 자신의 "독일인민에게 보내는 선언문"에서 "사회주의적 구성요소들"을 크게 후퇴하게 했다는 사실은[104] 내적으로 엄청난 (힘의) 이동을 암시했다.

1930년 여름에는 당 수뇌부의 위기가 시작되었는데, 이는 사실상 그 정치적 방향과 목표에 대한 관념 또는 적어도 그 선동주의적 외관과 함께 조직적·지도기술적인 구조와 관련되었다. 오랜 논쟁 후 7월 3일에는 사회혁명파의 대표적 지도자 오토 슈트라서가 물러났다.[105] 그와 관련된 혁명적 나치분자 그룹은 히틀러에 반대하여 엄청난 출판물 선

104) *Völkische Beobachter*, Nr. 215 v. 10. September 1930. 주식시장과 백화점에 대한 과세는 여기서 — 동원된 중간계급에게 주의를 끄는 것으로서 — 남아 있었다. 여기에 관해서는 반대하는 슈트라서파 신문의 비판을 참조: *Der Nationale Sozialist*, Nr. 173 v. 16. September 1930.

105) 여기에 관해서는 약간 극화된 묘사를 참조: Otto Strasser, *Hitler und ich* (Konstanz, 1948), S. 122ff.

전을 전개하였다. 그렇지만 이 그룹은 대중의 분열을 야기할 수도 없었고, 선거 및 그 결과와 관련된 전술적인 당 노선 관련 논의에 영향을 미칠 수도 없었다. 나치투쟁연합(NSKD)은 그 기관지인 〈흑색전선〉(*Schwarze Front*)으로[106] 1933년까지도 대중정당의 심각한 경쟁자로서가 아니라 활발한 정치적 효모로서 계속 영향을 미쳤다. 히틀러의 기회주의적 전술은 전반적으로 여전히 결정적이었으며, 2년 이상이나 오토 슈트라서와 그레고어 슈트라서 형제를 매혹시켰다.[107] 얼마 뒤인 8

---

106) 오토 슈트라서가 편집한 주간지 *Die Schwarze Front*(*Kampforgan für die deutsche Revolution*)의 마지막 호는 1933년 2월 12일 베를린에서 발간되었는데, 거의 오직 다가올 사회주의 혁명의 "케렌스키"인 히틀러에 대한 반대 전선을 지향하였다(*Ibid.*, 8, Nr. 5 v. 5. Februar 1933, Schlagzeile). 나치투쟁연합 지도부의 중요한 강령적 출판물: *Wir suchen Deutschland, Ein freier Disput über die Zeitkrisis zwischen Gerhard Schultze-Pfaelzer und Otto Strasser, Major Buchrucker, Herbert Blank*(Leipzig-Zürich, 1931), S. 13ff., 26ff., 37ff., 122ff., 137ff., 181ff. 또 Otto Strasser, *Aufbau des deutschen Sozialismus.* Mit Vorwort von Weigand v. Miltenberg〔Herbert Blank〕(Leipzig, 1932), 특히 S. 24ff., 57ff. 이 문제 자체에 대해서는 다음의 언급을 참조: Karl O. Paetel, "Gregor und Otto Strasser", *Politische Studien* 8, H. 92(Dez. 1957), S. 269ff.
〔역주〕 케렌스키(Kerenski): 러시아 사회민주주의 정치가, 1917년 2월 혁명 때 상트페테르부르크 소비에트 부의장, 7월 임시정부 총리, 전쟁의 지속 주장, 볼셰비키 혁명 후 서방으로 망명.

107) 그레고어 슈트라서는 얼마 후에(1930년 10월 13일 제국의회 연설에서) 민주주의를 민주적인 수단으로 파괴해야 한다는 저 "합법성 정책"의 고전적인 개요를 제공한다. 그 사례는 인용할 만한 가치가 있다: "이 민주주의가 여전히 존재하는 한, 그것을 구체제에 존재하도록 내버려 둡시다. 보십시오. 만약 뢰베(Löbe) 씨가 오늘 의사진행규칙(*Geschäftsordnung*)을 예전에 한 번도 경험한 적이 없을 정도로 강화시킨다고 선포하면, 우리는 다음과 같이 말합니다. 예, 그렇게 하십시오. 도대체 당신은 이 조치가 당신 자신에 대해서도 그렇게 적용되리라는 것을 알고 계십니까? 당신은 한때 공화국보호법을 만들었고, 이로써 당신의 당과 보스의 지배체제를 안정시켰다고 생각하시는군요. 이미 오늘 우리는 당신에 반대해서 공화국보호법을 사용하

월 30일에 옛 경찰중대장(*Polizeihauptmann*) 출신인 발터 슈테네스(Walter Stennes) 지휘하의 나치 돌격대 산하 베를린 가우돌격대와 괴벨스의 가우 지도부 사이의 위험한 갈등이 발생하였는데, 여기서는 나치 돌격대의 충분치 못한 재정후원과 자본주의적 이익정책이 비난을 받았다. 그러나 베를린의 헤데만슈트라세(Hedemannstraße)에 있던 가우사무실 급습은 히틀러가 돌격대에게 많은 돈의 지원과 법적인 보호를 보장하겠다고 개입함으로써 종식되었다. 그렇지만 동시에 히틀러는 이제까지의 나치 돌격대 최고지도자의 자리에 직접 앉았고, 볼리비아에서 귀국한 룀(Röhm)을 나치 돌격대장으로 영입하여, 전체 조직에 대한 자신의 통제권을 더욱 견고하게 하였다.[108] 또 1931년 4월 슈테네스의 뒤늦은 사임과 "나치 투쟁운동"의 창설은 인접한 그룹들이 계속 자신의 기대를 걸었던 추가적인 결과들 없이 머물러야만 했다.[109]

그래서 당 내부의 갈등은 계속 진행되었으며, 2년 후에 최후의 힘겨루기로 나아갈 때까지 계속 위험하게 발생했다. 그러나 오직 히틀러의

게 될 독일의 몇몇 주를 갖고 있습니다. 이제 우리는 헌법을 지지하고, 바이마르의 민주주의를 지지하며, 우리에게 적절하다면, 공화국보호법을 지지합니다. 그리고 이제 우리는 이 민주주의에 기초한 모든 권력지위를 요구하게 될 것이고, 우리가 원한다면, 그것을 획득하게 될 것입니다. 우리가 아니라, 바로 당신이 그것을 만들어 냈습니다. 그리고 만약 그 법이 당신에 대항해서 적용된다면, 당신 진영에 있는 법의 입안자들에 대해서만 반대하십시오"(Gregor Strasser, Kampf um Deutschland, München 1932, S. 280f.)!

108) 이 조직에 대해서는 Bullock(주 I/126), S. 150ff.

109) 그래서 이미 슈트라서 갈등에 대해서는 Rolf Boelke, "Die Spaltung der Nationalsozialisten", *Die Tat* 22, Heft 5(August 1930), S. 357ff. : "이제 이 당은 모든 정당이 개입된 해체과정의 희생자로 되었다. … 이 발전이 일단 나치를 포함하게 되리라는 것은 예견될 수 있었다. …" 슈테네스의 반기에 대해서는 당시 괴벨스의 편집인인 율리우스 리퍼트(Julius Lippert)의 보고서도 참조: Julius Lippert, *Im Strom der Zeit, Erlebnisse und Eindrücke*(Berlin, 1942), S. 173ff.

의지에 따라서만 유사합법적인 전술에 의해서 강요된 집권의 길이 민주적 구조 내부에 있던 나치당의 구조, 이데올로기, 그리고 행동을 결정하였다는 사실을 보여주게 될 것이었다.[110] 프로그램, 명칭, 그리고 "민족적 사회주의"와 "노동소속당"이라는 본래의 구상에 따라서 전체적이면서 내용 면에서는 전혀 연결고리가 없는 권력장악이라는 목표를 갖고서 모든 측에 영향을 미치는 대중선동전술보다는 오히려 구체적인 목표들의 수미일관된 실현을 생각하였던 당 지지자들이 반란을 일으켰다는 것 또한 보여주게 될 것이다. 그러나 실제에 지향된 반란자들 — 공산당에서 항상 그랬고, 또 그사이 독일민족인민당에서 그랬던 것처럼 — 은 단순히 물러났고, 따라서 의미있는 반대운동을 통해서 파괴적인 반대를 고집하는 핵심당원정당(*Stammpartei*)의 향후 노선을 변경시키거나 위협할 수 없었다.

110) 여기에 관해서는 Theodor Heuss, *Hitlers Weg. Eine historisch-politische Studie über den Nationalsozialismus* (Stuttgart/ Berlin/ Leipzig, 1932), S. 136ff. 도 참조.

제3장

공황기의 정부

1. 1930년 9월 14일의 선거

1930년 9월 의회에서의 권력이동은 이미 1929년 이래로 지방선거가 길을 열었던 방향으로 향했다. 그러나 그 규모와 결과는 이제야 비로소 갑작스럽고 폭력적으로 나타났다. 선거운동 전체에 대한 분석을 선행하지 않고서도,[1] 새로운 상황은 다음과 같은 몇 가지 점으로 요약될 수 있는데, 이들은 이미 이 1930년 9월 14일에 의회민주주의의 급격한 권력상실과 실질적인 무기력화를 강렬하게 상징하였다.

(1) 정당 전선의 민주적 중도파는 심각한 충격을 받았고, 온건한 파당을 작업능력이 있고 민주적인 타협의 다수파로 끌어들이려던 과제를 더 이상 감당할 수 없게 되었다. 독일인민당은 지금까지 의석의 1/3을, 국가당은 모두의 소망에도 불구하고 이제까지 의석의 1/5을 상실하였다. 독일자유주의는 국민의회 이후 (의석의 23%) 끊임없이 몰락을 경험하면서 더욱 수축되었으며(1928년에 13%), 자유주의적 두 정

1) 이 책의 제3권 190쪽 이하를 참조. 높은 선거참여율의 (부정적) 의미와 그것이 정치적 급진화에 미친 역영향에 대해서는 특히 Herbert Tingsten, *Political Behavior*(London, 1937), S. 225f. 를 참조.

당은 이제 불과 의석의 8.5%만을 행사할 수 있게 되었다. 뷔르템베르크와 바덴에서 독일민주당과 독일인민당의 공동선거인 명부로의 결합도 이러한 파탄을 막을 수 없었다. 중앙당은 바이에른인민당으로 그 전통적인 안정을 유지하였고, 심지어 약간의 득표를 늘릴 수 있었으나, — 인기 없는 정부조치의 일차적 담지자로서 — 독일민족인민당과 사민당이 떨어졌던 야당적인 지위가 선거정책적으로는 이득이 된다는 테제와 일치하지 않았다. 중앙당의 전통적인 유동성에 의존한 것은 거의 오직 새로운 가교에서 여전히 남아 있는 민주적 다수파를 건설적인 활동으로 이끌어 낼 수 있으리라는 가느다란 희망이었다.

(2) 좌파 또한 전체적으로 손실을 보여주어야만 했다. 나치당은 "마르크스주의적 철옹성"으로의 침입에 이렇다 할 성공을 거두지는 못하였으나, 좌파의 득표율은 42.2%에서 38.2%로 감소하였다. 여기에는 공산당 의석의 증가가 사민당 의석의 감소에 대비되었다. 이로 인하여 공산당의 경쟁으로 내몰린 사민당의 연립가능성은 더욱 악화되었다.[2] 왜냐하면 사민당 없이 다른 한편으로는 민주적 다수가 이제는 더 이상 없었기 때문이다. 사민당의 기권 자체도 브뤼닝이 후원받을 수 있으리라고 기대하였던 중도파 정당들과 온건우파 분파그룹들을 공산당, 나치당, 독일민족인민당 등 야당에 대하여 209:225표의 소수파로 내몰았다. 공산당으로부터도 의회의 측면에서는 아무것도 기대될 수 없었다. 공산당에게서는 선거의 결정적인 결과는 우익급진주의의 전진이 아니라, "배신자적인" 사민당의 손실과 소속당의 득표증가였다. 공산당 지도부는 맹목적인 자만심으로 "9월 선거의 유일한 승리자는 공산당"이라고 공포하였다.[3]

2) 이 중요한 관점은 슈탐퍼의 선거분석(주 I/4, S. 577ff.)에서 우연치 않게도 거의 언급되지 않고 있다.

3) Hermann Remmele, "Das Fazit der Septemberwahlen", Die Internationale

(3) 부침이 심했던 보수적·기독교적·농업적인 온건우파 그룹들은 파멸적인 패배를 경험했다. 그들은 총 49석으로 나치가 차지한 의석의 절반에도 이르지 못했으며, 많은 의석을 잃은 독일민족인민당보다 약간 더 적었다. 특히 보수인민당은 기대에 훨씬 못 미쳤다. "국가보수적인 세력을 결집시키려던 시도는 실패로 돌아갔으며, 농촌주민당 선거인명부에 오른 덕택에 4석을 얻었을 뿐이었다.[4] 이로써 사민당을 배제하고 우파에 의존한 전문성 있는 정부에 지속성을 마련해 보겠다던 브뤼닝-트레비라누스의 계획은, 새로운 선거에서 부르주아 블록을

13(1930), S. 548.

4) Westarp-Akten: Brief Westarps an den ehemaligen DNVP-Abgeordneten Graf Schulenburg(Mitbegründer der Konservativen Volkspartei in Mecklenburg) v. 28. Oktober 1930. 여기서는 보수인민당의 실패가 수많은 후겐베르크 반대자들의 결단력 결여의 탓으로 돌려지고 있다. 특히 독일민족인민당의 각 지역 현장단체들과의 전통적인 유대가 새로운 조직으로의 비약을 어렵게 한다는 것이다. 자신의 실패가 여론에 영향을 끼쳤음에도 불구하고 베스타르프는 여전히, 만약 "후겐베르크가 당을 전혀 영향력 없는 히틀러의 종자(從者) 속으로 이끌어 갔다는 것이 나날이 더 많이 확인될 경우", 급격한 반전이 가능하다고 믿었다. 이 경우 보수인민당은 계속 "(당원의) 수용적인 지위를 유지하고 발전시킬 수 있다"는 것이다. 그렇지만 동시에 베스타르프는 인접한 그룹 내에서 명백히 히틀러-후겐베르크 방향으로 나아가는 길을 관찰한다. 특히 헵(Hepp), 지벨(Sybel), 벤트하우젠(Wendhausen)은 그러한 노력으로 농촌주민당을 내부의 갈등에 빠뜨리고, 온건 그룹과의 교섭단체 협력을 방해하며, 실레와 내각에 반대해서 투쟁한다. 그라프 슐렌베르크(Brief an Westarp v. 30. Oktober 1930, *Ibid.*)는 선거 며칠 전에 몇몇 인사들이 보수인민당에 대한 고백을 감행하였는데, 특히 농촌지역 출신 인사들은 자신감이 없었고, (자신의 이름이) 거명되는 것을 원치 않으면서, 그것을 항상 선거 이후의 시기를 위안으로 삼았던 자신의 경험을 강조한다. 이제 상황은 자연스럽게 더욱 절망적으로 바뀌어, 농업계는 일부 후겐베르크에게, 다수는 농촌주민당에, 매우 많은 수는 나치당의 수중에 떨어졌다는 것이다. 종합하면 슐렌베르크는 긴급히 자신의 주변 전체가 반브뤼닝적인 상황에 있음을 언급한다.

강화시켜 적어도 후겐베르크의 추종자들을 줄여보려는 의도와 마찬가지로, 완전히 실패로 돌아갔다.[5)]

(4) 독일민족인민당도 그 의석의 절반을 잃었으나, 적어도 여러 분파들이 남겨둔 핵심세력을 구할 수는 있었다. 그렇지만 이 분파들의 존재는 동시에, 사람들이 희망했던 것처럼, 협력할 준비가 되어 있는 베스타르프 그룹의 이니셔티브에 의해서가 아니라, 거의 오직 나치의 대규모 소용돌이로 현저히 위험해졌다. 그럼에도 불구하고 후겐베르크의 비타협적인 태도에 따르면, 이 당이 반대하여 투쟁하던 브뤼닝식 해결책에 찬성표를 던진다거나 또는 적어도 나치당과 공산당의 편에 서서 지속적인 반대입장을 포기하리라는 것은 기대할 수 없었다. 게다가 나치당의 포섭에 주목하지는 않았다고 할지라도, 독일민족인민당의 후원으로 사민당에 반대하는 정부란 더 이상 가능하지도 않았다. 선거 전에 독일민주당에서 독일민족인민당까지 포괄하는 계획된 연립이 272 대 219라는 다수를 차지하게 되었겠지만, 그러한 연합은 이제 250 대 327석으로 더 이상 의지할 곳 없는 소수파로 남게 되었을 것이다.

(5) 제국의회 의석수의 증가로 인한 의회 신참자들의 대거진입을 포함하는[6)] 의회에서의 엄청난 세력관계 변화는 오직 극단적인 정당들,

---

5) 베스타르프 메모의 결론도 의회에서 보수인민당의 고립이었다. 보수인민당은 온건우파와 공동으로 원내교섭단체를 결성하려는 모든 노력이 수포로 돌아간 후 이제는 기독교사회봉사단에만 의존할 수 있었다. Westarp-Akten, "Meine Verhandlungen"(주 II/76).

6) 의회 신임의원들의 각 원내교섭단체별 비율은 다음과 같다.

나치당	88	독일민족인민당	39
기독교사회봉사	78	중앙당-바이에른인민당	25
공산당	53	사민당	16

Victor Engelhardt, "Die 'Jugend' im neuen Reichstag", Das Junge Deutschland 25, Heft 1(Januar 1931), S. 39.

특히 나치당에 유리하게 진행되었다. 나치당이 9배로 늘어난 원내교섭단체가 되어 제국의회로 돌아왔을 때, 이미 선거운동에서 결코 소박하지 않은 대담한 당의 기대치는 초과 달성되었다. 나치당은 민족적 보수주의자들 대신에 대중을 움직이기 시작했다. 이 대중들은 사회적으로 위기에 취약한 소부르주아층 및 농민층에 속하면서, 심리적으로는 감성적이거나 증오심에 불타는 왕조적·권위주의적 영광을 신봉하는 자들이었다. 또한 이들은 1918년에는 루덴도르프의 지도력과, 1925년에는 힌덴부르크의 지도력과, 그리고 이제는 히틀러의 파견과 자신의 불만족스러운 소망과 감정을 동일시하였다. 이제는 이미 "마르크스주의적" 요새와 "중앙당의 가톨릭적인" 요새들만이 새로운 운동의 폭풍을 견뎌낼 수 있다는 것을 보여주었다. 이 경우에도 브뤼닝의 계산은 완전히 빗나간 것이었다. 즉, 그는 본래 이 시점에 치러질 선거가, 예상했던 나치표의 성장을 미연에 방지하고, 향후 4년 이내에 활동능력이 있는 의회의 권력배분을 만들어 냄으로써, 공황과 곤궁에 처한 정부가 극복되고 좌우의 열병에 가까운 급진적인 운동이 고갈될 것으로 생각했다.[7] 브라운슈바이크에서의 동시적인 주 의회 선거는 일반적인 발전을 강조했다. 이제 강력한 나치즘적 성향을 지닌 나머지 주 정부들도 튀링엔의 전례에 따랐다.

선거의 기이한 성격은 특히 높은 유효표 수에서 드러났다. 이 수는 이제까지 — 1919년(83%)과 1928년(75.6%) 사이에서 상대적으로 거의 일정하게 감소되었다. 1928년에 각 선거구에서 선거투표율은 61.7%(바덴)와 84.5%(마그데부르크) 사이를 오간 반면에, 이제는 82%라는 더 높은 평균참여율로 상대적으로 가장 낮은 선거구(니더바이에른: 73.6%)와 가장 높은 선거구(라이프치히: 88.9%) 사이의 차이는 본질적으로 더 적어졌다.[8] 절대적인 비투표자 수가 577만 9천 명

7) "Brief"(주 I/9), S. 11ff. 이와 유사하게 브뤼닝의 편지 Zuschrift an Brecht, Vorspiel(주 I/85), S. 54, 주 1. 또한 아래의 366쪽도 참조.

(1919년)에서 1,005만 7천 명(1928년)으로 꾸준히 증가한 후—이 수는 167명의 의원수에 해당하는 반면에, 최대의 정당인 사민당은 1928년에 불과 152명의 의원을 당선시킬 수 있었다—이제는 비투표자 수가 774만 8천 명으로 감소하기 시작했다. 무효투표 수도 처음으로 크게 감소하였다. 소규모의 정치그룹으로의 분열은 계속되었다. 1919년에는 29개 정당이, 1928년에는 38개 정당이, 그리고 이제는 37개 정당이 표를 얻기 위하여 나섰다. 제국의회에 대표를 진출시키지 못한 군소정당들에게 던져진 표는 13만(1919년)에서 24만 3천(1920년), 83만 2천 5백(1924년 5월), 59만 9천(1924년 12월)을 거쳐 83만 3천(1928년)으로 줄어든 후, 이제 41만 3천에 불과했는데, 거기서는 분명 새로이 등장한 기독교 사회봉사가 나치당과 더불어 분산표의 중요한 부분을 흡수할 수 있었다. 그럼에도 불구하고 중도파의 약화로서뿐만 아니라, 전반적으로 다수파 형성의 어려움으로 작용하였던 군소정당의 수는 본질적으로 감소하지 않았다. 우파연립의 형성이 이제 브뤼닝의 정부형성 구상을 규정하는 듯이 보였듯이, 그것은 거기에 포함될 그룹들이 다수인 점을 감안할 때 사민당에서 독일인민당에 이르기까지의 구식 대연립보다 훨씬 더 어려울 것임에 틀림없었다. 왜냐하면 특히 후겐베르크의 "민족적 반대파" 고수 입장은 극히 분명히 선거의 결과로부터 전혀 영향을 받을 수 없었기 때문이다.

그러나 어쨌든 이제까지의 제국의회 중에서 "가장 젊은 사람들"을 진출시킨[9] 선거의 결과는 그 어디서도 주도자들의 기대를 정당화시켜

---

8) H. Zurkuhlen, "Ein Epilog zur Reichstagswahl", Jahrbücher für Nationalökonomie und Statistik 134, III. Folge 79(1931), S. 103ff.

9) 의원들의 평균연령은 대략 46세에 달했는데, 여기서 급진정당들은 젊은 신입의원들을(이들 중에서 19명은 30세 이하) 내세웠다. 나치당은 72명(107명 중에서), 공산당은 55명(77명 중에서)이 40세 이하였다. 양 정당은 전체의 평균연령에서도 40세 이하였다. 다음의 분석을 참조: Engelhadt(주 III/6), S. 35ff.; Heinrich Geiger, "Streifzug im verjüngten Reichstag",

주지 못하였다. 새로운 노선을 지지하는 온건우파의 다수로부터는 예전보다 더 멀어졌다. 보수적·성직적인 연립은 기껏해야 의원의 1/4을 포괄할 것이었다. 그리고 후겐베르크의 선회도 가능성이 거의 없었지만, 이제 더 이상 바꿀 것이 없었다. 무엇 때문에 선거를 치러야만 했던가? 왜냐하면 사민당의 용인정책에 예전보다 더 많이 의존해야 했기 때문이다. 게다가 비투표자들에 대한 정부의 호소는 명백히 정부에 불리하게 영향을 미쳤다. 정규입법회기가 만료되기 2년 전인 이 시점에 전체주의적인 정당들이 제 2와 제 3의 원내교섭단체를 차지한 새로

Die Tat 22, Heft 30 (Januar 1931), S. 811ff. 여기서도 의회사회학적인 간결한 개요. 이전 제국의회의 연령별 구성에 대해서는 idem, "Der Reichstag der alten Herren", *Ibid.*, 22, Heft 4 (Juli 1930), S. 285ff. 40세까지의 의원의 비율은 이제 28.9%에 달했다. 그 비율은 1932년 7월에 39.4%로, 1932년 11월에는 심지어 54.4%로 증가하였다. 〈학생단체월보〉(*Corpsstudentische Monatsblätter*) 39 (1931), S. 384f. 에 있는 분석도 흥미롭다. 여기에 따르면 1930년의 새로운 제국의회에 진출한 학자의 비율은 독일민주당(16명) 80%, 보수인민당(KVP) (3명) 75%, 독일인민당(22명) 73%, 독일민족인민당(25명) 61%, 기독교사회봉사(8명) 57.1%, 중앙당(34명) 50%, 농촌주민당(9명) 42.9%, 나치당(38명) 35.5%, 독일-하노버당(1명) 33.3%, 바이에른 농민당(8명) 23.5%, 경제당(5명) 21.7%, 농민당(1명) 16.7%, 사민당(23명) 16.1%, 공산당(5명) 6.5% 등에 달했다. 대학생 연합체별로 (제국의회 의원들의 수)는, 특히 중앙당과 바이에른 농민당에는 다수의 가톨릭 단체 소속자들이 있었다.

쾨젠학생연합 (Kösener SC)	19명	이 중에서 독일인민당 8명, 독일민족인민당 3명, 나치당 3명, 농촌주민당 2명, 경제당, 민주당, 기독교사회봉사 각 1명
바인하임학생연합 (Weinheimer SC)		1명의 농민당
루돌슈타트학생연합 (Rudolstädter SC)	2명	이 중에서 농촌주민당과 독일민주당 각 1명
해외독일인연합 (Auslanddeutsche Korps)	3명	이 중에서 나치당 2명, 독일민족인민당 1명
독일부르셴샤프트 (Deutsche Burschenschaft)	10명	이 중에서 나치당 3명, 독일민족인민당 3명, 독일민주당 2명, 독일인민당 및 기독교사회봉사 각 1명

운 제국의회가 구성되었다는 것은 여론의 형성 및 지역의 선거발전에 대한 분석이 제공했을 수도 있는 모든 관찰가능성과 계산가능성을 경시한 결과였다.[10] 위협받는 민주주의의 담지자들은 자신의 동기에서 그리고 자신의 권위주의적인 위기프로그램의 엄격한 실행과정에서 어쩔 수 없이 급진적인 정당들의 소망에 따름으로써, 그리고 전체주의적 정당들이 등장하면서 민주적 정당들이 적응위기에 빠진 순간에 활동능력이 있는 제국의회를 해산시킴으로써 — 자신의 구상을 불과 8주 동

---

10) 이러한 소홀함은 항상 바이마르공화국의 해체에 대한 책임을 전가한 이른바 비례대표제의 숙명적인 역할에 대한 고찰 못지않게 주목할 만한 가치가 있어 보인다. 여론의 변화와 정당의 지위변화가 제국의회의 구성, 특히 1930년의 선거에서 숙명적으로 극히 예리하게 영향을 끼쳤다는 점은 의문의 여지없이 엄격한 산술적 비례대표체제의 의심스러운 결과들 중의 하나였다. 그러나 다수대표제(*Mehrheitswahlrecht*)의 열성적인 반대자들은(특히 Ferdinand A. *Hermens*, *Mehrheitswahlrecht und Verhältniswahlrecht*, *Berlin* 1949; idem, Demokratie oder Anarchie, Frankfurt a. M. 1951; 〔Helmut Unkelbach〕, Wahlverfahren und Demokratie. Ein Beitrag zur Diskusion der Wahlreform, Bad Ems 1949; Friedrich Glum, Das parlamentarische Regierungssystem in Deutschland, Großbritannien und Frankreich, München/ Berlin 1950, 특히 S. 280 ff.; Brecht, 주 I/84, S. 108ff. 그 밖에도 Dolf Sternberger 주변의 유권자 연합체들 및 여러 단체들의 출판물들) 자신의 주장에 대한 증거를 구체적인 역사적 사례에서 전혀 제시하지 못하고 있다. 양당체제는 바람직할 수 있을 것이다. 그러나 1932년에 그러한 선거체제는 나치당에 유리하게 되었을 것이다. 선거체제의 기술적인 계략으로는 전체 문제를 해결할 수는 없었을 것이다. 구체적인 대상을 두고 논거에 대하여 전반적으로 적절한 비교에 입각한 논의를 제공하는 것으로는 Stern N. Nilson, "Wahlsoziologiesche Probleme des Nationalsozialismus", Zeitschrift für gesamte Staatswissenschaft 110 (1954), S. 280ff. 당시의 논의에 대해서는 Verhandlungen des Staatsrechtstags von 1931: Veröffentlichungen der Vereinigung der deutschen Staatsrechtslehrer 7(Berlin/ Leipzig, 1932), 특히 S. 132ff. (Heinrich Pohl), S. 159ff. (Gerhard Leibholz), S. 191ff. 나아가서 Johannes Schauff, ed., Neues Wahlrecht(Berlin, 1929).

안 방해받지 않고 실행할 수 있기 위해서 ―, 정부와 의회 사이의 부정적인 작업환경만을 조성하는 데 그치지 않았다. 즉, 이러한 환경은 공화국의 마지막 단계에 직인을 찍어, 본래 공화국의 해체를 확정짓게 될 것이었다. 또한 이 담지자들은 위험을 무릅쓰고 의회의 세력관계 변화를 감행하였는데, 이 관계의 ― 원하지 않았지만 간절히 바랬다 ― 국민투표적인 성격은 안정된 민주적 다수파의 형성에서 불안정한 권위주의적 소수파 정부로의 이행을 가속화시켰고, 나아가서 의회민주주의를 국민투표적인 독재로 대체할 수 있는 길을 열었다.

부르주아층을 선거에 끌어들인 구호들은 효과가 없었던 것으로 확인되었다. 이 모든 부르주아 정당 및 우익정당들의 위협물인 "마르크스주의에 대한 투쟁"은 공산당의 득표증가로 귀결되었고, 중도파의 결집은 근본적으로 실패로 돌아갔다. 그것은 결국 "책임 없는 자들의 승리"로 되었다.[11] 왜냐하면 비투표자들에 대한 호소로 5백만 명이나 더 많은 사람들이 투표에 참여하였으나, 이들은 주로 나치를 지지하였기 때문이다. 많은 사람들은 이러한 상황이 부르주아 정당들보다는 더 잘 훈련된 노동자 정당에 유리할 것이라는 낡은 관념에서 출발하였다. 그러나 선거는 이 "부르주아적인 성격"(*Bürgerlichkeit*)이라는 개념을 근본적으로 터무니없는 것으로 만들었다. "정치적 우둔함의 스파르타쿠스 봉기"[12]라는 글에서는 다만 가장 강력한 선동, 특히 베르사유에 대한 무차별적인 선동으로 만들기 위하여 정치적으로 무관심한 사람들도 동원되었다. 나치당은 이 선동으로 '국민청원' 선동을 계속했다. 그러나 '국민청원'은 나치당에게 ― 후겐베르크에게와는 달리 ― 빛나는 도약대로 확인되었고, 중도정당 및 좌파정당들보다 훨씬 선동적인 주도권을 제공했다. 그리고 '국민청원'의 6백만 표는 대부분 히틀러의 지지자로

---

11) Keil(주 I/3), S. 396.

12) Gustav Stolper, "Notwahlen", *Der deutsche Volkswirt* 4(1930), S. 1727ff.; Theodor Geiger, "Panik im Mittelstand", *Die Arbeit* 7(1930), S. 648.

남았다.

동시에 그러한 산사태가 올 수 있었을 사회적 위기의 규모는 잘못 평가되었다. 실업자 수의 증가 이외에도 벌이가 나쁜 단기노동자들과 생존을 위협받은 사무직원들과 소기업가들도 수백만 명이나 있었다. 대다수의 연금생활자 및 소시민층을 포함하는 중간계급은 경제위기를 만난 다른 나라들에서보다 더 많았다. 이들은 인플레이션에서 아무런 잘못도 없이 저축과 내적 · 외적인 안전을 상실하였다. 농민들 또한 실레의 농업정책으로부터 전혀 부담이 가벼워졌음을 느끼지 못한다고 생각했고, 탈계급화의 위협에서 정치적 급진주의로 도망하였다. 게다가 청년들의 표도 여기에 추가되었다. 본래 '신생정당들'은 청년들에게 무조건적인 신뢰, (직접적인) "행동"이라는 비합리적인 철학 그리고 청년운동의 저항이데올로기 등을 제공하였는데, 이들은 이제 정치적인 능동성으로 바뀌었다.[13]

그러나 선거결과 및 그와 관련된 전망은 엄청난 반응을 불러일으켰으나, 이 반응은 브뤼닝 노선에 추가적인 부담을 의미할 수 있었다. 새로운 권력이동에 대한 두려움과 나치의 반란에 대한 소문이 막대한 외국자본의 회수운동과 주식시장의 붕괴로 이끌었던 것과 거의 동시에 신용위기도 현저히 심화되었다.[14] 또한 프랑스에서 브리앙의 점진적인 결제정책은 독일 국내정치에서 민족주의의 성장에 책임이 있었다. 그런데 프랑스와 비교해서 새로이 전선의 경직화가 나타났다. 특히 9

---

13) 앞의 제 1권, S. 239ff. 를 참조. 또한 Erik Reger, "Naturgeschichte des Nationalsozialismus", *Vossische Zeitung*, Nr. 227 v. 30. August 1931; Werner Kindt, "Der 14. September und die Jugend", *Das Junge Deutschland* 25, Heft 2 (Februar 1931), S. 58ff. 과 Carlo Mierendorff, "Gesicht und Charakter der National-Sozialistischen Bewegung", *Die Gesellschaft* 7 (1930), S. 489ff. 에 있는 탁월한 분석을 보라.

14) 베를린 증권거래소에서 가장 중요한 유가증권의 시세변동에 대해서는 Tabelle bei Horkenbach, 1930, S. 325 참조.

월 10일에서 10월 4일까지 제네바에서 개최된 국제연맹 총회의 본회의는 선거결과로 크게 복잡해졌다.[15] 물론 동시에 이탈리아의 파시스트 매체뿐만 아니라, 영국의 보수적인 신문왕 로더미어(Rothermere) 경도 나치의 승리과정에서 반볼셰비키 세력이 강화되는 것을 환영하였다.[16] 그리고 〈데일리 메일〉과 〈선데이 익스프레스〉에서는 히틀러에게 선동적인 선언을 발표할 수 있는 공간이 제공되었다. 여기서 유화정책(*policy of appeasement*)이 시작되었다. 선거결과가 독일의 장면에 끼친 심리적 영향은 훨씬 더 중요했다. 기회주의자들은 새로운 권력배분에 나름대로의 방식으로 대응하였고, 온갖 색깔을 가진 여러 이익단체들은 이들과 더불어 변화된 권력의 흐름에 합세하려고 하였다. 그리고 이 단체들은 이제 거의 힘들이지 않고 나치당에게 연결망과 지위를 키워주었으며, 이러한 지위는 또 나치당의 확장과 강화를 크게 조장하였다. 많은 사람들이 예상했던 내부의 위기, 즉 대중운동으로 된 간부정당의 내부위기 대신에, 그리고 민주적 사회구조 내에서 전체주의적 운동이 적응하기 어렵다는 예측을 훨씬 넘어서서 이제 새로운 팽창의 공간이 열렸다. 해체되고 있던 민주적 질서, 즉 해체되기 시작했거나 또는 권위주의적인 임시해결책을 찾는 비상정부는 이 공간들을 자유롭게 방치하였다.

---

15) 이는 바이츠체커가 작성한 비밀 회람통지문 "Runderlaß über die Tagung der XI. Völkerbundversammlung"(Vbd. 3250)에서 출발하는데, 독일외무부는 이 통지문을 1930년 10월 10일에 모든 외교대표부에 전달했다(특히 2쪽과 8쪽). 우리가 이용한 발췌문은 워싱턴 주재 독일대사관에 발송되었다. 쿠르티우스(Curtius, Sechs Jahre, S. 170ff.) (주 I/9)는 선거결과가 국제연맹의 분위기에 끼친 부정적인 영향의 인상을 잘 전해준다.

16) 로더미어의 글은 1930년 9월 25일자 〈데일리 메일〉과 〈인민의 관찰자〉(*Völkischer Beobachter*)라는 신문의 228호에 동시에 게재되었다. 그는 특히 독일이 오스트리아를 병합한 것을 환영하였고, 헝가리도 아마 즉시 독일을 따르게 될 것이라고 보았다. 또한 Bullock(주 I/126), S. 145도 참조.

2. 의회와 정당에서의 새로운 상황

이제 부르주아적 · 사회주의적 정책의 전통적인 안티테제는 너무도 명백했다. 이 정책은 대연정의 붕괴를 야기했고 또 민주적 · 전체주의적 정책의 광범위한 대안으로 교체되었다. 그러나 브뤼닝은 선거 이틀 뒤에 내각에서 그리고 얼마 후에 당 지도자들과의 공식적인 회합에서[17] 자신이 변화된 상황 아래서도 준의회적인 정부를 계속 유지하고자 한다는 것을 전혀 의심하지 않았다. 비르트(Wirth) 또한 9월 16일의 방송연설에서 이와 같은 의미로 발언하였다. 그렇지만 비르트는 이제 중앙당과 바이에른인민당의 후원이 있어야만 정치적으로 영향력을 행사할 수 있게 될 광범위한 우파블록을 완전히 거부하였다. 브뤼닝 또한 이제 더 이상 초기의 투쟁노선을 조종할 수 없었다. 사민당도 마찬가지로 정부가 그 정책의 최종적인 결과를 보여주도록 강요하지 않기로 했다. 이처럼 양측의 묵시적 합의로 "독특하게 공중에 뜬 상태"가 발전하게 되었다. 사람들은 이 체제를 "헌법 제48조에 명시된 의회주의 또는 의회가 용인한 대통령정부"라고 불렀다.[18]

본래 사민당은 "이성적인 사람들의 대연정"을 옹호하였고, 공화국의 보호를 당과 관련된 모든 사유에서 중시하였다. 그러나 이제 사민당 측의 첫 발언들은 거기에 타협하는 듯이 보였다.[19] 물론 그들은 당시에 비상령 노선에서 의회주의적 입법활동으로의 복귀, 즉 반박할 여지

---

17) 10월 1일에 브레트, 베스타르프 및 뮐러와 벨스를, 10월 5일에는 에서와 페를리티우스(중앙당) 및 프릭, 괴링 그리고 히틀러와 가진 일련의 회동들.

18) Stampfer(주 I/4), S. 579ff.

19) 브라운(Otto Braun)이 9월 15일 United Press 대표에게 그리고 <전진>지(*Engelhaaf*, 1930, 196)에서. 동시에 선거 후에도 유사하게 Keil(주 I/3), II, S. 397ff.

가 없는 법령을 정규적인 법으로 전환시킬 것을 요구하였다. 그렇지만 정작 헤르만 뮐러 자신은 당내에서도 '이제 나치당을 포함한 우파들이 정부 내에서 파산될 수 있어야만 한다'는 견해에 결단코 반대하였다. 그는 프로이센의 연립에 대하여 운명적인 결과를 예언하였다.[20] 이로써 그는 자기 나름대로 야당적인 정책이 당을 강화시키도록 작용할 것이라는 민주주의적 미신을 비판하였다. 그러한 미신은 바이마르공화국 역사의 나머지 기간 동안 가장 강력한 당으로부터 전혀 이익도 주지 못한 채 결단력 있는 권력의지를 빼앗게 되리라는 것이었다. "나치당이 총체적인 권력요구를 관철시키기에는 너무 약한" 한,[21] 브라운은 다시금 브뤼닝에게 나치당과 과단성 있게 투쟁하거나 그 당을 정부에 참여시킬 것을—말하자면 여기서도 역시 "이용론"(*Abnutzungstheorie*)!—요구하였다. 물론 이미 브뤼닝의 입장, 그와 힌덴부르크의 연계, 그가 오른쪽으로 갔을 때의 기회와 의무 등이 그러한 명쾌한 결정을 허용하지 않음을 보여주었다. 사민당과의 수동적인 협력은 브뤼닝이 연립에 참여할 준비가 되어 있는 우파를 포함시킴으로써, 사민당이 야당으로써 양측이 기꺼이 철회했을 이성적인 혼인을 의미했다.[22]

다른 한편으로 23의석을 보유한 경제당은 사민당과의 어떠한 협력

---

20) 설사 헤르만 뮐러는 사민당이 부분적으로 공동으로 조종하여 빠져들게 되었던 어려운 상황을 알았음에도 불구하고, 브라운에게 보낸 편지에서 이와 관련하여 브뤼닝의 실각에 반대하였다. 그는 브뤼닝과의 교감이 "먼저 자신의 정부를 오른쪽으로가 아니라—내가 말하고자 하는 바인데—먼저 왼쪽으로 확대"하기로 한 그의 결단을 인식케 했다고 덧붙여야만 했다. 뮐러도 여기서 (그리고 브라운은 그것을 그로부터 넘겨받았다) "이성적인 모든 사람들의 협력"을 요구하였고, 동시에 "가장 강력하지만 사용되지 않은 힘"인 브라운을 그러한 고려의 전면으로 이동시켰다. Braun (주 I/5), S. 308f. 에 실려 있다.

21) *Ibid.*, 309. 브라운은 이 무렵에 개최되었던 브뤼닝과 가졌던 대화에 대해서 보고하였는데, 그는 정부참여가 아마도 나치당에게 엄청난 위신 상승을 가져오고 또 소모를 배상해주었을 것이라는 점을 인정한다.

22) Stapfer (주 I/4), 598.

에도 반대하였다. 힌덴부르크 자신이 정부의 의회 외부적인 성격을 언급하면서 일시적으로는 이러한 조치를 막을 수 있었으나, 결국 당 출신의 법무부장관 브레트를 정부로부터 철수시켰다. 독일인민당도 사민당의 포함에 반대하였으나, 일방적인 우파연립에 직접 찬성하지도 않았다. 그 배후에는 최고위 재정정책적인 측면에서 독일산업전국연맹 앞에서 표명한 고려가 있었을 것이다. 즉, 바로 이러한 선거결과는 "확고한 정부노선"을 정당화시키는[23] 의회의 비상사태를 야기했다는 것인데, 이는 선거결과를 권위주의적 명령정권(*Verordnungsregime*)의 목적을 위하여 주목할 만할 정도로 '완고한' 새로운 해석이다!

이와는 반대로 베스타르프는—후겐베르크로부터 아직 독립적이었던—〈크로이츠차이퉁〉(*Kreuzzeitung*)에서 중앙당에서 나치당에 이르는 다수의 가능성을 설명하였는데,[24] 이는 다시금 나치당 포함에 대한 중앙당의 반대를 고려하지 않았다. 다른 주도적인 보수인민당 인사들에게서는 전반적인 회의가 지배적이었다. 왜냐하면 이들은 나치당의 전투적·사회주의적인 선동에 의존했고, 또 정치적으로나 심리적으로나 나치즘과의 필요한 거리를 두기 위하여 우파부르주아적 틀짜기를 통하여 안전을 확보하는 것이 충분하지 못하다고 생각했기 때문이다.[25] 게다가 베스타르프 자신도 개인적인 견해표명에서 불과 몇 달

23) Reichsbankpräsident Hans Lutherauf der Sitzung des Hauptausshusses am 27. November 1930, *Veröffentlichungen des Reichsverbandes der Deutschen Industrie*, Heft 55(Dezember 1930), 19.

24) Kuno Graf Westarp, "Was nun?", Kreuzzeitung, Nr. 266 v. 17. Sep. 1930. 이 글은 베스타르프의 메모에 따라("Meine Verhandlungen …", 주 II/76) 트레비라누스, 린다이너, 실레와 합의하여 작성되었다.

25) Walther Rademacher, "Voraussetzungen einer Rechtskoalition", Leipziger Neueste Nachrichten, Nr. 312 v. 8. November 1930(라데마허는 독일민족인민당의 산업계열 의원으로서 라이헤르트처럼 1930년 7월 22일에 베스타르프와 함께 탈당했다). 또한 비판적인 논문 "National sozialisten", *Konservative Stichworte*, ed. by Konservative Volkspartei(Berlin, o. J.). 이 글은

후에 "믿을 만한 정보들"과 트레비라누스의 경험에 의존해서 다음과 같은 확고한 결정을 내렸다. 즉, 히틀러는 당시 나치당이 내무부장관과 국방부장관 자리를 맡게 될 새로운 정부에 참여할 준비를 전혀 보여주지 않았다는 것이다. 오히려 히틀러는 "그에게 중요한 것은 정부에 참여하여 조세를 정비하는 것이 아니라, 의원수를 늘림으로써 추가로 권력을 획득하는 것"이라고 선언하였다.[26] 1930년 9월에도 베스타르프는 농촌주민당, 경제당, 독일인민당 등과 연합하여 적어도 형식적으로는 나치의 그러한 정부참여를 논의에 던져보고자 하였다. 나치의 정부참여는 사실상 가능성이 없지만, 그러한 시도는 이미 친사민당적인 정책이라는 비난으로부터 온건우파를 지키기 위해서 "현재의 선거결과에 따라서" 이루어져야만 한다는 것이었다.[27] 베스타르프는 또 이와 관련하여 후겐베르크가 어쨌든 이미 지금 강제적인 상황으로 몰

1930년 선거용으로 수고가 그대로 출판되었다.

26) Westarp-Akten: 라데마허는 1931년 2월 28일 베스타르프에게 보낸 편지에서 히틀러의 연립경향과 관련된 소문에 대하여 설명하였다. "나와 절친한 한 대기업 총수로부터 받은 전달문에서 히틀러가 서부의 중공업계에서 이 주장을 매우 정확하게 제기했다는 소식을 들었습니다." 다만 히틀러의 "입장표명이 완전히 정확하고 명쾌하지는 않다는" 점을 확정할 수 있지만, 좌파에 의존한 정부의 지원이 정당화될 수 있다는 것이었다. 베스타르프는 1931년 3월 4일에 보낸 답장에서 단 한 번도 "이러저러한 방식"의라는 정확한 제안도 또 우파정부에 참여할 준비가 되어 있다는 책임있는 선언도 없었다는 점을 강조했다. 여기에 인용된 히틀러의 선언은 이러한 연관관계에 속한다.

27) Westarp-Akten: Antwortbrief Westarps an den ehemaligen deutschnationalen sächsischen Justizminister Arthur v. Fumetti v. 20. September 1930. 베스타르프는 그러한 시도의 실패가 "브뤼닝이 명백한 또는 묵인된 대연립으로 건너뛰려는 것에 대한 책임"으로부터 자신의 친구들이 지게 될 부담을 덜어주었고 또 동시에 "후겐베르크와 나치주의자들에 사용했던 것과 같은 강제의 방법과 중앙당에 대한 분노에 찬 반대투쟁이 프로이센에서 중앙당을 사민당과 분리시키는 데 성공한 것이 아니라, 중앙당을 사민당의 품안으로 몰아넣었다"고 강조했다.

아넣었다는 점을 강조했다. 자신의 원내교섭단체는 브뤼닝의 실각도 우파정부(중앙당, 독일인민당, 나치당)에도 필요치 않으며, 그는 어쩔 수 없이 나치주의자들에게 훨씬 더 가까이 연루되었다는 것이다. 그러나 나치당은 어쨌든 편안한 야당의 입장에서 환상이 제거된 정치적 책임의 위치로 들어가야 한다는 것이었다. "그들이 아무런 방해도 받지 않고 책임을 회피함이 없이 반대자의 지위에서 선동을 일삼을 수 있다면, 그들이 또 한 번 성공하리라는 것은 확실하다."[28]

국가당의 소명은 극히 분명하게 실패하였다. 선거에서 세인의 주목을 끌만큼 엄청난 패배를 당한 후인 10월 7일에 이미 6명의 인민민족적인 성향의 의원들은 "당내 좌파"(휩커-아쇼프와 오스카 마이어)를 차단하라는 요구가 거부되자 "세계관적인" 이유에서 원내교섭단체와 당을 떠났다.[29] 당과 연합 사이의 대립은 구조적·전술적인 계기에 그 원인이 있었다. 그리고 이러한 대립관계는 이 처음이자 유일한 사례에서도 극복될 수 없었다. 인민민족당의 결집구상은 궁극적으로 초당적인 연결망을 만들어내려고 노력한 반면에, 민주당은 견고한 당 기구를 융합시키는 데 노력을 기울였다. 이러한 대립관계는 서로 합치될 수 없는 것으로 확인되었다. 그리고 어느 한 측도 — 국가적 운동이건 거대한 자유주의적 부르주아 정당이건 간에 — 국가를 지탱시키는 민주적 중도파의 결집이라는 공통의 목표를 실현시키는 데 성공하지 못했다. '청년독일기사단'의 또 다른 길은 정치적·의회주의적 활동에서 이러한 시도에 성공하지 못하고 완전히 예전의 연합형식들로 되돌아갔다. 즉, 그 시도는 근대정당의 관료제적·목적지향적인 성격에 부딪쳐 수포로 돌아갔던 것이다. 정치적 일상문제에 대하여 입장을 밝혔고, 비상독재를 극복하기 위한 "새로운 국민의회"를 요구하거나 또는 1932년에 힌덴부르크의 재선을 위한 선전을 전개하였다.[30] 사람들은

---

28) *Ibid.*, Schulußdes Briefes.

29) 개별적인 내용들은 Gebhardt(주 II/94), 65, 72ff.

나치의 대중선동과 나치의 친위대와 돌격대의 활동에 맞서 싸웠고, 1933년 2월 12일에도 히틀러의 연설을 "폭력적인 색조를 지닌 무(無)"라고 비판하였다. 사람들은 또 "'민족적'이란 단어를 자신의 것이라고 주장한 세력들의 테러"에 맞선 "새로운 민족적 반대파"를 요구하였다.[31] 1933년 6월에는 폭력적인 억압과 해체가 이어졌다. 그러나 뒤져 있던 독일민주당은 단 한 번도 원내교섭단체의 힘을 보유한 적이 없었다. 그것은 국가당의 창당을 통하여 위기에 대한 책임을 부여한 현존 국가에 대하여 전반적인 불만에 대응할 수 있으리라는 희망에 대한 명백한 반박이었다. 코흐-베저의 퇴진은 이러한 인식의 불가피한 표현이었다.

이제 거대한 문제는 나치당의 태도에 적용되었다. "국가 없는 자"로서 선거권을 갖지 못했던 히틀러 자신은 곤경에서 미덕을 만들어냈다. 그는 제국의회에서 멀리 떨어져 있었고, 이로써 의식적으로 민주적 정당들의 관습으로부터 그리고 증오받는 의회주의에 대한 어떠한 개인적인 양보로부터도 멀어져 갔다. 그럼에도 불구하고 원내교섭단체의 엄격한 통제와 — 이는 나아가서 위협받고 급진화된 중간계급의 충실한 복사판이었다[32] — 민주주의에 맞서 민주주의라는 이 새로운 권력수단

30) Artur Mahraun, *Ibid.* 참조.

31) *Ibid.*, S. 92.

32) 새로운 원내교섭단체의 구성은 매우 유용하여 나치당 내에서도 그 전망이 과소평가되었고, 대략 당선자의 절반 정도만이 진지하게 입후보하였다. 거의 1/3은 (당의 저술가를 포함하여) 직업적인 정치가로서 언급될 수 있다. 거의 비슷한 수의 정치가들은 명목상으로 사무직원층과 노동자층에 속하는데, 여기서 커다란 차이점들, 특히 이미 수년 전부터 직업적 생존이 선동적 생존에 밀려났다는 사실이 확인된다. 의원들의 약 1/5(23명)은 관리들이고, 그 중에서 10명은 교사이다. 게다가 15명은 연금을 받는 장교 출신이다. 마지막으로 25명의 자영업자들 중에서 농민이 가장 강력하고, 자유직업, 상업과 공업은 그 대표자가 가장 적었다. "뿌리째 뽑힌 중간계급"의 비율은 엄청나다. 피고용인들과 당간부들 중에 사업실패로 인하여 특히 위신

의 가차없는 투입을 포기하지는 않았다. 이처럼 노련한 전술을 통해서 나치의 최고 지도부 또한 계속 현존하는 국가의 틀 안에서 모든 책임을 빼앗았다. 동시에 나치 지도부는 신비한 영광을 더욱 높일 수 있었다. 그러한 영광은 거의 가까이 할 수 없으면서 접근가능한 정치적 개념에서 벗어난 그 지위를 출발점으로 삼은 것이었다. 마지막으로 나치 지도부는 외국 관찰자들이 좋아했던 견해를 반박했다. 그들에 따르면 나치당은 갑작스런 세력확장을 제대로 소화할 수 없으며, 이제 의회의 책임을 맡음으로써 스스로 마음을 진정시켜야 할 것이었다.[33]

나치당은 먼저 후겐베르크와 다시금 거리를 두었다. 후겐베르크는 1년 전에 나치당에 엄청난 도움을 주었고, 1년 후에는 하르츠부르크 전선에서 다시 한 번 위신을 높일 수 있게 도움을 준 장본인이었다.[34] 브뤼닝의 퇴진을 요구함으로써 연립과 관련된 모든 대화를 거부하고, 다시금 공화국에 대하여 근본적인 투쟁의 태도를 가다듬었다. 그러나 동시에 사람들은 — 히틀러가 이 무렵 울름의 제국군대 재판에서 했던 것처럼[35] — 당이 합법적인 방식으로 그 목표를 달성하고자 한다는

에 맞는 '적절한' 민간인 존재를 상실하였거나 또는 상실을 두려워한 사람들도 많다. 여기에 대해서는 Reichstagshandbuch 1930의 정보와 Werner Stephan, "Entwurzelter Mittelstand. Zur Berufsstatistik der nationalsozialistischen Reichstagsfraktion", Die Hilfe 36, Heft 52 v. 27. Dezember 1930을 참조. 또한 당시 내부적으로 논의되던 나치당 소속 제국의회의원의 형사소송에 대한 종합정리는 *Die Nationalsozialisten im neuen Reichstag* (Berlin, 1931), S. 34ff. 를 참조하고 나치의 공식적 통계는 Heinrich Himmler, Der Reichstag 1930. Das strebende System und der Nationalsozialismus (NS-Bibliothek, Heft 25) (München, 1931), S. 16ff.

33) Der britische Botschafter Rumbold an Henderson, 25. Sep. 1930: Documents on British Foreign Policy (주 II/55), 2nd series, vol. I, 512.

34) Stampfer (주 I/4), S. 585: "이런 종류는 누군가가 위에 있다면 먼저 뒤집어 엎은 지도자로서 효과적으로 이용될 수 있다."

35) 여기에 대해서 현재 상세하게는 Wheeler-Bennett, Nemesis (주 I/162),

점, 또 오토 슈트라서가 자신의 혁명적 계획 때문에 당에서 쫓겨났다는 점, 나치의 선전이 오직 "독일인의 정신적 변혁"만을 추구한다는 점 그리고 향후에 나치가 의회에서 다수당의 위치를 차지하게 되리라는 것에 기초하여 나치적 혁명이 실행될 것이라는 점을 강조했다. 나치당 원내교섭단체의 첫 이니셔티브들은 법적으로도 실제로도 파악될 수 없는 혁명적 선동제안들과 유사법적인 의회전술을 교묘하게 혼합한 것이었다. 그들은 베르사유 조약과 그로부터 유래한 의무들의 철폐, 고리대금 및 자본이전에 대한 엄한 처벌, 유가증권의 증권시장 거래 철폐, "은행 및 증권시장 지배자들"과 1914년 8월 1일 이후 이주해 온 "동부 유대인들", 그 밖에 "타민족 출신자들" 그리고 전쟁·혁명·인플레이션·디플레이션 등으로부터 이익을 얻은 자들에 대한 전 재산 무상몰수, 모든 대은행의 국유화 등을 요구하였다.[36]

이러한 내용을 바탕으로 한 연립논의에 공산주의자들은 단 한 번도 문제가 되지 않았다. 히틀러 자신도 자신의 원내교섭단체에 페더-슈트라서파 사회주의자들로부터 영향을 받은 이니셔티브를 다시 철회하게 하였다.[37] 즉, 그 이니셔티브가 선동적인 영향을 미치자마자 그리

213-220. K. D. Bracher, "Auflösung einer Demokratie. Das Ende der Weimarer Republik als Forschungsproblem", Faktoren der Machtbildung. Wissenschaftliche Studien zur Politik (Schriften des Instituts für politische Wissenschaft, Bd. 2) (Berlin, 1952), S. 80~83. 슐라이허의 입장표명에 대해서는 Thilo Vogelsang, "Neue Dokumente zur Geschichte der Reichswehr 1930~1933", Vierteljahrshefte für Zeitgeschichte 2 (1954), 400ff. 에 있는 Niederschrift über eine Befehlshaberbesprechung v. 25. Oktober 1930참조. 또 Groener-Geyer (주 I/51), 268ff. 와 이 책의 제 1권 S. 488ff. 참조.

36) Reichstagsprotokolle v. 17. Oktober 1930, 58ff. 의회활동, 특히 동의안에 대한 분석은 Die Nationalsozialististen im neuen Reichstag (주 III/32), 7ff. 를 참조.

37) Bullock (주 I/123), 155를 참조.

고 희망찬 길을 연 당 지도부의 반(半)자본주의적 전환이 경제와 산업에 새로운 후원자에 대한 압력으로 약화되기 전이었다.[38] 히틀러는 동시에 공산당의 동일한 동의안을 부결시키게 하였다. 실제로 나치당 원내교섭단체의 향후 활동 전반에 골격을 제공하게 될 그러한 선동성이 있는 동의안들은 당 지도부의 구체적인 활동과는 거의 관련이 없었다. 그들에게서 본질적인 것은 의회에서의 활동이 아니라, 의원 세비, 무료 교통이용권, 면책특권 등의 형태로 주어지는 재정적·법률적인 각종 특혜들이었고, 따라서 의원들은 제국의회의 일원(*MdR*)이 아니라, 면책특권의 소유자들(*IdI: "Inhaber der Immunität"*)이었다.[39] 원내교섭단체가 성공적으로 의회의 활동을 마비시키고 정상적인 입법활동 및 건설적인 다수파의 형성을 막으려 노력하였다. 반면에 당 지도부는 거의 아무런 방해를 받지 않고 의회의 특권보호를 위한 각종활동을 펼칠 수 있었다. 또한 당 지도부는 확고한 의회의 지원도 없이 인기 없는 비상령 정부를 유지하는 것과 관련된 많은 어려움을 이용하여 "체

---

38) 특히 *DAZ*(Nr. 484 v. 16. Oktober 1930)은 나치당의 동의안에 신랄한 비판을 가하였다. Joseph Goebbels, "Die Legalität", *Der Angriff* v. 11. Mai 1931에서 합법성 논의의 거의 숨겨지지 않은 기회주의를 참조하라.

39) 냉소적인 괴벨스의 논문 Joseph Goebbels, "IdI", *Der Angriff* v. 28. Mai 1928(*Der Angriff*, Aufsätze, 주 I/127, 80ff.): "나는 제국의회의 구성원이 아니다. 나는 면책특권의 보유자이다. 무료 교통이용권자. 면책특권의 보유자, 무료 교통특권의 보유자, … 우리는 제국의회에 반대했기 때문에 선출되었고, 우리의 동의안 제출자라는 의미에서 대표권을 행사하게 될 것이다. … 면책특권의 보유자는 유흥세(*Vergnügungssteuer*)를 지불할 필요도 없이 제국의회에 자유로이 출입할 권리를 갖는다. 그는, 예컨대 만약 제네바의 슈트레제만 씨가 설명한다면, 앞에서 언급한 슈트레제만이 자유석공(*Freimaurer*)이고 또 유대인 여성과 결혼했다는 것이 사실에 부합하는지에 대하여 중간질문을 할 수 있다." 그는 "체제"를 욕하고, 그 대가로 "공화국의 감사의 표시로 750마르크를 월급형태로 받게 된다. 즉, 충실한 업무수행에 대한 감사의 표시로… ."

제"와 그것의 의회주의적 타협구조를 계속 불신케 하고, 민주적 기능을 계속 약화시켜 민주주의라는 수단을 가지고 민주주의를 파괴하고자 하였다.[40] 만약 나치즘이 많은 해석자들의 생각대로 독일의 곤궁상태에서 성장했다면, 그것의 상승에 더 본질적인 것은 무시무시한 정치적 파괴기술 덕택이었다. 나치즘은 그러한 기술을 이용하여 제국의회와 거리에서 대립을 심화시키고,[41] 여론의 분열을 극단적으로 조장하여, 경제와 정치 그리고 의회가 처한 어려운 상황에 전혀 탈출구가 없다는 인상을 각인시킬 수 있었다. 1930년의 독일적인 상황은—부분적으로는 책임이 있었고 또 다른 한편으로는 책임이 없었다—이 운동의 상승을 가능케 했다. 그렇지만 다음 해에 도래한 결정적 위기는 비로소 이 운동 자체를 초래했다. 즉, 위기 동안에 거리의 테러, 의회의 마비, 경제적 곤궁상황—나치당 의원들은 그러한 상황을 타개하기 위해 단 한 건의 건설적인 협력을 위한 이니셔티브도 취하지 않았다—

---

40) 괴벨스는 Joseph Goebbels, "Was wollen wir im Reichstag?" *Der Angriff* v. 30. April 1928(주 I/127, 71ff.)에서 분명하게 다음과 같이 말했다. "우리는 민주주의의 무기고에서 그것이 갖고 있는 무기를 우리 것으로 만들기 위해서 제국의회로 가고자 한다. 우리는 바이마르공화국의 기반인 바이마르 사상을 마비시키기 위해 제국의회 의원이 되고자 한다. 만약 민주주의가 이러한 호의의 대가로 우리에게 무료 교통이용권과 의원세비를 제공할 정도로 멍청하다면, 그것은 우리가 알 바가 아니다. … 우리에게는 현재의 상태를 혁명적으로 변화시킬 모든 법적인 수단이 정당하다. 만약 우리가 이번 선거〔1928〕에서 60명에서 70명의 우리당 선동자들을 여러 의회에 박아 넣을 수 있다면, 국가는 장차 우리의 투쟁기구를 장착시키고 월급을 지불하게 될 것이다. … 무솔리니도 의회에 진출했다. 그럼에도 불구하고 그는 머지않아 검은 모자를 쓰고 로마로 진군하였다. … 사람들은 의회주의가 우리의 다마스커스라고 믿지 않는다. … 우리는 적으로서 여기에 온다! 늑대가 양떼 속에 침투하듯이 우리도 간다. 지금 그대들은 더 이상 우리 중에 있지 않다!"

41) 예컨대 함부르크의 거리와 강당에서 벌어진 대결에 대한 나치의 보고서. Hermann Okkraß, "Hamburg bleibt rot", Das Ende einer Parole (Hamburg, 1934), S. 197ff. 등을 참조하라

으로부터 독재로 도피가 있는 듯이 보였다. 왜냐하면 연립정부 참여에 대해서 말한다면, 나치의 요구는 재정부처나 경제부처가 아니라—여러 차례 언급된 개혁이 여기서 시작될 수 있었을 것이다—군대와 경찰의 사용, 즉 폭력적인 전복의 도구들과 관련되어 있었다.

(프로이센의 제복착용금지에 대한 항의의 표시로)[42] 10월 13일 나치당의 대규모 원내교섭단체는 제복을 착용한 채 입장하였는데,[43] 이는 모욕적이면서도 명백히 미래의 방향을 제시한 것으로 유대인 상점과 보행자들에 대한 포그롬(*Pogrom*, 박해)이 수반되었다. 고통받는 주민들에게 직접적인 도움을 제공한다는 모든 실질적인 관점에서 접근할 수 없는 엄격히 명령된 파괴정책의 시기는 이렇게 하여 시작되었다. 극단적인 소음과 소란의 주동자 중에는[44] 나치 돌격대 지도자, 깡패이자 "정치적 암살자"(*Fememärder*)인 하이네스(Heines)가 앉아 있었다. 하이네스는 이 명칭에 대한 자신의 자부심을 숨기지 않았고, 열심히 실천에 옮겼으나, 마침내 1934년 6월 30일 자신의 지도자 살인 테러가 자신과 관련될 때까지 계속되었다. 후일 그의 동지인 그레고어 슈트라서는 제국의회에서 행한 중요한 첫 연설에서 "합법적인 노선"을 고려하였고,[45] 나치 정책의 합헌성을 맹세했다. 또한 그는 냉소적인 어조로 우리는 "유대인 박해가 아니라 다만 독일의 생활에서 유대인을 축출하고자 한다"는 점을 강조했다.[46] 그러나 그는 동시에 모든 건전

---

42) 의원들은 제국의회 건물에서—대중선동적인 코미디—이사를 했다. 여기에 관해서는 Otto Braun(주 I/5), S. 310. 브라운은 이—겉으로만 하찮은—사례에서 대응조치의 취약함을 비판하였다.

43) Reichstagsprotokolle v. 13. Oktober 1930, S. 1ff.

44) Zusammenstellung der Lärm-und Obstruktionsszenen, Die Nationalsozialisten im neuen Reichstag(주 III/32), S. 27ff.

45) Reichstagsprotokolle v. 13. Oktober 1930, 56ff., Gregor Strasser(주 II/107), S. 256ff.

46) Reichstagsprotokolle v. 13. Oktober 1930, S. 58; Gregor Strasser(주

화 조치가 배상이행정책에 도움을 주고 또 수정을 방해한다는 이유로 그러한 조치를 거부함으로써, 나치의 파괴전술의 본래 의미를 인식케 했다. "만약 오늘 누군가가 독일의 여론에 희생하라거나 '건전하게 하라'고 나팔을 분다면 그것은 범죄에 다름 아니다."[47] 히틀러의 성공은 이렇게 모든 수단을 이용하여 대중의 곤궁과 의구심을 조장함으로써—비극적인 모순!—비로소 성장했다. 사람들은 당의 완전한 권력장악이 약속했던 낙원과 암울한 대조를 이룬 공산주의의 빈곤화 이론보다 훨씬 더 잘 이해했다.

3. 제국의회의 권력상실

브뤼닝은 제국의회를 해산함으로써 자신이 이끄는 정부를 사민당으로부터 독립적으로 만들고자 했고, 이제는 상황의 상태에 따라 사실상 사민당의 용인으로 유지할 수 있었다. 선거 후 있었던 정당간의 취약한 예비모임은 예상대로 전혀 다른 결합가능성을 열 수 없었다. 나치당을 정부에 포함시키지 않으면서 추가적인 수정협상들을—브뤼닝은 그것

II/107), S. 262ff. 동시에 히틀러가 외국에 대하여 포그롬으로부터 거리를 두었고 그것을 오히려 "공산주의 선동꾼들", 부랑자들(*Rowdies*), 도둑들의 탓으로 돌렸다는 것은 나치의 "합법성" 전술에 해당했다. 그들이 그의 권력야망을 웃음거리로 만들고자 했던 한에서 말이다. 합법성 전술에 대해서는 Heuss(주 II/110), S. 136ff. 과 Bullock(주 I/125), S. 145ff.

47) Reichstagsprotokolle v. 13. Oktober 1930, S. 58; Gregor Strasser(주 II/105), 264f. "여러분, 만약 우리의 재정이 건전해진다면, 세계가 우리에게 수정하라는 나팔을 불어댈 것입니다. 독일민족이 갖고 있는 지금의 의구심을 이용하십시오! 이 조약에 의해 무참한 미래로 또 죽음의 사냥터로 몰린 민족이 갖는 의구심의 깃발을 높이 올립시다. 또 여러분이 이 일을 직접 수행하십시오. 그 다음에 개선을 받아 냅시다. 우리의 재정이 건전해지면, 다시는 더 이상 그렇게 하지 맙시다."

이 약 3년 정도 걸릴 것으로 생각했다 — 관철시키는 것은 브뤼닝의 구상과 일치했다. 브뤼닝은 분명 우익 반대파의 선동이 강화되는 과정에서 자신의 수정정책에 대한 간접적인 지원을 볼 수 있다고 생각했다.[48] 히틀러와의 첫 번째 접촉은 완전히 부정적으로 진행되었다. 또 비상령 정책의 지속은 오직 의회의 다수파가 헌법 제48조에 따라 공포된 여러 법의 철폐를 포기할 준비가 되어 있느냐에 달려 있었다. 비상령 정부는 한편에서 공산당과 다른 한편에서 독일민족인민당 및 — 1년 반 동안 독일정치의 모습을 결정했던 — 나치당 사이에서 모든 민주적 원내교섭단체들의 수동적인 용인으로 이 기간 내내 안정된 토대를 제공받았다. 그러나 의회는 민주적 다수를 갖고 있었음에도 불구하고 이로써 결국 긍정적인 입법의 권리와 의무를 포기했으며, 다만 약한 통제 기능만 계속 유지했다. 이 기능은 전혀 중요하지 않은 사안에서도 작동하지 않았고, 정부에 1931년 5월 12일까지 — 브뤼닝 퇴진 전 마지막 선거 — 계속 30~40표 정도의 안정된 의회다수를 보장해주었다. 브뤼닝 자신은 비상령 노선을 더욱 강력하게 지속하였다. 반면에 그러한 형식은 무능하게도 긍정적인 다수로 통합시키는 것, 즉 우파와 좌파의 폐지동의안과 불신임안을 거부함으로써 새로운 해산을 방해했다. 또한 그 형식은 정부에 요청한 관세전권을 부여했고, 동부지역 지원법을 통과시켰다. 그리하여 1931년 2월에는 반년 동안 연기되었다가 사실상의 전권으로 정부의 관료제적 조치들에 전장을 넘겨주었다.

그러나 이 반(半)의회주의체제는 공화국의 의회주의적 건설에 대한

48) 베스타르프는("Meine Verhandlungen …", 주 II/74) 1930년 10월 2일 당지도부와 브뤼닝 사이의 대화에 대하여 상세히 보고한다. 브뤼닝은 거기서 나치당과의 협력에 대한 중앙당의 저항을 강조하면서 반대파에 속한 나치당의 선동강화를 다가올 수정협상에 비추어 "별로 불리하지 않다"고 생각했다. 여기에 대해서는 브뤼닝이 라인-루어 클럽(Rhein-Ruhr-Klub Düsseldorf)에서 행한 강연에서 내린 결정들을 참조하라(인용은 주 III/141) : Heinricht Brüning, Die Vereinigten Staaten und Europa (Stuttgart, 1954), S. 4.

이론적 비판에서뿐만 아니라, 독일 의회주의의 지속적인 기능방해에서도 그 근거가 설명되었다. 공화정 정부들은 항상 건설적인 신임투표 대신에 거부된 불신임투표에 근거할 수 있었다. 또한 정부들은 얼마 후에 그 선언들이 장기적 관점에서 지원받은 것이 아니라 전달되었다는 사실로 인하여 붕괴되었다.[49] 그래서 그들은 최후의 수단으로 최소한의 안정을 보장하면서 비판에서 정당을 제한하지 않는 법령의 권한을 포함한 수권법에 호소하였다. 이제 이런 관행은 결정적으로 계속 발전하였다. 브뤼닝은 의회주의적 방법보다는 절대주의적인 방법으로 통치하였고, 의회를 어느 정도까지 제국시기의 제국의회 기능, 즉 정부가 제출한 법안에 대하여 단순히 입장표명만 하는 기능에 한정하였다.[50] 헌법 제 48조에 따라 공포된 법령들은 제국의회가 의결한 법령들을 대신하게 되었고, 심지어는 의회의 국가예산 통과를 대체하기도 하였다. 이로써 의회주의의 가장 오래되고 가장 중요한 기반은 대통령체제의 수중에서 파괴되었다. 제국의회가 취할 수 있는 선택은 새로운 정부위기의 위험과 선거가 있을 경우 — 급진정당들이 원했던 대로 — 이 법령들을 거부하거나 또는 용인적 다수파로서 그것들의 철폐를 거부하는 것이었다. 이러한 유사다수파 정당들은 의회적 책임, 일반적으로 정치적인 책임을 넘겨받을 수 없었다.[51]

---

49) 여기에 대해서는 특히 Glum(주 III/10), S. 223ff. 참조.

50) Theodor Eschenburg, "*Die Richtlinien der Politik im Verfassungsrecht und in der Verfassungswirklichkeit*", *Aus Politik und Zeitgeschichte. Beilage zur Wochenzeitung Das Parlament XXII*/54 v. 9. Juni 1954, S. 282. 제국군대 지도부가 이 경향에서 차지하는 비중은 아무리 높게 평가해도 지나치지 않다. 1930년 10월 25일의 군사령관 회에서 슐라이허가 행한 공개발언을 참조하라. Vogelsang(주 III/35), S. 407.

51) 이 방식에 대해서는 Keil(주 I/3), II, S. 399: "〔제국의회의〕 전체회의에서는 논리적인 협상이 불가능했다. … 따라서 위원회에게 전문적인 검토를 필요로 하는 모든 대상들을 넘겼다. 그러나 위원회의 협의 또한 대부분 형식적인 목적만을 지녔다. 실질적인 협의는 제국총리와 주무부처 장관들이 가

그리고 이 중간적인 해결책은 너무도 오랫동안 그리고 — 그 나름대로의 방식으로 — 너무도 안정적으로 유지되었기 때문에, 만약 1932년 5월에 대통령제 주창자들이 거기서 등을 돌리지 않았더라면, 아마도 민주주의의 잔존물을 위기로 인한 권력상실 기간을 넘어서 구출할 수 있었을 것이다. 그러나 1년 반 동안에 사민당이 정부를 용인한 것은 — 정당들 사이의 저항에도 불구하고 — 필수불가결한 동반자로서 비상령 입법에 어느 정도 영향력을 유지하겠다는 희망에만 있는 것은 아니었다. 관용은 대안이 우선 공공연한 반(反)의회주의적 대통령제 정부, 즉 우파 정부일 것이라는 관점에서 결정된 것이었다. 사민당은 우파정부가 후겐베르크의 지도 아래서도 이탈리아 파시스트의 모범에 따라 재빨리 나치의 단일지배체제로의 길을 열 것이라고 보았다. 이 독재가 제국대통령, 제국군대, 나치당에 대한 좌파의 내전이나 또는 반(半)의회적인 권위주의적 민주주의의 종말을 의미할 것이라는 사실은 사민당 원내교섭단체가 향후의 관용노선을 정치적으로 정당화시키려던 한 비망록의 핵심적인 주장이었다.[52] 이에 반해 사민당이 보기에 민주적

진 비밀회의(브뤼닝의 방식!)에서 이루어졌다. 정부는 제국의회가 비상령의 개정이 아니라 오직 그것의 철폐에 대해서만 권한이 있다는 견해를 냈으므로, 회합의 결과는 정부에 비상령에 대한 특정의 개정을 실행해 달라는 청원의 형식으로 옷을 갈아입었다. 이는 이어 제국의회에서 결의되고 새로운 비상령을 통해서 실행되었다." 그러나 바로 이로써 브뤼닝의 관료제적 방식은 의회에서 진정한 정치적 의지형성을 최종적으로 추방했다. 제국의회의 권력이 거의 사라져가는 것에 대해서는 다음도 참조: Poetzsch-Heffter(주 I/131), S. 101f.

52) 이는 Stampfer(주 I/4), 580f.에서 인용. 이 비망록은 후겐베르크-히틀러 정부가 의회에서 전혀 다수를 차지하지 못할 것이라는 사실에서 출발한다. "그러나 나치주의자들은 거의 의회를 통해서 통치하려 하지 않는다. 그들은 제국의 모든 수단을 행사하고자 하는데, 특히 제국군대와 경찰을 자신의 지휘 아래 두고자 하며, 중요한 관직에 자신의 지지자들을 앉히고자 한다. 은폐되었건 은폐되지 않았건 히틀러 정부는 제국의회의 완전한 폐쇄와 나아가

중도파와의 일상적인 협력에서 브뤼닝의 실험을 비판적으로 관용한 것은 공산당과의 위험한 동맹관계로—내전상황에서 이는 최후통첩으로 남게 될 것이었다—내몰리지 않으면서 항상 중요한 권력의 받침대를 보증해주는 듯이 보였다.

사민당은 여전히 가장 강력한 정당이었다. 그리고 나치가 "마르크스주의자이자 참전거부자 뢰베(Löbe)"[53]에 대한 선동을 전개했음에도 불구하고 이 노련한 사민당 출신의 제국의회 의장은 제 2차 투표에서 다시 한 번 다수표를 얻어 당선되었다. 공산당은 피크(Pieck)를 내세웠다. 이로써 동시에 독일인민당에서 출발하여 반사회주의적 우파연합을 강제하려는 최후의 시도는 실패하였다. 사민당은 나치의 후원을 받은 숄츠(Scholz)가 선출될 경우 야당으로의 전환해야 할 위험에 처했다. 물론 뢰베와 나란히 나치당의 부의장(슈퇴어, Stähr)이 앉았다. 회의의 외적인 진행과정, 소요, 격투 그리고 나치의 반복된 행진 등은 처음부터 의회의 활동을 어렵게 하였고, 제국의회의 전통에 손상을 입혔다. "민족적 반대파"와 공산당의 지속적인 소란행위가 거기에 더해졌다. 예전의 대연정 정당들은 (온건우파를 포함하여) 세 투표 단계에서[54] 급진정당에 대하여 비상령 정부의 관용을 소악(小惡, *kleinerer*

서는 인민의 민주적인 모든 권리의 파괴를 목표로 한다. 만약 후겐베르크-히틀러 정부가 들어선다면, 그 결과는 나치당의 폭로이지는 않을 것이다. 히틀러 정부는 이탈리아 사례의 반복을 목표로 설정할 것이다. 말하자면 노동자 계급의 모든 조직 파괴, 지속적인 군사적 계엄 상태, 언론과 집회 그리고 그 밖의 정치적인 모든 자유의 폐지, 국내에서 지속적인 내전의 위험과 대외적으로는 복수전의 위험 등이 그것이다.

53) 〔역주〕 뢰베(Paul Löbe)는 사민당 정치가, 1920~1924년과 1925~1932년 제국의회 의장; 피크(Wilhelm Pieck)는 1917년까지 사민당, 이후 독일공산당 창당, 그 지도자, 프로이센 의회(1928년까지)와 제국의회(1928~1933) 의원.

54) 1930년 10월 18일에 7월 26일의 비상령 비해제, 공산당의 후원을 받아 나치당과 독일인민당의 12명이 제출한 불신임안을 의사일정 통과를 통하여 거부

Übel)[55]으로 지지하기로 결정하였다.[56] 이로써 이 정당들은 하나의 위험에서 또 다른 위험에 빠졌고, 훨씬 더 많은 의회의 활동공간과 결정력 그리고 정치적 영향력을 상실하였다. 이제 이들은 정치적 발전과 결정에 따라 계속 존속하였다. 이제 사민당의 딜레마는 특히 실감이 났다. 본래 사민당에서는 브라운과 뮐러가 결단코 관용노선을 지지하였다.[57] 물론 사민당은 정체된 당을 의회라는 장의 건설적인 개편으로, 즉 그 영향력을 어느 정도 효과적인 투입으로 나아갈 수 있었거나 또는 나아가기를 원했다.[58]

이러한 발전은 브뤼닝의 관료제적인 비상령을 통해서 계속 추진되었다. 이러한 발전과정에서는 정치적 결정장소의 이동, 즉 권력기능과 정치적으로 형성된 힘을 민주적 공간에서 한편으로 권위주의적 자율행정이라는 좁다란 수준으로 다른 한편으로는 국법적으로 무형의 평등주의적 조직과 의회 외적인 부문의 개인적인 권력영역으로 이동시키는 길이 열렸다. 물론 제국의회는 현재의 형식으로는 공황이 입법에

(317: 234표), 작업능력이 없는 제국의회의 개회연기 결의; 1930년 12월 6일에 12월 1일자의 대통령 비상령 용인(292: 254표)과 제국의회 개회의 재차 연기(1930년 12월 12일); 1931년 1월에 강화된 동부지역 지원 결의, 그에 상응하여 정부에 관세전권 부여, 6개월간 개회 연기.

55) 〔역주〕 소악(小惡, *kleinerer Übel*): '차악'(次惡)이라고도 번역할 수 있다. 이 말은 최악(最惡)과 대비되어 어느 정도 단점이 있음에도 불구하고 더 이상 대안이 없는 선택을 지칭한다.

56) Reichstagsprotokolle v. 18. Oktober 1930, S. 186ff.

57) Otto Braun(주 I/5), 310. 브라운은 원내교섭단체 회의에서 주목할 만한 발언으로 브뤼닝을 지지하는 이유를 설명한다. "1930년 3월에 강제적인 근거도 없이 제국의 수레에서 내려왔고 브뤼닝이 고삐를 잡았다면, 이제 그 수레와 나란히 발을 내디뎌 그가 반동적인 나락으로 떨어지는 것을 막아야 한다. 그러한 관용정책은 즐거운 것이 아니지만, 현재의 상황에서는 소악(小惡)이다."

58) 특히 강한 레버(Leber, 주 I/37, S. 234ff.)의 신랄한 비판을 참조.

요구한 중요한 요구들을 해결하지 못했다. 그러한 요구들은 — 잉글랜드(MacDonald)와 미국(New Deal)처럼 다른 나라의 동시적인 사례가 증명했듯이 — 정상적으로 기능하는 의회를 통해서는 극복될 수 없는 것이었다. 그래서 이제 비상령의 실제는 사민당 지도부가 보기에 그 관용정책을 용이하게 하는 내적 정당성을 얻었던 것이다. 왜냐하면 그 사이에 재정상황은 다시금 악화되었기 때문이다. 수입은 계속 감소하였고, 실업은 천정부지로 증가하였다. 이미 1930년 10월 6일에 정부는 실업보험료 부담액을 2%에서 6.5%로 늘릴 것을 지시하였다. 이제 이미 사민당과 독일인민당의 최소요구는 계속 낮아졌는데, 바로 그것 때문에 1930년 3월에 대연립이(4%로 인상) 붕괴되었던 것이다. 공무원(과 제국대통령과 장관 그리고 제국의회 의원들)의 보수와 연금의 엄청난 감축, 각 주와 지방자치단체 그리고 실업보험에 대한 교부금의 축소, 독신자세와 소득세에 대한 지원금의 지속, 재정행정의 간소화, 농업과 소영업에 대한 부담경감 등은 임금수준과 가격수준의 전반적인 인하와 정확한 보전정책(補塡政策, *Deckungspolitik*)을 목표로 한 건전화 계획의 일환이었다. 이 계획들은 일련의 비상령에서 — 정치적 의지형성의 민주적 담지자들과 의회의 긍정적인 참여도 없이 — 거의 준비되지 않은 여론에 선행했다.

이 계획들이 몇몇 제국의회 회의와 여러 위원회에서 논의되었지만, 정규적인 입법의 길에서 실현된 것이 아니라, 비상령의 형식으로 민주적 다수에 의해서 관용됨으로써, 처음부터 모든 대안적인 해결책은 정치적 결정의 공간으로부터 추방되었다. 브뤼닝이 "디플레이션 정책"이라는 약간 거친 개념으로 지칭되었던 노선을[59] 확고히 한 것은 많은 그럴싸한 근거를 지녔다. 경제의 부양을 위하여 구매력을 증대시켜야

---

59) Brecht(주 I/85), 58, 특히 60ff. Ferdinand Fried, "Die Sackgasse", Die Tat 22, Heft 9(Dezember 1930), S. 657ff. 에 있는 "행동그룹"의 비판도 참조하라.

한다는 이론은 아직 실제에서 입증되지 않았다. 독일에서 공공차관을 도입하는 것은 불가능한 듯이 보였다. 그러나 특히 인플레이션에 대한 지배적인 공포는 심각한 장애를 의미했다. 마지막으로 브뤼닝은 배상의 채권자들이 지출의 축소와 예산의 균형을 요구한 반면에, 스스로 부담할 수 없는 그러한 공공사업을 위한 모든 차관에 반대한다는 점을 언급할 수 있었다.[60] 그러나 이 노선은 권위주의적·기술관료적인 방식, 즉 진정한 정치적 타협형성을 배제하는 관철의 방식으로 인하여 운명적으로 되었다. 정부는 이 방식으로 심리적인 현실의 공간으로부터 대통령이라는 기둥으로 계속 후퇴하였다.[61] 정부의 조치들은 인기가 없었을 뿐만 아니라, 침울하면서도 숭고한 염세주의 때문이기도 했다. 제국대통령 또한 자신의 발언에서 정치적 심리학의 모든 법칙과는 모순되는 극단적인 진정성의 파토스(*Pathos*)로 되돌아갔다. "개인적인 고뇌가 야기되지 않으면서 현재 통치가 진행되지 않는다는 것은 ―그것은 너무도 고통스럽다― 불가피하다."[62]

또 급진적인 정당들과 집단들은 계속해서 통제가 불가능한 관료제적인 조치에 분노와 무지로 대항한 수많은 대중의 불만으로부터 더욱 더 많은 이익을 얻었다. 10월 초에 코블렌츠에서 개최된 철모단 전국대회는 10만 명 이상의 참가자들로―이들 중에는 황태자와 제크트도 있었다―대성황을 이루었다. 대회는 "마르크스주의적" 프로이센 정부와 "배상금 지불부담"에 반대하고, 군사적 평등권을 옹호한 젤테의 극

60) Miller(주 I/40), S. 380f. 를 참조.

61) Brief Groeners an v. Gleich v. 28. Dezember 1930(Phelps, 주 I/51, 1015)을 참조: "총리와 함께 완벽하게 일할 수 있다.… 나는 그와 확고한 계약을 체결했다. 그리고 대통령이 우리와 함께 가는 한, 우리는 의회와 잘 지내게 될 것이다."

62) 앞의 주 III/23에 인용된 "전국연합"의 회의에서 루터(Hans Luther)가 행한 발언: Veröffentlichungen des Reichsverbandes der Deutschen Industrie, Heft 55(Dezember 1930), 15.

히 신랄한 연설에서 절정에 달했다. "9월 14일의 민족적 성공은 너희들의 성공이었다. … 씨앗이 싹트고 있다." 이는 철모단 지도부의 환상주의적인 생각이었다.[63] 그사이 나치는 다시금 선거에서 성공을 거두었다. 나치당은 1930년 11월 30일 브레멘에서 9월 14일에 비해 그 득표수(25.5%)를 거의 2배로 늘릴 수 있었던 반면에, 다른 정당들은 모두 표를 잃었다. 바덴과 메클렌부르크에서 있었던 지방자치단체 선거도(11월 16일) 동일한 발전양상을 보여주었다. 작센의 주 의회 의장 선거에서 사민당의 후보자는 불과 1표 차로 나치 경쟁자를 물리칠 수 있었다. 또 하나의 징후는 "민족주의적" 단체들이 프로이센 정부에 대하여 벌인 선동 캠페인이 레마르크(Remarque)의 영화 〈서부전선 이상 없다〉의 금지로 달성하게 된 승리였다.[64] 마지막으로 제국과 튀링엔 사이의 오랜 갈등도 12월 22일에 타협으로 타결되었다. 즉, 붐케(Erwin Bumke)를 수장으로 한 제국대심원[65]은 거기서 나치당이 전복

---

63) "Entschließung des Bundesvorstandes", *Der Stahlhelm* 12, Nr. 41 v. 12. Oktober 1930.

64) 여기에 대해서는 Severing(주 I/16), II, 266ff. 제국군대 측에서 이 저자의 논의에 대한 환경적인 것은 Adolf Heusinger, Befehl im Widerstreit, Schicksalsstunden der deutschen Armee 1923-1945(Tübingen/Stuttgart, 1950), 15ff. 레마르크에 대한 반대 캠페인에 징후적인 것으로 선동적 풍자: Emil Marius Requark, *Vor Troja nichts Neues*(Berlin, 1930). 이와 유사한 것으로는 Gottfried Nickl, *Im Westen nichts Neues und sein wahrer Sinn*(Graz/ Leipzig, o. J. 〔1930〕)(루덴도르프에 가까운 사람). 이에 반해 1930년 12월 12일에 영화 심사처가 코블렌츠의 철모단 집회와 관련된 영화에 대하여 내린 금지는 이미 1930년 12월 18일에 상급 영화심사처에 의해서 다시 취소되었다. 철모단의 영화가 금지된 것은 그것이 안정과 질서 및 외국과의 관계를 위협한다는 이유에서였다(왜냐하면 그 영화에서는 "독일의 군사적인 전쟁준비를 인식케" 할 수 있기 때문에). 또한 승리를 구가한 나치의 버전에 대해서는 Joseph Goebbels, "In die Knie gezwungen", *Der Angriff* v. 12. Dezember 1930.

65) 〔역주〕 '제국대심원'은 독일제국의 최고법원 — 한국의 대법원에 해당 — 으

적이거나 또는 처벌할 만한 목표들을 추구하느냐의 문제를 의식적으로 심의에서 제외시켰다. 이를 다루어야 할 이후의 소송은 제국에 의해서도 더 이상 제기되지 않았다.

"녹색전선"은 전국농업연맹(칼크로이트 백작, Graf Kalckerreuth),[66] 농업평의회(브란데스, Brandes), 농민단체들(페어, Fehr), 농민연맹(헤르메스, Hermes) 등과 동시에 11월 초 이후 브뤼닝으로 하여금 새로운 후원과 관세에 대한 요구를 들어주도록 요구하였는데, 이러한 요구들은 이어 힌덴부르크와 가졌던 면담에서도 강력하게 전달되었다. 그러나 관세가 10월 25일에 이미 다시 인상되자,[67] 이번에 실레는 내각에서 자신의 제안을 관철시키지 못했다. 왜냐하면 산업 측에서 무역정책의 심각한 장해를 염려했기 때문이었다. 여기서도 여론은 계속 나빠져 갔다. "전국연맹"이 처음 브뤼닝 정부의 프로그램을 지지하였고, 또 총리의 더욱 일관되고 엄격한 비상령 정책이 예상되었음에도 불구하고 말이다.[68] 이 기회에 제국총리가 처음으로 직접 "전국연맹"회의

로서 1879년에 라이프치히에서 업무를 개시하였다. 붐케(Erwin Bumke)는 1929년에서 1945년까지 제국대심원 원장을 지냈다.

66) 전국농업연맹의 중앙집행부는 이미 1930년 9월 23일의 결의에서 제국-프로이센 정부의 개편과 "정당정부"를 "독립적이고 의지가 강하며, 직접 행동할 준비가 되어 있는 민족 지도자들을 제국대통령이 초빙"함으로써 교체할 것을 요구하였다. 실레는 전에 이미 자신의 농촌주민당 대표의 의원직을 포기하였으며, 1930년 10월 11일에 이와 관련하여 농업연맹 의장직 또한 칼크로이트 백작에게 넘겼다. 이어 칼크로이트의 엘베 강 동부 독일민족적 노선에 반대한 농촌주민당의 항의가 커졌다. Horkenbach, 1930, S. 320f. 와 S. 329f.

67) 예컨대(단위: RM)

	1929년 6월	1930년 4월	현재
밀	6.5	15	25
맥주용 보리	5	15	20
사료용 보리	2	10	12

주) Egelhaaf, 1930, 207에서 인용.

68) 뒤스베르크(Duisberg)와 (은행대표) 멜히오르(Melchior)는 1930년 11월

에 참석하여 발언하고,[69] 정부의 기반을 의회수준에서 이익단체와 관료의 영역으로 이동시키겠다고 표현하는 데에도 관심이 없지 않다. 프리츠 티센이 — 브뤼닝에 뒤이어! — 자신이 환영한 나치의 선거성공에 비추어 "모든 민족적 집단"의 포용을 옹호한 것도 바로 이 회의에서였다.[70] 물론 "전국연맹"의 다수는 브뤼닝에게 확고한 지지를 보냈고, (티센의) 이러한 팡파르를 무시하였다. 산업계의 언짢은 기분은 전반적으로 예전의 모든 공화국 정부의 경제정책 및 배상이행 정책과[71] 농업 측의 배타적인 여러 노력을 비방함으로써 그리고 임금과 봉급의 인하요구에서 간접적으로만 표현되었다.[72] 여기서도 12월에 독일산업전국연맹의 임시대표단은 과도한 관세정책의 위험성에 대해서 힌덴부르크를 — "녹색전선"의 간섭이 있은 지 며칠 후 — 설득시키려 하였다. 동시에 대표단은 '영 안'에 대한 캠페인을 전면적으로 강화시켰다.[73]

27일의 중앙위원회 회의에서 이렇게 발언했다. Veröffentlichungen des Reichsverbandes der Deutschen Industrie, Heft 35 (Dezember 1930), 7과 13.

69) Brüning, *Ibid.*, S. 23ff.

70) Thyssen, *Ibid.*, S. 27.

71) 상임의장단의 일원인 추밀원 고문 카스틀(Geheimrat Kastl)은 브뤼닝의 프로그램을 "10년 동안의 잘못된 경제정책과 재정정책이 있은 후에 최초의 회귀시작"으로 불렀다(*Ibid.*, S. 19).

72) 이는 장명협회(Langnamverein)와 독일 철강산업가연맹의 총회에서(11월 4일) 슈프링고룸(Springorum), 뮐러-외를링하우젠(Müller-Oerlinghausen), 푄스겐(Poensgen) (그리고 프로이센의 상공부장관 슈라이버)의 연설에 표현되어 있다. 다른 한편 이때에 은행대표 켈(Kehl)은 나치의 경제실험에 대해 경고하였다(Egelhaaf, 1930, 208에 따름). 이미 그 이전에(10월 8일과 9일) 독일산업전국연맹 의장단과 독일상공회의소 의장단이 브뤼닝의 경제계획과 재정계획에 대한 입장표명을 참조하라.

73) G. E. Heinecke, "Revision des Youngplans! Ein Überblick über den Inhalt der gegenwärtigen Reparationsregelung und eine Darstellung der Revisionsgrundlagen und -möglichkeiten", Veröffenlichungen des Reichs-

게다가 봉급감축에 대한 공무원층의 저항,[74] 조세인상에 대한 연초산업의 저항, 교부금 감축에 대한 각 주의 저항, 임금축소에 대한 노동조합의 저항[75] 그리고 지속적인 공격이 이어졌다. 샤흐트(Schacht)는 불만에 차서 명백히 우파로 돌아서서 브뤼닝의 재정정책과 사회주의에 대한 공격을 주도하였다.[76]

이제 곧 관료제적 명령정권도 밀려나거나 또는 배제된 정당들의 배후에 그리고 의회의 각 그룹들의 배후에 있었던 저항과 이익갈등을 막을 수 없었다는 것은 명확히 드러났다. 오히려 그러한 정부에 대한 이러한 저항을 파악하기가 훨씬 더 복잡하고 어려워서 이익정책의 수단

---

verbandes der Deutschen Industrie, Heft 56(Januar 1931), 특히 33ff.를 참조.

74) '독일공무원 전국대회'의 만장일치 결의안(1930년 10월 24일)을 참조. 이들은 감축과 비상령 개혁에서 직업공무원층이 위협받고 있는 것으로 본다. (Horkenbach, 1930, 330).

75) (노동조합의) 저항은 베를린의 금속노동자 파업에서(1930년 15일~28일) 절정에 달했다. 나치당 또한 이 파업에 선동적으로 개입하였다. 고용주들의 15% 임금인하 요구는 결국 중재판정소에 의해 최소 3%로, 1931년 1월 이후 5%로 낮아졌다. 뒤이어 연말에는 광범위한 임금협약 해지와 루어지역 광산업과 작센 및 라인지방의 섬유산업에서 임금인하가 이어졌다. 제국노동부장관을 둘러싼 논쟁에 대해서는 Deutz(주 II/1), 140ff.을 참조.

76) 특히 바이에른인민당 경제자문회의 연례총회에서 행한 연설 "독일 경제와 정치의 근본문제"(*Die Grundfrage deutscher Wirtschaft und Politik*)에 언급되어 있다. 여기서 샤흐트는 문화와 경제를 위한 더 거대한 자산의 보호와 실업의 극복을 위한 "생활공간"(우레와 같은 박수)의 획득, 그리고 — 완전히 그러한 사회적 제국주의라는 의미에서 — 지속적으로 나치의 유권자들 및 그들의 생활 및 생활공간에 대한 의지에 반대할 수 없다는 테제 등에 찬성하였다. Schultheß, *1930*, S. 239ff. 참조. 강연 차 샤흐트의 미국 — 그 결과는 그의 논쟁적 저술인 《배상의 종식》(*Das Ende der Reparation*) (주 I/9)이었다 — 루마니아, 스위스, 덴마크, 그리고 스웨덴 여행 또한 정부의 "배상이행정책"에 대한 신랄한 비판에 적용되었다. 여기에 대해서는 Schacht, 76 Jahre(주 I/9), 227ff. 참조.

과 방법이 훨씬 더 복잡하게 뒤얽히고 갈등의 조정이 훨씬 더 어렵고 불확실하게 이루어진다는 점을 보여주었다. 그러나 힌덴부르크 주변에 있는 사람들은 내각의 범위를 더욱 좁히려는 생각을 하고 있었고, 이제 비르트를 게슬러로, 쿠르티우스를 노이라트(Neurath)로 교체하거나 또는 — 그뢰너와 슐라이허처럼 — 국방부와 내무부의 인적 유대, 총리실과 외무부의 인적 유대를 고려했다.[77] 그리고 브뤼닝 자신은 28개 법안을 포함하는 거대한 전체 안이 제국의회에 상정되어 각 정당간의 협의 — 그가 제출한 프로그램의 입법적인 측면에 대한 정규적인 의회의 논의 — 후에 아마도 다수의 동의를 받을 가능성이 없어 보인 12월 3일에 해임되었다. 힌덴부르크는 이미 이틀 전에 헌법 제48조를 근거로 하여 "경제와 재정의 안정"에 관한 포괄적인 비상령을 발동시켰다.[78] 1930년도 예산을 법령으로 (7월 26일) 강제로 통과시킨 데 이어 1931년의 예산도 비상령으로 강제로 통과시켰다. 이는 총 104억 마르크에 달하는 것으로 1930년에 비해 (수입과 지출을 합쳐) 총 11억 5천2백만 마르크의 긴축을 의미하는 것이었다. 그러나 이 또한 보전정책에도 모자랐을 뿐만 아니라 동시에 — "계획"의 이면 — 판매위기와 실업을 더욱 심화시킬 것이었다.

---

77) Groeners Ankündigung von Kabinettsänderungen in seinen Brief an v. Gleich v. 28. Dezember 1930(Phelps, 주 I/51, 1015): "우리의 골치 아픈 자식인 요제프〔비르트〕는 여기서 패하게 될 것이고, 잠시 국방부와 내무부를 한 사람의 수중에 통합시킨다는 생각이 떠오른 후, 후임자로 게슬러가 생각되고 있다. 쿠르티우스를 둘러싸고 온도계가 오르내리고 있으나, 그의 가장 큰 적은 자신이 속한 당이다.… 자신이 거의 원하지 않지만 대통령이 높이 평가하는 노이라트가나 또는 우리가 현재 보유하는 이른바 가장 탁월한 외교관이라는 회쉬(Hoesch)를 후임자로 거명하고 있다. 내가 보기에 적어도 차기에는 '영 안'의 수정이 있을 때까지 Br.이 총리실로 가서 외무부를 넘겨받는 것이 최선인 듯하다."

78) *RGBl.*, 1930, I, Nr. 47. 그리고 여기에 대해서는 Mühlich(주 I/37a), 114ff.

경제당과[79] 과 농촌주민당(Landvolkpartei) 은[80] 이제 — 특히 사민당이 정부를 관용한다는 이유로[81] — 야당으로 전환하였다. 경제당은 소속당 출신의 법무부장관 브레트를 최종적으로 철수시켰고, 농촌주민당은 농업의 점진적 이탈에서 그러한 사실을 표현하였다.[82] 이와는 반대로 독일인민당에서는 11월에 있었던 전국위원회와 중앙집행위원회의 대회에서는 물러난 숄츠 대신에 딩엘다이(Dingeldey)가 승진하였으며, 다시 한 번 중재적인 경향이 관철되었다. 사민당과의 (비록 부정적인 것이긴 했지만) 투표공동체에 — 이는 사실상 대연립의 묵시적인 존속을 의미했다 — 대한 강한 의구심이 제기되었음에도 불구하고, 딩엘다이는 박수갈채를 받으면서 다음과 같이 강조할 수 있었다. "하나의 프로그램은 다른 쪽이 어떠한 동기에서 이 정부에 지지를 보내기 때문에 지지할 만한 가치를 상실하지는 않는다."[83] 그러나 가장 중요한 테제, 즉 독일 민중의 생활수준이 크게 낮아져서, 세계시장에 대한 연계가 재건되었다는 것은 그대로 남았다. 그러나 거기에는 이익전술적인 두려움도 있었다. 그들은 이제 사회주의가 "조국애적인 사상과 결합하여" 등장할 수 있다고 생각했다. 즉, 그것은 나치당의 — 이 당

---

79) Reichstagsprotokolle v. 5. Dezember 1930, 294ff. (Drewitz).

80) *Ibid.*, v. 4. Dezember 1930, 280ff. (Gereke).

81) 경제당 전국위원회는 브뤼닝이 "독일 인민과 독일 경제의 생존에 극히 중요한 이익을 희생시키면서 사민당에 의존하여" 자신의 정책을 추구하려 한다는 이유로 만장일치로 그를 비난하였다(Horkenbach, 1930, 335).

82) 농민들의 이탈은 중앙당의 농민 지도자 헤르메스가 1931년 이후 정부의 정책에 대한 비판에서 명확히 된다. Reichart(주 I/13), 125ff. 에 있는 다음을 참조: 이들이 내린 결론에 따르면 정부는 "전권부여와 의무부여를 … 필요한 경우에 전혀 사용하지 않았다"는 것이다. 거기에는 관세와 관련된 기술적인 개별사항들이 있다.

83) Eduard Dingeldey, *Die Deutsche Volkspartei seit dem 14. September 1930* (Berlin, o. J. 〔1930〕) (Rede vor dem Reichsausschuß der DVP am 2. November 1930), 3ff.

의 '사회주의적' 경향을 제거하여 — 지원을 이용하여 사회주의를 극복할 수 있기를 희망하는 경제지도자들에게 보내는 하나의 경고였다. 분명 경제계에서 친나치적인 기회주의를 겨냥한 딩엘다이의 조심스런 발언에서 독일인민당이 후겐베르크의 당처럼 나치당의 기만적인 단순가담자로 되고 말 것이라는 우려는 널리 퍼져 있었다.[84] 그러나 대통령의 권력확장과 — 슈트레제만으로부터의 명백한 이탈과 이미 몇몇 불신임 투표를 가까스로 버틴 쿠르티우스에 대한 경고로서 — 보다 더 강력한 대외정책에 대한 요구에 대한 지지가 거기에 대응하였다.[85]

이러한 연관관계 속에서 독일인민당의 점진적인 우익노선에 대한 명백한 징후인 프로이센의 연립에 반대하는 예전의 캠페인도 재개되었다. 그러나 그 정책은 프로이센 의회의 다수관계로 인하여 당분간 수포로 돌아갔다. 농업적 이익단체들이 일련의 도발을 시작한 후에, 철모단이 개입하였다. 철모단은 "자유법"[86] 제정운동이 실패로 돌아간 지 1년 후에 다시금 직접적인 정치활동으로 옮겨갔다. 이미 코블렌츠의 철모단 전국대회에서 여러 연사들이 거기에 대해서 언급한 후,[87]

---

84) 이와 유사하게 다음의 조심스런 설명도 참조: Stichworte für den Wahlkampf 1930, hrsg. im Auftrage der Reichsgeschäftsstelle der DVP(Berlin, 1930), 95ff. 그러나 얼마 후에 제크트는 DAZ의 설문에 답하면서 다시금 나치당의 정부참여를 지지하였다(1930년 12월 25일).

85) Schultheß, *1930*, 230f.: "대외정책에서 독일인민당은 슈트레제만의 정책이 당의 이익을 크게 희생시킨다는 점을 알면서도 그의 정책을 지지하였다. 이제 우리는 더 이상 단순히 소극성과 외교적인 이성의 언어로 말할 수는 없다⋯."

86) 〔역주〕 자유법(*Freiheitsgesetz*)은 영 안에 반대하는 극우세력들이 국민발안과 국민투표를 위해서 제출한 법안을 말한다. "Volksbegehren und Volksentscheid gegen die Versklavung des Deutschen Volkes".

87) 젤테: "우리는 국민발안을 포함하여 모든 법적인 수단을 동원하여 프로이센에서의 권력을 쟁취하기 위한 투쟁을 계속할 것이다. 프로이센을 갖는 자는 독일을 갖는 것이나 마찬가지다. 제국섭정(*Reichsverweser*) — 여기서는 왕조적·권위주의적 수뇌 — 으로서의 제국대통령은 앞으로 프로이센 국가의 대

철모단은 1930년 12월 24일에 프로이센 의회의 해산을 위한 국민발안의 발의를 발표하였다. 그리고 공식적 제안은 1931년 2월 4일에 이루어졌다. 이 제안서는 독일인민당까지 여러 우익정당들의 지지를 받았다.[88] 4월의 투표에서 필요한 표수를 획득하였으나 의회가 국민발안을 거부하자(229: 190), 8월 9일부로 국민투표가 예정되었다. 당 지도부가 여기서 더욱더 급진화를 추동할 수 있는 지렛대를 보았으므로,[89] 공산당도 국민투표에 참여하였다. 왜냐하면 제버링이 공산당의 협박적인 요구를 거절했기 때문이었다.[90] 이 사실은 독일인민당의 일부의(칼과 쿠르티우스 포함) (선거)불참을 결정하게 하였다. 나치당은 그 선두에 있었다. 나치당의 선전과 집회활동은 공산당의 그것을 완전히 능가하였다.[91] 이 국민투표에서는 거의 37%의 유권자들이 참여함

통령직을 가져야만 할 것이다"(Horkenbach, 1930, S. 324).

88) Der Stahlhelm 13, Nr. 5 v. 8. Februar 1931에 따른 것임.

89) Ernst Thälmann, "Über den roten Volksentscheid am 9. August 1931", Rede in der Funktionärsversammlung der revolutionären Massenorganisationen am 24. Juli 1931 in Berlin, Kampfreden(주 II/11), 53ff. 최근 동독 사회주의통일당(SED) 측의 공산당에 대한 서술에서는 이 문제틀 전체가 간단히 침묵으로 일관한다. Lothar Berthold, Das Programm der KPD zur nationalen und sozialen Befreiung des deutschen Volkes (Berlin, 1956); Joachim Petzold, "Der Staatsstreich vom 20. Juli 1932 in Preußen", Zeitschrift für Geschichtswissenschaft 4(1956), 1146ff. 이 글은 다만 주에서 공산당이 이 경우에 그 "혁명적인 핵심과제"를 부정하였다고 언급한다.

90) 공산당의 반민주적 지그재그 노선은 여기서 명백히 관찰할 수 있다. 브뤼닝이 1930년 12월 "파시스트가 저기 있다!"라는 구호로 싸운 이후, 사람들은 사민당 정부를 전복시키기 위해 진짜 파시스트들과 협약을 맺었다. Heinz Neumann bei Ossip K. Flechtheim, Die Kommunistische Partei Deutschlands in der Weimarer Republik(Offenbach/ M., 1948), S. 164. 몇 달 후에 브뤼닝 내각을 "파시스트적 독재를 실행하려는 정부"로 정의하였다. Die Internationale 15(1932), S. 223과 공산당 지도부의 파시즘 논의는 Flechtheim(주 III/90), S. 165ff.

으로써 심리적인 성공을 거두었다. 이 성공은 프로이센 정부가 일련의 새로운 비상령으로[92] 언론의 자유를 크게 제한하였던 것, 8월 7일에 모든 신문에 국민투표에 반대하는 격렬한 집회의 인쇄물을 요구하였던 것, 그리고 동시에 단호한 호소문을 공무원들에게 보내는 것보다 더 중대했다. 결국 이 조치들은 프로이센 정부 내에서 견해 차이와 프로이센 정권에 대한 전반적인 공격을 다시금 조장하였을 뿐이다.[93]

이처럼 신년은 공산당의 후원을 더욱 강력히 받은 나치의 선동 징후 속에 있었고, 수정이데올로기는 위기의 심화로부터 혁명적인 "세계의 개조"를 기대했다.[94] 반면에 능동적인 정치의 요소인 의회는 완전히 뒤로 밀려났다. 비상령의 관용으로 명백한 우파정부와 나치당의 포섭에 대항하여 영향력을 행사하기로 한 사민당의 결의 또한 제국의회의 자기고립을 더욱 조장하였다. 그 밖에도 "녹색전선"이 브뤼닝에게 재차 개입하자(1931년 1월 27일) 전국농업연맹은 브뤼닝의 관세정책과 실레에 반대하여 단호한 투쟁을 선언하였고, 우익 반대파의 방해전술도 더욱 심화되었다.[95] 온건정당들은 여기에 나치당과 독일민족인민

91) 한 사례는 1931년 4월 1일에서 8월 30일 사이에 총 4,135회의 집회가 열렸던 헤센-나사우 주이다. 이들 집회 중에서 각 당에서 개최한 것은 다음과 같다.

나치당	1,910	독일인민당	30
공산당	1,129	기독교-민족 농민 및 농촌주민당	25
철모단 등	467	국가당	12
사민당	447	독일농민당	11
독일민족인민당	73	경제당	7
중앙당	50		

주) "Politische Zahlen und Tatsachen", Frankfurter Zeitung, Nr. 903 v. 4. Dezember 1931.

92) Vom 28. März und 17. Juli 1931. *RGBl.*, 1931, I, S. 79ff.

93) Der Stahlhelm 13, Nr. 33 v. 16. August 1931 (Aufruf der Bundesführung).

94) Ferdinand Fried, "Der Umbau der Welt", Die Tat 23, Heft 2 (Mai 1931), S. 81~126.

95) 개별적인 것들은 Die Nationalsozialisten im neuen Reichstag (주 III/32), S. 42ff., S. 65ff.

당의 거침없는 선동적 성격의 동의안 제출로 인하여 의회의 의사진행 규정 강화로 답했다. 이에 따르면 예산의 변경에 관한 제안은 그것들이 적절한 보전안과 관련되어 있을 때에만 제출될 수 있었다. 괴벨스가 브뤼닝의 제국의회 연설에(1931년 2월 5일) 자신의 당이 이제까지의 "반항적인" 반대파이자 투쟁의 지위에 계속 머물게 될 것이라는 선언으로 맞섰다.[96] 또한 독일민족인민당도 유사한 견해를 표명하였다. 그럼에도 불구하고 2월 7일에 나치가 제출한 불신임안은 사민당의 투표로(292:220) 다시금 부결되었고, 이틀 후에는 개정된 의회의 의사진행규정이 통과되었다.

급진적인 정당들은 의회 내부에서 방해의 가능성들이 없어질 것으로 보았고, 그리하여 그들은 과시하듯이 제국의회를 떠났다.[97] 그들은 10월에야 비로소 다시 돌아왔고, 그사이에 "앉은뱅이 정당"(*Gesäßparteien*)에 반대하여 거리와 캠페인 활동에 전념하였다.[98] 먼저 공산당이 — 물론 이들은 복귀하였다 —, 이어 나치당의 독재 아래서 독일민족인민당과 눈에 보이는 "반대파의 꼬리"인[99] 농촌주민당의 일부가 나치당을 따랐다. 이어 의사진행규정의 개혁이 303 대 0으로 가결되었다. 여기서 제국의회 부의장 슈퇴어는 "영 조약에서 실제로 표현되었듯이, 국제적 전쟁배상 자본주의라는 조직적 기제에 의한 헌법파괴"라고 비난을 가했다.[100] 후겐베르크의 "무의미한 방해" 노선은, 보수 측이 강하

96) Reichstagsprotokolle v. 5. Februar 1931, S. 692.

97) *Ibid.*, v. 10. Februar 1931, 873. 이 대규모의 탈출에 대한 상세한 내용은 Die Nationalsozialisten im neuen Reichstag(주 III/32), S. 74ff.

98) 이는 동일한 제목의 논문에서 괴벨스가 붙인 용어이다: "Gesäß-Parteien", *Der Angriff* v. 19. Februar 1931.

99) Stampfer(주 I/4), S. 600.

100) Reichstagsprotokolle v. 10. Februar 1931, S. 874. Stöhr im Völkischen Beobachter, Nr. 43 v. 12. Februar 1931을 참조하라. 슈퇴어는 이제 카르도르프(Kardorff)로 교체되었다.

게 강조하였듯이, 독일민족인민당을 "나치주의자의 무조건적인 종자집단으로 끌어들였다."[101] 그리고 이들은 어떠한 형식의 연립정부 참여에도 거부하는 태도를 취했고, 그리하여 이 단계에서는 책임질 필요가 없거나 또는 적어도 먼저 새로운 선거를 통하여 그 수를 늘리고자 하였다.[102] 이를 위해 그들은 반의회주의적 선전을 강화시켰고, 심지어는 — 하르츠부르크의 이른 전주곡 — 튀링엔의 장관 프릭을 통하여 '그들이 바이마르에서 민족적 반대파의 의회를 구성할 것'이라는 "환상적인 계획"을 선포하게 하였다.[103] 에어하르트(Ehrhardt) 대령과 같은 공화국의 단호한 적대자들은 이때에 의회를 좌파에게 넘겨준 "민족적 반대파"의 자살이라고 메모하였다.[104]

이로써 실제로 사민당의 비중은 일시적으로 크게 강화되었다. 그렇

---

101) Graf Westarp in der *Täglichen Rundschau* (Egelhaaf, 1931, S. 100에 따른 것임).

102) 베스타르프의 반박: "Regierung Hitler", Vorlkskonservative Stimmen v. 10. Januar 1931 (DAZ 설문에 대한 답변).

103) 비르트는 3월 5일 제국의회에서 이렇게 언급했다. 제국 내무부장관은 이미 튀링엔에 대하여 발생했던 것과 같은 제국령(*Reichscxckution*)으로 프릭을 위협했다.
〔역주〕 제국령(帝國令, *Reichsexekution*)은 특히 바이마르공화국에서 연방이 국가적 통일성을 유지하기 위하여 개별 주에 대하여 취한 강제조치로 헌법 제 48조에 규정되었으며, 여러 차례나 사용되었다.

104) 이는 DAZ에 보도된 것으로 Egelhaaf, 1931, 100에서 인용. 이 전투적 민족주의자는 자신이 1930년에 나치당에서 가졌던 희망을 포기하였다. 그의 논문 "Das Problem 'Nationalsozialismus'", Deutsche Zukunft 11, Nr. 13 v. 5. Juli 1930, 97f.를 참조. 그의 논문 말미에 있는 문장: "민족주의는 애초부터 현재 대중에게서 인기가 없을 수 있다는 것을 말할 용기를 가져야만 한다." 귀족적 민족주의자는 이것이 나치당의 기회주의적·대중선동적인 노선으로 손상되었다고 보았다. 히틀러는 그에게서도 성공적인 "고수"(鼓手, *Trommler*)였으나, 구출될 수 있는 "독재자"는 아니었다. Hermann Ehrhardt (독일 제국군대에 가까운 사람), Berliner Börsenzeitung v. 4. Januar 1931과 Volkskonservative Stimmen v. 10. Januar 1931.

지만 사민당은 정부를 계속 지원하였고, 심지어는 실레에 대한 공산당의 불신임안을 부결시켰다. 또한 사민당은 기권을 통하여(9명의 의원을 제외하고는) 국방예산과 전함 B의 건조프로그램을 용인하였다. 그런데 사민당은 공산당과 협력하여 이 프로그램을 격침시킬 수도 있었을 것이다.[105] 마지막으로 사민당은 예산법, 관세전권법, 동부지역지원법 등이 통과되도록 도왔다.[106] 여기서도 사민당은 그뢰너를 통해서 브뤼닝 정부를 유지하면서 위협적인 우익 독재를 막아야 한다고 생각했다. 그러나 사민당은 — 다른 민주적 정당들과 마찬가지로 — 진정한 대안을 위한 기반을 만들지 못했다.

4. 공황기 정부에 대한 정당들의 입장

브뤼닝은 의회에 오랫동안 별로 편안하지 않은 휴지기를 보장했으나, 그의 정부는 1년 동안의 재임기간 이후 여러 차례나 심화된 위기상황에 맞서야 했다. 가차없는 긴축조치들은 심리적인 상황을 크게 악화시켰을 뿐만 아니라, 재정적인 위기의 증대를 더 이상 조정할 수도 없었다. 세계경제위기가 전반적으로 심화되면서 실업과 판매위기도 계속 비약적으로 증가하였다. 이러한 악순환(*circulus vitiosus*)을 끊으려는 모든 노력은 허사인 듯이 보였다. 또한 훨씬 더 분명해진 것은 통일적인 브뤼닝 계획에 대해서도 더 이상 말할 수 없고, 오히려 비상령이라는 보편적인 수단이 이제는 압도적으로 긴급한 경제적 긴급구호조치 및 정치적 방어조치들을 신속히 시작하기 위하여 투입되었다는 점이다.[107]

---

105) 여기에 대해서는 Keil(주 I/3), 349.

106) *RGBl.*, 1931, I. Nr. 14.

107) 그러나 이는 대부분 시간적으로 제한되지 않은 비상령들이 법으로서 정상

이렇게 해서 본래 권위주의적 노선의 정당화가 사라졌듯이, 그 수단에 대한 포기 또한 거의 생각할 수 없게 되었다. 이제 일단 임시변통으로 유지된 질서는 제국의회가 건설적인 다수의 형성을 포기함으로써 사실상 자신의 권력을 포기한 후에 허가받지는 않았지만 용인된 조치들에 의존했기 때문이다. 또한 왜냐하면 이제 사민당이 이미 반년 전에 당시 아직 때 이른 것으로 보였던 따라서 의지에 반대되는 관용정책을 자극했던 것이 등장하게 되었으나, 반면에 브뤼닝은 자신의 건전화 정책과 수정정책이 가져올 영향을 신뢰함으로써 위험을 여전히 과소평가했기 때문이다.[108] 급진적인 정당들의 진군으로 여러 결정들은 협소한 공간에 제한되었다. 그리고 이 좁은 공간에서는 정부와 민주적 야당 사이의 게임이나 민주적 질서의 틀 안에서 이루어질 수 있는 이익정책적인 대립의 중재는 불가능하였다. 의회의 마지막 투표결과들만이 이것을 확인해준 것은 아니었다. 그것은 의회 외적인 전선형성에 더 잘 들어맞았다. 브뤼닝의 비상령 정책에 대한 비판일 수 있는 모든 것은 이 전선에서 급진적 정당들과 그룹들의 선동에 휩쓸려 흡수되고 말았다.

1931년의 지역 투표결과들도 민주적 운동공간의 위축과정을 극명하게 보여주었다. 나치당은 올덴부르크 의회의 선거에서(5월 17일) 이미 압도적인 최강의 정당으로 되었다.[109] 이어 나치당은 함부르크의 시장선거에서도(9월 27일) 가장 많은 표를 잃은 사민당에 근소하게 뒤졌

적인 지속성을 지닌 법에 도달할 만한 명백한 경향을 보여주지 못했다는 것을 의미하지는 않을 것이다. 그 사례는 Poetzsch-Heffter(주 I/128), 132f.를 참조.

108) 앞의 주 III/48에 있는 나치문제에 대한 그의 낙관적인 입장표명을 참조하라.

109) 농민이 이미 압도적으로 나치에게 넘어간 올덴부르크의 급진화에 대해서는 Emil Kraft, 80 Jahre Arbeiterbewegung zwischen Meer und Moor. Ein Beitrag zur Geschichte der politischen Bewegungen in Weser-Ems (Wilhelmshafen, 1952), 91ff.

고,[110] 안할트(Anhalt)의 지방자치단체 선거에서는 사민당을 추월하였으며, 이제까지 계속 바이마르 연합이 지배하고 있던 헤센의 주 의회 선거에서는(11월 15일) 마침내 최대의 승리를 거둘 수 있었다. 여기서도 공산당만 기존의 의석을 유지한 반면, 사민당에서 독일민족인민당에 이르기까지 나머지 정당들의 손실은 전반적으로 파탄에 가까웠으며, 중앙당에서조차도 그 결과는 심각했다. 말하자면 제국의회의 조기해산은 그 어떠한 경우에도 피해야만 했다. 권력투쟁이 거리로 이전되는 것을 막기 위하여 계속 헌법 제48조가 동원되었다. 비상령에 의존했던 방식이 프로이센의 국민투표 사건에서 증명해 보였듯이 사민당도 이 수단에 더 이상 동의를 줄 수 없었고, 또 그렇게 하기를 원하지도 않았다.

민주적 정당들의 입장과 행동은 비상령 정부의 실험이 이미 1년 후에 이들을 몰아넣었던 이 진퇴양난에 의해서 결정되었다. 그러나 중앙당은 나치당에 대한 거부입장을 고수하였고, 연립상황 사이의 긴장도 프로이센과 제국에서 계속되었다.[111] 그러나 독일인민당에서는 슈트레제만의 사후 우익으로 나아가려는 경향이 점차 커졌는데, 거기서는 프로이센 주 의회의 야당적인 태도가 당의 제국정책에도 계속 영향을 미쳤다. 1931년 4월 독일인민당의 중앙집행위원회는 다시 한 번 정부의 지원을 확인하였다. 중앙집행위원회는 이를 위해서 사경제적인 목표들, 제국의 개혁목표들 그리고 대통령제적·권위주의적인 목표들에

110) 여기에 대해서는 나치 측의 자료: Okraß(주 III/41), 237ff.

111) 카스(Kaas)가 카셀에서 개최된 당 관료들의 발언대회에 즈음하여(1931년 1월 4일) 나치당의 방해정책에 대하여 행한 비판은 특히 신랄하다. 그는 적대적인 야유에 다음과 같이 답했다. "만약 우리에게 책임이 따르지 않는다면, 독일 인민이 자신의 유혈적인 무시를 인정하도록 하기 위하여 우리는 교육적인 이유에서 나치당원들에게 자리를 내주게 될 것이다. 그러나 실험은 우리에게 감행되었던 듯하다. 왜냐하면 나는 그것이 후일 뭔가를 구출할 수 있을 것으로 생각하지 않게 때문이다(Schultheß, *1931*, 5).

의존하였다. 또한 중앙집행위원회는 제국대통령이 프로이센의 국가원수(*Oberhaupt*)가 되어야 한다고 주장하였다. 그러나 원내교섭단체는 얼마 후에(6월 11일) 불과 간발의 차이로 '영 안'에 대한 수정요청을 강화시켰으며, 적절한 정부개편을 요구하였고, 또 제국의회의 조기소집 요구를 내각퇴진으로 몰고 가는 요구의 전선으로 밀어 넣었다. 만약 원로회(*Ältestenrat*)가 그러한 요청을 들어줄 경우, 브뤼닝은 자신이 퇴진하게 되리라는 것을 알려 주었다. 브뤼닝과 딩엘다이 사이의 막후 접촉은 — 두 우익정당의 변함없는 방해노선을 언급하면서 — 다시 한 번 이 위협을 몰아낼 수 있었다. 제국의회의 소집이라는 돌출상황은 나치당, 독일민족인민당, 경제당, 농촌주민당, 그리고 공산당의 표로는 소수에 머물렀으며, 이로써 임박한 정부위기는 반전되었다. 그러나 이미 프로이센 국민투표에 대한 기본입장이 8월 24일의 당 집행부 회의에서 가까스로 무마되긴 했지만 심각한 견해 차이를 초래하였고, 결국 상황은 독일인민당에 심대한 결과를 야기하게 될 새로운 입장의 동요로 나아가게 할 것이었다.

현재 중앙당과 함께 소수정당으로 전락한 국가당은 가장 단호하게 자신의 건설적인 중재노선을 지속하였다. 이 당은 민주적으로 조절되고 사회적으로 책임을 지는 자본주의에 대한 고백을 — 힘들고 국제연맹의 기반에 실망스러운 — 국제적 화해정책과 조정정책에[112] 대한 모

112) 게르트루트 보이머(Gertrud Bäumer)는 슈투트가르트에서 열린 당대회에서(1월 6~7일) 이렇게 말했다. 그녀는 여기서 패전을 둘러싼 논쟁이 현재 국내의 정치적 갈등에서 지닌 중요성을 강조하였다. 또한 그녀는 국제연맹의 사상이 영향을 끼칠 가능성이 극히 적음을 불평하였고, 민족적 평화주의 이념을 설명하였으며, 레마르크 스캔들을 이미 1918년에 인민으로 하여금 속수무책으로 붕괴를 맞도록 한 것과 동일한 파국적인 환상의 징후로서 표시한다. 그들의 추종자들을 전쟁으로 나아가도록 교육시키려 했던 것과 동일한 사람들이 그들에게 지난번 전쟁의 실상을 가리고 대신 프리드리히 대제의 전쟁으로 도망쳐 돌아가도록 만든 것이다. *Ibid.*, S. 7f.

든 공격의 단호한 거부와 연결시켰다. 국가당의 고민은 실업자 지원에 필요한 엄청난 지출이 동시에 생산적인 기능으로 연결될 수 없을까라는 문제의 주변을 맴돌았다.[113] 그러나 어쨌든 그들은 인민을 다음과 같은 무책임한 처방으로 몰아붙이는 모든 경박한 기적의 설교자들에 반대하였다. 즉, 당 의장, 제국 재무부장관, 부총리를 겸직하던 디트리히는 다음과 같이 명확하게 진술하였다. "우리는" 정부의 태도와 급진주의의 돌진으로 위축된 당의 태도, 즉 "국가의 조정을 포기할 생각이 전혀 없었다. 우리는 결단코 대다수의 인민들에게서 유행하는 엄청난 광기로 인하여 흔들리지 않고, 침착하고 정력적으로 투쟁해 나갈 것이다. 물론 거기서 우리는 중요한 것은 현재를 인정하는 것이 아니라, 우리의 활동이 미래에 영향을 끼칠 것이라는 사실을 의식하고 있다."[114] 그러한 발언에는 동시에 민주적인 국가운영이 위기에 처했을 때 고려해야만 할 심리적 능력에 대한 집요한 경시태도가 반영되어 있었다. 현재를 미래에 "영웅적으로" 종속시키는 것 또한 정부가 현재지향적인 "대중"의 모든 여론으로부터 거리를 두면서 그들의 보호에서 자신의 현상유지 프로그램을 추구한 자기기만의 보충이었다. 게다가 국가당은 — 물론 거의 성공적이지 못했는데 — 계속 중앙당과 후겐베르크 사이에 있는 모든 부르주아적 중도세력의 결합을 위해 노력하였

113) 디트리히(Ditriech)는 이 대회에서 콘체른 등에 의한 자영기업들의 추방에 대한 비판과 나란히 실업자 구제와 경기부양의 결합을 — 대략 지원금으로 그에 상응하는 실업자 수를 고용할 수 있는 생산적인 기업에게 신용을 제공함으로써 — 요구하였다(*Ibid.*, S. 8f.).

114) *Ibid.*, 9. 또한 바덴의 위버링엔(Überlingen) (6월 14일)에서 열린 국가당 대회에서 6월 5일의 비상령에 대한 디트리히의 설명도 참조하라. 그의 설명에 의하면 이 비상령은 본질적으로 인기 없는 재정정책과 경제정책 노선을 통하여 중간계급을 강화시키고 사회주의적 요구들과 극단적으로 개인주의적·자본주의적인 요구들에 반대하여 전선을 만드는 것이었다(*Ibid.*, S. 139f.).

고,[115] 또 민주적 행정과 효과적인 의회주의를 강화하기 위한 제국의 개혁이라는 — 만약 프로이센의 길과 역할에 대한 여러 견해들이 서로 차이가 난다면 — 자신의 사상에 집착하였다.[116]

이즈음 사민당은 극히 어려운 상황에 있었다. “제 3제국” 이전에 마지막으로 5월 31일에서 6월 5일까지 라이프치히에서 개최되었던 사민당의 당대회는 긴장감을 갖고 기다렸다. 대회는 당내의 엄청난 긴장징후를 잘 반영했다. 그리하여 과시적인 대중행진은 수백만 명의 변함없는 힘을 다시 한 번 잘 보여줄 수 있었다.[117] 관용노선의 대표자들은 엄청난 노력을 기울인 끝에야 비로소 자신들의 반대파를 누를 수 있었다. 이 반대파는 1년 전에 당을 연립으로부터 몰아냈고, 그사이에(3월 20일) 55세를 일기로 사망한 뮐러 총리를 부정하였으며, 이로써 본질적으로 관용의 딜레마를 다시 야기하였다. 이미 장갑순양함(*Panzerkreuzer*)에 대한 표결에서 9명의 의원이 이탈한 것은 원내교섭단체 규율(*Fraktionsdisziplin*)에 심대한 타격을 입혔다. 그러나 브라이트샤이트는 자신의 발제문(“파시즘의 극복”)에서 사민당 지지층으로 침투한 공산당과의 선긋기뿐만 아니라 특히 부르주아와 나치의 연립을 막는 것 또한 브뤼닝 내각에 대한 사민당 전술의 과제라고 지칭했다. “파시스트의 열망을 거부하기로 결정하고 그렇게 할 수 있는 한”, 그는 자신이 했던 (관용정책의) 뒷받침을 지지하였다.[118] 이미 당 의장 벨스

115) 제국의회의 (국가당) 원내대표인 아우구스트 베버(August Weber)는 앞서 언급한 베를린의 첫 전당대회에서(9월 26~27일) 이렇게 언급했다. *Ibid.*, S. 206.

116) 주무부서의 국장인 푀취-헤프터(Poetzsch-Heffter)는 “제국의 개혁과 프로이센”이라는 발제문에서 프로이센의 재무부장관인 횝커-아쇼프(Hoepker-Aschoff)도 이렇게 언급했다(*Ibid.*, 206f.).

117) Stampfer(주 I/4), S. 60 f. 그는 긴장의 정도를 약간 경시하면서, 당원수를 100만 명 이상으로 집계한다.

118) Sozialdemokratische Parteitag in Leipzig 1931, Protokoll(Berlin,

(Wels)는 사회주의란 민주주의의 유지를 전제로 한다는 단언으로[119] 사민당의 태도에 대한 근거를 설명하였고, 브라이트샤이트는 — 새로운 분열가능성에 대한 경고로서 — 자신이 예전에 독립사민당에 속했던 것을 실수로 인정하였다. 이어 반대표를 던진 9인의 행위는 다수의 인정을 받지 못했다. 자이데비츠(Seydewitz)와 로젠펠트(Rosenfeld)의 반대연설은[120] 주로 청년이 자리한 무대에서 주된 갈채를 받았다. 사회주의적 노동조합을 대표한 타노브(Tarnow)도 관용노선을 지지하였다. 자본주의에서 사회주의로의 이행은 자본주의 경제의 붕괴에 대한 사변이나 또는 사회주의의 실현을 위한 일반적 처방에 대한 믿음에 의해서가 아니라, 발전과 지속적인 교육의 길을 통해서만 달성될 수 있다는 것이었다.[121] 뇔팅(Nölting)의 설명은 이처럼 협력의 준비가 된

1931), S. 103. 브라이트샤이트는 나치의 위험성을 현저히 과소평가한 매우 환상적인 이 발제문에서(S. 87ff.) 본질적으로는 Hermann Heller, Europa und der Faschismus(Berlin/ Leipzig, 1931)에 의존했다. 이 문제에 대한 가장 훌륭한 인식은 사민당 후계자 집단에서 나왔다. 특히 Mierendorff(주 III/13), S. 489ff.를 참조하라. 관용정책에 대한 당의 공식적인 해석은 Jahrbuch der Deutschen Sozialdemokratie für das Jahr 1930, ed. by Vorstand der SPD(Berlin, 1931), IIIf.와 S. 392ff. 등을 참조.

119) Parteitag Leipzig(앞의 주), S. 19와 S. 14. Breitscheid도 *Ibid.*, S. 174f.

120) 그들은 10월 2일 사회주의 노동당(SAP: Sozialistische Arbeiterpartei, 1931년 10월 4일 제1차 전국대회를 개최하였다)을 창당하는데, 여기에는 6인의 제국의회 의원들 아래 일부 당내 반대파에 속하는 사민당 그룹들이 합류하였다.

121) *Ibid.*, 45ff. 그러나 동시에 노동조합은 반복해서 실업의 불충분한 처리, 불안을 야기하는 임금인하정책(가격인하가 임금인하와 나란히 진행되지 않는다는 것), 그리고 과도한 보호관세조치 등에 반대하였고, 노동시간의 단축, 사회보험의 충분한 지원과 임금협정의 노동관계규정의 보장 등을 요구하였다. 특히 독일노동조합총연맹(ADGB)의 의장인 라이파트(Leipart)는 1931년 8월 19일 힌덴부르크와 가졌던 막후대화에서도(브뤼닝이 배석) 동일한 요구사항을 전달하였다. 1931년 8월 19일 언론에 발표된 사무직원 노

개혁주의를 지지하였는데, 여기서 개혁주의는 공산당의 빈궁 및 파국 이데올로기(*Verelendung und Katastrophenideologie*)에[122] 대한 명백한 거부를 의미했다.

당대회의 결의는 민주주의와 사회적 제 권리의 보호에 대한 요구와 함께 브뤼닝 정부에 대한 당 지도부의 반혁명적 관용노선을 확인하였다. 그러나 당대회의 결의는 방어투쟁으로 고착된 여러 전선을 완화시킬 이니셔티브의 장악을 위하여 브뤼닝의 비상정부를 통하여 당을 끌어내고 이로써 계속 타들어가는 당내의 반대파를 흡수할 수는 없었다.[123] 당 중앙위원회 일원인 포겔(Vogel)이 6월 18일에 행한 방송연

동조합연맹(GdA)의 요구사항들과 1931년 8월 31일에서 9월 4일까지 프랑크푸르트에서 개최된 독일노동조합총연맹 제 14차 대회의 요구사항들도 이와 유사했다. ADGB대회에서 제국 노동부장관 슈테거발트의 우울한 연설은 고용주와 정부의 무자비한 임금정책에 대한 라이파트의 신랄한 대답이었다. Deutz(주 II/1), 140ff. 참조. 기독교 노동조합 중앙집행위원회(Gesamtvorstand der Christlichen Gewerkschaften)도 1931년 9월 2일의 대회에서(하노버) 과도한 임금압박과 관세정책에 반대하였으며, 신속한 가격인하를 요구하였다. 노동조합이 처한 딜레마의 정치적 문제에 대해서는 Franz Neumann, Behemoth. The Structure and Practice of National Socialism(New York, 2. Aufl., 1944), S. 13ff.; Adolf Sturmthal, The Tragedy of European Labor 1918-1939(New York, 1943), 83ff. 도 참조.

122) Parteitag Leipzig(주 III/118), S. 68ff. 사회주의적 사무직원들(*AfA-Bund*)의 노선도 이와 유사했다. Siegfried Aufhäuser, *Ideologie und Tatik der Angestelltenbewegung*(Referat auf dem 4. AfA-Gewerkschaftskongreß, Leipzig 1931) (Berlin, 1931), S. 20f.를 참조. 공산당의 이론에 대해서는 특히 1931년 1월 독일공산당 중앙위원회에서 에른스트 텔만(Ernst Thälmann)이 한 발제문 "Der Charakter der Weltwirtschaftskrise", Thälmann, *Kampfreden*(주 II/11), S. 36ff.

123) 관용정책에 대한 당 내부의 비판언로는 특히 반월간지 〈계급투쟁〉(*Der Klassenkampf*)인데, 다음의 논문들은 거기에 해당된다. Karl Böchel, F. Petrich, Max Seydewitz, August Siemsen, O. Jensen, Fritz Lewy, *Ibid.*, 5, Nr. 12(15. Juni 1931), S. 354ff. 다음도 참조: "Mahnruf an

설은 분명 7월 14일 사민당의 당 중앙위원회, 당위원회, 그리고 통제위원회가 당 내부의 급진적인 흐름의 압력 아래서도 "자본주의적 경제의 무정부 상태"에 반대를 공포한 집회 못지않게 관용과 비판 사이에서 오락가락하고 있었다.124) 그러나 바이마르공화국에서 마지막으로 열린 사민당의 이번 당대회도 전혀 새로운 추동력을 지필 수 없었다. 여러 부르주아 정당들과 오랫동안 협력했다는 사실이 이미 새로운 상황을 제공했음에도 불구하고, 사민당은 여전히 "급진적인" 전술이나 또는 "개혁주의적인" 전술이냐를 둘러싼 낡은 논쟁에 사로잡혀 있었다. 사민당은 계속 양분된 우유부단함에 사로잡혀 있었다. 이러한 태도는 예전부터 부르주아 공화국에 대한 기본입장을 규정했고 또 이제는 결정의 자유를—그리고 이는 더 이상 바뀔 수 없었다—극단적으로 제한했다. 당은 내부적으로 일치단결해 있었으나, 외적으로는 위기에 타격을 입은 계층을 받아들여 능동적으로 이 심각한 국면에 개입할 수 있게 할 만한 홍보능력이나 강력한 영향력이 없었다. 올렌하우어가 당대회 발제에서 제기한 당의 연소화 요구 또한 아무것도 바꾸어 놓을 수가 없었다.125) 1년 후 대연정의 가능성은 마침내 지나갔고, 이제 공화국 최대의 정당은 공화국 자체가 몰락하기도 전에 국가의 모

---

die Partei", *Ibid.*, Nr. 13(1. Juli 1931), S. 385ff.; Max Seydewitz, "Der Mahnruf und seine Wirkung", *Ibid.*, Nr. 14(15. Juli 1931), S. 417ff.; idem., "Wie lange noch Tolerierung", *Ibid.*, 17(1. September 1931), S. 513f. 바이마르공화국 말기 국면에서 사민당 정책의 구조적·전술적인 문제 틀에 대해서는 Lewis J. Edinger, "German Social Democracy and Hitler's 'National Revolution' of 1933: A Study in Democratic Leadership", *World Politics* 5, Nr. 3(April 1953), S. 333ff. 도 참조.

124) Schultheß, *1931*, S. 158f. 또한 이와 연관하여 마르크스주의 서적공동체(Marxistische Büchergemeinde)와 계급투쟁 측의 급진적인 분열시도에 대해서도 신랄하게 입장을 표명하였다.

125) Parteitag Leipzig(주 III/118), S. 190ff.

든 권력적 지위로부터 쫓겨났다.

브뤼닝의 다수파를 구성한 나머지 정당들의 입장표명 또한 전혀 본질적인 변화를 보여주지 못했다. 비록 비상령이 개별적인 이익영역에 끼칠 영향에 대한 회의가 커졌다는 것은 뚜렷해졌지만 말이다. 대회정책과 세계경제에서 정부가 취할 수 있는 이니셔티브가 정체됨으로써 브뤼닝이 초기에 엄청난 위신을 얻게 되기를 기대했던 곳에서 새로운 어려움이 발생했다. 즉, 독일과 오스트리아 사이의 관세계획의 운명은 급진적인 정당 및 그룹의 대외정책적인 선동에 새로운 추동력을 부여하게 되었고, 결국 쿠르티우스의 퇴진과 더불어 내각의 개편뿐만 아니라 브뤼닝 다수파의 우익에서 새로운 부침을 야기하게 되었다. 그래서 9월 19일과 20일에 트레비라누스가 참석한 가운데 라이프치히에서 개최된 기독교 사회연합의 전국대회는 브뤼닝의 계속적인 지원은 찬성하였으나, 쿠르티우스에는 반대하였고, 또 더 단호한 수정노선에 찬성하였다.[126] '기독교 사회인민봉사단'의 짐펜되르퍼(Simpfendörfer)와 보수인민당의 베스타르프가 브뤼닝에게 지속적인 후원을 약속하였으나, 배상문제에서 확고한 입장을 요구한 7월 17일의 편지는 여기에 해당되는 것이었다.[127]

고용주 단체들은 정부의 더딘 수정노선뿐만 아니라 사회(정책)적인 여러 양보에 대해서도 만족하지 않았다. 우익급진파의 선동실패가 아직 분명하지 않고[128] 또 지금도 샤흐트의 지원으로 나치당과의 연결망들이 강화되지 않는다면,[129] 사람들은 심각한 경제위기 속에서 경제

126) Schultheß, *1931*, S. 204에 있는 결의문을 참조.

127) *Ibid.*, S. 161.

128) 이는 이미 1931년 6월 3일 뒤셀도르프에서 개최된 장명협회 대회에서 그랬다.

129) 샤흐트는 이미 1930년 12월에 친구인 슈타우스(v. Stauß) (도이체 방크 이사회의 일원)의 집에서 괴링과 회동하였다. 그는 또 1931년 1월 5일에 괴링의 초대를 받았다. 그와 티센은 괴링의 집에서 히틀러 및 괴링과 만났다. 그는 여기서도 "전반적인 분위기로부터 매우 편안한 느낌을 받았다."

를 사회주의적이거나 또는 지방자치정책적으로 "집산화"시킨 결과라고 보았다. 따라서 사람들은 사경제를 다시 안정시키고 공공지출 영역 및 실업보험에 급진적으로 개입할 것을 요구했다.[130] 여기서 경제정책적인 권력배분을 변화시키기 위하여 상황을 이용하려는 명백한 노력과 더불어 고유한 정치적·심리적 소여성과 전제의 경시, 즉 위기의 정치적 성격에 대한 과소평가도 영향을 미쳤다. 그러한 위기상황에서 정부의 정책 또한 변하지 않았다. 오랫동안 추구하였으나 의회의 다수의석 상황으로 인하여 차단되었던 목표를 관철시키기 위한 수단이었던 여러 비상령들, 이는 산업계와 농업계에서 점차 강하게 기대한 것이었다. 그리고 그러한 희망은 그 지지자들의 일부를 하르츠부르크 직후, 이어서 파펜의 실험으로 그리고 마지막으로 마음속으로부터이건 그렇지 않건 간에 나치의 편에서 노동조합 없는 독재로 이끌게 될 것이었다.

경제당 또한 농촌주민당과 나란히 브뤼닝 노선에 대한 비판을 계속하였다. 내적 갈등으로 이 당의 지도부는 교체되었다. 이제 이 당은 부르주아적·자유주의적 정당들 중 최후의 것으로서 엄청난 득표감소 현상을 보여주었다. 베스타르프가 계속 모든 온건보수 집단에 대한 개인적 영향력을 브뤼닝의 지원에 투입했으나,[131] 정치세력으로 보수인

(Schacht, 76 Jahre, 주 I/9, S. 350ff.). 그의 고백에 따르면 그는 그때부터 나치당의 정부참여를 촉구했다. Nürnberger Dokumente, vol. XXXII, S. 549ff. Fritz Klein, "Neue Dokumente zur Rolle Schachts bei der Vorbereitung der Hitlerdiktatur", Zeitschrift für Geschichtswissenschaft 5 (1957), S. 818ff.

130) Erklärung des Präsidiums des Hansabundes über die wirtschaftspolitische Lage (5. Mai 1931) (Schultheß, *1931*, S. 112). 독일산업전국연맹 집행부 대회(1931년 7월 29일), 질버베르크의 신랄한 입장표명, 루터가 책임지고 있는 제국은행의 재정관리에 대한 비판, 전국연맹이 1931년 9월 28일 브뤼닝에게 보낸 선언문—이는 모든 종류의 사회주의에 대한 격렬한 투쟁선언을 포함한다—등을 참조. 개별적인 내용의 인용은 Schultheß, *1931*, S. 213ff.

민당의 최종적인 몰락은 되돌릴 수 없게 되었다. 이 "병사 없는 장교들"은[132] 그사이에 〈크로이츠차이퉁〉(*Kreuzzeitung*)의 지원을 잃었다.

---

131) Westarp-Akten: Brief Westarps an Wallraf v. 24. Februar 1931: "나는 '베스타르프-크리스피엔 전선의 비난이 있다고 해서 지난 해 4월부터 브뤼닝 정부에 그 활동을 계속하게 했던 정치를 희생해야 한다고 생각하지는 않는다. 내가 11월과 12월에 개인적으로 정부를 위해 결정적인 것을 제공했다는 것은 결코 과장된 것이 아니다. 당시 결정은 인민봉사당과 보수당에 달려 있었다. 짐페되르퍼와 리펠은 그러한 태도를 우리와 함께 하였다. 나는 이에 대한 훨씬 더 이상으로 질수 있다고 생각한다. 왜냐하면 나는 다른 방식으로 추구된 선거로부터 피해만 입는다고 말할 수 있기 때문이다. 나 개인과 독일민족인민당과의 관계는 매우 대립적이다. 우리 모두는 헤르크트(Hergt)의 행동을 이해하기 어렵다. 나는 그와 해명에 도움이 될 만한 대화를 가질 수 없었다. 나는 그가 다른 정책을 추구했다고 나의 논문에서 비난했던 것을 감수할 수 있다고 생각한다. 말하자면 올덴부르크는 행진을 매우 반항적으로 함께 했고, 또 분명히 그가 브뤼닝을 비스마르크 이후 가장 훌륭한 총리로 생각한다는 점, 그리고 그가 동부지역 지원 및 군 예산에서 빠질 수 없다는 점을 보증했다. 그럼에도 불구하고 혹시 그가 결국에는 감수하지 않으리라는 것은 의심스럽다. 그는 나와 개인적인 친분 관계가 있는 유일한 사람이다. 말하자면 그는 도발적이고 자신의 입장을 고수한다."

132) *Ibid.* 또 다음도 참조 Brief Westarps an Karl Protze(Vorsitzender der DNVP Berlin-Schöneberg) v. 24. Februar 1931: "요즘 나는, 내가 지난 해 4월에 했듯이, 7월에 시도했고 또 지난해 11월과 12월에 관철시켰듯이, 브뤼닝 정부에 활동을 지속할 수 있게 해주는 것이 올바르다고 생각하고 있다. 나는 그것이 히틀러-후겐베르크-텔만 전선이 추구하는 내각의 퇴진보다 조국에 훨씬 더 큰 이익이 된다고 생각한다. 통합된 독일민족인민당과 나치당이 추구한 정부의 퇴진은 명백한 의도대로 그들이 현 상황에서 정부에 도달하는 대로 이끄는 것이 아니라, 해체와 선거를 강요하게 될 것이다. 그들 스스로는 집권하기까지 1년 반에서 2년 동안의 투쟁을 생각할 것이다. 그런 한에서 이 나라는 점증하는 선동의 자극 속에서 전복되어 실제로 실행되어야 할 것을 기다릴 수는 없다. 아마도 선거 자체는 독일민족인민당이 더욱 약해지면서 나치의 성장만을 초래할 것이다. 나는 그로부터 양자가 함께 강하게 됨으로써 중앙당과 타협 없이 통치할 수 있는 성공을

이 신문은 최후의 구보수적 요새로서 후겐베르크의 경제적 압력에 쓰러졌다.[133] 비록 독일인민당의 강력한 우경화가 중앙당과 독일민족인민당(약 100명의 의원들과 더불어) 사이에서 베스타르프 그룹이 여전히 노력하던 온건우파의 결집을 일깨울 수 있긴 했지만,[134] 나치당의 팽창은 그러한 노력들뿐만 아니라 후일 파펜의 후원자 에드가 융(Edgar Jung)이 비상령에서 성장하여 정당 의회주의로부터 보수적, "유기적인 지도자 국가"로의 "결정적인 변신" 노력에[135] 모든 전제조건들을 빼앗기고 말았다.

실제로 1931년의 독일은 이미 급진적인 정당들 및 그룹들의 공격적인 활동을 거의 막을 수 없는 상황에 놓였다. 특히 온건한 청년단체들은 위기에 휩쓸린 반면에,[136] 청년들은 왜 매질이나 총을 쏘는지, 매

기대하지 않는다. 그러한 협력의 심리적인 전제조건은 항상 증오심에 가득 차서 중앙당을 정면공격함으로써 완전히 파괴되고 만다."

133) *Ibid.*: 편집장 게오르그 푀르취는 말트찬(Maltzahn)에게 보낸 편지에서(1931년 3월 6일) 이에 대해 정기구독자를 잃고 보수인민당으로부터 성장하지 못한 〈크로이츠차이퉁〉의 단순한 자기생존본능으로 그 이유를 설명하였다. 베스타르프의 편지도 유사한 의미로 설명했다.

134) *Ibid.*, Brief Westarps an Lewald v. 16. April 1931 auf dessen Frage nach einem hugenbergfreien Sammelbecken für die heimatlose Rechte und enttäuschte Nationalsozialisten. 유사한 의미로 Brief Westarps an Graf Otto Pückler v. 13. August 1931.

135) *Ibid.*, Brief Edgar J. Jungs an Westarp v. 17. August 1931("민족적인 진영 100명의 지도자들"이 브뤼닝에게 보낸 공개서한에 대한 공문). 또한 "Konservative Manifest", Volkskonservative Flugschriften Nr. 4(März 1931)도 참조. "반자유주의" 주변에 우익과 좌익 사이의 "제3전선"을 집결시키고자 했던 "타트크라이스"의 언론 이니셔티브 또한 이러한 방향을 지향하였다. 그런 사례로는 Hans Zehrer, "Rechts oder links", Die Tat 23, Heft 7(Oktober 1931), 505~559. 전반적으로 이 언론그룹도 '현재의 위기는 1918/1919년 체제에 대한 진정한 "혁명"'이라는 테제로 지칭되는 반대파의 입장과 관련된다. 익명의 주제논문 "Wohin treiben wir?" Die Tat 23, Heft 5(August 1931), 329ff.

나 총을 맞는지 제대로 알지도 못한 채 수많은 무질서하고 잔인한 "행위"나 일요시가전에 이끌려 들어갔다. 그것은 어쨌든 "체제"의 부담으로 되었고, 또 여기서 이익을 본 것은 나치였다. 1923명의 사망자를 낸 후에 새로운 "영웅들"이 만들어졌다. 이들은 베셀(Horst Wessel)처럼 지난 2년 사이에 공격적인 본능과 모험심의 의미 없는 발산에 희생되었다. "운동"의 신화는 "마르크스주의적", "반동적" 또는 "속물적인" "민족공동체의 일원"(*Volksgenosse*)에 맞선 가두투쟁의 희생자들을 둘러싸고 풍부해졌다. 나치의 권력장악은 비로소 가두투쟁의 시대를 종식시켰고, 이어 "체제"가 만들어낼 수 없었던 질서를 자랑했다. 물론 이는 공공연한 국가테러에 의해서 생겨난 "질서"이자 많은 희생자를 낸 "질서"였다. 이는 무방비 상태에 있는 사람들에게 총을 겨누고 이어 과도하게 "체제"와 정치적 반대자들에 대해서 행했던 모든 비판을 억압한 당의 "질서"였다.

그래서 모든 감성적인 수단으로 추진되었으나 매우 합리적으로 이용된 급진주의는 국내정치의 다양한 수준에서 우위를 획득하게 되었다. 브뤼닝은 이미 1931년 1월에 동부, 특히 동프로이센과 슐레지엔의 농업 위기지역 여행에서 극단주의자들의 소란스러운 집회와 마주해야만 했다. 이어 프로이센 정부의 전복 캠페인은 정부와 공화국에 대한 선동에 강한 추진력을 제공했다. 브뤼닝의 대응조치는 다시금 "정치적 난동방지를 위한" 3월 28일의 비상령에 의존했다.137) 이 비상령은 유니폼을 착용하고 출판물을 통해 선동하는 정치적 집회에 대한 강력한 통제와 제한을 공표한 것이었다. 공산당, 나치당, 독일민족인민

---

136) 여기에 대해서는 특히 모든 대규모 청년연맹에서 나온 발언집을 참조. 이들은 "Jugendverbände in der Krise der Gegenwart", Das Junge Deutschland 26(Heft 5, 6, 7, Mai-Juli 1932, 125ff., 165ff., 197ff.)로 출판되었다.

137) *RGBl.*, 1931, I, S. 79ff.

당은 힌덴부르크 앞에서도 그냥 지나치지 않고 격렬한 공격으로 대응하였다. 뉘른베르크에서 열린 독일민족인민당의 집회는(3월 29일) 힌덴부르크가 "민족적인 정당들"에 의해서 선출되었음에도 불구하고 "민족적 반대파"에 맞서도록 남용되고 있다고 비판하였다. 철모단은 브레슬라우에서 15만 회원들의 대행진으로 스카게락 전투(*Skagerrak-Schlacht*)[138] (5월 31일)의 날을 기념하였는데, 황태자와 마켄젠(v. Mackensen) 원수가 이들에게 인사를 하면서 예를 갖췄다.[139] 급진 민족주의적 캠페인은 이 왕조주의적 시위와 관련되어 있었다. 젤테는 만남의 핵심적인 구호로서 "오스트마르크의 해방"을 선언하였고, 이로 인하여 폴란드에서는 엄청난 분노를 야기하였다. 나치당 원내교섭단체는 결국 4월 27일에 정부의 "전례 없는 위헌"에 대하여 항의함으로써 비상령에 응답하였으며, 힌덴부르크의 퇴진을 요구하였다.[140]

---

138) 〔역주〕 스카게락 전투(*Skagerrak-Schlacht*)는 영국의 대양함대와 독일의 대양함대가 1916년 5월 31일에서 6월 1일에 덴마크 북부 북해의 유틀란트 인근해역에서 벌였던 제1차 세계대전 중 최대의 해전이었다. 영국에서는 이를 '유틀란드 해전'이라 부른다. 양측은 공히 엄청난 피해를 입었으나, 어느 쪽도 결정적인 승리를 거두지 못했다. 그러나 양측은 모두 자국이 승리했다고 주장했다.

139) 슈트레제만(그는 황태자가 정치와 완전히 거리를 두겠다고 약속하자 독일로의 귀환을 가능하게 했다)의 사후에 황태자는 ― 그의 형제들과 마찬가지로 ― "민족적 반대파"에 대한 내적인 동정심에서 재빨리 공개적인 고백으로 나아갔다. 그의 정치계 복귀는 이번 철모단 대회에서 처음 공개된 것이 아니었지만, 그는 즉시 나치당 가까이로 갔다. 그의 아우인 아우구스트 빌헬름(August Wilhelm)만 철모단에서 나치 돌격대로 옮겼음에도 불구하고 (1930), 황태자 역시 이미 초여름에 히틀러와 개인적인 접촉을 개시하였다. 그는 히틀러로부터 많은 것을 약속받았다. 이에 대해서는 Paul Herre, *Kronprinz Wilhelm. Seine Rolle in der deutschen Politik*(München, 1954), 196ff. 와 (1932/1933년의 접촉에 대해서는) 아래의 주 XI/121에 인용된 슐라이허에 보내는 편지(Schleicher-Nachlaß).

140) 뮌헨에서 개최된 원내교섭단체는 힌덴부르크에게 "의회의 다수파 연립의

급진적인 정당들이 제국의회의 무력화에 그렇게 본질적으로 기여한 후에, 이제 다시금 그것의 소집, 특히 재선거를 요구하였으나 성공하지 못했다.[141] 그러나 독일민족인민당이 나치당에 계속 그 지지자를 빼앗긴 것은 간과할 수 없었다. 7월 말에 공지된 당 회보에서 후겐베르크는 자신의 강경한 반대파 노선을 다음과 같은 이유라고 설명했다. 즉, 독일민족인민당은 1924년에서 1928년 사이에 내던져졌던 민주적 타협정책의 견인줄로부터 벗어나기 위해 "의식적으로 모험을 감행해야 한다"는 것이었다.[142] 브뤼닝과 카스가 후겐베르크 및 크바츠(Quaatz)와 8월 말에 시작했던 회합 또한 그러한 반대논리에 맞서 아무것도 달성할 수 없었다. 얼마 후에 슈테틴에서 열린 독일민족인민당 전국대회는 다시금 무조건적인 "민족적 반대파"의 노선을 확인하였다. 민족적 반대파는 후겐베르크가 요구했던 자급자족적 경제(*Autarkie*), 동부에서의 식민지 및 생활공간, "마르크스주의적인" 브뤼닝 정부의 전복 등을 위기로부터 탈출하는 길로, 결국 10월에 브뤼닝과 "체제"에 반대하는 최대규모의 공동집회를 위하여 회동하겠다고 선언하였다.

그러나 브뤼닝 시대의 마지막 국면은 국내정치에서 권력이동의 진전 및 국가의 민주적인 받침대의 잠식 등으로부터만 이해될 수는 없다. 그 진행과정은 정치적인 급진화에 새로운 추동력을 제공한 독일의 대외 정책적·세계경제적인 상황의 발전에 의해서도 규정되었다. 이처럼 위기의 증대가, 브뤼닝이 생각했던 대로, 정부의 외적인 성공으로 사라질 수 없다는 것은 명백했다. 그러나 브뤼닝은 선동주의적인

법규위반에 대하여 헌법의 기본권들을 옹호하거나 또는 만약 그가 그것을 할 수 없거나 하고 싶지 않을 경우 퇴진하여 옛 유권자들의 보호를 새로이 규정적인 민족적 제국대통령에게 넘겨야 한다"고 "경고하였다."

141) *Deutscher Reichstagsanzeiger und Preußischer Staatsanzeiger* v. 7. Mai, 10. Juni, 16. Juni, 18. Juli, 24. Juli und 5. September 1931.

142) Egelhaaf, 1931, S. 131.

외양상의 성공을 위한 정책을 매몰차게 거부했고, 수정정책에서 너무도 배타적으로 대규모의 진정한 협상성공을 위하여 모든 세력을 긴장시켰다. 그러한 성공은 베르사유에서 태어난 저급성 콤플렉스로부터 강력한 추동력을 빼앗고, 파탄의 발생을 마지막 순간에 막을 수 있을 것으로 생각되었다. 정부는 오직 한 번만 직접적인 돌격을 감행할 수 있을 것이라고 생각했다. 그럼에도 불구하고 정부는 이러한 상황에서는 모든 국가가 오직 자신만을 생각한다는 사실을 경험해야만 했다.

5. 대(對)오스트리아 관세동맹의 좌절

독일과 프랑스 사이의 관계발전은 매우 많은 것을 좌우하였다. 그런데 1930년 9월의 경악할 만한 선거 이후 양국의 관계는 크게 악화되었다. 브뤼닝이 경제적 통합계획을 얼마나 포괄적으로 추구하였는지를 평가하기는 쉽지 않다. 그러나 지금 브뤼닝이 강조하듯이, 이 계획은 프랑스 총참모부의 거부로 수포로 돌아갔다.[143] 이미 라인란트 해방으로 민족주의적 움직임들은 프랑스에서 여론의 악화를 야기하였다.[144] 엄청나게 거대해진 "민족적 우파"가 이제까지 주장했던 모든 것을 무차별적인 수정정책에 맞추고, 배상금의 지불거부뿐만 아니라, 영토규정 및 군대와 관련된 규정을 포함하여 베르사유 조약의 전면적인 폐지까지도 요구하자 소요는 커지기 시작했다.[145] 동시에 경제위

143) Brüning, Die Vereinigten Staaten (주 III/48), 14. 그러나 비판에 대해서는 Dietrich Mende, "'Deutschland zwischen West und Ost'. Betrachtungen zum Vortrag des Reichskanzlers a. D. Dr. Brüning über 'Die Vereinigten Staaten und Europa'", Europa-Archiv 9, 15 (1954), S. 677ff.

144) 앞의 111쪽 이하 참조.

145) 따라서 브뤼닝이 지금도 다음과 같은 일반적인 확신을 주장한다면 그것은 놀라운 일임에 틀림없다: "만약 정부가 외국과의 협상에서 어려운 상황에

기는 더욱 심해졌고, 자급자족적 경제를 위한 노력도 더욱 강화되었는데, 이들은 각 주 사이에 심각한 불신감을 증폭시켰다. 위기에 대한 조치를 조정하고 긴장을 완화시키기 위해서 적절한 기관의 국제연맹에서 협상은 정체되었다. 비록 브리앙의 유럽계획(*Europaplan*)을 위한 노력이 적어도 약간의 진전을 약속했고, 또 쿠르티우스가—자신이 속한 당과는 달리—슈트레제만이 주조한 국제연맹의 발상에 매우 긍정적인 태도를 보이긴 했지만 말이다.[146] 그래서 이미 1931년 초에 제네바에서는 개별국가들의 관세정책과 관련된 협정체결을 막기 위한 일반 무역협정의 체결노력은 실패로 돌아간 듯했다.[147] 민족적 보호주의는 일반적인 경제전쟁을 유발할 위험이 있었다.

군축협상이 전혀 진전을 이루지 못한 반면에,[148] 쿠르티우스의 빈 방문은 독일과 오스트리아 사이에 적어도 관세동맹 계획을 촉진하였으며, 이 계획은 몇 주 후에 "관세 및 무역정책적 상황에 순응시키기 위한 조약에 관한" 기본지침의 형태로(3월 19일) 알려졌다.[149] 잘 진전

있다면, 정부는 자신이 반대파로부터의 신랄한 비판을 받고 있다는 점에 감사하고 있다. 어떤 사례들에서 현명한 정부는 반대파에게 상세한 비판을 요청하고, 이로써 외국에 대한 자국의 협상기반을 강화시킨다"(Die Vereinigten Staaten, 주 III/48, S. 4).

146) "유럽연합"(Europäische Union)의 창설 노력은 *Runderlaß über die Tagung der XI. Völkerbundsversammlung*(주 III/15), 3ff. 여기서(Anlage II zu Vbd. 3250) 쿠르티우스의 연설문 원문(이미 관세동맹의 필요성에 대한 암시 및 쇼버안(Schober-Initiative은 10ff.). 또한 국제연맹을 청산기구로 보는 기본테제에 대해서는 Paul Guggenheim, *Der Völkerbund in seiner politischen und rechtlichen Wirklichkeit*(Berlin/ Leipzig, 1932), S. 272f.

147) 상세한 내용은 M. Margaret Ball, Post-War German-Austrian Relations. The Anschluß Movement, 1918~1936(London, 1937), S. 100ff. 를 참조.

148) Henry R. Winkler, "Arthur Henderson", The Diplomats(주 II/55), S. 334ff. 와 Karl Schwendemann, Abrüstung und Sicherheit. Handbuch der Sicherheitsfrage und Abrüstungskonferenz, vol. I(2nd ed., Leipzig 〔1933〕), S. 158ff.

된 유럽 관세협상의 지역적인 부분해결은 이미 1930년 가을에 국제연맹에서 상세히 설명되었는데, 그 의미 면에서는 유럽의 통합 촉진에 기여한 것으로 평가되었다. 쿠르티우스는 당시 제네바에서 오스트리아의 외무부장관 쇼버와 그와 관련된 여러 차례의 대화를 가졌다.[150] 이 대화는 오스트리아 외무부에서 자이펠(Seipel)[151]의 막간극으로 인하여 중단되었으나, 1930년 12월 이후 다시 강력히 추진되었다. 물론 3월 19일의 형식으로 나온 보도는 여론을 깜짝 놀라게 했다. 이 계획이 지금까지의 관세정책적인 노력들을 명백히 지켰고, 양국의 자율적인 경제정책을 전혀 건드리지 않았으며, 다른 국가의 참여를 전제했음에도 불구하고, 프랑스, 이탈리아, 체코슬로바키아는 쇼버에게 항의하였다.[152] 그러나 경쟁자들에게서 독일이 동남부 유럽에서 경제적 경쟁력이 커질 것이라는 점에 대한 두려움뿐만 아니라,[153] 특히 정치적으로 가능한 결과에 대한 인식이 중요해졌다. 특히 위에 언급한 세 나라들은 관세정책적인 융합이 1918/1919년에 힘겹게 물리친 "병합운

---

149) Ball(주 III/147), 267ff. 원문은 Europäische Gespräche 9(1931), S. 180~185. 사건의 경과에 대해서는 Arnold J. Toynbee, Survey of International Affairs, 1931(London, 1932), S. 305ff.; Walter Goldinger und Adam Wandruszka, Geschichte der Republik Österreich(München, 1954), 177ff., S. 401; Oswald Hauser, "Der Plan einer deutsch-österreichischen Zollunion von 1931 und die europäische Föderation", HZ 179(1955), S. 45ff.

150) 특히 Curtius, Sechs Jahre(주 I/9), 188ff.을 참조.

151) 〔역주〕 자이펠(Ignaz Seipel)은 오스트리아 기독교사회당의 정치가로 1922~1924년과 1926~1929년에 총리를 역임했고, 1930년 9~12월에는 보갱(Carl Vaugoin) 내각에서 외무부장관을 지냈다.

152) Hans Kelsen, "Zollunion und Völkerrecht", Der deutsche Volkswirt v. 24. April 1931, 995ff. 참조.

153) 이와 관련된 전체 문제에 대해서는 Antonin Basch, The Danube Basin and the German Economic Sphere(New York, 1943), 35ff. 등 참조.

동"(*Anschlußbewegung*)에 비추어서 갖게 될 결과를 염려하였다.[154] 독일통일의 선구자로서 관세동맹의 역할과 팽창적인 "공간정책"에 대한 기억은 전혀 부당하지는 않은 듯했다.[155] 다른 한편 순전히 상업기술적인 발전은 7년 후에 민주적으로 정당화된 양자의 노력 속에서 진행된 것과는 달리 국제법적인 공정성과 경제기술적인 목적 적합성의 관점에서 거의 반박될 수 없었다.[156] 영국대사 또한 3월 13일에 뷜로우 차관으로부터 거기에 대해서 전달받았고 또 자신의 보고서를 전반적으로 긍정적으로 작성하였으나,[157] 브뤼닝 정부에게 가시적인 패배를 의미할 것임에 틀림없는 위험을 명백히 강조했다.[158] 그가 자신의 여러 보고서와 판단을 종합한 바에 따르면 브뤼닝은 "국가에 어느 정도의 결과를 보여주어야 하기" 때문이었다.[159]

그러나 이 계획이 무대에 오른 방식은 약간 달랐다. 대상은 극히 까다로워서, 출판할 경우 모든 면에서 세심한 준비와 선별 및 엄청난 자제를 하게 했다. 또한 느리고 부분적인 조정은 더 나은 출발점을 제공

---

154) Ball(주 III/147), 122ff. 등.

155) 민족주의 진영에서 공격적인 반향은 이러한 인상을 강하시킬 수 있을 뿐이었다. Giselher Wirsing, "Vorstoß Zollunion", *Die Tat* 23, Heft 3(Juni 1931), 212ff. 그는 프랑스의 태도에 대한 신랄한 공격을 "유럽내부"(*Innereuropa*)의 선언(220쪽), 즉 "새로운 공간정책"과 연결시켰다(S. 225ff.). 이러한 "공간사상"의 의미에서는 (익명의) "Deutschlands Weg aus der Einkreisung", *Ibid.*, 22, Heft 12(März 1931), S. 932ff. 와 이미 이전에 "Deutschlands neue Einkreisung", *Ibid.*, 22, Heft 10(Januar 1931), 756ff.; Giselher Wirsing, "Richtung Ost-Südost", *Ibid.*, 22, Heft 8 (November 1930), S. 628ff.

156) J. L. Kunz, "Das österreichisch-deutsche Zollangleichungsprojekt vor dem Haager Gerichtshof", Friedenswarts, Juli 1931, S. 198ff.

157) Rumbold an Henderson, 13. März 1931: *Documents on British Foreign Policy*(주 II/55), 2nd series, vol. I, S. 587.

158) Rumbold an Tyrell(für Henderson), 26. März 1931: *Ibid.*, vol. II, S. 16.

159) Rumbold an Henderson, 27. März 1931: *Ibid.*, S. 21.

했을 것이다. 반면에 3월 19일의 경악은 그 프로젝트가 매우 예민한 유럽에서 발전되고 또 경제적 측면과 본래 정치적 측면을 세심하게 구별함으로써 점진적으로 실현될 수 있는 외교적인 여러 접근법을 파괴하고 말았다. 사람들은 프랑스나 국제연맹과 전혀 접촉도 없이, 또 슈트레제만이 이제까지 실행했던 협상전술과는 상반되게 일을 진행시켰는데, 이는 국내정치에서 명백히 우익 반대파의 영향을 받은 것이었다.[160] 쿠르티우스는 — 당의 수정압력을 받고 있었다 — 오스트리아 외무부장관과 마찬가지로 그 전문적인 담당자의 상세한 조사에서 그리고 대사들과의 물밑 대화에서 법적·정치적인 상황을 검토하였다. 파리주재 대사 회쉬(v. Hoesch)는 프랑스의 관용적 태도를 약속할 수 있다고 믿었다.[161] 그러나 정치적인 준비는 그러한 내적 숙고를 넘어서지 못했고, 행동이 곧 "모험"이라는[162] 견해는 쿠르티우스가 빈으로만 여행하도록 하고 브뤼닝을 실패의 모험에 내던지지 않도록 했다. 빈 측의 비밀누설로 인한 조급한 출판은 그 계획에 센세이셔널한 강조점을 주었는데, 그 강조점은 동시에 전혀 준비가 되어 있지 않았던 유럽외교가에서 강하게 정치적 반응을 야기했다. 3월 21일에 신속하고 공식적으로 정보를 전달한 것은 이미 너무 늦은 것이었다. 프랑스의 언론 및 의회의 신랄한 색조가[163] 다시 울리고, 미국에서 여러 차례의

160) 마이스너(주 I/156, 198)도 대통령궁으로부터 사람들이 "더욱 민족적인 정책을 추구함으로써 그리고 독일과 오스트리아의 모든 정당에서 긍정한 오스트리아의 병합문제에 성공함으로써 정부에 대한 입장을 강화"시키기를 희망했다는 점을 확인했다. 그리고 럼볼드가 헨더슨에게 보내는 보고서에서 정부의 정책 자체가 특히 독일의 동부국경을 볼 때 수정이념으로부터 얼마나 많이 움직였는지가 명확히 된다. Documents on British Foreign Policy(주 II/55), 2nd series, vol. I, 490f., 563.

161) Curtius, *Sechs Jahre*(주 I/9), 190f. 쿠르티우스는 그런 한에서 당연히 정치적 동기가 독일-오스트리아 행동의 배후에 있었을 것이라는 프랑스의 테제(François Poncet, *Als Botschafter*, 주 I/81, 18f.)를 반박하였다.

162) Curtius, *Sechs Jahre*(주 I/9), 191.

동의가 나오고,[164] 영국 외무부장관 헨더슨이 국제연맹 의장으로 개입하게 되자,[165] 강조점이 이동했고 결국 뚜렷한 불쾌감은 줄어들었다. 국제연맹 이사회에서의 활발한 토론도 아무런 해결책을 이끌어내지 못하였다.[166] 그리고 매우 정치적인 해석은 결국 8:7 표결에서, 즉 세부적 상황과 근거에 따라 분명하게 내려지지 못한 헤이그 법정의 판결에 표현되었다.[167] 이 판결에 따르면 1931년 3월 19일의 회의록은 생제르맹 조약 제 88조[168] 및 1922년 10월 4일의 제네바 프로토콜과[169] 합치될 수 없었다.[170]

---

163) *Débats parlamentaires*, *Annales de la Chambre des Députés*, *Annales du Sénat*, 2e séance du 28 mars 1931, 767ff.

164) *The Memoires of Herbert Hoover*, *The Great Depression, 1929-1941* (London, 1953), 62ff. 를 참조.

165) *Documents on British Foreign Policy*(주 II/53), 2nd series, vol. II, 12ff. 또한 Winkler(주 III/148), 338f.; Ball(주 III/147), 111ff. 도 참조.

166) League of Nations, *Official Journal*, *Minutes of the Sixty-Third Session of the Council*, May 18-23 1931(Genf, 1931), 1069ff.

167) Curtius, Sechs Jahre(주 I/9), 294ff.; Ball(주 III/147), 157ff. 참조. 이 결정에 대한 의구심은 독일 대표(쉬킹)와 더불어 미국(켈로그), 영국, 일본, 중국, 네덜란드, 그리고 벨기에—경제정책 면에서 본래 강한 의구심을 보였다—의 대표들이 합의에 찬성하였으나, 프랑스와 더불어 이탈리아, 스페인, 폴란드, 루마니아, 쿠바, 산살바도르, 콜롬비아가 합의에 반대하였다는 사실을 명확히 보여준다. 법률적인 결정의 정치적인 성격은 이러한 분류에서 가사화되었다. 1930년 가을 국제연맹 총회에서 9년 임기로 새로 선출된 재판소 구성의 평가에 대해서는 Runderlaß über die Tagung der XI. Völkerbundsversammlung(주 III/15), 14ff. 를 참조.

168) 여기에 따르면 오스트리아는 "국제연맹 이사회의 동의로 직접 또는 간접적으로 어떠한 길에서 자신의 독립성을 위협할 수 있는 어떠한 행위도 없이 기권할" 의무를 맡았다.

169) 여기서 건전화를 위한 차관에 대한 프랑스, 영국, 이탈리아, 그리고 체코슬로바키아의 보증은 뒤따르는 의무에 종속되었다. "오스트리아는 이러한 독립성을 직접 또는 간접적으로 해치는 데 적합한 모든 협상 및 경제적·

부록과 경제기술적 정당성에 따르면 그 계획은 거의 논쟁의 여지가 없어 보였고, 특히 오스트리아의 심각한 경제적 상황에 매우 중요했다.[171] 그러나 이 계획은 정치적·심리적으로도 브뤼닝 정부의 중요한 기둥으로 될 수 있었으나, 실제로는 이미 이 결정 이전에 수포로 돌아갔다. 정치적 준비의 부족과 능숙하지 못한 출판 등은 뜻하지 않게 그 계획에 정치적 강조점을 부여했는데, 유럽은 7년 후에 히틀러의 압력 아래서 — 그리고 무조건적으로 — 그 계획을 감내할 준비가 되어 있었다. 히틀러의 강제조치가 아직 완성된 실제의 정책을 실현하기도 전에, 영국에서는 독일과 오스트리아의 접근에 대한 프랑스의 저항을 이미 당시에 참으로 비판적으로 판단했음은 부인할 수 없다.[172] 쿠르티우스가 영국의 단기신용을 중재하여 일시적으로 압력을 완화시킬 수

재정적인 연결을 포함하게 될 것이다." 실제로 프로토콜은 이러한 의무가 오스트리아에 관세율, 무역 및 재정협정과 관련하여 자유를 허용한다고 확정하면서 다음과 같이 덧붙인다. "그럼에도 불구하고 오스트리아가 그 경제적 독립성을 어떤 국가에 이러한 독립성을 위협하는 데 적합한 특수한 체제 또는 오직 장점만을 인정하는 것이 전제되어 있다."

170) Permanent Court of International Justice, Customs Régime between Germany and Austria, Series A/B, No. 11, S. 45ff. 법원 소수 견해는 *Ibid.*, S. 74ff. 또 Series C, No. 53, S. 54ff. 도 참조. 판결의 분석은 Franz Vali, Die deutsch-österreichische Zollunion vor dem ständischen Internationalen Gerichtshof (Wien, 1932).

171) 그는 특히 경제적 진퇴양난에 근거한 오스트리아의 대규모 경제권으로의 통합노력을 환영하였다. 그러한 노력은 이미 1922년에 자이펠의 이탈리아에 대한 경제적 병합계획을 규정했고, 당시 오직 언급된 차관을 통해서만 (주 III/164) 모면되었다.

172) 이는 앞의 주 III/156에 인용된 럼볼드의 발언으로부터 명확해진다. 훗날 베를린 주재 영국대사인 헨더슨(Nevile Henderson)은 1937년 5월 28일 오스트리아의 공사 타우쉬츠에게 "그가 보기에 만약 1931년에 오스트리아와 독일 사이에 관세동맹이 허용되었더라면 가장 좋았을 것"이라는 견해를 피력했다. Der Hochverratsprozeß gegen Dr. Guido Schmidt vor dem Wiener Volksgericht (Wien, 1947), S. 494에 수록됨.

있기도 전에, 오스트리아의 신용기구 붕괴가 이제 빈을 프랑스의 동의에 의존하던 국제연맹의 원조에 결정적으로 종속시키게 되었다.[173] 그래서 오스트리아는 헤이그의 판결과 관계없이 이미 8월에 그 프로젝트를 포기해야만 했다.[174] 독일대표의 외교적 후퇴는 브뤼닝을 구출했으나, 결국 쿠르티우스를 퇴진시키는 결과를 가져왔다.[175]

그래서 브뤼닝의 배상정책에서 핵심적 의도를 해칠 수도 있는 명백한 패배는 의회 없는 정부시대를 결정했다. 국내상황을 첨예하게 만들기 위하여 급진적 반대자들이 마구 이용한 또 하나의 위신 상실은[176] 대외정책 영역에서도 왔다. 그리고 제국의회의 재개회는 정부의 개편과 더불어 경제적·정치적 위기의 새로운 심화의 징후 속에 있었다. 왜냐하면 노동시장의 상태는 그사이에 파탄적인 형태를 띠었기 때문이다. 주민의 구매력 저하와 경쟁에 의한 합리화의 진전은 구직자들의 수를 1932년 초까지 6백만 명 이상으로 팽창시켰다.[177] 이것은 노동

---

173) Ball(주 III/147), S. 142ff. Curtius, Sechs Jahre(주 I/9), S. 198과 S. 210. 쿠르티우스는 이 사건을 프랑스의 정치적 의미를 지닌 매우 규정적인 조작과 관련시키는데, 이는 전혀 근거가 없지는 않다.

174) 이처럼 오스트리아 국내정치로 후퇴한 운명적인 결과에 대해서는 Karl Renner, Österreich von der Ersten zur Zweiten Republik(Wien, 1953), S. 98ff.

175) 영국의 조심스러운 행동은 Rumbolds Bericht an Henderson v. 17. Juli 1931에서도 명확히 된다. 이 보고서에 따르면 (영국) 대사는 체면을 유지하면서 독일정부를 은밀하게 후퇴시킬 생각을 했다. *Documents on British Foreign Policy*(주 II/53), 2nd series, vol. II, 210. 그는 이미 예전에 브뤼닝과 라발(Laval) 사이의 공개적인 결별을 피하기 위하여 모든 것을 다 했다(Rumbold an Henderson, 30. März 1931, *Ibid.*, S. 24). 그가 마치 쿠르티우스의 퇴진을 아쉬워했듯이 말이다(Rumbold an Reading, 6. Oktober 1931: *Ibid.*, S. 278).

176) 예컨대 Joseph Goebbels, "Wie lange noch, Herr Curtius?" *Der Angriff* v. 14. September 1931.

177) Horkenbach, 1932, S. 506ff. 의 표를 참조.

조합의 안정성까지도 뒤흔들었다. 즉, 이 시점에 그 노동자 조합원들 중 불과 1/4만이 완전한 일자리를 갖고 있었고, 거의 절반은 완전실업이었고, 나머지 1/4은 단축노동에 의존했다. 그것은 그 밖에도 공황세(*Krisensteuer*) 정도인 20% 이상이나 인상된 사회적 분담금으로 인하여 크게 줄어든—임금협정으로 보장되었으나—명목임금의 가치를 크게 저하시켰다. 주도권은 점차 고용주에게로 넘어갔다. 그리하여 고용주들은 1930년 10월에 발생했던 베를린 금속노동자 파업을 수포로 돌아가게 하였고, 사민당이 정부에서 탈락한 이후 국가의 중재제도에서도 영향력을 얻을 수 있었다. 그래서 기업가들이 "자유로워"지고자 한다고 비난하면서 또 동시에 기업가들이 "이익을 사유화시키고 손실을 사회화시키고자 하는" 위기현상들에 대하여 국가가 받침대 역할을 해야 한다는 사회주의적 비판 또한 전혀 부당한 것은 아니었다.[178)]

물론 위기는 그사이에 모든 계층과 신분을 고통으로 몰아넣었다. 대자본주의적 기업가들도 심각한 위협과 엄청난 손실에 직면했다. 단호한 보호관세조치에도 불구하고 대토지 소유자들은 농업의 판매 및 투자위기에 휩싸였고, 국가의 지원을 요구했다. 부채를 진 농민들, 소기업가들, 수공업자들, 상점소유자들 등 특히 사회적으로 홀대받았던 사람들 주변에서 훨씬 더 상황이 어려웠다. 공무원들은 여러 차례의 봉급감축으로 한숨을 쉬었으나, 대다수의 실업자들은 실업보험에서 공적인 위기보험(*Krisenfürsorge*)으로 주저앉았고, 결국 무(無)에 직면하게 되었다. 그러나 특히 청년들은 처음부터 장기실업 속으로 성장해 갔는데, 이는 그들을 의구심에 빠뜨렸고, 이어서 모든 혁명적·선동적인 약속들에 내던져졌다.[179)] 그들은 급진적인 세계개혁자들을 따랐

---

178) Stampfer(주 I/4), S. 592.

179) Hermann Maaß, "Hilfe für die erwerbslose Jugend", Das Junge Deutschland 25, Heft S. 1(Januar 1931), S. 1ff.와 초연맹적인 "Zeitschrift des Reichsausschusses der Deutschen Jugendverbände"의

으며, 대외정책 면에서 불신받은 공산당의 협소한 계급투쟁 구호보다는 오히려 나치당의 열광적인 사회적 제국주의로 기울었다. 그리고 정부는 비상령 노선을 광범위한 대중에게 이해시키기 위해서 거의 아무것도 하지 않았다.180)

배상문제의 해결을 위한 브뤼닝의 노력이 그사이에 달성했던 부분적인 성공 또한 이러한 발전의 정치적·대중심리적인 결과를 속일 수는 없었다. 7월 6일의 "경제와 재정을 안정시키기 위한" 단호한 비상령은181) 다시금 국내정치에서 대립을 심화시켰으나, 오스트리아로부터 확산된 재정정책의 붕괴를 방지하기에 충분하지는 못하였다. 그렇지만 이 비상령으로 '영 안'의 수정, 다시 말해서 거기에 규정된 대로 배상규정을 변화된 경제적 상황에 적응시키는 일은 지불유예(*Moratorium*)로 인하여 명백히 논의에 붙여졌다. 그 결과 브뤼닝과 쿠르티우스가 며칠 후 런던에 있는 총리의 별장 체커스(Chequers) 방문 다음에, 6월 20일의 후버 대통령의 이니셔티브는 전혀 저항에 부딪치지 않았다.

1931년 7월 1일 이후 국가간의 모든 채무지불을 1년간 유예를 제안한 이른바 후버 모라토리움(*Hoover-Moratorium*)182)은 배상의 역사에서 사실상 결정적인 한 장을 의미했다.183) 독일은 모든 지불을 1년간

여러 다른 논문들을 참조.

180) 정부의 언론적인 공시들은 침착하고 대중의 지지가 없거나 또는 이해하기 힘든 것으로 생각되었다. 예컨대 Die Krise im Zahlungsverkehr und ihre Überwindung, Richtlinie Nr. 218 der Reichszentrale für Heimatdienst, August 1931. 또한 슈테거발트와 노동조합들 사이의 갈등은 Deutz(주 II/1), S. 142ff. 를 참조.

181) *RGBl.*, 1931, S. 279ff.

182) 〔역주〕 후버 모라토리움(*Hoover Moratorium*)은 중부유럽의 심각한 은행파산을 다루기 위하여 1931년 6월 20일 미국의 후버(Herbert Hoover) 대통령이 발표한 공식성명. 이 성명은 독일의 프랑스에 대한 배상금 지불과 연합국의 미국에 대한 지불을 1년 동안 유예할 것을 요구했으나, 미국 하원은 그해 12월까지 그것을 승인하지 않았다.

유예함으로써 가장 큰 이익을 볼 수 있었지만, 동시에 그 계획은 특히 상호 채무관계에 가로막혔던 유럽의 구매력과 수입능력의 회복에 대한 미국의 관심에 사실상 상응하는 경제적 관점들이 깔려 있었다. 그 계획은 여전히 강하게 결합되어 있던 미국 자본이 전혀 관심을 가질 수 없었던 독일 신용능력의 붕괴를 최후의 순간에 막으려 했다.[184] 주식시장은 후버 선언의 출판에 주가상승으로 답했다.[185] 유럽 최대의 배상채권자인 프랑스의 저항도 이해할 수 있는 것이긴 했으나, 힘든 협상과정에서 미국의 압력으로 매우 넓게 고려되었다.[186] 그 결과 다나트 방크(Danat-Bank)[187]와 드레스데너 방크(Dresdener Bank)[188]의 경악할 만한 붕괴에 즈음하여 마침내 파리와 런던의 회의에서(7월 19/20일) 후버의 "지불유예 제안"과 관련된 합의에 이를 수 있었다. 게다가 "레이턴 보고서"(*Layton-Bericht*)[189]에 나타난 독일의 지불위기에 대한 철저한 분석과 브뤼닝과 쿠르티우스의 체커스, 파리, 로마 방문,

183) The Memoirs of Herbert Hoover(주 III/159), S. 67ff.; Ball(주 III/143), S. 146ff. 또 Ronde(주 I/9), S. 162f. 도 참조.

184) 반대파의 캠페인은 당연히 바로 이 점에서 — 화폐가치를 평가절하시킨 미국의 동기에 대한 의구심 — 시작되었다. Ferdinand Fried, "Weltmoratorium-Weltbankrott", Die Tat 23, Heft 4(Juli 1931), S. 267ff.

185) The Times v. 23. Juni 1931 참조.

186) Curtius, Sechs Jahre(주 I/9), 216ff.

187) 〔역주〕 다름슈타트 방크(1853년 설립)와 나치오날 방크(1920년 이후)가 1922년에 합병하여 탄생한 은행. 다나트 방크는 브뤼닝이 추구한 디플레이션 정책의 최대 희생자였다.

188) Mühlich(주 I/37a), S. 141ff. 흥미로운 점은 브뤼닝과 — 마이스너를 통해서 — 힌덴부르크도 이러한 동기에서 샤흐트에까지 소급하여 손을 벌리려고 했다는 점이다. 그러나 샤흐트는 이를 회피했다. 그가 공화국으로부터 등을 돌린 것은 3개월 후에 하르츠부르크에 등장하기 전에 이미 최종적인 것이었다. 그 광경은 다음을 참조: Schacht, 76 Jahre(주 I/9), S. 358ff.

189) 협상의 진행과정은 Ronde(주 I/9), S. 163ff., S. 170ff. (Text des Berichts des Beratenden Sonderausschusses u. a.).

맥도널드와 헨더슨의 상호방문, 그리고 라발과 브리앙의 베를린 방문을 가능하게 한 것으로 보였고,[190] 마침내 나중에는 유럽의 긴장완화와 배상문제의 새로운 재검토로 나아가게 했다.

그러나 영국 대사도 인정했던[191] 대담할 정도로 솔직한 정책도 위기의 정치적 결과를 극복하지는 못했다. 왜냐하면 광범위한 국내정치적 기반은 멀리까지 볼 수 있으면서 성공적인 활동, 즉 무수한 법안 및 비상령에 반영되어 있는 정부의 양심적인 근면함을 보여줄 만한, 따라서 그러한 기반에서 출발하여 국민대중들에게 자신의 목표와 "건전화 과정"을 이해시킬 수 있었을 활동을 결여했다. 브뤼닝이 모든 대립을 극복할 "창조적인 진테제"에 대해 호소한 것은 전혀 반향을 얻지 못했다.[192] 이러한 정부의 형식, 즉 그 담지자들의 눈에도 "의회의 동의를 받은 은폐된 독재"는[193] 의회주의적 정부모형과 권위주의적·독재국가적인 정부모형 사이에서, 약간은 불운한 우파 의존성과 원하지 않았으나 좌파의 불가피한 관용의 재수용 사이에서 여명기에 있었다. 정부는 처음 좌파의 관용을 털어내려 하였다. 그리고 정부의 사회정책과 경제정책도 온건한 자본주의적·국가경제적인 해결책과 온건한 사회주의적 해결책 사이에서 오락가락했으나, 건설적인 노선을 일반적으로 이해시키고 의무적인 것으로 만들 수는 없었다. 그것을 지배하는 기본사상은 모든 경제영역에서의 저렴화였다. 위기가 시작되었던 가격폭락은 정화와 개선에 이용될 수 있었다. 이 계획이 결국 실패로 돌

---

190) 여기에 대해서는 다음에 있는 보고서들 참조: Curtius, Sechs Jahre(주 I/9), S. 221ff.; François Poncet, Botschafter(주 I/81), S. 20ff.

191) Rumbold an Henderson, 4. März 1931: *Documents on British Foreign Policy*(주 II/55), 2nd series, vol. I, S. 573.

192) Rundfunkrede vom 4. August 1931. 인용은 Vossische Zeitung, Nr. 364(A 185) v. 5. August 1931.

193) 그뢰너의 편지: Groener an v. Gleich v. 26. April 1931: Phelps(주 I/52), S. 1015.

아갔고, 반대되는 나치의 처방에 자리를 내주어야 했다는 것은 디플레이션적인 기본사상에 있는 것이 아니라 기존의 경제구조 및 그 내적·외적인 부담에 있었다. 바로 농업의 보호를 위하여 불가피했던 관세정책은 다시금 산업의 비용을 과도하게 올렸고, 또 관세를 2~3배 수준으로(수입가치와 비교했을 때) 올리게 하였으며, 결국에는 효과적인 가격인하를 방해했음에 틀림없었다. 생계비용이 실제로 하락했다고는 하나, 이는 소득의 하락보다 훨씬 뒤처져 있었다. 그리고 디플레이션 계획을 강화시키기 위하여 가격 전권위원을 임명한 것 역시 이 부정적인 관계의 전혀 본질적인 것을 변화시킬 수 없었다.[194] 경제에서와 마찬가지로 행정, 공제제도, 그리고 금고제도에서 긴축정책은 이익대표체 및 모든 주민집단들과의 갈등을 심화시켰다. 실업에 대한 직접적인 조치는 디플레이션적인 기본구상에 충실하면서 신용문제 및 투자문제에, 또 법칙적인 위기경과에 뒤이어 자동적으로 회복된다는 믿음에 따라 완전히 제안과 종파적인 개별시도에 사로잡혀 있었다.[195] 여기에는 인플레이션에 대한 두려움이 특히 정부의 손을 묶었다.

이에 반해 브뤼닝은 배상문제의 해결로 적어도 외적인 부담을 줄이고 신용문제를 완화시킬 수 있기를 희망했다. 그가 몇 달 후에 결과적으로 긴축정책과 가차없는 재정정책상의 진정성을 모든 대외정책적인

194) 이 관식은 1931년 12월 10일에 보수적인 시장 칼 괴르델러(Carl Goerdeler)에게 넘겨졌다. 바이마르 말기에 괴르델러의 역할에 대해서는 상세하면서도 많은 중요한 사료를 언급하고 있는 것으로 Gerhard Ritter, Carl Goerdeler und die deutsche Widerstandbewegung(Stuttgart, 1954), S. 27ff., S. 43ff.

195) 고용창출 프로젝트(*Arbeitsbeschaffungsprojekt*)들은 여러 측에서 추진되었고 또 선동적으로 정치적인 논쟁에 관련되었다. 거기에 대해서는 상세한 연구가 시작되고 있다. 또한 논문집 Arbeitsbeschaffung. Eine Gemeinschaftsarbeit(Berlin, 1933); Heinrich Dräger, Arbeitsbeschaffung durch produktive Kreditschöpfung(Berlin, 1932, Neudruck 1954); Mühlich(주 I/38), 243ff.도 참조.

성공, 특히 배상문제를 해결, 그리고 국내정치의 탈급진화 등을 위한 열쇠로 지칭했을 때, 자신이 이것을 어떻게 생각했는지에 대해서 솔직하게 고백했다.

"나는 마지막까지 어떤 종류의 인플레이션적인 조치도 반대할 것이다. 말하자면 단순히 정의감이나 약자를 보호하기 위해서가 아니다. 오히려 나는 극히 쓰라림에도 불구하고 독일 경제의 진정한 결산이 복원되어야 하고, 또 인플레이션적인 모든 시도와 요구가 결국에는 독일경제 전체의 분명한 결산과정을 훼손하여 다시금 과거의 과오에 대하여 베일로 가리려는 목적을 가질 수 있다고 생각하기 때문이다. 만약 우리가 독일의 재정 및 경제의 수지를 명확하고 진실되게 세계의 누구에게나 열람할 수 있도록 제출하게 된다면, 여러 대외정책인 성과들은 오히려 더 이전에 달성될 수 있다. 이것은 제국정부가 가질 수 있는 가장 강력하고도 투명한 무기이다. 그리고 이 무기를 담금질하는 것은 이 제국정부 활동 첫해의 과제였다. 이것은 동시에 배상문제가 전 세계의 여론에 의해서 예외 없이 이전과는 전혀 다르게 평가되게 하였다. 그래서 그것은 내부로 향해야만 한다. 만약 사람들이 전에 어느 정도의 치유과정을 추진하여 사경제와 공적인 경제에서 성형의 칼을 더 적시에 더 급진적으로 들이댔더라면, 많은 사회적·직업적인 긴장들은 격렬함을 수용하지 않았을 것이고, 또 정치적 급진주의도 그렇게 높아지지는 않았을 것이다."[196]

브뤼닝은 자신에게 고유한 일방적인 강인함으로 이 노선을 계속 추구하였다. 이 노선은 그가 확신한 바에 따르면 결국 내부경제적인 문

---

196) 1931년 11월 5일 중앙당 전국위원회에 행한 연설: Schultheß, *1931*, S. 246ff. 강령적인 것으로는 인플레이션 프로젝트에 대한 친중앙당적인 논쟁(예컨대 "타트크라이스")은 Hände weg von der Währung. Aufsätze aus der Kölnischen Zeitung〔Köln(September 1931)〕, S. 6ff., S. 20ff. 디플레이션 노선에 대해서는 Mühlich(주 I/37a), S. 208ff.

제와 더불어 독일의 정치적 관계의 위험스러운 마비를 해소하게 될 것이다. 그는 항상 과학적인 무조건성으로 추구한 광범위한 긴축노선을 고집하였는데, 모든 직접적이고 정치적인 비상령들은 이 노선에 종속되었다. 마지막으로 그는 국제결제은행(BIZ: Bank für Internationalen Zahlungsausgleich) 특별위원회의 극히 현실주의적인 보고서를 거쳐서 로잔느의 성공으로 나아갔다.[197] 그러나 이것은 — 1932년 1월로 정해진 마무리 회의의 운명적인 마지막 유예 이후 — 파펜과 넓은 의미에서 히틀러에게 유용한 성공으로 되었다. 왜냐하면 그는 브뤼닝의 민주주의적인 국내정치의 소홀함을 지양시키고 대통령 권위의 취약한 기반 위에서 결국 자기진영의 반대자들에게 — 그러한 무비판적 신뢰가 그를 완전히 조작능력이 없는 것으로 만든 후에 — 무비판적 신뢰를 쥐어주었던 전제들로부터 출발했기 때문이다. 그래서 슈트레제만과 브뤼닝이 실행했던 그 힘든 화해정책은 그것의 집요한 담지자가 물러났을 때에야 비로소 그 과실을 맺었다.

---

197) 이 책의 제3권 50쪽 이하 참조.

제4장

대통령 내각과 "민족적 반대파"

브뤼닝 정부의 제2단계는 "민족적 반대파"의 공화국 마지막 지주에 대한 대규모 총공세 속에서 시작되었다. 이 단계는 브뤼닝이 언제든 자신의 곡예를 보장해주리라 믿었던 권력정치의 기둥인 힌덴부르크의 신뢰가 갑자기 무너지면서 시작되었다.

1. 하르츠부르크 전선

곤경에 처한 의회가 실험적인 정부에 제공했던 반년 동안의 휴지기(休止期)는 전반적인 경제상황의 안정화에도 정치적 권력배분의 해명에도 도움이 되지 못했다. 그 휴지기는 1931년 위기의 여름 후에 우익 반대파의 선동적인 대소동과 더불어 끝났다. 사실 오직 반(反)공화국 투쟁으로 유지되었던 매우 이질적인 "히틀러에서 후겐베르크까지의 전선"은 '영 안' 반대 캠페인 이후 여러 번 동요되었다. 2년 동안의 연합은 적어도 그 부정적 영향이 있긴 했으나 공화국의 정치적 요소들의 상황과 연합능력에 대한 중요성을 더욱 얻게 되었다. 모든 견해차이들, 즉 우익 반대파 내부의 모든 이데올로기적·사회적인 차이는 1930년의 선거 이후 민주적 다수파가 아슬아슬한 어려움을 겪으면서 사안별로 성사되었다는 점, 그리고 — 공산당의 경직된 파괴노선으로부터 반대파가 직·간접적으로 후원을 받았다는 점을 감안할 때 — 사민당의 좌향좌 또는 독일인민당의 훨씬 더 강력한 우향우가 각 순간마다 공화국의 헌법에 맞는 권력구조를 완전히 마비시킬 수 있었다는 점을 막지 못했다.

그러나 사민당이 그러한 내적 갈등에도 불구하고 또 모든 분열적인 경향을 넘어서 "나치의 독재보다는 오히려 브뤼닝"이라는 정책을 고수한 반면에 독일인민당에서는 우익반대파 세력들이 강력한 기반을 얻었다. 프로이센의 국민투표에서 그리고 제국의회의 소집문제에서 다시 한 번 타협에 도달하였다. 그러나 이제 쿠르티우스의 퇴진과 수정노선의 강화에 대한 브뤼닝의 포기는 사민당 및 노동조합과의 어떠한 협력에도, 추가적인 사회정책 양보 및 우파에 대한 더욱 강력한 투쟁조치 등에 반대한 세력이 우위를 점하게 하였다. (독일인민) 당은 — 소수의 현실적인 자유주의자들의 항의에 맞서[1] — 반공화주의적인 초기의 입장으로 추락하였다. 사실 슈트레제만은 오랫동안 희생적인 노력을 통해서 당을 그러한 입장으로부터 민주적 국가로 끌어들이려 노력했다. 사람들은 독일인민당이 독일민족적인 투쟁공동체를 찾았고, 바이마르 헌법에 반대하여 항의하였으며, "민족적 혁명"을 요구했고, 또 의회정부에 전혀 참여하지 않은 것을 칭송했던 창건기부터 왕조적이지는 않았지만 흑-백-적의 고백을 기억했다.[2]

이로써 독일인민당의 방향전환은 강화되었고, 파펜 실험의 후원에서 그 정점에 달하게 될 것이었다. 이러한 전환에는 선거전술적·기회

---

1) 프로이센의 독일인민당 의원이자 주 의회의 제3부의장인 한스 폰 아이너른(Hans v. Eynern)이 과시적으로 의원직을 그만둘 즈음에 자신의 유권자들에게 보낸 편지는 한 예이다. Severing(주 I/18), I, S. 307f.

2) *Die Deutschnationalen und Wir. Flugschriften der Deutschen Volkspartei*, Folge 44(Berlin, 1920), S. 12. 물론 독일인민당은 같은 해인 1920년에 페렌바흐(Fehrenbach) 내각에서 2명의 장관과 부총리직을 유지했고, 1922년 11월 이후에 — 특히 뒤이어 슈트레제만에 의해서 — 계속 여당으로 머물렀다.

주의적인 동인들이 함께 작용했으나, 경제정책적 · 사회정책적인 관점들이 확정적인 근거를 제공했을 것으로 보인다. 실제로 특히 대기업 대표자들의 이익경향 및 그들의 "민족적 반대파"의 독일인민당 노선에 대한 입장은 계속 평행선을 달렸고, 지난달에 독일산업전국연맹의 신랄한 발표가 있은 후에 이제 독일민족인민당의 산업계 및 부끄러움을 타는 듯한 철모단과 나치당의 대자본주의적인 당원들뿐만 아니라, 독일인민당의 우익 고용주 계열 위에서도 "경제"의 중요한 구성요소들이 공화국에 대한 반대파로 나아갔다는 것은 거의 더 이상 놀라움을 의미하지 않았다.[3)]

제국의회의 재개회 이틀 전이자 힌덴부르크가 처음으로 히틀러와 괴링을 맞이한 지 하루 뒤인 10월 11일에 "민족적 반대파"는 처음으로 공동의 열병식을 거행했다. 그 이니셔티브는 (뜻밖에도) 후겐베르크의 것으로 되었다. 그는 여기서도 양보를 통해서 히틀러를 얻으려는 노력을 전혀 두려워하지 않았다. 그는 자신의 연락망이나 언론 및 재정적 수단 때문에 여전히 자신이 히틀러보다 우위에 있다고 생각했다.[4)] 신

3) 히틀러가 대기업가층에 — 경제정책상의 "합법노선"과 유사 — 접근하는 과정에서 이것이 얼마나 의식적으로 추진되었는지를 보여주는 것은 그의 공보책임자인 디트리히의 메모이다. Otto Dietrich, *Mit Hitler in die Macht. Persönliche Erlebnisse mit meinem Führer* (München, 1934), 45: "지도자는 1932년 여름에 뮌헨에서 갑자기 (?) 저항의 중심에 있는 경제계 온건인사들 및 그들이 주도하는 부르주아적 중도정당들의 인사들을 체계적으로 정리하여 돌을 정부의 건물로부터 하나씩 하나씩 깨뜨려 내자는 결의안을 작성했다 …. 이 갑작스런 결의안에 이어 실행이 이루어졌다. 이후 몇 달 동안에 지도자는 자신의 메르체데스로 독일 전역을 누볐다. 그는 전역에서 지도적인 인사들과의 비밀회합에 등장했다. … 언론에 선동의 재료를 제공하지 않기 위해서는 비밀엄수가 시급히 필요했다. 그 영향은 없지 않았다. 정부의 대들보가 삐걱거리면서 넘어가기 시작했다. … 독일인민당은 그로부터 거리를 두었다 …. " "사회주의"는 나치의 최고지도부에서 마침내 허구로 되었다.

4) 후겐베르크는 후일의 변명에서 자신이 하르츠부르크에서 나치당을 이성적인

중한 고민 끝에 브라운슈바이크 지역의 바트 하르츠부르크(Bad Harzburg)는 시위의 장소로 선택되었다. 이곳에서는 독일민족인민당의 퀴헨탈(Küchenthal)과 더불어 나치적인 교사 디트리히 클라게스(Dietrich Klagges)가 행정을 담당하고 있었다. 클라게스는 9월 15일에 20 대 19라는 간발의 차이로 주 의회의 다수를 차지하여 많은 스캔들로 물러난 당 동료 프란첸(Franzen)을 대체하게 되었다.

공산주의자들을 제외한 공화국의 모든 반대자들은 "하르츠부르크 전선" 안에 포함되어 있었다. 이제 장교단과 방위단체 출신의 반공화주의자들과 왕조주의자들은 정치지도자들과 나란히 서게 되었다. 경제지도자들은 이 외부 권력의 대표자들을 지지하였다. 경제지도자들은 이제 중요한 이익단체들과 함께 기존의 부르주아적·사회민주주의적인 타협질서에 대해서뿐만 아니라, 처음에는 환영받기도 했던 브뤼닝의 권위주의적 임시처방책(*Notlösung*)에 대해서도 결단코 반대하였다.[5] 여기에는 독일민족인민당, 나치당, 철모단, 전국농업연맹(Reichslandbund), 여러 경제단체들, 독일인민당, 경제당, 전독일연맹, 그리고 여러 귀족가문들이 대표하였다. 일련의 저명인사에는 제국의회 및 프로이센 주 의회 원내교섭단체를 거느린 후겐베르크와 히

정책과 결합시키려 했다고 주장했다. *Hugenbergs Ringen*(주 I/6), I, S. 18f. 또한 아래의 주 IV/22를 참조.

5) 이러한 전환은 지도급 경제계 이익단체들이 1931년 9월 29일 브뤼닝에게 넘긴 선언문에서 명확히 된다(텍스트: DAZ, Nr. 449 v. 30. Dez. 1931; *Wofür wir kämpfen. Die Gemeinschaftserklärung deutscher Wirtschaftsverbände*, Druckschriften des Hausbundes Nr. 9, Berlin 1931, 5ff.). 이 선언문은 최후통첩이라고 할 정도로 신랄하게 임금인하, 사회보험의 축소, 조세의 개선 등 예전의 요구들을 이행할 것을 요구했는데, 그 서명자들은 "제국연맹", 은행업 중앙연맹, 수공업 및 영업회의소, 상공업회의소, 한자연맹, 소매상중앙협회(Hauptgemeinschaft des Einzelhandels), 제국토지소유자연맹(Reichsgrundbesitzerverband), 사보험, 대상업 및 국제무역, 수공업의 단체들, 그리고 독일고용주단체연합 등이었다.

틀러, 철모단의 지도자 참모부를 거느린 젤테와 뒤스터베르크, 그리고 전국농업연맹의 지도부를 맡은 칼크로이트(백작 가일, 벤트하우젠, 지벨, 지버, 베트게, 린트, 크릭스하임, 방엔하임, 뮌히하우젠, 그리고 헬름홀트-헤센) 등이 있었다. 이는 전국농업연맹이 그 장관이자 옛 의장인 실레와 최종적인 결별을 기록한 것이었다. 법률자문 클라스, 피팅호프-셸, 그라프 브록도르프, 헤르츠베르크 등으로 구성된 전독일연맹의 엘리트는 이와 나란히 섰다. 제크트도 연금생활중인 15인의 장성급 또는 제독급의 장교들—골츠(v. d. Goltz), 도메스(v. Dommes), 뤼트비츠(Lüttwitz), 아이넴(v. Einem), 갈비츠(v. Gallwitz), 후티어(v. Hutier), 묄(Möhl), 팔켄하우젠(v. Falkenhausen), 레베초프(v. Levetzow) 등처럼—, 즉 명백히 반공화주의적 성향을 지닌 인사들과 한패가 되었는데, 그는 여기서 "초당적·비정치적인" 공화국의 봉사자로서 자신이 본래 갖고 있던 기본입장뿐만 아니라 제국의회의 의원으로서도 독일인민당의 노선전환을 과시하였다. 이 현란한 진영에서 리페(Lippe),[6)]

6) 여기서는 샤움부르크-리페의 프리드리히 크리스찬 왕자(Friedrich Christian Prinz zu Schaumburg-Lippe)가 특히 활동적이었다. 그는 (대학생으로서) 발두어 폰 쉬라흐와 출판인 브룩만 부부를 거쳐서 히틀러에게 도달했고, 이어 특히 재정적으로 라인란트의 나치 언론기구의 건설에 참여했다가 당의 연사로 등장했다. 마지막으로 그는—자신이 오늘까지도 거기에 대해서 자부심을 갖고 있다—특히 괴벨스와 밀접히 협력했다. 그의 회고록을 참조: *Zwischen Krone und Kerker*(Wiesbaden, 1952), 74ff. 둥에른(Otto Frhr. v. Dungern)은—그는 힌덴부르크와 절친한 포츠담의 구역책임자로, 옛 직업장교이자 후일 브란덴부르크의 가우수렵관(*Gaujägermeister*)—"옛 투사들" 중에서 오늘날에도 치유되지 않은 이 귀족적·보수적인 몽상가들에 속했다. 그의 회고록: *Unter Kaiser und Kanzlern*(Coburg, 1953), S. 66ff. (많은 잘못되거나 잘못으로 이끄는 주장들 포함).
〔역주〕 수렵관(*Jägermeister*)은 독일에서 1934년 '제국수렵법'(*Reichsjagdgesetz*)을 통해서 도입된 관직으로 주로 삼림과 수렵을 감독한 공무원을 지칭했다. 1934년 7월 이후 괴링은 그 최고위직인 제국수렵관(*Reichsjägermeister*)이 되었다.

잘름-호르트스마르, 그리고 호헨촐레른의 아이텔 프리드리히와 아우구스트 빌헬름 등 왕자들은 왕조적·군주정적인 이해관계를 대변했다. 그러나 특히 학계의 저명한 대표자들과 나란히 저명한 경제지도자들도 있었는데, 이들 중에서 한때 민주주의자이자 그 서명자였다가 이어 '영 안'의 반대자로 된 샤흐트와[7] 나치당의 오랜 후원자인 프리츠 티센, 연합철강(Vereinigte Stahlwerke) 측의 푕스겐(Poensgen), 장명(長名)협회의 슐렝커(Schlenker), 철물도매상연합의 라베네(Ravené), 대기업 사장 크리거-빈터스할(Krieger-Wintershall), 추밀원 의원 크레트(Kreth), 대기업 사장 고트슈타인(Gottstein), 주물기업 사장 크베비어(Quebier), 그리고 독일 최대규모의 조선소 사장들로 함부르크 출신의 고크(Gok)와 블롬(Blohm) 등은 단연 돋보이는 인물들이었다. 이들 외에도 슈타우스(v. Stauß), 레겐단츠(Regendanz), 루바르쉬(Lubarsch), 조게마이어(Sogemeyer) 등 수많은 은행가들도 포함되어 있었다.

그러나 동시에 바이마르공화국에 대한 일치단결된 반대파가 존재하긴 했지만, 건설적인 개혁안이나 혁명계획을 위한 공통분모, 특히 현재의 공통적인 정치적 행동을 위한 확실한 기반은 없었음을 보여주었다. 이러한 사실은 "민족적 반대파" 내부에서 오락가락하는 우유부단함과 끊임없는 변동에 매우 강한 특징을 부여할 수 있을 것이다. 따라서 뒤이은 파펜과 슐라이허 정부의 영향 아래 있었던 '권력공백'의 단계는 본래 이미 이 순간에 두드러지게 나타났던 것이다. 이미 대회 자체의 경과는 순전히 부정적인 시위의 성격을 보여주었다.[8] 여기서 통

7) Schacht, *76 Jahre*(주 I/9), S. 366을 참조: "나는 초청에 따르리라는 점을 전혀 의심치 않았다"(이 초청은 하노버 출신의 독일민족인민당 의원인 슈미트로부터 나왔다).

8) 독일민족인민당의 지도권 요구에 대한 한 비판에서 괴벨스는 다음과 같이 말했다: "사람들은 〔하르츠부르크에서〕 브뤼닝을 실각시키고자 했으나 더 이상 나아가지 못했다. 사람들은 적대적인 권력을 해체시키고자 했고, 그 다음에, 즉 가까운 장래뿐만 아니라 먼 장래에도, 와야 할 것에 대한 염려

합된 세력을 유지하기 위해서 특히 복고적 군주정주의의 대변자들은 처음부터 강력히 물러나 있어야만 했다. 바이마르에 대하여 "통일전선"을 유지하려는 후겐베르크의 노력은 이제 크게 진전되어, 독일민족인민당 정책의 본래 내용이 전술적인 목적연맹에 계속 희생당한 듯이 보였다. 당을 폭파시키고 구식의 많은 보수주의자들을 분열로 몰아넣어 결국 추방시킨 후겐베르크의 노선은 이로써 저 운명적인 1933년의 협약으로 나아가는 길목에서 새로운 정점에 도달했다. 이 협약은 바이마르공화국뿐만 아니라 복고적인 희망과 민주적·의회주의적인 장애물을 파괴할 것이었다. 이렇게 해서 자기 확신에 찬 많은 왕조주의자 또는 권위주의적 지도부를 갖는 보수적·가부장제적인 신분제국가의 지지자들은 하르츠부르크에서 등장하였다. 이들은 아직 숫자와 대규모의 종자들의 권력을 지휘하지는 않았다. 이제 오히려 바로 나치의 지도권이 거기에 의존했다.

다시금 독일민족인민당 지도부의 운명적인 불화는 확인되었다. 즉, 지도부는 보수적 엘리트 구상과 민주적 대중정당 사이의 긴장을 더 이상 극복할 수 없었고, ―그 지지자들의 개인적인 비중에도 불구하고 ―점차 히틀러로 하여금 행동법칙을 강요하게 하거나 또는 "민족적 통일전선" 이념을 포기해야만 했다. 후겐베르크가 회의를 주재하면서 지

는 방관했다"("Die nationale Opposition", *Der Angriff* v. 19. Dezember 1931). 그리고 2개월 전에 특히 분명해졌다: "하르츠부르크에서 있었던 민족적 반대파의 대규모 집회는 부분적인 목표를 달성하기 위한 공동보조에 대한 신앙고백이었다. 이러한 관계 속에서 그 의미는 전술적인 중요성을 넘어서지 못했다. … 나치운동이 합법성의 원칙을 고집하고, 또 거기서 벗어날 동기가 전혀 없으므로, 권력의 정복이 우선 하나의 연립을 통해서만 가능하다는 점에는 의문의 여지가 없다. 그러나 권력의 정복은 본질적으로 그리고 원칙적으로 권력의 목표와는 구별된다.… 나치즘의 강령은 확고하고 변화불가능하다.… 그러나 하나의 정부를 붕괴시키거나 프로그램을 실현시키는 것은 동일한 것이 아니다…." Joseph Goebbels, "Von Harzburg nach Braunschweig", *Der Angriff* v. 21. Oktober 1931.

도력을 확신하는 교만함의 고분고분함으로 양보에 양보를 거듭한 반면에, 히틀러는 결의안을 결정했다. 그리고 나치 돌격대의 퍼레이드는 명백히 히틀러의 등장을 후원하였다. 사람들은 “민족적 흥분”의 폭력을 자신의 것으로 요구했으며, 이제 1년 전보다 더 분명하게 나치당이 그것을 자신의 것으로 만들어 그로부터 독자적인 권력요구를 제공할 수 있었음을 경험해야만 했다. 이 히틀러는 더 저명한 사령관 아래 있는 “고수”(鼓手, *Trommler*) 였던가? 사람들은 이제 더 이상 그렇게 생각하지 않았고, 후겐베르크 또한 이처럼 선호하는 이미지를 1년 동안 몰아내기 시작했다. 물론 그러한 이미지는 별로 운이 없었던 파펜의 머릿속에서도 다시 한 번 되살아났다.

하르츠부르크 대회는 명백한 경고였다. 그것은 흥분되고 소모적인 협력의 종말이라기보다는 오히려 “민족적 반대파” 연합이 최후의 승리로 나아가는 시작을 의미했다. 1930년에는 많은 의견불일치들이 “영안 반대전국위원회”를 붕괴시켰다. 이어 프로이센의 국민투표는 실패로 돌아갔는데, 거기서 나치는 오직 전술적인 강제로 인해 무시받던 철모단의 지도부에 예속되었다. 그리고 브라운슈바이크에서 나치당과 우익 부르주아 블록의 연립은 수개월 동안의 위기를 겪은 후에 비로소 나치 지도부가 원했던 대로 나치 출신의 신임장관을 선출함으로써 공고해졌다. 그럼에도 불구하고 히틀러와 후겐베르크 사이에 결코 우호적이지 않은 서신교환이 있은 후에 1931년 7월 9일 베를린에서 개최된 우익반대파 대표자 대회는 다시금 “현 체제를 때려눕히기 위한 결정의 투쟁”을 선포하였다.[9] 마켄젠 원수와 오스카 폰 프로이센 왕자가 참석한 가운데 슈테틴에서 열린(9월 19/20일) 제 10차 독일민족인민당 전당대회는 “민족적 자본주의”(위기에 책임이 있는 “국제적 자본주의” 대신에)[10]를 요구함과 동시에 “중앙당의 독재”가 권력관계의 변혁을 “위

9) 대회에 대한 언론 발표문: Schulteß, 1931, S. 156.

10) 후겐베르크는 자신의 발제문(9월 19일)에서 공산주의적 주장으로 독일의

헌적으로" 차단하는 점에 대하여 투쟁을 선언하는 한편, 브뤼닝과 프로이센 정부의 퇴진도 요구했으며 — 여기서 갑자기 헌법과 의회를 원용하여! — (그것을) 독일민족 다수의 의지와 동일시했다.[11]

후일 후겐베르크 자신의 발언에 따르면 하르츠부르크 자체는 특히 우익반대파가 공동의 대통령후보를 합의하기 위한 것이었다.[12] 이 경우에서도 후겐베르크는 분명 여전히 히틀러를 자신의 앞잡이로 만들 수 있기를 희망했다. 그는 이를 위해서 자신의 천재적인 동맹자들, "민족적 부르주아지" 및 경제계의 대중선동적인 나치의 활동에 대한 거부감을 힘닿는 대로 화해시키고자 했다. 나아가서 그는 순진한 자의식에서 추가적인 독일정책에 대한 결정을 내릴 수 있을 것으로 믿었다. 거기서 그가 보기에 중요한 것은 "다른 한편에서 독일민족인민당 및 나치당과 더불어 독일민족인민당과 중앙당 사이에 있는 많은 정당들이 어떻게 전술적으로 평행선 속에 설정될" 수 있는가 였다.[13]

그렇지만 나치당은 하르츠부르크에서 예전보다 훨씬 더 분명하게

"식민지 경제적인" 착취를 매도했다. 즉, 그는 바로 이러한 착취에 모든 위기의 근거가 있는 것으로 보았다. 물론 거의 논리성 없이 "국제주의적 자본주의"를 "마르크스적인 두뇌를 가진 자들"의 작품으로 지칭하면서도 다른 면에서는 세계경제의 뒤엉킴으로 인한 "민족적 자본주의"의 문제를 전혀 논의하지 않음으로써, 그는 자신의 설명을 전통적인 공격과 관련시켰다. 대신 그는 다시금 "공간 없는 민족"을 위해 아프리카의 식민제국과 동부의 이주공간을 요구했다(*Ibid.*, S. 203f.)

11) 후겐베르크는 제 2차 발제에서(9월 20일) 자신이 1930년의 선거를 통해서 책임을 지고 있던 사민당을 '영 안'을 위해 잡아둘 수 있었고(!), 또 민족적 볼셰비즘의 위험을 제거했다고 주장할 수 있다고 생각했다(*Ibid.*, S. 203f.).

12) *Hugenbergs Ringen*(주 I/6), I, S. 19와 그가 1948년 12월 6일 보르흐마이어(Borchmeyer)에게 보낸 편지(*Ibid.*, II, S. 14ff.). 후겐베르크의 무언의 입후보자는 1925년의 입후보자인 야레스(Jarres)였다. 야레스는 당시 제2차 선거에서 힌덴부르크로 교체되었다.

13) *Ibid.*, 17f. 하르츠부르크 대회의 경과에 대해서는 Schulteß, 1931, S. 224ff.

자신의 노선을 조종했다. 나치당 제국의회 원내교섭단체는 대회가 시작되기 전에 의식적으로 내부회의를 개최했는데, 거기서 의장인 프릭은 권력장악을 현재의 결합의 목적으로 지칭했다. 그는 "민족적 반대파"가 "부르주아적 잡탕"과 협약을 맺는 것을 비판한 자기 진영의 분위기를 무솔리니의 초기에 대한 언급을 통하여 안심시켰다. 프릭은 무솔리니의 예에 따라 민족적 연합과 협력하지만, 제국의회의 재개회 후에는 통합된 세력이 브뤼닝의 실각을 달성할 경우 지도권을 요구하겠다고 설명했다. 불신임투표와 제국의회의 해체요구 및 "민족의 치욕" 13주기인 11월 8일에 재선거 실시 등 원내교섭단체의 프로그램 또한 거기에 상응했다. 히틀러가 호위를 받으며 강당에 들어서고 모든 의원들에게 장중한 집회의 형식으로 의무를 부과한 순간은 흔히 심리적으로 매우 노련하게 선택된 마무리효과(*Schlußeffekt*)를 구성했다.

후겐베르크는 이제야 대회 자체를 요양소에서 개최할 수 있었다. 그는 소속당의 브라운슈바이크 주 총리인 퀴헨탈을 독일민족인민당 권력의 징표로 등장시켰고, 프로이센 경찰에 대해 — 여기서 소란을 피울 수 없다는 — 상응하는 비난이 있을 경우 하르츠부르크에 독일 인민의 다수가 대표했음을 보장해주었다. 그는 이러한 자기보장에 따라 "민족적 반대파"의 정부프로그램을 발전시켰고, 또 새로이 자신의 경직된 '이것 또는 저것'을 보다 정교하게 했으며, 이어 "당과 그룹에서 통일적이고 의지로부터 영혼을 부여받아 공동으로 그리고 단호하게 행동할 민족전선"의 결의문을 낭독했다. 이 결의안은 "마르크스주의적 유혈테러", "진보적인 문화 볼셰비즘", "민족적 제 세력"의 차단, "독일의 거세" 등과 같은 표제어들의 배후에서 제국과 프로이센에서 "민족적으로 운영되는 정부들"에 대한 요구를 제기했다. 이 정부들은 브뤼닝의 "민족적으로 위장된 정부"를 대체해야 할 것이었다. 결의안은 또 제국 및 각 주의 "낡아빠진 인민대표체들"의 재선거를 요구했고, 내전이라는 공개적인 협박으로 힌덴부르크에게 다음과 같은 편지를 보냈다.

"우리의 전선을 쪼개놓으려는 사람은 누구든지 추방될 것입니다. 우리는 우리가 선출한 제국대통령 힌덴부르크가 수백만 명의 애국적인 남녀들, 전선군인들 그리고 청소년들의 우레와 같은 열망에 응해서 결국에는 진정한 민족적 정부를 소집함으로써 구제적인 노선전환을 이끌어 주기를 간절히 소망합니다. …" "민족적 반대파에 속해 있는 단체들이 다가올 소요에서는 … 현재의 정부와 현재 지배하는 체제를 보호하기를 거부한다는 위협이 앞서 있었습니다."[14]

의회의 프로그램은 나치 원내교섭단체의 요구와 일치했으며, 모든 비상령의 해제 및 무시무시한 프로이센 경찰에 대한 보조금 지불의 일시중지 요구안들로 보충되었다.

이어 히틀러의 연설이 이어졌다. 그의 연설은 정치가의 과제에 대한 지루한 고찰을 하면서 국가의 급격한 개편을 요구하였고, "공산주의냐 민족주의냐"라는 팡파르로 마무리했다. 이어 젤테는 철모단을 "독일적인 존재에서 진정한 에케하르트(*Ekkehart*)"라고 추켜세웠다. 젤테는 또 국가에서 권력을 넘겨받을 수 있는 사람들이 발견되었음을 확인하였다. 뒤스터베르크가 "독일의 방위능력"을 요구한 반면에 그라프 칼커로이트는 농민연맹이 브뤼닝으로부터 이탈했음을 선언하였다. 마지막으로 샤흐트의 설명은 정점을 이루었다. 그는 자신의 등장을 이 대회의 초당적인 성격에 대한 증거라고 말하면서 격렬한 표현으로 "이 체제로부터의 구출"에 대한 경제계의 요구, 즉 민족적인 정부에 대한 요구를 공식화했다.[15] 샤흐트의 선동은 이 주목할 만한 "초당성"(*Überparteilichkeit*)에 상응했다. 그는 "지금까지의 체제의 잘못된 내적 기반,

14) *Der Stahlhelm* 13, Nr. 42 v. 18. Oktober 1931.

15) 원문 그대로: "사실 독일 경제는 민족적 운동의 최종적인 승리에 엄청난 관심을 갖고 있다"(Schacht, 76 Jahre, 주 I/9, 367). 그리고: "이를 위해서 나는 독일 전역을 감싸고 있는 민족적 폭풍이 자기주장과 최종적인 승리로 나아가는 길이 열릴 때까지 약해지지 않기를 바란다"(368쪽).

그것의 불성실함, 법적인 불확실성 그리고 행동자유의 결여" 등에 반대하는 격렬한 선동을 전개했다. 샤흐트의 비판은 특히 자신의 후임자인 루터(Hans Luther)를 향했다. 그는 루터에게 제국은행의 정기보고서가 이 기구의 진정한 상태를 알 수 없게 한다고 비난하였다.[16] 마지막으로 법률고문인 클라스는 전독일연맹의 구호를, 골츠 백작은 통일애국단체들이 "민족적 반대파"에 거는 기대를 공지했다.

그럼에도 불구하고 "민족적 반대파"의 실질적인 면모는 이러한 시위로부터 드러나게 할 수 있는데, 하르츠부르크 프로그램의 발표보다 훨씬 더 중요했다. 나치당이 동맹을 오직 전술적인 관점, 즉 프릭이 무솔리니의 집권과정에 대한 언급으로 전면에 내세웠던 관점 아래서만 고찰했다는 것은[17] 크게 흥분된 마지막 사열식에서 드러났다. 나치 돌격대의 사열식에 이어 철모단의 부대들이 뒤따르자, 히틀러는 전에 이미 일련의 돌발사태에서 후원자의 심한 불만을 도발한 후에, 세를 과시하면서 연합자의 공동무대를 떠났다.[18] 하르츠부르크의 목적이 달성되지 못했음을 확인할 경우, 후겐베르크 변명론은 이미 정당하다. 그러나 "모든 참여자들에게 바람직하지 않은 언론의 영향에 대한 고려

16) *Ibid.*, 367ff. 샤흐트는 이미 이 시점에 나치당과 직접적인 연락망을 갖고 있었고, 또 나치당의 세련되지 못한 경제이론을 — 그가 오늘날 증언하고 있듯이 — 잘 들여다보고 있었으므로, 이 연설에는 비할 바 없을 정도의 정치적 회의론이 있다. 마치 이들로부터 법적인 안정성과 수미일관성이 기대될 수 있는 듯이 말이다! 그들은 "체제"와 함께 죽었다.

17) 괴벨스도 뒷날 다시 한 번 단호하게 "이러한 보조의 일치가 순전히 전술적인 성격의 것이며, 세계관과는 거의 관련이 없다"는 점을 보장했다. "Die nationale Opposition"(주 IV/8).

18) 이와 관련된 철모단 지도부와 나치당 지도부 사이의 매우 비우호적인 서신교환은 1931년 12월까지 이어졌으며, 대통령직 문제를 둘러싸고 우파의 분열에 매우 본질적으로 영향을 미쳤다. 이 서신들은 다음에 수록되어 있다: Theodor Duesterberg, *Der Stahlhelm und Hitler* (Wolfenbüttel-Hannover, 1949), S. 15~33.

가… 공개된 무대에서 단절을 막았다"는 사실은 특징적이고 동시에 중대하다. 말하자면 "우파에게 히틀러의 진정한 충성이 좌파와 중도파에 대해서와 마찬가지로 의심스러웠음"에도 불구하고,[19] 공격적인 공동의 결의안에 도달했다는 것 말이다. 만약 이것이 맞는다면, 시민적인 용기의 결여는 후겐베르크가 보다 더 나은 인식을 갖고 있었음에도 히틀러의 동맹자로 되었던 것이다. 그 결과는 마찬가지였다.

국내외에서 반향 또한 엄청났다.[20] 제국 재무부장관 디트리히가 개입한 논쟁은 특히 샤흐트의 설명과 관련되었다. 실제로 독일의 신용능력에는 그러한 비판으로부터 부가적인 손실이 덧붙여졌음에 틀림없다. 여기뿐만 아니라 정치적 문제에서도 하르츠부르크의 대회는 새로이 "민족적 반대파"의 파멸적인 전술을 증명했다. 이 전술은 양심에 상반되게 가차없는 파괴정책을 통해서 그리고 공산주의의 빈곤이론에 따라 권력으로의 길을 닦고자 했다.[21] 그리고 다시금 독일민족적인 한 사업은 나치적인 선동의 성과물로 되었다.[22] 후겐베르크의 자만심에

---

19) *Hugenbergs Ringen*(주 I/6), I, 18과 후겐베르크가 1948년 12월 6일 보르흐마이어에게 보낸 편지(*Ibid.*, II, S. 15).

20) 영국대사 럼보울드가 1931년 10월 14일에 리딩(Reading)에게 보낸 보고서도 참조: *Documents on British Foreign Policy*(주 II/53), 2nd series, vol. II, S. 295.

21) 1931년 10월 14일 후겐베르크가 베를린의 슈포르트팔라스트에서 행한 연설도 여기에 상응한 것이었다. "적절한 시기에 정치적 노선전환을 강요"하자는 요구는 마키아벨리주의적 전환을 그 근거로 했다: "독일의 대외무역 상태는 시의적절하게 이루어진다면 훌륭할 것이다. 세계경제 위기는 정확히 보고 잘 이용한다면(!) 독일을 구출할 수 있을 것이다"(Hugenbergs Ringen, 주 I/6, I, S. 63f.).

22) 후겐베르크의 후일 설명은 분명 자신의 탈나치화 재판의 변명론적인 목적을 위한 것이었는데, 여기서 그는 하르츠부르크에서 독일민족인민당이 원했던 히틀러의 "순치"가 성공적이지 못했다는 것을 인정한다. 그러나 그는 그 책임을 힌덴부르크에게 돌린다. 그에 의하면 힌덴부르크는 히틀러를 영접함으로써 그의 자만심과 "전체성의 희망들"을 끝없이 높여주었다는 것이다

가득 찬 권력의식이 오직 전술적으로만 거기에 지향될 수 있었다는 것을 제외한다면 말이다.[23] 그가 갖고 있던 유일한 두려움은 중앙당과 노동조합이 지금 "예전에 당시의 독일민족인민당과 했던 것과 유사한 방식으로 나치와 특별협정을" 맺을 수 있지나 않을까라는 것이었다.[24] 이와는 반대로 히틀러는 독일민족인민당의 권력영역으로의 돌진을 계속 추진할 수 있었다. 하르츠부르크는 대기업적·농업적·군사적인 기둥들, 즉 반공화주의적인 민족주의의 기둥들과의 접촉을 결정적으

(Hugenbergs Ringen, 주 I/6, I, S. 18). 그러나 여기에 대해서는 하르츠부르크의 공격적인 선언이 이미 10월 10일 이전에 후겐베르크에 의해서 준비되었다는 점, 말하자면 히틀러의 기고만장한 자신감에 의해서 결정된 것이 아니라는 반박이 가능할 수 있다.

23) 후겐베르크는 얼마 후에도 1931년 11월 8일 다름슈타트에서 있었던 한 선거집회에서 브뤼닝에 대한 새로운 공격을 개시함으로써 "민족적 반대파"의 통일성에 대한 의구심을 반박하고, 결국에는 자의식적으로 다음과 같이 주장하려고 했다: "이것이 바로 이 연맹이 다시는 논쟁할 수 없는 이유이기도 하다. 그러나 정치에서는 하나의 새로운 체제와 프로그램 그리고 하나의 새로운 권력이 옛 것 대신 들어서게 될 때에야 비로소 한 체제가 붕괴되고 그것이 지속될 수 있으므로, 현존하는 것을 공동으로 부정한다는 것이 미래의 것에 대한 공동의 긍정을 의미한다는 것은 자명한 사실이다. 하르츠부르크의 집회는 거기에 대해서 추호의 의문도 허용하지 않는다. … 그 밖에 많은 문제에 대해서 독일민족인민당과 나치당의 견해들이 서로 갈린다는 사실은 흔히 강조되었다. 우리 독일민족인민당은 사회주의자들이 아니라, 사경제의 명백한 지지자들이다. 우리는 또한 스스로를 '잡탕'으로 느끼게 하고, 보조기관차로 이용되게 했다가, 결국에는 버림받게 할 의도가 전혀 없다"(Schulteß, 1931, S. 250f.).

24) 후겐베르크(*Ibid.* 252)는 "중앙당 사람들이 다음과 같이 말한다"는 것을 알고 있다고 생각했다: "만약 우리가 독일민족인민당의 머리를 넘어서 나치당과 합치하게 된다면, 중앙당은 갈기갈기 찢어질 것이다." 이처럼 단단하게 조직된 정당을 고려할 때, 하나의 억측은 후겐베르크의 "민족적 반대파" 노선과 소속당의 몰락에도 불구하고 계속 새로운 선거에 대한 요구 이상으로 정치적인 인식을 속이지는 않았다.

로 강화시켰다.

2. 브뤼닝 정부의 개편과 권위주의 노선의 강화

이틀 후에 구성된 제국의회는 여하튼 변화된 상황과 마주쳤다. 대외정책적인 이니셔티브와 부분적인 성공도 — 후버 모라토리움의 통과 — 일련의 비상령도 독일 상황의 현저한 악화를 계속 유지시킬 수는 없었다. 이미 9월에 게슬러 내각[25] 또는 심지어 우익 반대파 전체를 포함한 가일의 내각 등 정부교체에 대한 갖가지 소문은 언론의 관심사였다. 물론 그러한 추측들이 대통령체제의 분위기에서 징후적인 변화를 제대로 계산한 것이라 할지라도, 사실을 엄청나게 벗어난 것이었다. "경제계"의 점진적인 이탈은 브뤼닝을 새로운 상황에 놓이게 했다. 이미 이익단체들의 최후통첩성 선언이 있은 직후 이들로부터 지속적인 정부의 개편뿐만 아니라 "일련의 사건들로 인하여 이미 낡아버린" 관용노선으로부터 등을 돌릴 것을 요구하였다. "위대한 구조작업"은 "브뤼닝 박사가 총리직에 취임하면서 가졌던 정치적인 기본사상"으로[26] — 즉, "민족적 독재"의 준비와 독재적으로 통치하는 후임자들의 관점에 서 있는 사상[27] — 되돌아갈 것을 요구한다는 것이다. 명백한 위협

25) (민주적인) 옛 국방부장관의 평가에 대해 그가 대통령의 권력증대에 대한 반대투사에 속했고, 또 칼 슈미트의 지지자에도 속했다는 점이 흥미롭다. Otto Geßler, Die Träger der Reichsgewalt (Hamburg, 1931), 3, 78f. 를 참조.

26) Leitartikel der DAZ, Nr. 458 v. 5. Oktober 1931.

27) Leitartikel der DAZ, Nr. 457 v. 4. Oktober 1931: "사람들은 브뤼닝의 정치활동을 다음과 같은 방향으로만 요약할 수 있다. 즉, 그의 활동은 — 비스마르크의 말로 표현하면 — 민족적 독재의 전작물(前作物, *Vorfrucht*)을 의미한다. 말하자면 그는 인민을 독재에 익숙하게 하고, 자신의 후계자들이 그 전임자를 언급하면서 자신의 주장을 옹호할 수 있게 해준다." 이는 파펜

으로 "독일의 정치 및 경제의 중요한 세력들"이 브뤼닝에게서 떨어져 나가기 시작했다는 사실이 확인될 경우 그것은 하르츠부르크 회동에 대해서 잘 들리는 배경음악이다.[28)]

10월 3일 쿠르티우스의 퇴진은[29)] 브뤼닝에게도 이미 오래전부터 계획했던 정부의 재구성을 위한 기회를 제공했다. 농촌주민당 및 농민연맹 출신의 의원들뿐만 아니라 경제당과 독일인민당도 최종적으로 수동적인 정부 다수파로부터 벗어나겠다고 위협한 것은 총리로 하여금 동시에 권위주의적인 정부의 새로운 강화에 기여하게 될 조치를 취하게 했다.[30)] 브뤼닝은 힌덴부르크와의 어려운 예비대화를 한 후에 10월 7일 공식적으로 물러났다. 힌덴부르크는 동시에 그에게 새로운 내각의 구성을 위촉했는데,[31)] 제국의회가 대립적인 의원단으로 분열됨으로써

(과 마이스너)가 자신의 옹호론에서 충분히 할 수 있는 것이 아닌가?

28) *Ibid.*, Nr. 459 v. 6. Oktober 1931. 여기서 나온 구체적인 이니셔티브에 대해서는 이 책 아래의 262 이하를 참조.

29) 상세한 내용은 Curtius, Sechs Jahre(주 I/9), S. 207ff.

30) 4주 후 브뤼닝이 중앙당 중앙위원회에서 행한 연설에서 암시한 것을 참조(1931년 11월 5일): "내가 전에 느꼈던 바로는 10월의 위기는 긍정적인 측면을 지니고 있었다. 왜냐하면 어떤 분위기를 위한 밸브가 제공되었기 때문이다. 그리고 제국정부는 대외정책과 관련된 협상들에 대해 10월에 내려진 결정들을 11월이나 12월로 연기했을 때보다 훨씬 더 강력하다"(Schulteß, 1931, 247). 이것과 주 IV/50에 인용된 문장은 특징적으로 중앙당의 공식적인 자료집에서 브뤼닝의 연설들을 빠뜨리고 있다(주 IV/100, 44ff.). 브뤼닝은 1년 전에 앞의 주 III/48에 인용된 온건우파에 속한 당 지도자들과의 대화에서 "정당으로부터 더욱 멀어진 내각"에 대해 반대입장을 표명했다. 게다가 이미 당시 쿠르티우스와 비르트의 퇴진은 — 물론 철회되었던 — 논의주제의 하나였다. Westarp-Akten, "Meine Verhandlungen …"(주 II/76).

31) 브뤼닝 자신은 힌덴부르크를 계속 내각의 지주로 만들려는 일이 얼마나 어려웠는지를 증언한다("Brief", 주 I/9, 7f.). 다만 쿠르티우스와 비르트의 "희생"에 맞선 그뢰너와 슐라이허의 "의심스러운" 노력만이 결국에는 성공했다는 것이다. 괴를리츠의 책(주 I/67, 344ff.)에 재수록된 세부적인 내용들과 사건들은 이미 이즈음에 동프로이센의 친구들이 힌덴부르크에게 행사했

진정한 연립 또는 안정된 다수의 형성이 불가능해졌다고 언급하면서, 지금까지의 기반을 넘어서 "정당의 구속성이 없이" 완전히 "독립적인" 정부를 구성하라는 명백한 지시를 내렸다.[32] 이로써 최종적으로 대통령제 내각에 대한 고백이 이루어졌다. 대통령제 내각은 2년 전에 대연립의 위기중에 첫 모습을 얻었고, 이어 브뤼닝 정부의 구성과 더불어 임시로 정치적인 실험을 했으며, 권위주의적인 비상령 노선의 관철과 더불어 실제의 현실성을 얻었다. 그 마지막 단계에서 공화국의 정부형식, 즉 권위주의적인 "전문가 내각"(*Fachkabinett*)은 이제 이미 더 분명하게 등장하였다. 브뤼닝이 엄격히 법적인 관점에서 마지막까지 최소한 제국의회의 수동적인 동의를 고집하긴 했지만 말이다. 먼저 파펜은 의회에 맞서 자치정부로 나아가는 결정적인 추가조치를 취했다.

정부의 개편이 있는 날에 힌덴부르크는 다른 당정 지도자들과 함께 10월 9일 처음으로 히틀러와 괴링을 맞았다. 푸르 르 메리트 훈장의 수상자(*Pour le mérite Träger*)[33]는 힌덴부르크에게 인상을 심어주고 싶은 어떤 것이었다. 그렇지만 제국대통령 또한 나치당이 정부정책에 대하여 긍정적 입장을 표명할 만한 어떠한 약속도 받아내지 못하였다. 그 밖에 그는 기껏해야 — 당시 세상에 널리 알려진 말처럼 — 체신부〔郵政省〕를 넘기고자 했던[34] 이 "뵈멘 해방자"의 능력과 신뢰성에 대

던 반(反)브뤼닝 압력이 얼마나 강했는지를 인식하게 해준다.

32) DAZ, Nr. 462 v. 7. Oktober 1931. Meißner(주 I/156), 206 참조. 특히 제버링(주 I/18, II, 304f.)은 제국정부의 개편에서 슐라이허의 결정적인 영향력 행사를 강조한다.

33) 〔역주〕 푸르 르 메리트(Pour le mérite)는 프로이센의 프리드리히 대왕이 도입한 것으로 1918년까지는 주로 군인들의 공로를 치하하기 위해 수여한 훈장이었다.

34) Meyer(주 II/89), 154; 바이츠재커(Ernst v. Weizsäcker, *Erinnerungen*, München, 1950, 103)는 가능성 있는 일화로서 다음의 추신을 전한다: "여기서 그는 나에게 체신부를 — 뒤로부터 — 맡길 수 있다."

해서 어떠한 인위적인 인상도 얻지 못했다. 히틀러의 "긴 설명"은 의도적으로 얼버무리는 듯이 이루어졌으며, 라이프치히의 제국군대 재판에서 이루어진 합법성 선서를 다시 증거로 내세우면서 공산주의자들의 공격에 대한 정당방위로서 나치의 폭력행위에 대해서 사과했다.[35] 진정한 민주적 연립의 형성을 위한 추가적인 시도들은 브뤼닝에 의해서도 또 힌덴부르크의 주변에 의해서도 명백히 주저하면서 추진되었을 뿐이었다. 대통령제 내각이라는 생각은 이미 명백한 독자적 삶을 발전시켰다. 그래서 사민당이 기꺼이 용인된 협력의사를 보였음에도 불구하고 내각을 좌파로까지 확대하려는 시도는 금방 날아갈 정도로 약하게만 이루어졌다.[36] 많은 실망에도 불구하고 브뤼닝은, 지난해의 정치적 논리가 자신을 왼쪽으로 가리키게 한 후, 온건 우파정부라는 막연한 계획을 단념하지는 않았다. 10월 8일까지도 런던주재 대사 노이라트(v. Neurath)에게 외무부를, 옛 국방부관 게슬러에게 그리고 그가 거부한 뒤에는 옛 독일인민당 당의장 숄츠에게 내무부를 맡기려 했던 확고한 생각은 거기에 상응한 것이었다. 알베르트 푀글러(Albert Vögler)가 경제장관에 입후보한다거나 질버베르크가 교통장관에 입후보한다는 소문들도 일시적으로 나돌았으나,[37] 브뤼닝 자신은 독일민족인민당에 가까운 시장인 괴르델러를 생각했다.

결국 "전문가"인 바름볼트(Warmbold)를 고아가 된 경제부에 불러들임으로써—이 부서는 몰덴하우어의 퇴진 이후 차관인 트렌델부르크(Trendelburg)가 관리했다—독일인민당에 가까운 대기업(I. G. Farben)의 대표가 오게 되었다. 반면에 "경제계"의 요구를 수용하여 오른쪽으로 나아가려는 다른 시도들은 이번에도 실패했다. 여기서 중앙당의 장

---

35) Meißner(주 I/159), 207.

36) 아래의 주 IV/65 참조.

37) Severing(주 I/18), II, 305; Schulteß, 1931, S. 223. 또한 Mühlich(주 I/38), 189ff. 도 참조.

관 비르트와 게라스트(v. Guérard) — 트레비라누스가 그를 대체했다 — 의 퇴진은 "중앙당 독재"라는 비난과 비르트가 우파에게서 인기가 없다는 사실에 대한 인정을 의미했다. 그사이에 실각한 프릭에 대한 비르트의 투쟁은 나치의 공격화살을 다시 자신에게로 돌렸다. 사람들은 "민족적 우파"에 대한 그의 조치들을 잊을 수 없었다. 왜냐하면 그는 라테나우 살해사건에 대해 이 조치들로 응답했기 때문이다.[38]

그뢰너는 장관으로서 내무부의 업무를 담당하게 되었다. 그러나 그는 제국군대에 영향력을 행사하려는 우익급진주의의 모든 시도에 있는 힘을 다해 대처했기 때문에, 그사이 우파 쪽으로부터 더 이상 사랑받지 못하게 되었다. 국방부와 내무부의 인적 유대를 통해서 달성된 군사적·경찰적인 연결과 더불어 국내정치의 긴장과 정치적 사병의 행진에 대비하여 안정된 방어가 구축된 듯이 보였다. 물론 그뢰너의 절친한 동료이자 힌덴부르크와의 중개인인 슐라이허는 동시에 이 역할을 수행하면서 새로운 권력의 위치를 손에 넣었다.[39] 그리고 그는 — 적

38) 마이스너는(주 I/159, 207) 힌덴부르크도 그의 당시 태도에("Der Feind steht rechts") 화를 냈다는 사실을 강조한다. 비르트가 특히 힌덴부르크의 요청으로 점차 뒤로 밀려났고, 또 그의 퇴진이 이미 1930년 12월에 고려되었다는 사실은 그뢰너 문서에서도(Phelps in *Deutsche Rundschau* 77, 1951, 19) 나온다. 비르트의 명언(1922): Joseph Wirth, *Reden während der Kanzlerzeit* (Berlin, 1925), 406.

39) 마이스너는(주 I/156, 207) 브뤼닝이 슐라이허의 후원 덕택에 힌덴부르크에게서 게슬러 대신 그뢰너를 관철시키는 데 성공했다는 점을 증언한다. 당시 슐라이허의 부관이던 뇔데헨(v. Noeldechen) 장군은 1951년 2월 24일 마이스너의 회고록에 대한 언급에서 이를 명백히 확인한다. Werner Conze, "Zum Sturz Brünings", *Vierteljahrshefte für Zeitgeschichte* 1(1953), 273. 그러나 그에 따르면 슐라이허는 "내무부장관의 노선에 대해서 자신이 영향력을 행사할 가능성"을 과대평가했다. 당시 그뢰너-슐라이허 사이의 밀접한 관계에 대해서는 예컨대 복종과 우정에서 슐라이허가 1931년 8월 5일 그뢰너에게 보낸 편지를 참조: "Briefe Schleichers"(주 I/34), 128.

어도 간접적으로 — 반년 뒤에 브뤼닝의 최종적인 실각을 야기하게 될 것이었다. 그러나 사람들은 먼저 내무부가 더 이상 토대가 없는 기관이 아니기를 기대했다. 이 기관은 이제까지 경찰의 각 주별 권리로 인하여 그 헌법보호에 필요한 질서유지 과제를 수행할 수 있는 권력수단을 갖지 못했다.[40]

어쨌든 제국총리가 외교업무를 직접 관장하게 된 내각의 개편은 전반적으로 정부의 확대라기보다는 협소화를 의미했고,[41] 또 권위주의적인 정부구조가 훨씬 더 강하게 각인되었음을 의미했다. 가장 중요한 부서들은 — 총리직과 대외정책 그리고 제국군대와 국내정책 — 이제부터 인적 유대 속에서 조종되었다. 내각은 바이마르공화국의 이전 정부와는 다른 짜임새와 견실함을 지니게 되었다. 그러나 이번에도 역시 외국의 관찰자들이 정황상 불가피한 것으로 생각했던 "부르주아 정당들의 연합"에 이르지는 못했다.[42] 브뤼닝은 오히려 매우 솔직하고 분명하게 이제까지의 방식을 유지했으며, 이제는 왼쪽으로 사민당의 관용과 오른쪽으로 제국군대와 제국대통령을 통한 안전조치에 의존하려고 생각했다.[43] 그리고 이제는 우파에 대한 보수적 소수분파들의 입

---

40) 그뢰너는 브뤼닝에게 "외부에서 보기에 그가 운신의 자유를 유지하기 위해 내부에서의 지원을 강화시켜 주는 것"을 자신의 주된 과제라고 생각했다: "Brief an Gleich v. 1. November 1931", Pehlps(주 I/52), 1017.

41) "고독한 결단들의 정책"이라는 — 비스마르크에 의해서 그 근거가 설명된 전통 — 의미에서 국내정책의 형성에 대해서도 이러한 인적 유대가 갖는 일반적 의미에 대해서는 Theodor Eschenburg, "Kanzler und Außenminister, keine Adenauersche Erfindung", Frankfurter Allgemeine Zeitung, Nr. 106 v. 8. Mai 1954, 14(1954년 2월 11일 그의 튀빙엔대학 교수취임 강의에서 발췌: 앞의 주 III/50, 284ff. 참조).

42) Rumbold an Reading, 7. Oktober 1931, *Documents on British Foreign Policy*(주 II/55), 2nd series, vol. II, S. 280.

43) 이러한 의미에서 내각개편에 대해서는 Stampfer(주 I/4), S. 602ff. 를 참조. 사민당의 입장표명은 다시 "차악"이라는 기본사상에 의해서 결정되었고, "우

장과 경제당 및 (더 강하게) 독일인민당의 입장은[44] 여전히 해결되지 않은 문제였다. 왜냐하면 새로운 "하르츠부르크 전선"은 그 내적·외적인 긴장에도 불구하고 처음부터 브뤼닝이 과시적이고 단호하게 우파로 이전해 가는 것을 지연시켰기 때문이다.[45]

10월 13/16일의 제국의회 회의는 이러한 상황에서 더 이상 대통령제 정치의 실질적 성격을 훨씬 더 선명하게 등장시킨 징후적인 에피소드가 아니었다. 우익반대파가 불참한 가운데 낭독된 브뤼닝의 정부선

유부단함이란 표식을 지닌" 내각의 관용을 계속 어떠한 의심스러운 인적 변화도 피해야 한다는 언급으로 그 근거를 설명했다. 1931년 10월 9일자 〈전진〉지의 사설은 "노이라트도 좌글러도 게슬러도 아니다"라는 부제를 달고 있다.

44) 내각개편이 있던 바로 그날 이미 딩엘다이는 브뤼닝에게 독일인민당이 거기에 관심이 없다고 설명했다.

45) 1931년 10월 9일 후겐베르크의 《로칼안차이거》(*Lokalanzeiger*)는 "우파의 위장"이라는 브뤼닝의 시도를 불순한 것이라고 선언했다. 반면에 〈도이체 타게스차이퉁〉은 같은 시기에 "녹색전선"의 거부를 선언했다. 온건우파의 신문들도(〈베를리너 뵈르젠차이퉁〉과 *DAZ*) 브뤼닝이 결국 우파에게 책임을 넘기지 못한 점을 비판했다. Schultcß, 1931, 224. 베스타르프 자신은 당시 독일민족인민당 의원인 라데마허에게 1931년 10월 12일에 보낸 편지에서(*Westarp-Akten*) 계속 브뤼닝에 대한 지지를 고수했다. 라데마허는 (Brief an Westarp v. 7. Oktober 1931, *Ibid.*) 사람들이 이제 극우파에게 책임을 떠맡겨 그들을 궁극적으로는 불쾌한 대안 앞에 서야 한다는 점을 강조했다. 거부=브뤼닝에 대한 위신상실과 안정 또는 수용=훨씬 더 많은 위신상실(Walther Rademacher, "Heraus aus der Sackgasse", *Leipziger Neueste Nachrichten* v. 19. Sept. 1931). 이와는 달리 베스타르프는 브뤼닝이 위기상황을 고려하여 아직 "민족적 반대파"와의 실험에 들어갈 수 없다는 견해를 제시했다. 염려되는 결과들은 "지불유예의 파기, 새로운 신용의 회수, 인플레이션 심리, 도산, 조업중단, 실업, 사민당과 노동조합을 거리로 몰아낸 것 등이 공산주의자 편으로" 만들었다는 점이었다. 그의 결론은 "기독교사회당과 우리는 브뤼닝에게 투표한다"는 것이었다. 이것은 이 주에 브뤼닝과 (관계)단절에 대한 많은 다른 요구들에 대한 베스타르프의 대답이기도 하다(*Westarp-Akten*).

언은 다시 한 번 내각개편의 본질적 이유들을 종합하면서, 우익의 선동에 대하여 단호한 입장으로 전환하면서 배상문제의 신중하고 단계적인 해결하기 위해 독일의 대외정책에서 협상할 준비가 되어 있음을 강조했고, 이미 시작된 긴축프로그램과 디플레이션 프로그램을 넓은 단계에서 개관하려고 하였다. 다시 "헌법에 명시된 공동결정권"의 변경 필요성, 즉 임금협정 사상을 탄력적으로 완화하고 모든 사회정책을 "재정적·경제적 필요성"에 맞출 필요가 있다는 언급은 뚜렷하게 들렸는데,[46] 이는 대연립의 붕괴와 더불어 경제적 위기를 정치적인 장기위기로까지 확산시킨 바로 그 약점을 건드린 것이었다. 브뤼닝은 비상령을 통해서 추가로 더 엄격한 조치를 예고함으로써 위기의 정치적인 측면을 극복하고자 했다. 그러나 그는 이 협박에 "조국애와 희생정신"에 대한 호소 이외에는 아무것도 덧붙일 수 없었다.[47]

이 자리에서 공산주의자들의 소요시도에 대하여 중도파와 사민당측의 개별적인 갈채가 나오자, 브뤼닝은 자유발언에서 국내정치 상황 자체를 상세히 다루었다. 그는 공황의 세계경제적인 중요성이 이제는 우익반대파로부터도 더 이상 부인될 수 없고 또 비상령 노선이 정당하다는 점을 언급했다. "예외적인 상황은 예외적인 조치들을 필요하게 만든다."[48] 공황으로 타격을 받은 다른 국가들의 조치들도 이를 증명해 보여주었다. 그리고 독일은 자신의 방어수단을 동원함에서 다른 나라들보다 훨씬 더 앞서 있다는 것이었다. 브뤼닝은 자신이 "오랫동안 숙고했던 계획"을 고수하겠다고 선언하면서, 비록 "책임있고 또 책임질 준비가 되어 있는 모든 정당들의 정부"가 구성되지 못하긴 했지만,[49] 자신은 "용기를 갖고 인기 없는 정책"을 추진하겠다고 선언했

46) *Reichstagsprotokolle* v. 13. Oktober 1931, S. 2071f.
47) *Ibid.*, S. 2073.
48) *Ibid.*
49) *Ibid.*, S. 2074.

다. 이러한 방향에서 시도되었던 모든 노력이 수포로 돌아간 다음에는 "이제까지의 내각보다 정당으로부터 더 독립적인" 정부로 나아가는 길이 남아 있다는 것이다.[50] 마지막으로 브뤼닝은 지난 6년 동안 공기업과 일부 사경제의 잘못된 신용정책에 대한 개관을 새로운 하르츠부르크 전선의 파괴노선, 특히 샤흐트의 거리낌 없는 공격에 대한 신랄한 비판과 연결시켰다. 그에 의하면 그러한 신용정책은 감당할 수 없는 채무를 가져왔고 또 현재는 독일정책 전체의 운동능력을 결정적으로 마비시켰다는 것이다.

그사이 하르츠부르크에서 선포된 "민족적 반대파"의 불신임안과 공산당의 제국의회 해산 및 국제연맹 탈퇴 이니셔티브가 제출되었다. 다음번의 제국의회 논의(10월 14/16일)에서 브라이트샤이트는[51] 사민당을 대표하여 샤흐트의 파괴적인 발언에 반론을 폈고, 경제위기에 대한 책임으로부터 브뤼닝의 부담을 덜어주었다. 즉, 그는 위기의 책임을 "사경제체제의 동요" 탓으로 돌렸다.[52] 그는 우선 비상령 정책을 일방적으로 이익정책에 이용한 점과 임금인하와 거의 변하지 않은 가격수준의 불균형을 비판하였다. 그러나 동시에 그는 브뤼닝 이후에 닥치게 될 것을 막기 위하여 브뤼닝의 추가적인 관용을 요구하였다.[53] 이어 프릭(나치당)과 레멜레(Remmele, 공산당)는 급진정당들의 반대를, 오버포렌(Oberfohren)은 독일민족인민당의 그것을 공포했다.[54] 하르츠

---

50) *Ibid.* 브뤼닝은 자신이 속한 정당에 대해 얼마 후 이 비상령 노선이 이행기적인 해결책일 뿐이어야 한다는 점을 확실히 했다: "나는 여기서 의회를 지속적으로 또는 장기간 배제할 의사가 없음을 명백히 하고자 합니다"(Rede vor dem Reichsausschuß des Zentrums am 5. November 1931: Schulteß, 1931, S. 247).

51) *Reichstagsprotokolle* v. 14. Oktober 1931, S. 2079ff.

52) *Ibid.*, 2081.

53) *Ibid.* 관용정책에 대한 당내, 노동조합(나프탈리)과 사무직원들(아우프호이저)에서의 반대파에 대해서는 Keil(주 I/3), II, S. 406f.

부르크에서 전망했던 우익내각의 어떠한 관용에도 반대했던 중앙당과 더불어[55] 민족인민당(발트루쉬), 기독교 사회당(짐펜되르퍼), 바이에른인민당(Leicht), 국가당(베버), 그리고 10월 16일에는 마침내 경제당(Mollath)도 브뤼닝에 대한 지지를 선언하였다.[56]

이는 사실상 이미 다수가 확보되었음을 의미했다. 마지막까지 오락가락했던 독일민족인민당의 입장표명은 이제 더 이상 결정적인 것이 되지 못했다. 물론 당 의장인 딩엘다이가 선언문을 발표할 시점에(10월 15일)[57] 이는 아직 확실하지 않았다. 그리고 그 책임이 이번에는 경제당에 부과되었다. 왜냐하면 딩엘다이는 자주 논의되었던 독일인민당의 전향을 — 이는 헌법 제48조의 적용과 대통령제 정부에 대한 반대조치였다 — 발표했기 때문이었다. 독일민족인민당 측으로부터 정부의 그러한 관행이 정당을 배제하지만, 동시에 관용과정에서 재차 그 형성에 정당이 아무런 영향력을 갖고 있지 못한 여러 발전과 조치들에 대한 책임을 지게 된다는 사실에 대해 비판적인 목소리를 들을 수 있다는 점은 매우 놀라운 일임에 틀림없다. 딩엘다이는 그 자체로는 매우 적절한 근거를 제시하면서 비상령 노선을 거부함으로써 당의 전통적·헌법정책적인 노력을 — 자신이 명백히 접근했던 "민족적 반대파"처럼 — 전술적으로 밀어젖혔을 뿐만 아니라, 대연립을 초의회적인 대통령제 정부로 대체할 때 규정적인 역할까지도 묵과하였다. 그가 그 대신에 설정했던 것은 강화된 수정정책에 대한 자본주의적 관심을 더 강조했다는 점에서 우익 반대파의 결집구호와 구별되었다. 독일인민당은 슈트레제만의 사후 사회정책과 경제정책 영역에서 타협에 적대적

---

54) *Reichstagsprotokolle* v. 14. Oktober 1931, S. 2087ff. (프릭); S. 2090ff. (레멜레); S. 2096ff. (오버포렌).

55) Joos(중앙당), *Ibid.*, S. 2106ff.

56) *Ibid.*, S. 2190ff.

57) *Ibid.*, S. 2128ff.

이었다. 그리고 이러한 타협 적대성은 최후의 다수파 정부의 붕괴를, 이어 몰덴하우어와 쿠르티우스의 실각을 초래했고, 당을 더욱더 강력하게 사민당이 관용한 정부에 반대하는 방향으로 이끌었다. 독일인민당은 이제 "민족적 반대파"의 선동적인 성공의 영향 아래서 그리고 산업계의 압력 아래서 정치적 투쟁입장으로 바뀌어갔다. 딩엘다이는 자신의 마무리 발언에서 다음과 같이 표현했다. 독일인민당은 사람들이 "이 과정에서 점차 기반이 약화되어 힘든 겨울을 이겨낼 수" 있다고 확신하고 있지 않기 때문에, 야당에 남음으로써 적어도 그 존재를 구출하고자 한다.[58]

모든 정당들에 대한 브뤼닝의 마지막 호소에 뒤이은 표결에서는 경제당이 모든 조항에서 주저하면서도 동의한 덕택에 정부를 구성할 수 있는 다수파가 형성될 수 있었다. 내각 전체에 대한 불신임안은 근소하게(295 대 270) 부결되었다. 왜냐하면 농촌주민당과 더불어 (슐랑에-셰닝엔 이외에)[59] 독일인민당의 다수도 반대파에 가세했기 때문이다. 칼(Kahl), 칼레(Kalle), 카르도르프(v. Kardorff), 틸(Thiel), 그리고 글라첼(Glatzel) 등만 브뤼닝을 지지하였고, 슈나이더와 몰덴하우어는 투표 전에 회의장을 떠났다. 이와는 반대로 개별 장관들에(그뢰너, 실레, 슈테거발트) 반대하여 제출된 불신임안에 대한 표결에서 반대파의 패배는 매우 통렬한 것이었다. 2월 10일의 행진 이후 공포된 모든 비상령의 효력정지(335 대 233), 제국의회의 해산(319 대 250), 지난 10월 16일 비상령의 폐지(302 대 246)에 대한 우익반대파의 동의안 또한 같은 운명을 겪었다. 패배가 확정되자, 향후 외국에 대한 어떠한 채무지불에도 반대하고 또 독일의 국제연맹 탈퇴를 옹호하는 선동적인 동

58) *Ibid.*, S. 2135f.

59) 브뤼닝은 이미 10월 9일에 동부지역 전권특사로 그의 입각에 대해 그와 대화를 가졌다. Schlange-Schöningen(주 I/79), S. 48ff.와 아래의 주 IV/111을 참조.

의안이 표결에 붙여지기 전에, "민족적 반대파"는 다시 한 번 제국의회로부터의 집단퇴장(*Auszug*) 행사를 열었다. 그래서 결국에는 공산당이 제안한 장갑순양함 건조의 중지에 관한 "결의안", 즉 이 오래전부터 선동의 대상이 되었던 이 결의안이 공산당과 사민당으로 구성된 다수파에 의해서 통과되는 진풍경이 벌어졌다.

제국의회는 다시금 1932년 2월 23일까지 4개월 동안 개회가 연기되었다.[60] 또 제국의회는 의회를 통한 해결시도를 포기하면서 비상령 노선과 아직 남아 있는 민주적 권력도구들의 차단을 계속 방치하였다. 이제 상호연관된 회의기간에도 거의 도달할 수 없게 되었다. 새 정부는 다시 한 번 의회의 관용을 얻어내긴 했으나, 이제 처음으로 의회의 예비협상도 없이 대통령의 직권내각으로 등장하게 되었고,[61] 의회의 신임투표를 처음부터 포기했다. 제 2차 브뤼닝 내각은 형식적으로나 실제로나 그 정당성을 대중이 선출한 대통령의 권한으로부터 이끌어냈다. 그리고 제국의회 다수파의 용인은 이러한 발전을 가능케 했을 뿐만 아니라 가속화시켰다. 합법적인 임시처방은 파펜식의 자립정부로 가는 전단계로 되었고, 결국 독재의 권력정치적인 지렛대로 되었다. 이제 이 독재는 의회정부체제의 나머지를 별다른 힘을 들이지도 않고 측면으로 밀어낼 수 있었다.

---

60) 원로회(*Ältestenrat*)는 1931년 11월 26일 공산당과 독일민족인민당에 반대하여 공산당의 소환 동의안을 거부했다.

61) 만약 브뤼닝이 "정부를 후원하는 정당들의 매우 신뢰할 만하고 신중한 구성원들"과 지속적으로 생각을 교환하고 있었다는 점을 강조한다면, 내각은 이러한 확정으로부터 아무것도 얻지 못한다. 그는 이 구성원들 중에 디트리히 이외에 힐퍼딩, 카스, 퓐더(총리실) 그리고 폰 뷜로우(외무부) 등을 언급한다: "Brief"(주 I/9), S. 8. 여기서도 정부가 무조건 여론으로부터 거리를 두는 것이 명백해지고 있다. 이러한 경향은 특정의 소문들이 경제상황에 끼칠 영향에 대한 브뤼닝의 염려로 강화되었으며, 이제 각 장관이 브뤼닝과 힌덴부르크의 협상에 대해서 전혀 전달받지 못했을 정도로까지 멀리 나아갔다.

이제 헌법 제 48조를 근거로 행정부의 수반으로 재임중인 대통령의 입법전권은 그 전의 어떤 것보다 많이 전면에 등장했다. 1925년에서 1930년 사이에는 모든 법률이 의회의 길을 통해서 통과되었고 또 1930년에도 5차례의 비상령이 다수의 정규적인 법안에 대비되었다. 그러나 비상령의 수는 1931년에 44건으로, 또 1932년에는 60건으로 폭증했다.[62] 특히 제 48조에 따른 중요한 법령들은 긴급상황이라는 개념을 가장 넓게 해석하여 극히 이질적인 법률들을 서로 결합시켰다. 이들은 소법전들에 비견되었다. 여기서 소법전의 수많은 개별규정들은 전체적인 고찰에서 의미있는 비상령으로 확인될 수 있지만, 오히려 입법 전체를 일괄적·관료적으로 처리한 것의 표현이었다. 의회의 활동이 급속히 줄어든 것은 이러한 사실에 부합한 것이었다. 제국의회는 1930년에 94차례의 회의를 개최했고, 1931년에 그 수는 절반 이하(41회) 였으며, 1932년에는 심지어 13회에 불과했다. 이 13회도 결국 극단적인 갈등상황의 시위 또는 일괄적인 관용결의, 연기결의, 항의결의 등으로 채워졌다.

제국대통령은 헌법에 명시되지 않은 일련의 과제들을 하위 관청에 대행시켰다. 이렇게 하여 비상령의 시행과정에서는 대통령과 나란히 행정부, 전권특사, 관료 등이 "독재의 조력기관"으로 더 많은 영향력과 권력을 획득하게 되었다. 대통령의 독재권력으로부터 흘러나온 권한의 위임은 점차 실질적인 권력배분의 개조를 초래했고, 이는 일관되게 반의회주의적 국가운영을 행사하는 과정에서 전체적인 국가건설의 근본적인 변화의 편안한 출발점이자 도구로 될 수 있었다.

---

62) Poetsch-Heffter(주 I/131), S. 127을 참조. 원내교섭단체의 의회활동에 — 이 책의 틀 안에서 설정된 — 대한 상세한 조사의 개별적인 내용들은 여기에 수록될 수 없다. 부분들은 다음에 재수록되었다: Wolfgang Bruhn, Die NSDAP im Reichstag 1930-1933. Eine Studie zur parlamentarischen Wirksamkeit einer politischen Partei, Diss. Berlin 1952(ungedr.), S. 13ff.

왜냐하면 의회적인 메커니즘의 실질적인 차단은 정치적 비중을 특정의 기관으로 옮겨놓았기 때문인데, 이 기관은 궁극적으로 바이마르 공화국의 잘못된 구조적 발전에서 성장했다. 개별인간들의 활동은 한 번도 제대로 제한된 적이 없었던 대통령의 권한이 더욱 강화되었다는 점, 실질적인 정책의 배후에 있는 이익단체들과 그 네트워크가 강력하게 등장했다는 점, 의회적 질서에 대비되는 관료적 질서가 크게 돌진했다는 점, 전체주의적 운동이 민주적인 정당체제 속으로 침투했다는 점, 외관상으로만 내몰렸던 관헌국가적인 전통이 거의 모든 주민계층, "엘리트"와 "대중"의 정치적인 감정과 사유에서 부활하고 혁명적으로 과도하게 상승했다는 점 등 모든 권위주의적 국가조직의 잠재적인 기둥들과 나란히 이제 그 어느 때보다도 효과적으로 등장했다. 그들은 대립적인 권력집단들 사이에서 그리고 의회의 후퇴로 형성된 빈 공간을 채웠다. 그리고 그들은 뒤이은 정부의 시도 및 정치적 조합실험에서 지배적인 요인으로 전개되었다. 권력공백의 국면은 이제 준비되었다. 그렇지만 브뤼닝의 의심스러운 노력들은 아직 전혀 전망이 없지는 않은 듯이 보였다. 그는 여전히 힌덴부르크의 후원과 제국군대의 지원을 받고 있었다. 또한 슐라이허가 힌덴부르크와 제국군대 사이에 건설해 놓은 권력적인 지위로부터 수행한 사업들은 "자신"의 총리의 계획에 공개적으로 반대되는 것이 아니었다.

3. 슐라이허의 "순치계획"

하르츠부르크는 그 주창자들의 희망을 채워주지 못했지만, 중요한 영향을 보여주었다. 여론, 특히 정부와 힌덴부르크 주변에서 영향력을 행사한 사람들은 예전의 그 어느 때보다도 우파에 관심을 보였다. 공화주의적 좌파는 전투적인 결집운동을 개시하려 했고, 선동을 강화하면서 세력을 과시하기 위하여 거리에 등장하여 그 정치적 · 심리적인 권력지위의 감축을 억제하고자 했다. 정치적 소란에 대비한 새로운 법령과[63] 경찰의 조치들이 너무 지체되거나 또는 늦게 와서 투쟁의 격화를 효과적으로 막을 수 없었으므로, 여러 그룹들은 외관상 계속 내전으로 치닫고 있었다. 제국군대에 결정적인 의미가 부여되었다는 것은 — 슐라이허가 국내정치의 탐색에 끼친 영향력 증대는 거기에 의존했다 — 명백했다. 사민당의 영역에서도 자조의 사상은 보다 더 효과적이고 조직적인 형식을 취했다. 제국기치, 노동자 스포츠클럽, 노동조합의 일부 그리고 다른 공화주의 단체들은 1931년 12월 16일에 "파시즘을 막기 위한 철의 공화주의 전선"으로 결합되었다. 그들의 집회와 이사는 우익의 호전적인 단체들과 수많은 충돌에서 다시 한 번 사민당 지지자들의 사라져가던 자기의식을 강화시켜 주었다.[64] 그럼에도 불구하고 주로 "보수적인" 목표설정은 — 모든 측면으로부터 공격받은 정부체제의 유지, 나치의 권력장악 방지와 위협적인 논쟁의 준비 — 그 충원영역이 실업의 증가와 함께 점차 좁아진 활동의 정치적 영향력을 제한했다. 브라운과 제버링을 내각으로 영입하여 프로이센 정부와 제국정부의 밀접한 연합을 사민당의 긍정적인 포섭과 연결시키려는 브뤼닝의 소극적인 시도는 이미 대통령 내각의 개편 이전에 명백히 실패하였다.[65] 다른 한편 "적색통일전선"에 대한 공산주의자들의 호소

---

63) 특히 10월 6일(*RGBl.*, 1931, I, S. 516ff.)과 12월 10일(*RGBl.*, 1931, I, S. 742ff.)의 비상령. 브뤼닝의 투쟁조치들에 대해서는 종합적인 것으로 Brecht(주 I/85), S. 70ff. 도 참조.

64) Leber(주 I/37), S. 239ff.

65) 제버링은(주 I/18, II, 303f.) 사민당 중앙위원회(벨스)를 거쳐서 제안된 이 소망이 매우 뒤늦게야 동의를 받았지만, 독일인민당의 저항에 부딪쳐 이미 다음날에 펀더 차관에 의해 거부되었다고 전한다. 프로이센의 중앙당 지도자 헤스에 따르면 여기서 슐라이허는 사람들이 그러한 확대의 진정한 활동능력을 확인해 볼 수 있기 위해서는 프로이센의 의회선거를 기다려봐야만 한

는 오직 선동적인 조작으로만 이해될 수 있었다. 왜냐하면 특히 그러한 호소들은 "노동자와 공장에서 생활하는 인민의 모든 이익에 대한 사민당의 배신"에 맞선 가차없는 선동과 결합되었기 때문이다.[66]

이에 반해 정부에 가까운 집단을 우파에서 탐색하는 작업은 계속되었다. 그러한 시도들이 개별적으로는 추적되기 어렵지만, 확실한 것은 그것들이 부분적으로 브뤼닝의 통제력을 앗아갔다는 점이었다. 힌덴부르크의 첫 예비적인 방향탐색이 있은 이후에 — 10월 10일 히틀러의 영접은 특징적으로 그렇지 않았더라면 매우 일상적으로는 제국대통령의 참석 없이 이루어졌다[67] — 특히 슐라이허는 히틀러 및 힌덴부르크의 주변과 대화를 계속했는데,[68] 거기서는 우익반대파와 집권중도파의 접근가능성이나 중앙당에서 나치당까지의 연립가능성은 모색되

다는 근거를 대면서 개입했다. 또한 제버링은 1951년 10월 30일 저자에게 보낸 편지에서도 프로이센 총리인 브라운을 부총리직으로 하는 인적 유대를 통해서 또 제버링을 프로이센 내무부장관이면서 동시에 제국 내무부장관에 맡기려는 계획이 제국군대의 거부로 — 슐라이허를 통해서 — 실패했음을 확인한다.

66) Ernst Thälmann, "Schmiedet die Rote Einheitsfront", Die Rote Fahne v. 29. November 1931 (Thälmann, Kampfreden, 주 II/11, S. 39ff. 에 수록).

67) Meyer (주 II/87), 154. 마이어는 여기서 "입헌적 기본규정으로부터의 일탈을 본다. 이러한 일탈은 빌헬름 시대에 불가능한 것이었을 것이다."

68) 뵐데헨 (Conze, 주 IV/38, S. 273) 에 있는 슐라이허 측근들의 해석을 참조: "슐라이허는 후겐베르크나 히틀러에 대한 동정에서가 아니라 해결책에 이르러야만 하는 어쩔 수 없는 필연성에서 이 협상들을 했다. 나아가서 정치적 보좌관으로서 그가 짊어지고 있던 막중한 책임에서 그가 얻으려고 했던 것이 아니라 단순히 존재하던 노인과의 신뢰관계에서 나온 역할이었다. 따라서 정치적 긴장의 시기에는 거의 매일 오스카 폰 힌덴부르크가 우리 앞에 나타나거나 전화로 자문을 구했다 …. 브뤼닝은 자신의 기본입장에 따라 그러한 연립에 반대했다." 1930년 이후 — 특히 룀을 거쳐서 진행 — 슐라이허와 히틀러의 접촉은 현재 완전히 신뢰할 수 있을 정도로 확인되지는 않았지만 Wheeler-Bennett, *Nemesis* (주 I/162), 226ff. 에서 연구되었다. 또한 *Die Memoiren des Stabschefs Röhm* (Saarbrücken, 1934), 170과 107을 참조.

지 않았다. 이는 먼저 그뢰너의 국내정치 노선과도 상응했다. 모든 선동적인 구호들에 대해서 그에게서 "공산주의자들은 가장 적게 걱정"했다. 반면에 그의 주된 의도는 "우리는 나치를 잡아들이고 사회주의자들을 야당으로 몰고가려 한다"는 점을 목표로 했다.[69]

그러한 이니셔티브가 브뤼닝의 인지 없이 시작되지는 않았고 또 그의 본래 구상들 및 독자적인 시도들에 곧 반박할 수 없는 듯이 보였다 할지라도, 이러한 접촉의 지속은 동시에 브뤼닝의 실각을 초래한 상황에 엄청난 영향을 미쳤다. 슐라이허는 개인적인 연결망과 이해하기 힘들지만 때로는 가볍게 알려진 제안이라는 독자적인 수단으로 반공식적인 작전을 추진했다. 그리고 그는 어쨌든 힌덴부르크의 동의에 의지할 수 있었다. 힌덴부르크는 나치당이 정부에서 주도적인 지위를 차지하는 것을 허용하지는 않았지만, 우파로 확대된 내각에서 나치당의 책임 있는 참여를 고려했었다.[70] 친군부적인 "민족적" 대중정당을 추가적인 군사적 병기고로 이용하려는 장군의 또 다른 의도가 거기에 등장했다. 반면에 신뢰할 만한 제국군대는 힌덴부르크의 권위 아래서 그러한 협력계획이 위험한 정치적 결과들을 언제든지 우회할 것이었다. 슐라이허 계획의 핵심을 형성한 것은 군사적인 것으로 사용된 "고수"(鼓手) 개념이었다. 그 이면은 여전히 성장하던 나치의 대중운동에 대한 조바

---

69) 1931년 11월 11일 그뢰너가 글라이히에게 보낸 편지: Phelps(주 I/52), S. 1017. Groener-Geyer(주 I/52), S. 263ff. 를 참조. 그뢰너와 슐라이허의 고집스러운 계획들 사이에 관계의 점진적인 갈등을 이미 1930년 3월 이후로 설정한다.

70) 마이스너는(주 I/159, 212) 이를 확인한다. 물론 슐라이허의 활동에 대해 그가 다룬 정보들은 분명 힌덴부르크 주변의 온갖 공모로부터 벗어나려는 노력으로부터 영향을 받은 것이다. 그뢰너-가이어(주 I/52, 286)의 해석 시도는 심리적인 해명을 제공한다: "슐라이허는 한때 그뢰너가 1918년 혁명에 대해서 했던 것과 유사하게 나치당에 대해 유사한 조치를 계획했다. 즉, 그는 당시 온건파들과 연합함으로써 급진화를 막고 책임에 속박시킴으로써 이들을 혁명적 노선으로부터 이탈시키려 했었다."

심이었다. 이 운동은 라이프치히 재판의 폭풍경보 이후 일부 장교단 내부에 숨겨져 있었고, 일부 명백한 자포자기를 일깨웠다. "그것은 청년운동이다. 우리는 이제 그것을 더 이상 계속할 수 없다."[71] 이는 이미 1930년 가을에 영향력 있는 제국군대 주변집단의 분위기였다.

우익 급진주의자들이 실천적 의무이행을 통해서 평화를 정착시키려는 일반적 관점은 정치적 딜레마를 해결하기 위해 오게 될 모든 시도들을 지배하게 될 터였으나, 이는 현실주의적 내용을 거의 포함하지 못했다. 즉, 이런 종류의 전술적 이용계획을 극히 의문스럽게 만들 수 있는 현실은 나치당의 수적인 강도와 정치적 요구였다. 가장 강력한 구성요소인 나치당은 자신의 "길들이기"가 거의 존재하지 않는 이례적인 보장을 전제한 너무도 강한 자신의 비중을 초래하였다. 사람들은 너무도 명백히 지나가버리기 쉬운 항의분위기와 위기분위기로부터 위협받는 계층의 생산물이지만 거의 지속성을 갖는 동일한 청중이라고 할 수 없는 이 당이 실질적 보장을 받는 순간 다양한 구성요소로 해체되기를 기대할 수 있다. 그렇지만 브뤼닝과 그뢰너는 경찰의 수단을 갖는 나치당의 임시적인 차이를 유지하면서 우익연립의 프로젝트 지연을 위하여 노력했다. 이는 이미 이 당과 힌덴부르크의 관계에 점차 부담을 가중시킨 사실이었다. 물론 그뢰너 자신은 히틀러가 "이제 이중 삼중으로 합법성의 말뚝에 묶여"있다고 확신했다. "그는 브뤼닝 정부와 잘 지낼 것이고 후겐베르크와 같은 인물(*Hugenbergvolk*)이 권력을 장악하도록 도울 것이다."[72]

---

71) "그것은 '청년운동'이다. 그것은 멈추게 할 수 없다." 이는 영국 대사관 무관이 1930년 가을의 기동훈련에 즈음하여 독일의 장교들과 가졌던 대화에서 나온 언급이었다: *Documents on British Foreign Policy*(주 II/55), 2nd series, vol. I, 512, 주 2.

72) 1931년 11월 1일 그뢰너가 글라이히에게 보낸 편지: Phelps(주 I/52), 1016f.

세심하게 보장된 권위주의적 대통령 정부의 틀 안에서 우익 급진주의의 폭풍우와 같은 움직임을 끌어들여 이용하려는 계획은 국내정책 전체의 문제가 되는 상황 때문에 취약한 자리의 능숙하고 거의 구속성이 없는 검사, 원심성이 있는 개인적 관심, 개인적인 영향력 행사 또는 위협의 기회, 다면적인 역동성과의 위험한 게임, 나치당의 실질적인 자기 판단에 제공될 수 있는 가능성과 함께 있었고, 또 이와 함께 사라졌다. 이는 슐라이허가—특히 룀과의 지속적인 접촉과정에서—계속 권위주의적으로 형성된 바이마르공화국의 구조 내에서 점차 나치 문제의 비폭력적인 해결을 둘러싼 특정의 담지자로 되었다는 것은 이러한 노력의 뼈대였다. 즉, 처음에는 브뤼닝과 함께 했다가, 이어 그에게 반대하였고, 또 다음에는 파펜과 함께 하다가 그에 반대하였고, 결국 간접적인 행동이 수포로 돌아간 후에 나치당 지도부 자체의 핵심세력에 대한 공개적인 행동으로 나아갔다. 슐라이허의 최종적인 실패는 다음 달의 과정을 조명해주는데, 이러한 조명은 정치무대의 실질적인 모습을 드러나게 한다. 모든 민주적 기관의 권력상실의 국면 다음에 권력투쟁이라는 어두운 연극이 이어졌다. 그리고 이 투쟁은 헌법상의 결정영역을 벗어나 여러 집단들의 비화해적 대립으로 무력화된 권력의 공백상태에서 이루어졌다. 슐라이허는 권력의 유일한 수준점(*Festpunkt*)으로 된 힌덴부르크와 제국군대에서 자신의 계획을 실행하는 데 필요한 안전한 지주를 보유하게 되었다고 생각했다. 그러나 그 자신 또한 결국에는 여러 협상으로부터 나와서 오랫동안 추구했던 환상을 자신의 실각으로 단념해야만 했다.

이 1931년 10월의 여러 주에 이미 브뤼닝의 총리직이 제공했던 여러 조건 아래서 나치당을 둘러싼 노력들이 전혀 결정적인 진전을 이루지 못하게 될 것이라는 사실은 명확히 드러났다. 적어도 형식적으로는 입법에 책임이 있는 우파정부로 다시금 마무리했으면 하는 힌덴부르크의 소망이[73] 2년 전과 마찬가지로 슐라이허의 활동과 일치했다는 사실, 즉 대통령 내각에 대한 그의 구상은 브뤼닝의 입장을 이미 지금 문제가 되지 않는 것처럼 보이게 할 수는 없었다. 물론 브뤼닝 자신은 같은 시간에 훨씬 더 분명하게 제국대통령 선거가 일반적인 상황과 그 자신의 입장에 비추어서 던질 수 있는 문제점들을 다루었다. 그는 자신의 대통령 내각이 힌덴부르크의 신뢰 속에 매우 확고하게 정착되었다고 생각했기 때문에 지금까지 원수와의 협력 실행에 대한 대체계획을 단 한 번도 진지하게 주목하지 않았다. 그리고 그는 분명 중앙당과 나치당의 협력을 전제한 의회적 해결가능성을 거의 고려하지 않았다. 그는 특히 자신이 속한 정당으로부터 제국과 프로이센에서 적절한 노선변경을 기대할 수 없었다.[74] 또한 그 자신은 그러한 방식의 계획을

73) 사람들은 이제 더 이상 우익반대파가 어려운 상황으로부터 이익을 취할 수 있게 해서는 안 된다는 온건우파의 견해 또한 여기에 해당했다. Brief des Verbandes Westsachsen (Leipzig) der Volkskonservativen an Westarp v. 13. Oktober 1931 (*Westarp-Akten*) : "베스트작센 선거구 단체의 집행부는 최근의 정치적 발전에 대해 다음과 같은 입장을 취한다: 집행부는 정치적·의회적으로 다른 상황이 정치적으로나 경제적으로 우리가 처한 상황의 구조를 본질적으로 변화시킬 수 있으리라고 생각하지 않는다. 이제까지 정부를 후원했던 정당들의 책임의식은 다른 거대 집단들이 이러한 책임에서 벗어날 수 있게 해줄 정도로까지 나아갈 수는 없다. 이러한 이유에서 또 다른 여러 이유에서 이 집회의 참석자들은 당수뇌부에 제2차 브뤼닝 정부와 거리를 두고 이 내각에 대한 책임을 거부할 수 있는 모든 수단을 동원하여 이른바 민족적 반대파가 협력하거나 경우에 따라서는 정부를 인수하도록 자극하거나 강요하라는 시급한 요청을 제출한다."

74) 카스 역시 중앙당의 전국위원회대회에서 (1931년 11월 5일) 중도파의 현 노선의 확고한 지지와 "연립정치적인 발언"에 대한 반대, 즉 "다른 연립정치적인 요구의 가능성들"에 대한 억측에 반대했다. 이러한 요구들은 내각의 안정된 활동능력을 해치고 민족이 "상호 절멸투쟁을 선언한 2개의 거의 동일한 크기의 진영으로" 분열할 위험을 초래하게 될 것이었다. 그 역시 좌파와 우파를 "비록 시간적으로 제한되긴 하지만 공동의 목적행위"로 결합시키는 "민족의 결집"을 중앙당의 진정한 목표라고 지칭했다. 그렇지만 그는 현재의 상황에서 "현재의 것을 유지하고 그것을 어느 누구도 그 종말을 계산할 수 없

원칙적으로 거부할 수 없었다.

이제 슐라이허는 10월 말에 히틀러로부터 다시 한 번 제국군대의 중립성 선서를 얻어낸 후 브뤼닝의 생각에 상응할 수 있는 새로운 조치를 취했다. 그는 증명할 만한 근거도 없이 힌덴부르크에게 히틀러가 원칙적으로 협상할 준비가 되어 있음을 알렸으며, 이로써 접촉을 계속할 수 있는 기반을 마련했다. 그는 동시에 힌덴부르크에게서 브뤼닝의 사민당 관용에 대한 의존이 "민족적" 우파정부로까지 내각의 확대를 어렵게 할 수 있다는 생각을 일깨워주었다.[75] 주 내무부장관들과의 첫 회의에서 그뢰너의 입장은 이로부터 결정되었던 듯하다. 여기서는 공산당의 금지와 위해(危害) 활동에 대한 제국군대와 경찰의 보호 등이 언급되었으나, 나치당과 나치 돌격대 문제는 논의되지 않았다. 12월 14일의 회의에서는 히틀러의 합법성 보장을 언급하면서 나치에 대한 조치를 우회하려던 제국내무부 대표자의 발표를[76] 둘러싸고 심각한

고 또 책임질 수도 없는 실험에 희생시키지 말라는" 호소에 한정했다. (Schulteß, 1931, S. 246). 이 대회에서(*Ibid.*, S. 250) 슈테거발트는 "정부전선의 도덕적 확산"을 요구함으로써 이러한 주장을 더욱 분명히 했다. 이와는 반대로 연립정치의 확대는 가능하지 않을 것이었다. 그것은 좌파 쪽으로 전혀 다수를 확보할 수 없고, 우파 쪽으로는 현재 미결상태에 있는 대외정책 문제의 협상을 위험에 빠뜨리게 될 것이며, 국내정치의 마비를 가져오게 될 것이기 때문이다. Deutz(주 II/1), S. 142ff.

75) 또한 Meißners Bericht(주 I/159), S. 213. 슐라이허의 의미에서 해석은 Noeldechen in Conze(주 IV/39), S. 274: "슐라이허는 분명 후겐베르크-히틀러에 대해 엄청난 의구심을 가졌음에도 불구하고 결국에는 오른쪽으로 정부를 확대하는 데서 장기위기의 유일한 해결책을 보았고, 또 브뤼닝이 이 연립을 형성하여 성공적으로 이끌 수 있는 적절한 인물이 아니라는 확신에 이르게 되었다. 브뤼닝은 내적으로 매우 강력한 유보조건 아래서만 그러한 과제에 접근했을 것이고, 분명 즉시 우파의 저항을 감지했을 것이다. 따라서 슐라이허의 행동은 신뢰가 없는 것도 그 밖의 어떤 것이 아니라, 국가에 필연적으로 구속되었다."

76) 여기에 대해서는 Phelps(주 IV/38), 19f.: 참사관 쿤체는 다음과 같이 선언

견해차가 노정되었다. 특히 프로이센 대표인 클라우제너 국장은 관용 노선에 대해 신랄한 반박을 제기했다.[77] 당시 브뤼닝은 탐색회담이 좌절된 후 오른쪽으로 옮겨 사실상 다른 관점에서 협상을 재개하기 위해 대통령 정부 노선으로 복귀했다.

브뤼닝은 힌덴부르크의 입장변화에 대해서 뒤에 외국의 영향력 행사에 그 책임을 돌렸다. 그러나 그의 애매한 암시들은 임시로 어떤 특정의 확실한 연결점을 제공하지는 못했다.[78] 어쨌든 브뤼닝 자신은

했다: "히틀러는 엄숙하게 당의 합법성을 맹세했고 공개적으로 확인했다. 그의 선의의 솔직함에 대해서는 사실로 증명된 의구심이 제시될 수 없다. 히틀러의 지도권이 신성불가침으로 남아 있는 한, 또 그가 자신의 권위로써 당내에서 엄격한 규율을 유지하는 한, 당의 불법적인 태도와 행동으로 우려에 휩싸일 근거는 없다. 당 목표의 실행불가능성이나 달성불가능성으로 당의 붕괴를 초래하게 될 국내정치의 발전은 불법적인 행동 속에서 영향을 미칠 수 있을 것이다."

77) *Ibid.* : "일반적으로 그는 현재와 같이 나치당 문제를 내무부에서 다른 것이 더 이상 감당할 수 없게 되었다고 선언해야만 한다." 클라우제너(Klausener)도 1934년 6월 30일에 총살되었다.

78) Brüning, "Brief"(주 I/9), 5: "1931년 8월 또는 심지어 그 이전에 디트람스첼에 체류한 동안에 힌덴부르크는 프랑스와 폴란드 출신의 몇몇 인사들이 히틀러에게 접근하여 나치당이 정부에 들어가는 것이 국제협상에서 독일의 지위를 개선시킬 수 있을 것이라고 했다는 사실에 대해서 보고받았다. 이는 외관상으로 힌덴부르크에게 매우 깊은 인상을 주었고, 나로 하여금 후겐베르크 및 히틀러와 대화하도록 종용했다…." 이처럼 매우 불명확한 정보의 경향은 이러한 연관관계 속에서 독일 국내정치의 딜레마를 외국의 개입에 종속시키는 방향으로 나아간다. 마치 브뤼닝이—제국군대 지도부의 우려에서 영향을 받아—독일의 내전상황이 특히 폴란드-프랑스의 동부국경 위협으로 인하여 결정적으로 어려워졌다고 생각했듯이 말이다(*Ibid.*, S. 2f., 21ff. 등). 어쨌든 자주 반복되었던 이 암시들은 이제까지 아직 최종적으로 확인되지 않고 있다. 여기에 대해서는 Hermann Lutz, "Fälschungen zur Auslandsfinanzierung Hitlers", Vierteljahrshefte für Zeitgeschichte 2 (1954), S. 386ff.

후겐베르크 및 히틀러와 가졌던 협상이 힌덴부르크의 압력에 기인한 것이었으나, 우파의 포용뿐만 아니라 힌덴부르크의 재선규정에 대해서도 적절한 길을 보여주지 못했음을 확인했다. 나아가서 그는 한 "막후 중재자"(*Mittelmann*)가 힌덴부르크에 대해서 브뤼닝이 "우파의 정부참여를 불가능하게 하기 위해 의도적으로 그의 재선지원을 고집"했음을 "납득"시키려 했다고 암시했다.[79] 이미 1931년 8월 말, 즉 마이스너의 언급과는 달리 내각개편 이전에 벌어졌던 이러한 과정들은 당시 브뤼닝으로 하여금 빌트바트(Wildbad)에서 휴양중이던 슐라이허 및 함머슈타인과 급히 회동하게 했다. 그는 제국군대가 현재 나치적인 의미의 정부교체를 거부하고 부셰 장군(General v. d. Bussche)이 그 뜻을 디트람스첼(Dietramszell, 알고이)에 머물고 있는 제국대통령에게 하게 될 설명에서 적절한 방식으로 전달하겠다는 보장을 받았다.[80] 이어 함머슈타인이 히틀러의 요청으로 그와 가졌던 회동에 — 이것은 히틀러가 본래 속도에서까지 제국군대와 동일한 것을 원한다는 함머슈타인의 확인으로 끝난 회동이었다 — 대해서 브뤼닝이 얼마나 알고 있었는지는 명확하지 않다.[81] 뒤이어 슐라이허와 히틀러의 회동이 이루

79) Brüning, "Brief"(주 I/9), S. 5f. 사건의 경과 및 슐라이허의 역할은 여기서 명확하지 않다. 슐라이허는 분명 브뤼닝의 사랑을 받았다. 반면에 마이스너는(주 I/156, S. 212) 명백히 그를 "중재자"의 역할 속에 배치한다.

80) Brüning, "Brief"(주 I/9), S. 6. 여기서는 앞으로 있게 될 하르츠부르크 대회의 권력정책적인 측면들이 상론되었다. 사람들은 무솔리니의 로마 진군을 모범으로 한 폭력적인 기도들이 군사적인 수단으로 억압될 수 있음을 확인했다. 슐라이허도 그뢰너에게 보낸 편지에서(1931년 8월 28일) 브뤼닝과의 회동 및 부셰를 통해 힌덴부르크에 대한 영향력 행사를 확인했다: Craig, "Schleichers Briefe"(주 I/34), S. 129.

81) Befragung des Majors a. D. Eberhardt durch Kunrat v. Hammerstein, Winter 1946/47. 에버하르트는 옛 제 3근위대 장교단의 기록담당자였는데, 거기에는 함머슈타인, 슐라이허도 속했고, 힌덴부르크는 이 두 사람의 이야기를 들었다. 그는 바게너 대위의 요청으로 자신의 집에서 대화를 중재했다.

어졌는데, 이 회동은 첫 힌덴부르크 접견으로 가는 길을 열었다.

어쨌든 브뤼닝의 세심한 설명으로부터도 브뤼닝 노선과 나치즘에 대한 힌덴부르크의 입장이 이 시점부터 바뀌기 시작했음이 명확히 된다. 사람들은 이것을 한편으로는 — 마이스너처럼 — 상설기관으로 되어버린 비상령 정책에 대한 거부 탓으로,[82] 다른 한편으로는 — 브뤼닝처럼 — 나치당을 저지하기 위한 가능한 한 군사적 또는 경찰의 활동에 대한 반항 탓으로[83] 돌릴 수 있을 것이다. 아무튼 그것은 권력 담지자의 관계와 계획에서 중대한 불안계기를 형성했다. 힌덴부르크는 점차 "초헌법적인 보좌관들"의[84] 영향력 아래 놓이게 되었다. 이들의 활동은 헌법상의 권력 형성과정 및 통제기관들을 무력화시킴으로써 권위주의적인 대통령 정부라는 표시 속에서 거침없이 전개될 수 있었다. 여기서 모든 정당을 해체시키고 독재로 나아가는 최후의 결과인 대통령 정부의 구애자들이 있었다. 그리고 이 정부는 파펜의 실험에서 실제로 실현되도록 노력해야 할 터였다. 이와 더불어 경제계에서도 산업과 은행가들을 포함하는 이른바 "전문가" 정부의 강력한 지지자들이 있었는데, 이들은 이미 하르츠부르크 회동 이전에 브뤼닝에게서 등을 돌리고 힌덴부르크에게 개입하였다.[85] 여기에는 다음 해를 움직이게

---

82) Meißner(주 I/159), S. 212f. 이와는 달리 브뤼닝은 "힌덴부르크 대통령이 점차 제국의회에 의한 헌법 제 48조에 있는 비상권한에 선을 그었다는 사실을 기억하는" 것이 "더욱더 필요해졌다." "Brief"(주 I/9), S. 8.

83) Brüning, "Brief"(주 I/9), S. 6. 유사하게는 Hermann Dietrich, Auf dem Wege zum neuen Staat. Die deutsche Aufgabe(Stuttgart, 1951), S. 19.

84) Brüning, "Brief"(주 I/9), S. 6.

85) 브뤼닝의 암시(*Ibid.*)는 이미 1930년 10월 5일에 옛 총리이자 하팍(Hapag) 회장인 쿠노(Cuno)가 자신과 가까운 중공업의 이름으로 힌덴부르크에게 (오스카의 중재로) 정부의 개편에 대한 "경제계"의 소망사항을 제시한 상황 속에 지주를 갖고 있다. 이 과정들은 *DAZ* 편집부의 파일에서도 파악할 수 있다. 만약 사람들이 클라인의 정보(주 II/12, S. 897ff.)에 따른다면 말이다. 거기에는 또 계획된 인사정책 및 경제정책에 대한 상세한 내용들도 있

될 여러 해결 시도들이 보였다. 그리고 여기서는 이미 힌덴부르크의 운명적인 우유부단함이 나타났다. 그는 1년 반 동안이나 나치당의 정부참여와 철저한 억압 사이의 대안 앞에서 사안별로 양보했고, 결국에는 행동의 법칙을 완전히 빼앗아 가게 했다. 브뤼닝의 노력은 이제 점차 저항에 부딪치게 되었다. 왜냐하면 그것은 특히 개별적으로는 매우 불확실하고 거의 건설적이지 못한 그리고 극히 비관적인 상황판단에서 출발했기 때문이다.

이러한 상황은 9월과 10월 힌덴부르크와 브뤼닝 사이에 개최되었던 회동에서도 보였다.[86] 브뤼닝의 설명은 정부의 개편이 나치당의 억압 또는 포용에 기초해서 일어날 수 있다는 방향으로 진행되었다. 나치당을 포용할 경우[87] 히틀러의 위신상실이 기대될 수 있지만, 현재 진행되고 있는 국제적인 협상이 다시금 어려워지게 될 것임에 틀림없고, 결국에는 나치의 유권자들이 온건한 정당으로 돌아오기보다는 오히려 새로이 부상하는 공산당으로 향하게 되리라는 것이었다. 이에 대해 브뤼닝은 힌덴부르크가 자신의 재임기간중에는 히틀러의 정부참여에 대한 생각도 또 나치당의 폭력적인 억압도 거부했다고 강조했다. 말하자면 힌덴부르크는 브뤼닝이 "이후 10일 동안 84세의 고령인 제국대통령의 정신적 붕괴를 해명"하려고 시도했을 정도로 완고했다.[88] 그러나

다. 쿠노의 목록에는 브뤼닝, 슈테거발트, 그뢰너 등만 포함되었고, 이들 이외에 노이라트 또는 하셀(외무부), 브라흐트(내무부), 푀글러와 슈프링고룸(경제부), IG. 파르벤의 슐리벤이나 슈미츠(재무부), 실레 또는 뤼닉(농업부), 귀르트너 또는 숄츠(법무부), 뢰데른("제국과 각 주 관계의 유기적 개편…").

86) Brüning, "Brief"(주 I/9), S. 7f.

87) 브뤼닝은 이 자리에서 그러한 정부에서 함께 일하는 것을 명백히 거부했다고 강조한다.

88) 브뤼닝은 영어 원문으로 "일시적 단절"(*temporary black-out*)에 대해서 언급한다. 말하자면 그는 독일어 번역문보다 훨씬 더 약한 표현을 사용했다. Görlitz(주 I/66), S. 347f. 그러나 그의 매우 소박한 설명시도는(힌덴부르크

힌덴부르크가 최후의 결과인 대통령제 해결로 나아나가는 길을 막지 않기 위하여 브뤼닝의 세력균형(*status quo*) 유지를 지지하기로 결심하기보다는 이미 지금 나치를 배제한 우파의 완전히 "독립적인" 독재내각을 세운다는 계획이 등장했다는 사실은 충분히 가정될 수 있다.

이러한 생각은 브뤼닝의 머릿속에 없었다. 그러한 생각이 이미 2년 전 비상령 내각의 첫 계획에서 그리고 정당영역에서 뒤이은 권력이동에서 주목할 만한 역할을 했음에도 말이다. 당시 브뤼닝식 해결의 주창자들은 그사이에 훨씬 더 중요한 입장에 이르렀는가? 그리고 나치즘의 상승, 민주적인 메커니즘의 점진적인 마비, 파괴되어 가던 공화국의 구조에서 제국대통령과 제국군대의 독점적인 지위 등은 이제 전보다 더 일관성 있게 권위주의적인 질서관을 따를 수 있는 환영할 만한 기회를 제공했는가? 브뤼닝은 관료적인 비상령 정책으로 이러한 생각을 받아들이긴 했지만, 제국의회와 첫 번째 갈등을 겪은 후에도 여전히 의회를 통해서 지원을 받으려 했는가? 여기서는 슐라이허가 명백히 브뤼닝을 넘어서는 조치를 추진한 것이 아니라 이 시기 여러 달 동안의 탐색회담이 대통령 선거 상황 및 뒤이은 정부의 첫 대규모 반나치당 행동과 함께 브뤼닝을 희생시켰던 대통령 구상의 과도한 상승에 필요한 전제조건들을 제공했다는 점을 보여주게 될 것이다. 힌덴부르크에게 제시된 암시의 심리적인 측면은 산업계와 농업계 압력대행자들(*pressure agents*)의 강한 압력으로 결국 최후의 일격을 야기한 이익정책적인 동기 못지않게 중요하다.

방의 조명상태 등) 이러한 고찰에 거의 도움이 되지 않는다. 마이스너(주 I/156, 213f.)는 이 소문을 단호히 부인하고 "일시적 독감"으로 환원시키려 했다. 즉, 힌덴부르크는 "사망하기 며칠 전까지 정신이 멀쩡했다"는 것이었다. 만약 실제로 "제국대통령의 정신능력이 감퇴하기 시작했고", 책임있는 사람들이 ― 그 자신 또한 ― 이를 "세심하게 비밀로 해야만 했다"면, 힌덴부르크의 새로운 입후보에 대한 브뤼닝 본래의 계획(그는 뢰베로부터도 지원을 받았다) 또한 거의 이해할 수 없는 일이다. Brüning, "Brief"(주 I/9), S. 7f.

4. 복스하이머 문서

물론 그사이에 나치당 자체에 문제가 발생했다. 그것은 세심한 관찰자도 거의 센세이션으로 느낄 수 없었지만, 우익 연립과 순치계획을 호시탐탐 노리던 정부 측에는 나치의 "합법노선"(*Legalitätkurs*)의 진정한 성격에 대해 눈을 떴음에 틀림없었다. 문서 한 건이 정계를 발칵 뒤집어 내전의 징후로까지 몰고갔다. 그것은 1931년 11월 25일 한 나치 이탈자(*Überläufer*)가 — 헤센 주 의원이자 오펜바흐의 크라이스 책임자(*Kreisleiter*)인 빌헬름 셰퍼(Wilhelm Schäfer) — 프랑크푸르트 경찰서장에게 전달하였다. 그것은 나치당이 의석의 38.5%를 차지하여 압도적으로 가장 강력한 정당으로 상승했던 헤센의 주 의회 선거가 있은 지 10일 뒤의 일이었다. 사건은 헤센의 중앙당이 나치당과 (연립) 정부 구성협상을 실행했다가 결국 실패로 끝났던 것보다 훨씬 더 세간의 관심을 끌었을 것임에 틀림없었다.

"복스하이머 문서"(*Boxheimer Dokument*)[89]는 나치가 권력을 장악했을 경우 그것을 실행할 계획을 작성한 것이었다. 즉각적인 가택수색은 문서의 진정성뿐만 아니라 그것이 당의 공식적인 성격을 지닌다는 점도 확인시켜 주었다. 그것은 나치당 간부들 사이에서 오랫동안 가졌던 대화의 결과물이었다. 모두가 헤센의 가우 지도부에서 활동하던 사람들 중에는 다른 의원 3명과 함께 가우의 부대표인 바숭 예비역 대위(Hauptmann a. D. Wassung)가 있었다.[90] 이 판사 시보는 베스트

89) 일반적으로는 보름스에 있는 복스하이머 호프라는 명칭에 따라 그렇게 부르게 되었다. 여기서는 이 작성자들의 회합이 개최되었다. 셰퍼 박사 자신은 "권력장악" 직후에 나치의 간부에 의해서 살해되었다. 살해자들에 대한 조정 절차는 아직도 계류중이다.

90) 헤센의 공식 공보처의 확인: Schulteß, 1932, S. 263.

(Werner Best)를 그 책임자로 지목했다. 베스트는 가우 지도부의 법률지원부서 책임자로서 헤센의 국사재판소에 선출되었고, 이어 "제 3 제국"에서는 결국 점령된 덴마크의 "전권특사"(*Reichskommissar*)로서 고위직으로 진급하였다.

이 문서는 현존하는 국가질서가 공산주의자들에 의해서 타도된 뒤에 나치의 집권이 오게 될 것이라고 가정했다.[91] "이제까지 최고의 국가 당국이 사라지고 코뮌이 제압된 뒤에" 공개적인 벽보와 우편배달을 통해서 모든 관청에 "새로운 법상태"가 공포되어야 한다는 것이었다. 이어 "나치 돌격대, 지역방위부대들" 또는 유사한 조직들은 유일한 질서의 담지자로서 "공석이 된 국가권력"을 장악하고, 각 내각의 기능을 넘겨받게 될 것이었다. 이들은 "특별조치"를 통해 "주민들에게 극히 강력한 규율"을 보장받게 될 것인데, 이는(나치 돌격대와 주 방위군과 같은) "무장세력의 단호한 조치"를 통해서 달성될 것이었다. 현지 "사령관"의 명령은 거기에 해당되는데, 그의 명령에 따르지 않을 경우 "원칙적으로 사형에 처"한다고 되어 있다. 최고형은 — "재판 없이 현장에서 총살" — 총기의 인도를 거부할 경우 내려지게 되어 있었다. 사형은 즉각 자신의 업무를 재개하지 않는 공무원, 사무직원 그리고 노동자들에게 해당되었다. 지도부(나치 돌격대와 방위군)가 내린 모든 비상령은 그 기본지침들이 초안의 형태로 전달되었는데, 벽보로 게시됨으로써 즉각적인 법 효력을 갖게 되며, 그것을 어겼을 경우 동시에 처형될 수 있었다. 이 비상령들은 특히 모든 생필품을 앞에 개관된 나치 당국에 전달하는 것, 집단급식, 그리고 배급표를 통한 생필품 배급 등과 관련되어 있다. 또 비상령들은 모든 재산을 새로운 지도부의 관리하에 두고, 모든 이자상환 의무를 정지시켰다. "다른 규정이 마련될 때까지 더 이상 사적인 소득은 없다." 마지막으로 이들은 새로운 행정기관들,

91) *Ibid.*, S. 262f. 이는 *Das Parlament* 3, Nr. 11 v. 18. März 1953, S. 2에도 수록.

특히 내려진 명령을 위반할 경우 간단하고 신속한 단죄를 위하여 야전 재판소(*Feldgericht*)를 운용하게 되어 있으며, 만 16세부터 "민족적 노역의무"를 — 유대인 제외 — 공포했으며, 그것을 이행할 경우에는 오직 "음식물에 대한 요구"만이 보장되었다.

이 "우리 지도부의 첫 공지문 초안"은 나치 간부들의 구체적인 미래상들을 충분히 고찰할 수 있게 해준다. 이들은 최고지도부의 기회주의적인 집회에 맞서 전체주의적인 지배구상을 고집했고, 그 지역적인 영향력 및 활동영역에서 급진적·전체주의적인 노선을 추구했다. 그러나 만약 대통령 정부 영역에 있는 협상파들이 이 사건으로부터 나치운동의 지속적인 순화와 완화를 기대했다면, 그들은 오토-슈트라서-슈테네스 사건(*Otto-Strasser-Stennes-Affäre*)과 유사하게 새로운 배제와 분열의 과정에 대한 기대를 즉시 포기했을 것임에 틀림없다. 히틀러는 슐라이허와의 여러 차례 회동에서 처음으로 특히 제국군대의 독립성을 감안하여 자신이 이끌고 있는 당의 합법성을 보장했으며,[92] 영국 및 미국의 언론계 대표들에게서 행한 선언에서 당 동료들의 개인적인 작업에 대한 책임을 거부하고, 다시금 자신의 의지가 결정하게 될 당의 합법노선을 확인했다. 그렇지만 거기서 바뀐 것은 거의 없었다. 헤센의 법무부장관이 베르너 베스트를 — 그의 본래 직책인 판사시보에서 — 일시적인 직무정지를 시킨 것을 제외한다면, 반역사건의 법적인 추적은 아무런 효과를 내지 못하고 잊혀졌다. 반면에 나치 지도부는 그 정치적 결과들을 매우 능숙하게 다루었으나, 공화국 기구들은 거의 그렇지 못했다.[93]

제버링은 헤센의 내무부장관 로이쉬너(Leuschner)[94] 로부터 이 사건

92) 앞의 247쪽 참조.

93) Severing(주 I/18), II, S. 311f.

94) 문제가 되는 것은 후일 "제 3제국"에서 노동조합의 저항운동 지도자이다. 그는 1944년 7월 20일에 교수형에 처해졌다. 여기에 대해서는 Annedore

에 대한 설명을 듣고, 나치당의 진정한 목적을 전반적으로 해명하기 위해 공개적인 반역재판을 요구했다. 그러나 그는 제국고등검찰의 반항에 부딪쳐 성공하지 못하였다. 검찰은 동시에 후겐베르크의 통신사 TU에 중요한 정보를 제공했음에도 불구하고, 조사를—다시금 "전문가"로서—위하여 언론에 정보제공을 거부하였다. 제버링과 로이쉬너의 노력은 제국정부에서 성공을 거두었고 또 반역죄에 대한 준비 때문에 사전수사가 시작되었음에도 불구하고, 나치 지도부 자체에 대한 구체적인 조치는 중단되었다.

만약 우리가—제버링처럼—우익급진 그룹에 대한 모든 협상에서 사법부의 악명 높은 지연전술이라는 페헬(Pechel)의 적절한 확인에[95] 반박하려 하면서 최고 법적 심급기관이 공화국에 반대되는 관료제적 방해행위를 통해서[96] 경찰의 모든 효과적인 활동을 막았다고 불평한다면, 그것은 책임있는 사람들의 부담경감을 의미하지는 않는다. 물

Leber, Willy Brandt und K. D. Bracher, *Das Gewissen steht auf. 64 Lebensbilder aus dem deutschen Widerstand* 1933~1945(Berlin/ Frankfurt a. M., 1954), S. 97f.

95) Rudolf Pechel, Deutscher Widerstand(Zürich, 1947), 20: 제버링에 대한 페헬의 비난은 매우 일반적으로 프로이센 정부(와 슐라이허)의 단호하지 못함과 관련되어 있다. 왜냐하면 그는 "나치당에 대해 부담을 줄 수 있는 매우 많은 자료"에 근거하여 지도자-종자관계를 갖는 히틀러를 체포하여 재판에 회부할 수 있었기 때문이다. 프로이센이 나치당에 대해 취한 조치들에 대해 종합한 것으로 Brecht(주 I/84), S. 67ff.

96) 이 책의 제 1권 349쪽 이하도 참조. 카일(주 I/3, II, 478~487)은 몇 가지 사례를 묘사한다. 카일의 슈투트가르트 사민당 기관지인 〈슈배비셰 탁바흐트〉(*Schwäbische Tagwacht*)가 복스하임 사건의 지연을 비판하자, 그것은 담당경찰서장인 클라이버(Klaiber)에 의해 즉시 압수되었고, 이 *fellow traveller*의 상상할 수 없는 공격이 내무부장관 겸 주 총리인 볼츠(중앙당)에 의해 채워졌다. 나치의 국가기관 침투는 이 "모범적인 주"에서 1931년 말에 이미 엄청나게 진전되어 있었다. *Ibid.* 뷔르템베르크에서 경찰의 일방적인 관행에 대한 추가적인 사례들.

론 여기서도 — 나치 돌격대에 대한 3월의 조치에서처럼[97] — 사법적 조사는 정치적으로 중요한 시기를 넘어서까지 지연되었고, 마침내 정치적으로 전혀 매수되지 않았다는 동작으로 간단히 중단되었다. 왜냐하면 1932년 10월 12일에 제국대심원은 마침내 간결하게 다음과 같이 선언했기 때문이다. "비공개 심리에서 제국대심원의 제 4부가 작성한 판결문을 통해서 복스하이머 문서의 작성자인 베스트는 시도된 반역비난과 관련하여 증거부족 때문에 더 이상 추적하지 않기로 한다."[98] 그러나 프로이센의 법무부장관과 그의 경찰권은 최고재판소의 판결에 따라야 했으므로, 그 판결에 의존한다는 것은 문제의 핵심과 아무른 관련이 없다. 제버링 개인에게는 전반적으로 거의 어떠한 비난도 가해질 수 없을 것이다. 그의 직위상 정치적 사안의 관료적 질서에 대한 존중은 이후의 몇 달 동안에도 1932년 7월 20일까지 여러 차례에 걸쳐 진짜 정치적인 영역에 대한 사법부의 공격, 즉 그러한 정치의 사법화를 감수했음에도 말이다.

더욱 놀라운 것은 제국정부가 마지막 시간에 급진주의에 대하여 자신의 권위를 강화시킬 수 있는 이러한 기회를 이용하려는 실천적인 시도를 하지 않았다는 점, 또 정치적 측면의 판결을 정치적으로 매우 오락가락하는 사법부 관료들의 판단(*Gutdünken*)에 맡겼다는 점, 그리고 나아가서 바로 지금 우파와의 연립탐색, 즉 후겐베르크와 히틀러를 둘러싸고 더 많은 노력을 기울였다는 점이다. 그들의 가시적인 반응은 정치적 연합을 통하여[99] 무기남용이나 제복착용을 금지하는 법령 이상으로 나아가지 못했고, 12월 8일의 브뤼닝의 방송연설은 나치의 합

97) 이 책 아래의 337쪽과 Severing(주 I/18), II, S. 371을 참조.

98) *Ibid.*

99) Vierte Verordnung zur Sicherung von Wirtschaft und Finanzen und zum Schutze des inneren Friedens v. 8. Dezember 1931: *RGBl.*, 1931, I, S. 742ff.

법전술의 진정한 성격에 대한 적절한 인식을 얻었으나, 다시금 심각한 경고로 만족했다.[100] 브뤼닝에 대한 히틀러의 대답은 이미 다시금 "민족적" 대중지도자의 완전한 자신감을 보여주었다. 그는 복스하이머 사건의 간단한 마무리에 즈음하여 자신의 편안하고 강제성이 없는 합법전술의 가능성을 확인하였고, 또 자신이 독재적이고 결국에는 초헌법적인 권력장악에 성공할 경우 협박으로 억압할 필요가 없었다. 즉, 그는 간접적으로만 복스하이머 계획들을 수립했던 것이다.[101]

정부가 몇 달 후에 마침내 세금을 뿌리려 했을 때에는 이미 너무 늦었다. 아마도 순치 구상의 지도적 인물(*spiritus rector*)인 슐라이허와 브뤼닝 정부의 유일한 지주인 힌덴부르크는 거기에 더 이상 동의할 수 없었다. 이어 바이마르공화국의 마지막 반(半)의회적인 내각의 운명

---

100) Schulteß, 1931, S. 264f. : 브뤼닝은 여기서 "독일정치의 깊은 곳에 뿌리를 두고 있는 정치를 오직 감성적으로만 고찰하려는 태도", 특히 달성불가능한 목표들에 대한 무비판적인 믿음에 대해서 경고한다. "의심을 하면서도 그러한 목표들에 따르는 사람에게 놀랄 만한 각성이 따라야만 한다." 동시에 그는 무조건적인 헌법수호 의지를 강조했고, 그 반대자들에게는 계엄령으로 위협했다. 그는 히틀러에게 합법 선서와 실제 사이의 엄청난 차이에 대해 언급했다. "만약 사람들이 합법적인 방법으로 권력을 장악해서 합법적인 제한을 파괴시키겠다고 선언한다면, 이는 결코 합법성이 아니다. 그리고 만약 동시에 좁은 집단 안에서 복수의 계획을 작성하여 제시한다면, 그것은 더더욱 합법성이 아니다." 이러한 설명들은 브뤼닝의 《연설문》(Zwei Jahre am Steuer des Reichs, Reden aus Brünings Kanzlerzeit, Köln, 1932)에서 삭제되거나 약하게 표현되어 있다.

101) 1931년 12월 16일자 〈인민의 관찰자〉에서 히틀러는 "민족정책에서 … 독일의 유일한 활동적 자리"이자 승리를 눈앞에 둔 운동이 세상에서 불법적인 강도떼로 비난을 받는 데 반대했으며, 앞에서 인용된 브뤼닝의 마지막 문장에 대해 다음과 같이 선언했다: 즉, 만약 독일민족이 나치당을 합법화시켜 "현재의 것과는 다른 헌법을 법으로 되게 한다면", 브뤼닝은 그것을 막을 수 없을 것이라고 주장했다. 나치운동은 현재 지배적인 체제보다 더 정확하게 "현 헌법의 정신"을 파악했다는 것이다.

은 일찍이 결정되었다. 그리고 이때에는 정부와 나치당 사이에 공개적으로 드러난 힘겨루기를 아직 필요로 하지도 않았다. 왜냐하면 복스하이머 문서의 정치적 필체는 슐라이허와 힌덴부르크 앞에서도 명확히 읽을 수 있었고, 또 많은 것을 알려주었기 때문이다. 물론 그 색조는 "민족적 반대파"의 교묘하게 숨겨진 파트너들에게 이해될 수 있는 것이었기 때문이다. 많은 것들은 하르츠부르크 대회가 감지할 수 있게 하고 확장시켰던 균열이 이제 더욱 강화될 것임을 암시했다. 그러나 독일민족인민당의 언론과 후겐베르크 자신도 나치당 내부에서 "급진적·볼셰비키적인" 노력을 복스하이머 문서의 출판 이후에도 신랄하게 비판했음에도 불구하고,[102] 독일민족인민당의 계속된 노선은 이러한 근본적인 의구심으로부터가 아니라, 오히려 나치선동의 영향에 비춰 볼 때 정당한 경쟁에 대한 두려움에 의해서 규정되었다.

그래서 이 사건의 명백한 정치적 결과들은 형사법적인 결과들과 함께 모든 측면에서 배제되었다. 그리고 나치의 "합법노선"이라는 유용한 픽션은 자포자기에 빠진 공화국의 담지자들에 대한 보다 더 거대한 성공, "민족적 반대파"의 심리적·선동적인 권력수단에 대한 보다 더 효과적인 통제의 단계로까지 도처에서 성장하고 있던 당을 동행했다. 그리고 "민족적 반대파" 내부에서는 외관상의 힘의 균형이 이미 히틀러에 유리하게 파괴되어버렸다. 후겐베르크는 자신의 독자성이라는 환상에, 또 슐라이허나 파펜 같은 "초당파적인" 전략가들은 나치당을 정치적으로 소진될 때까지 이용함으로써 길들이겠다는 계획에 너무도

102) Egelhaaf, 1931, 148f.: 독일민족인민당 대표자 대회에서(1931년 12월 2일) 힌덴부르크가 행한 연설은 "사회반동적인" 태도라는 비난을 거부하고 단호하게 나치적인 "사회주의"와 논쟁을 벌였다. 그 자신은 "민족적 반대파" 내부에서 그의 입지변화를 느꼈을 것이다. 만약 그가 "나로 하여금 우파를 강화케 하라"라는 자신의 옛 구호를—많은 사람들은 이를 나치적 의미로 오해했을 것이다—이제 투쟁의 구호인 "나로 하여금 독일인민당을 강화케 하라!"로 더 정교하게 했다.

큰 기대를 걸었(으나 허사였)다.

5. 산업계의 이반

그사이에 경제적 위기는 더욱 심화되었다. 그 파멸적인 영향은 공적·사적인 생활 전체로 확산되었다. 확실히 국제관계의 수정을 위한 브뤼닝의 노력은 궁극적으로 독일에 대한 배상금 지불 압력을 완화시킬 수 있다는 전망을 열었다. 후버 모라토리움은 일시적인 비상령으로서 인정받았다. 그러나 그것은 최종적인 해결의 필요성에 대한 전반적 인식을 빠르게 성장하게 한 전기를 마련했다. 브뤼닝의 올바르고 진정한 긴축재정정책이 외국에서 얻은 신뢰는 경제적·군수기술적인 문제들의 이성적이고 전체적인 규정에 대하여 새로운 길을 여는 협상에서 본질적인 요소였다. 1931년 11월에 브뤼닝은 배상금 문제에 책임이 있는 국제결제은행(BIZ)의 특별위원회에 제소하였고, 이 위원회는 1개월 후에 독일 지불불능을 확정하였다. 그리고 그는 1932년 1월에 지불유예 연장에 대한 협상에 즈음하여 지불의 궁극적인 종결을 요구하였다. 이를 위해 설치된 로잔느 회의는 결정적인 순간에 대성공을 약속했고, 브뤼닝은 여기에 자신의 모든 정책을 종속시켰다. 동시에 임박한 군축회의가 독일의 군사적인 평등권을 원칙적으로 인정하게 될 것이고, 정부의 제국군대에 대한 기반을 강화시켜, "민족적 반대파"의 본질적인 선전의 대상을 줄여줄 것이라는 희망도 커져갔다.

브뤼닝은 전반적인 빈궁에 대해서는 널리 확산되어 가던 재정적인 실험에 대해서는 냉정한 객관성으로 맞섰다. 그러나 그러한 객관성은 그사이에 독일 내에서 그의 낮은 인기 때문에 중단되었고, 결국 배상회의가 1932년 4월과 7월로 연기되자, 군축회의의 결의안은 심지어 1932년 12월까지 지연되었다. 이 결의안은 결국 그의 후임자들과 이어서는 히틀러가 세밀한 계획과 끊임없는 노력의 결실을 따서 자신의 바구니에 담을 수 있었다. 브뤼닝의 단선적인 정책은 다시금 경제와 국제관계의 점진적인 변혁이 거기에 관련된 주민들에게 감지되지도 않고 또 인지되지도 않는다는 직접적인 사실을 간과했다. 권력관계의 변화 그리고 거의 오직 위로부터 — 거기서도 이미 제한적으로 — 후원을 받은 대통령 정부의 자발적인 거리두기는 구조적 요인들이었다. 이 요인들은 정치적인 것을 엄격하게 추구된 장기적 목표를 관료제에 종속시킴으로써 가장 중요한 의미로까지 상승하였고, 또 상황의 신속한 개선에 대한 중요한 어떠한 설명도 효과 없는 것으로 만들었다. 브뤼닝은 그의 정부가 출범한 이후 이러한 요인들을 경시함으로써 정치적 해명의 단초들을 포기했다. 즉, 자신이 지치지 않고 추구했던 긴축(*austerity*) 프로그램의 중차대한 정치적 결과들은 이러한 해명을 통해서 방지되어야만 했을 것이다. 만약 그토록 힘들게 마련한 경제정책과 대외정책의 부분적인 성과들이 정치적 급진주의의 조류와 생각 없는 선동가들로 인하여 개별시민의 생활조건에 미칠 점진적인 영향을 추월했다면, 그것들은 무슨 소용이 있었겠는가!

브뤼닝의 대통령 정부는 정확한 국민경제적 방법들과 국제적으로 인지될 만한 성공을 거둠으로써 위기의 뿌리와 전반적인 빈궁을 기꺼이 해결코자 했다. 그러나 그의 내각은 소란한 작업장의 기술적인 실험실에서 벗어나 정치적으로 효과적인 감정과 경향들의 또 다른 현실 속으로 다가가지 못했다.[103] 그는 위기가 정치적인 생활과 그것의 자

103) 그래서 브뤼닝은 이익단체의 몰이해에 대해서 불평했다. 이미 디트리히는 저 운명적인 1930년 7월 18일에 이러한 불평을 불러냈다. 즉, "현재 문제는 독일인들이 이해관계자들의 집합체인가 아니면 국가인가라는 것이다." 경제정책적인 상황이 국내정책에 미치는 적절하지만 쓰라린 분석의 유일한 결과는 다음과 같았다: "그러나 여기에는 말하자면 독일민족 안에서 특히 경제적인 종류의 연관관계에 대한 이해가 결여되어 있다." Rede vor dem Reichsausschuß des Zentrums am 5. November 1931: Brüning, Reden

연발생적인 발언에 끼치는 실질적인 영향을 과소평가했다. 그리고 오직 전체주의적인 경찰국가만이 장기적으로는 이러한 위기를 넘길 수 있다. 그는 자신의 권위를 "사안"(*Sache*)에 대한 정열로써만 설명할 수 있으리라 생각했다. 그래서 그는 다음과 같은 점을 확신했다. "오직 객관적으로 필요한 조치를 취할 수 있는 길은 오직 하나뿐이다."[104]

"사안"의 원인 극복이 그토록 유용할 수 있었다면, 그것은 민주주의라는 정치적 공간에서 너무도 충분하지 못했다. 인간은 거기서 자신의 상황과 인상에 대해 직접 반응할 자유를 지니며, 인간의 비판에 대해서—그러한 반응을 정부와 활동능력이 있는 의회가 고려하지 않거나 또는 정치적 의미에서 타협력이 있는 집단적 의지형성으로 변형되지 않는다면—기존의 권력정치 질서 바깥에서 하나의 탈출구를 모색하게 된다.[105] 직접 인지될 수 있는 긴축노선의 결과에 대한 효과적인

(주 IV/100), S. 45; Schulteß, 1931, S. 247. 또한 Grotkopp(주 I/12), S. 43ff. 에 있는 논의도 참조.

104) 여기에 개관된 기본입장은 실제로 앞에 인용된 문장에 실려 있는 것과 동일한 연설에서 나온 것이다. 독일의 전반적인 상황에 대한 구체적인 분석은 너무도 정확했으나, 그것은 지속의 의지에 대한 호소로 만족했다. "보다 더 나은 미래에 대한 전망을 갖기에는 너무도 거리가 먼 마지막 순간에 독일민족이 신경을 잃지 말자"는 호소 정도. Brüning, Reden(주 IV/99), S. 46. 이와 약간 다른 것으로는 Schulteß, 1931, S. 250.

105) 브뤼닝의 정부정책의 "관료적인" 기본사상은 반대에 부딪쳤다: "세계경제의 발전이 다달이 독일을 새로운 상황 앞에 세우는 곳에서, 정부는 도대체 정당정책과 연립정책으로 무엇을 만들고자 하는가?" 비상령 정책이란 "충분히 생각했던 프로그램", 즉 오랫동안 힘들여서 비로소 "완성"으로 이끌 수 있는 것이라고 브뤼닝이 강조했음에도 불구하고, 그것과 국내정치의 관계는 모든 적절한 인식에도 불구하고 결국에는 가정의 단계에 머물러 있었다. "항상 인민의 표로부터 유지되는 정부가 이처럼 혹독한 조치의 긴 사슬을 견뎌낼 수 있기 위해서는 인민은 자신의 이해 속에서 서서히 함께 성장해야만 한다." Schulteß, 1931, 246(이 문장 또한 그의 《연설문》, 주 IV/100, 44쪽에 포함되어 있지 않다).

대응조치들은 정부로 하여금 고통스럽지만 추가로 자신의 프로그램을 삭제해야만 했을 것이다. 그리고 그 프로그램은 어차피 계산하기 어려운 국제적인 위기요인들로 계속 삭제되고 축소되었다. 그 밖에도 그러한 조치들은 곤궁상태의 기간을 연장시킬 수 있고, 또 그 원인에 대한 정확한 치유를 어렵게 할 수도 있다. 그러나 그것들은 이제 정치적 급진화의 진행속도를 완화시키고 이로써 적어도 당장에는 상황을 유지시킬 수 있었을 것이다. 그러한 상황의 개선을 위해서는 오직 경제위기에 대한 진정한 투쟁만이 의미를 지녔다.

"제3제국"은 얼마 후에 샤흐트의 도움으로 인플레이션적인 고용 및 신용창출 정책을 거의 저돌적으로 개시했다. 물론 이 정책은 너무도 간단한 길을 너무도 양심의 가책 없이 진행되었다. 그러나 이 정책의 정치적인 결과들은 브뤼닝 노선의 전제들과 권력기반 자체를 위협했다. 이 결과들에 대한 일별은 위기의 파멸적인 외적 현상형태들에 대한 일시적인 관용을 강력히 요구했음에 틀림없다. 바이마르공화국의 역사에서 그 고통의 역사가 경험했던 타협의 원칙은 정치권력의 담지자들에게 과제이자 시험대로 되었다. 그리고 다시 한 번 말한다면 관료적인 단선성과 사이비 과학적인 철저함의 원칙은 정치적인 공동생활 위에서, 사회적 감정 및 생존소망의 위협적인 역동성 위에서 설정되었다.[106]

106) 1932년 초에 《위기. 정치적 선언문》(*Krisis. Ein politisches Manifest*, Weimar 1932)라는 제목의 논문집이 출판되었는데, 여기서는 정치적 상황에 대한 브뤼닝의 논문이 맨 앞에 수록되어 있다. 이 책은 편집자인 뮐러(Oskar Müller, VII쪽) 국장의 서문에 따르면 "독일의 현 상황에 대해 가장 민감한 문제들"을 서술함으로써 새로운 프로그램을 이미 존재하던 수많은 프로그램들에 대체하는 것이 아니라, 오히려 이제 "국가지도부의 프로그램에 신뢰를 갖고 따라야 한다"는 확신을 조장하려는 것이었다. 문제의 직접성과 변경가능성은 정상적인 시기에 일상적인 비판적 프로그램의 해석과 통제를 허용하지 않는다는 것이다. 이 책의 겉모습과 경향은 — 많은 친공화주의적인 정치가들의 기고문을 포함 — 명백히 독일의 정책이 사실적으로 그리고 심리적으로 처해 있었던 상황을 언급한다.

이에 반해 서로 대립적인 경제정책과 사회정책을 지지하는 집단들의 일부를 정치적으로도 담지능력이 있는 타협적인 해결에 참여시키고 독자적인 노선에 이익단체들의 후원을 이끌어내려는 정부의 시도가 취약할 경우 거기서는 정치적으로 영향력 있는 어떠한 성공도 거두지 못했다. 정부의 선언이 있었던 날(10월 13일)에 힌덴부르크가 브뤼닝에게 "제국정부 경제자문위원회"(Wirtschaftsbeirat der Reichsregierung)의 설치를 제안한 서신교환이 출판되었다. "피고용인 대표자들을 포함한 경제생활의 여러 영역에서 온 소규모의 주요 전문가 집단"은 여기서 "통일적 제안"을 위해 "경제정책 및 사회정책상의 여러 문제들과 관련된 모든 영역"을 논의하게 될 터였는데, 여기서 힌덴부르크는 자신이 직접 의장직을 맡고자 했다.[107] 브뤼닝이 자신의 공식적인 답장에서 그 모임을 "가능한 한 좁히고", 특히 전문가들과 함께 일하기를 원했던 것은 처음부터 대통령의 생각이라는 협소한 기반에 제한하였고, 정치적으로 효과적인 정부기반의 확대에 대한 취약한 전망을 더욱 축소시켰다.

그 실험은 독특한 전사를 갖고 있었다. "경제계"는 정부의 개편에 대한 자신의 요구사항들을 하나의 각서(*Denkschrift*)로 작성하였는데, 이는 10월 초 쿠노(Cuno)의 개입에 이어 아들을 통해 힌덴부르크에게 전달되었다.[108] 문제가 된 것은 경제정책 프로그램의 일관된 일방성이었다. 프로그램은 특히 정당에 몸담고 있는 관리들을 "전문성이 있는 인물들"로 대체하고, "볼셰비키적 평등주의" 대신에 임금협정의 수정, 사회보험기구들의 광범위한 축소, 이자율 인하와 동부지역 지원의 수정, "임금과 조세 그리고 사회적 부담금 등에서 지출의 축소"를 통한 화폐가치의 구제 등을 목표로 했다. 이 순전히 기업을 위한 프로

107) 편지의 원문은 Schulteß, 1931, 230. 또한 DAZ, Nr. 487 v. 22. Oktober 1931도 참조.

108) DAZ 편집부의 문서보존소: Klein(주 II/12), 897ff.

그램은 "어떠한 정당적인 유대로부터도 독자적이고 또 계급적인 특혜로부터 벗어나서 전문성에 기초하여 인민의 신뢰로부터 담지되는" 정부에 대한 요구를 ― 힌덴부르크의 선언에 문자 그대로 반복되고 있는 ―통해서 오직 임시변통으로만 위장되어 있었다. 이처럼 마침내 잘 알려지게 된 색조의 의미에서 청원서는 "책임의식이 강한 정부는 경제계의 지도적인 세력들에 의한 후원과 자문에 의존했다"는 명확한 표현으로 끝맺었다. 쿠노는 이를 위해 저명한 경제계 인사들의 목록을 작성했는데,[109] 이 목록은 이어 정부개편 자체에서는 아니지만, ― 프로그램처럼 ― 파펜 아래(그리고 마침내 1933년 7월 히틀러의 "경제 총평의회")에서 다시금 등장했다. 이 프로젝트는 변형된 형식으로 브뤼닝의 "경제 자문회의"에서도 반영되었다.

"경제자문회의"의 구성원들은 10월 21일에 힌덴부르크에 의해서 지명되었다. 힌덴부르크는 8일 후에 첫 회의를 주재했다. 이 위원회는 정부의 제안으로 산업계 대표 5인, 은행과 보험업계, 농업과 수공업 대표 각 3인, 5인의 중소기업가 대표, 여러 노동조합 대표 6인 등으로 구성되었다. 그러나 이 위원회의 비밀회동은 참가한 집단 모두를 실망시킨 극히 보잘것없는 경과를 보여주었다. 이익대립의 조정에 접근하지 못했다는 것은 곧(11월 19일) 농업계 대표자들이 자문회의에서 탈퇴함으로써 확인되었고,[110] 또 서부 및 남부독일 농민단체들이 신임

109) *Ibid.*, 899: 산업계로부터는 푀글러, 로이쉬, 티센, 크룹(그는 당시 "제국연맹"의 지도부를 맡았다), 보쉬, 크뢰크너, 지멘스, 슈프링고룸; 농업계로부터는 빌모브스키, 아브라함 프로바인(섬유), 하인리히 그륀펠트(소매) 등이 언급되었다. "경제자문회의"에 대한 결정적인 제안이 쿠노에서 출발했다고 가정할 수 있다.

110) 이들 중에는 홀트마이어, 오펜, 그리고 독일 농업위원회 의장인 브란데스만 있었던 것이 아니었다. 오히려 기독교 농민연합 의장인 안드레아스 헤르메스(Andreas Hermes)도 독일민족인민당의 이 파괴적인 항의조치에 합세했다. 이 사례에서는 이익정책적인 강제가 중앙당의 통합력보다 더 강했

전권특사 슐랑에-셰닝엔의 강력한 동부지역 지원정책에 만족하지 않았다는 것은 이미 예전의 자문회의에서 확인되었었다.[111] 마지막 회의에서 브뤼닝이 작성한 자문회의의 결의안들은 정부의 조치들이라는 의미에서 "인플레이션적인 해결시도"에 반대했다. 그들은 다시 공적인 부담의 인하, "건전한 사경제를… 건전한 국가경제의 기반 위로 올릴" 것, "배상문제의 해결"과 "지불유예 기간이 만료되기 전에 정시에" 국제신용문제의 해명, 줄어든 임금에 맞는 적절한 가격인하, 필요한 임금인하시 임금협약상의 강제법규성 규정 유지, 경제와 소비자를 위해 추가적인 재정적 완화 등을 요구했다.[112]

음을 증명해 주었다.

111) 슐랑에-셰닝엔 이외에 농업계 출신 온건우파의 변절한 독일민족인민당원 한 사람이 정부에 입각했다. 그는 1931년 11월 7일에 제국 무임소장관으로 이제까지 트레비라누스와 히르트지퍼(Hirtsiefer)가 맡았던 동부지역 지원 전권 특사직을 물려받았다. 이로써 제국-프로이센의 이원성은 이 부문에서 제거되었고, 아마도 향후 내각의 입법과정에서 동부지역의 대토지 소유자에게 우위가 인정된 셈이었다. 그의 첫 비상령, 즉 "동부지역 지원의 수확과 농업의 부채탕감 보장을 위한 (대통령)령"(*Verordnung zur Sicherung der Ernte und landwirtschaftlichen Entschuldung im Osthilfegebiet*) (11월 17일: *RGBl.*, 1931, I, S. 675ff.)은 이미 채무 및 저당권 문제의 해소와 기업의 합리화에 대한 매우 중요한 개혁사상을 포함하고 있었으나, 농업협동조합(landwirtschaftliche Genossenschaften) (Raiffeisen)의 격렬한 저항을 초래했다. 그러나 이후 이 조치의 경과과정에서 동부독일 대토지 소유자들의 분노는 슐랑에의 "농업볼셰비즘"에 대한 반대로 전환되었고, 그들은 결국 브뤼닝의 실각에 기여했다. 여기에 대해서는 Hans Schlange-Schöningen(주 I/79), S. 48ff. 와 특히 S. 56ff. : "투쟁은 모든 전선에서 진행되었다. 그 존재가 문제가 되는 한 그들은 거부를 분명히 했다. 적어도 그 지도부의 대부분은 그것을 거부했다…. 그리고 그 작업은 적어도 개인적으로 거기에 관심을 가진 사람들의 도움으로 실행되었다"(60쪽). 슐랑에는 여기서도 산업채권은행(Bank für Industrieobligationen, Silverberg)과 "사민당"을 언급했다.

112) 결산보고서: Schulteß, 1931, S. 250~261.

브뤼닝은 여기서도 위기가 오직 모든 지출을 줄임으로써만 극복될 수 있다는[113] 자신의 디플레이션 정책의 기본이념을 언급하면서 마무리했다. 그리고 이 마지막 언급에서는 정부가 아마도 그 계획을 광범위한 정치적 기초를 달성할 수 있는 것이 아니라 전문적인 후원을 달성할 수 있다는 점이 명확히 되어 있다. 독일노동조합총연맹(ADGB)은 이미 이틀 후(11월 25일) 경제자문회의의 원칙이 고용창출계획을 포함하지 않고, 또 임금인하와 가격인하의 불균형 해소에도 관심을 기울이지 않은 데 항의하였다.[114] 총연맹에 이어 다른 측에서 쾨니히스베르크에 있는 동프로이센 농업회의소의 결의안이 나왔는데(12월 15일), 이 결의안은 힌덴부르크와 정부가 "투쟁과 신앙으로 뭉쳐 오직 농업뿐만 아니라 인민 전체를 구출할 수 있는 인물들"을 위해서 길을 열어주어야 할 것이라고 주장했다. 여기서 새로이 "민족적 반대파"로 이탈하는 것은 고유한 사안을 전체의 사안과 동일시하는 모든 이익단체들의 기본원리와 결합되었다. 이러한 이탈에서는 사후의 취소 또한 아무것도 바꾸지 못한다.[115]

산업계의 대표자들은 적지 않은 실망감을 느꼈다. 그들은 그 프로젝트로 "제국대통령의 추밀원"을 추구했는데, 이 기관은 "정부 아래서가 아니라, 오히려 정부 위에서" 기능하는 상설제도로 기능케 해야 한다

113) 또한 이로써(많은 다른 사례에서와 마찬가지로) 자신이 결코 디플레이션 정책을 추진하지 않았다는 브뤼닝의 후일 주장은 논박되고 있다: "Brief" (주 I/9), S. 5. 또 앞의 주 III/196에 인용된 연설의 주장을 참조. 그는 이 연설에서 디플레이션 정책을 건전한 재정관리를 재건하고, 배상문제의 수정을 달성하기 위한 유일한 길이라고 지칭한 바 있다.

114) Schulteß, 1931, S. 261.

115) 농업회의소 의장(브란데스)은 힌덴부르크에게 보낸 한 편지에서 언론의 논평에 대해 사람들이 힌덴부르크의 동프로이센 농업에 대한 공로를 인정하고, 다만 체제의 변화를 대통령 권력을 강화시킴으로써 이러한 노력이 훨씬 더 많은 효율성을 획득하게 되는 방향으로 나아가게 해주기를 원한다고 강조했다(*Ibid.*, 271).

고 생각했다. 그리고 그들의 요구는 다음과 같다. 즉, 이 기관은 "어떠한 경우에도 동수로 구성되어서는, 다시 말해서 노동공동체의 개념을 고집해서는 안 된다. 이 기관은 오직 주로 잘 소식을 듣는 경험이 풍부한 경제계 지도자들로 구성될 수 있다."[116] "경제자문회의"의 구성과 회의는 "경제계"가 브뤼닝으로부터 더욱 이탈하게 되는 또 하나의 요인으로 되었다. 사람들은 브뤼닝이 이로써 "그 정부의 손상과 약점을 숨기려 했을" 뿐이라고 비난했다.[117] 민주주의에 대한 비판은 이 쪽으로부터도 독재에 대한 요구로 상승하였다. "우리는 이 민주적인 방법으로, 즉 원칙적으로 모두가 함께 참여하여 이른바 동수의 원칙이 지배하는 방식으로 점차 불행으로 빠져들게 될 것이다. 오히려 더 나은 것은 마지막까지 거침없는 에너지로 올바른 것으로 인정된 것을 실행하는 … 사람이 나타나는 것이다."[118]

거의 동시에 칼 프리드리히 지멘스(Carl Friedrich v. Siemens)도 미국 기업가들 앞에서 행한 연설에서 이른바 사회주의적·친노동조합적인 정부의 노선, 임금협약법, 사회정책 등에 반대하는 입장을 표명했다. 그는 "사회주의의 논리적 결과"인 공산주의에 대한 나치적인 대항운동의 중요성을 강조했다. 그는 "사회주의의 극복"을 나치당의 "핵심목표"로 지칭하고, 그것을 "유물론적 노력"에 대항한 "이상적인" 보루로 칭송하였고, 이 당의 합법정책을 공산주의적인 혁명의 위협에 대비시킴으로써,[119] 중공업의 이 온건한 대표자도 "경제계"의 점진적인 우파

116) (베른하르트 변호사에게 보낸) 브란디스의 서면을 통한 의사표현(1931년 10월 19일과 20일)은 *DAZ* 편집부의 문서보존소에 보관되어 있고, Klein (주 II/2), S. 900f. 에 인용되어 있다.

117) *Ibid.* 상공업의 자유주의적 대표자들의 비판 또한 얼마나 신랄했는지는 한자연맹의 1931년 연례보고서는 확인해준다. *Jahresbericht 1931 des Hansa-Bundes* (Flugschriften des Hansa-Bundes, Heft 29), S. 8ff.

118) Brief Dr. Brandis an Rechtsanwalt Bernhard v. 23. Oktober 1931. 또한 Klein (주 II/12), S. 901.

적 발전과 나치즘의 성격 및 중요성에 대한 운명적인 환상을 표현했다. 12월에는 라인-베스트팔렌 석탄산업의 대규모 진격이 있었다. 광산업은 슈테거발트에게 광산노동자들의 대량해고를 위협했다.[120] 1932년 1월 27일부로 더 이상 새로운 길은 없었다. 저 "나치당의 역사에서 … 기억할 만한 날"에 히틀러는 "서부독일 산업계의 대표들에게서 비약에" 성공했다.[121] 이것이 나치의 공식적 견해였음은 이 당의 "반자본주의"가 어떠한 길에 있는지를 보여주었다. 그러나 히틀러가 뒤셀도르프의 산업클럽에서 "독일의 경제 엘리트들"—그 선두에는 티센이 있었다—앞에서 2시간 동안의 연설을[122] 통해 겨냥했던 성과는 동시에 1931년

---

119) Carl Friedrich v. Siemens, *Die gegenwärtige Lage Deutschlands, Rede*, gehalten auf dem Frühstück des Bond-Club in New York am 30. Oktober 1931, S. 10f. 히틀러는 "공산주의의 혁명운동을 막기 위해서 자신의 진정한 지지자들을 너무 강한 규율로 교육했다."

120) Adam Stegerwald, Wohin gehen wir? (Würzburg, 1946), S. 46.

121) Otto Dietrich (주 IV/3), 46ff. 그는 당직자의 입장에서이지만 동시에 교훈적으로 히틀러의 연설과 그 인상을 묘사한다. Bullock (주 I/123), S. 177ff. 와 "Dr. Lehr stellt richtig", *Westfalenpost*, Nr. 11 v. 7. Februar 1947을 참조.

122) *Vortrag Adolf Hitlers vor westdeutschen Wirtschaftlern im Industrie-Klub zu Düsseldorf am 27. Januar 1932* (München, o. J. [1932]). 이 강연은 민주주의의 모든 형식에 대한 신랄한 논박에 그쳤다. 경제영역에서는 공산주의가 거기에 해당한다는 것이다. 즉, 사경제의 능력제일주의(*Leistungsprinzip*)에는 오히려 "군주적 의미"(*Herrensinn*)의 권위주의적 정부가 더 적합하다고 히틀러는 주장했다. 이 정부는 동시에 백인종을 구출하기 위해 "세계에서 생활수준의 다양성이 유지되도록"(13쪽) 하기 위해 노력하리라는 것이다. 그러자 너무도 또렷하게 사방에서 갈채가 터져 나왔다. 여기서는 민주주의의 실패에 대해 "거대한 내부시장의 확장을 통한 새로운 생활공간 또는 독일의 단합된 힘을 투입하여 독일경제를 외부로부터 보호"해야 한다는 요구들이 대응되었다(31쪽). 히틀러는 매우 노련하게 사회주의에 대한 논의를 피했다. 그는 실현가능성이 있는 공동의 장에 한정하여(23쪽), "독일 노동자가 … 1914년 이후 강력한 인식 속에서 마르크스주의로부터 등을 돌

여름 이후 이 중요한 권력영역에서 진행된 변화로부터 생겨난 것이었다. 히틀러의 장도(長途)에 그것이 지닌 중요성은 개별적으로 정교하게 묘사하기는 어렵지만, 분명 거의 과대평가될 수는 없다.[123)]

반브뤼닝 전선은 이제 이익집단의 공간에서도 위협적인 강도를 달성했다. 그리고 이미 임박한 대통령 선거라는 문제도 인지할 수 있을 정도의 그늘을 드리웠다. "민족적 반대파"는 반바이마르공화국 투쟁을 위해서 미국의 여론에서도 후원을 얻으려 했으며,[124)] 힌덴부르크를

렸고, 그 지도부에 반대해서 민족으로 가는 길을 발견했다"고 주장했다. 또한 그는 다시금 지지자들을 즐겁게 하기 위해 자신이 "민족적 독일의 고수에 불과"하다는 점을 확인했다(30쪽).

123) Otto Dietrich(주 IV/3), 49: "경제인들에게 미친 영향은… 깊었고, 이후 몇 달 동안의 격렬한 투쟁 속에서 드러났다. 히틀러는 다음날 고데스베르크의 크레펠트 견직산업가들 앞에서 발언하여 동일한 성공을 거두었다. 이어 함부르크의 내셔널 클럽에서도 동일한 발언을 했다. 전반적으로 동일한 이미지… 경제계 침투(전략)는 성공을 거두었다. 그 계획은 성공적이었다…. 브뤼닝 주변에는 구름이 끼었다." 로흐너의 책이 포함하는 후일의 정당화 시도는 학문적으로 더 이상 유지될 수 없다. Louis P. Lochner, Tycoons and Tyrant(독일어판: Die Mächtigen und der Tyrann. Die deutsche Industrie von Hitler bis Adenauer(Darmstadt, 1955), S. 21ff., 98ff.

124) 두 언어로 된 논문집 《독일과 미국, 미국과 독일》은 한 예이다. *Deutschland und Amerika, Germany and USA, The Steuben Memorial*, hrsg. im Auftrag der Deutschen Steuben-Gesellschaft Potsdam von Kurt Schomburg(Berlin, 1932). 이 책은 분명 "'민족적 독일'로서, 권력을 장악한 '미래의 독일'로서 정치의 전면으로 밀어낸… 정신적 경향의 관점"에서 있다(IX쪽). 이것은 "'민족적 반대파'에 속하는 조직들의 지도급 인물이 이 공동으로 참여하여 작성한 것으로 독일에서 처음 출판된 인쇄물"(X쪽)이라는 점에서 "역사적인 문서"로 평가될 수 있을 것이다. 또한 이 문서는 무솔리니의 "모범적인 민족적 저작이자 인종적 인척관계인 플란데르 종족의 해방운동에"(XI쪽) 의거하고 있고, 단호한 민족주의적·군국주의적·인종주의적 선동을 위해 슈토이벤의 모습을 이용한다. 특히 언급될 수 있는 것은 나치적인 역사학 교수 리햐르트 주헌비르트(Richard Suchenwirth)의

둘러싼 투쟁으로 발전되었다.

"제 1제국에서 제 3제국으로"("*Vom ersten zum Dritten Reich*", 46ff.)—그는 여기서 히틀러를 독일사의 완성자로 축하했고, "독일이여 깨어나라!"라는 말로 마무리한다—, 골츠(Rüdiger Graf v. d. Goltz)의 "프로이센 군국주의의 본질"("*Das Wesen des preußischen Militarismus*", 57ff.), 드리스만(Heinrich Driesman)의 "인종생물학 및 사회생물학에 대한 의미에 포함된 프로이센의 국가이념"("*Die preußische Staatsidee in ihrer Bedeutung für die Rassen-und Gesellschaftsbiologie*", 68ff.)—"브란덴부르크-프로이센에서는 인간의 사육과 식물의 재배가 하나의 과학으로 형성되었다"—, 에프(Ritter v. Epp)의 "독일의 방위상태와 민족교육-독일민족의 숙명의 문제"("*Deutsche Wehrlage und Volkserziehung-Die Schicksalsfrage des deutschen Volkes*", 85ff.) 등과 같은 논문들 및 철모단(프란츠 젤테와 프리드리히 에벌링), 대독일 공간정책, 그리고 20세기의 히틀러, 무솔리니, 로젠베르크 신화에 대한 논문들 등이다.

제5장

제국대통령 선거

브뤼닝의 정부는 개각 후 정부에서 제국대통령의 여러 예외적인 권한이 허용했던 지원에 예전보다 훨씬 더 결정적으로 의존하게 되었다. 제국군대의 충성은 브뤼닝에게 우호적인 그뢰너, 슐라이허, 함머슈타인의 기본적인 태도를 통해서 보증된 것처럼 보였다. 그리고 충성스러운 제국군대와 더불어 여전히 식지 않은 힌덴부르크의 인기는 공화국의 약해진 임시버팀목의 추가적인 권력상실을 막을 수 있었는지도 모른다. 모든 집단들의 관심사는 — 그들이 이제 민주공화국의 유지와 부흥을 위해 노력했건 최후의 타파를 위해 노력했건 간에 — 이미 1931년 여름 이래 다가오는 제국대통령 선거가 열어놓을 여러 측면들과 조합가능성들에 집중되었다. 이제 견해와 계획들, 동맹들과 갈등의 복잡한 게임이 시작되었다. 그리고 이 게임은 기존의 긴장을 더욱 고조시켰고, 동시에 새로운 역동성을 일시적으로 운동불능으로까지 경직된 여러 전선으로 옮겨놓았다. 제 2차 브뤼닝 정부의 국내정치적 운명은 어쩔 수없이 이제 자신의 존재가 걸린 바로 이 물음에서 결정될 것임에 틀림없었다.

1. 힌덴부르크를 둘러싼 계획들

실제로 상황은 극히 혼란스러웠다. 힌덴부르크는 본래 1925년에 우익정당들의 후보로 선출되었으나, 이제 "민족적 반대파"가 맹렬히 맞서 싸우는 대통령제 정부의 버팀목으로 되었으며, 다양한 정치적 계획들을 요구받고 있었다. 먼저 특히 "민족적 반대파"는 그의 재선프로젝트를 둘러싸고 격론을 벌여야만 했다. 철모단이 갖가지 의구심에도 불구하고 그 명예의장인 힌덴부르크를 계속 지지해야 한다고 생각한 뒤에, 하르츠부르크에서 이 문제를 분명히 하려는 것은 후겐베르크가 바라던 바였다. 독일민족인민당의 전통주의적인 집단과 농업계 출신인 사들은 이 점에서 그를 후원했다. 하르츠부르크 또한 다양한 우파 그룹 내부의 견해들을 해명할 수 없었다. 이는 온건 보수주의자들이 예전에 성공하지 못했던 히틀러와 후겐베르크에 대한 반대운동을 다시 한 번 되살리기 위해 활용하고자 했던 바로 그 상황이었다. 그래서 베스타르프 주변 인사들의 노력 또한 철모단이 "당연히 이 입후보를 지지할 것"이고 또 결국 철모단과 나치당 사이의 협력에 빗장이 쳐질 것이라는 사실에서 출발했다.[1]

그러나 사람들은 견인력 있는 나치당 후보를 고려해야 했던 반면에, "브뤼닝의 다수", 즉 힌덴부르크에 대한 대안을 찾을 가능성은 별로 전망이 없는 것이었다. 사민당은 브라운이나 뢰베(Paul Löbe)를 내세울 수 있었지만, 공산주의자들의 끊임없는 방해정책에 비춰볼 때 저명한 좌파 입후보자에 대해서는 전혀 생각할 수 없었다.[2] 민주적 다수는

---

1) Westarp-Akten, Brief Rademachers an Westarp v. Oktober 1931(전국지도부와 친밀한 철모단 측에서 온 서면통지문 포함): 철모단의 공식입장은 이 의미에서 단지 힌덴부르크가 직접 결정을 내릴 때까지 연기되었다고 했다.

2) 사민당과 공산당의 관계는 여러 차례의 예비접촉 시도에도 불구하고 더욱

모두가 자신들이 힌덴부르크의 인기와 결부되어 있다고 생각했고, 급진주의자들의 승리에 자리를 내주려 하지 않았다. 이 "노인" 또한 1925년의 공포에 놀랐지만 기분이 나쁘지는 않았고, 독재자가 — 이미 1916년 루덴도르프 곁에 앉아서 대리했던 것처럼 — 아니라 오히려 성실한 입헌군주로서 등장했다.

브뤼닝은 가장 어려운 결정을 내려야 할 시점에 와 있었다. 그는 추락하는 정부의 위신에 아랑곳하지 않고 이 어려운 시기를 극복하게 될 일관된 노선을 견지했다. 독일은 이 시기에 배상 및 동등권 문제의 자유로운 해결, 경제위기의 극복으로 인하여 분열되어 있었다. 그러나 이 (일관성) 유지 구상은 대중의 점진적인 급진화, 경제적 권력담지자의 불안정과 나치즘 등에 대항하던 대통령제 정부의 국내정치적 안전에 전례 없이 얽매이게 되었다. 물론 이 구상에서 힌덴부르크의 중심적 역할은 특히 이러한 기능을 훨씬 넘어섰다. 공화국의 권위주의적 개조에 대한 사고가 브뤼닝 자신에게 얼마나 확고하게 뿌리박혀 있는지, 대통령제 정부의 경험이 1년 반 뒤에 얼마나 독자적인 중요성을 발전시켰고 또 쇠약해진 정부 내에서 권위주의적 전통을 강화시켰는지 등을 평가하기는 어려운 일이다. 그렇지만 어쨌든 이제 내리게 될 결정은 이러한 방향을 지향하는 일련의 계획들과 실험들을 지워버렸다.

경직되었다. 〈전진〉(*Vorwaerts*)지가 좌파에 대한 논박을 일시적으로 완화시켰고, 또 1931년 11월 브라이트샤이트의 한 연설에서는 동등한 권리를 갖는 노동권의 방어라는 협력에 대한 사고들이 등장했지만, 공산당은 "브뤼닝식의 파시즘"에 대항한 통일전선이라는 그들 나름대로의 구상을 계속 고수했다. 그들이 보기에 "브뤼닝식의 파시즘"은 "히틀러의 파시즘보다 머리카락 한 올도 더 낫지 않은" 것이었다(*Die Rote Fahne* v. 16. November 1931). 그 밖에도 공산당은 주공격을 계속 사민당에 겨냥했다. 왜냐하면 공산당은 그 안에서 경쟁과 충원지대를 보았기 때문이다. 또한 공산당은 세계혁명의 역사철학을 교조적 신앙처럼 소중히 품고 있었는데, 이 세계혁명은 파쇼주의자들의 막간극 후에야 도래할 것이었다. Stampfer(주 I/4), S. 608f.; Flechtheim(주 III/90), S. 177ff. 참조.

보수주의 진영에서는 이미 1931년 2월 힌덴부르크의 대통령직을 종신으로 연장하자는 생각이 표면으로 떠올랐다.[3] 이는 제국의회에서 2/3 이상의 찬성을 얻어 바이마르 헌법 제41조의 폐기를 요하는 것이었다. 사람들은 히틀러-후겐베르크 반대파의 비타협성으로 그러한 의도가 관철되기 어렵다는 점을 이미 잘 인식하고 있었다.[4] 이외에도 하르츠부르크 전선의 활동성과 더불어 힌덴부르크-브뤼닝의 복잡한 관계도 심각한 장애물이었다. 브뤼닝 자신은 히틀러 또는 "민족적 반대파" 입후보자의 대통령직에 대하여 정치적으로 확실하고 대중적으로 영향력있는 다른 대안을 찾을 수 없다고 믿었을 때,[5] 1931년 말경 여러 정당들의 지도자들과 가진 대화에서 이 계획을 추진하기 시작했다. 그는 심지어 이 계획에 원칙적 개혁안이 명료해지는 새로운 뉘앙스를

---

3) Westarp-Akten, Brief v. Mahltzahns an Westarp v. 18. März 1931: 베스타르프는(트레비라누스나 브뤼닝보다 더) 가을에 제국의회에 이와 관련된 법안을 제출하여, 그에 대해 힌덴부르크의 동의를 얻으려 했다고 한다. 힌덴부르크는 말찬(Mahlzahn)의 연대장이었지만, 아마도 의원이 아니었던 이 사람과 협상하기를 원치 않았던 듯하다.

4) *Ibid.*: Antwort Westarps an Mahltzahn v. 12. März 1931: 이러한 생각은 "제국의회의 많은 영역에서도 이미 지반이 굳어진 걸로 보인다." 사람들은 지금은 아직 아무것도 할 수 없으며 또한 제국 야당의 저항도 고려해야 하며, 무엇보다도 "이러한 생각이 진지하게 검증되어야 한다."

5) 인기있는 다른 후보자를 획득하기 위한 계획들은 힌덴부르크의 문제성 있는 네트워크로 인하여 특히 사민당 측으로부터 먼저 지지를 받았듯이, 여전히 초기단계에 머물렀다. 그래서 예를 들면 체펠린 공장의 이름난 고등기술자인 Eckener를 독립후보로서 힌덴부르크의 자리에 앉히려는 Severing(Lebensweg, 주 I/18, II. S. 314f.)의 의도는 연장계획에 확고한 브뤼닝 때문에 옛것이 되어버렸다. 일시적으로 슐라이허가 추진했고 힌덴부르크가 허락했던 그뢰너의 후보계획에 대해서는: Groener-Geyer(주 I/51), S. 287. 그 당시의 후보문제를 다뤘던 많은 문건 중의 예로서 언급되었다: Wer wird Reichspräsident? Das Wahlverfahren, die Kandidaten und ihre Aussichten, Stalling, Oldenburg o. J. (anonym), S. 21ff.

더했다. 이 개혁안은 브뤼닝에게는 대통령제 내각이라는 본래의 임시처방책을 넘어서는 것으로 보였다. 실제로 브뤼닝은 이 몇 주 사이에 제국대통령직의 연장을 통해서 섭정정치로, 결국에는 입헌군주정 재건으로의 이행을 준비한다는 계획을 이후에도 심사숙고했던 것으로 보인다.[6]

물론 그러한 계획을 헌법에 따라 실현한다는 것은 가능하다면 나치당의 일부도 포함한 모든 나머지 정당의 동의를 전제한 것이었다. 왜냐하면 공산당의 지원을 기대할 수 없었기 때문이다. 어쨌든 최소한 독일민족인민당의 의원들은 확보되어야만 했다. 나치당과 공산당의 의원들이 고려되지 않는다면 말이다. 게다가 이 계획은 사정에 따라 단지 미래 군주정의 자리지킴이로서만 적합한 듯이 보였던 힌덴부르크의 동의에 달려있었다. 그리고 여기서 첫 번째 어려움들이 등장했다. 합의를 보지 못한 어떤 목적에 2/3 이상의 다수를 통합해내고, 후겐베르크 외에 히틀러까지도 하나의 정치적 계산에 — 이런 정치적 계산은 분명히 그 자신에게도 적대적이고, 그의 전체적 권력요구에도 반하며, 민주적 기본구조의 헌법적 수호를 지향한 것이었다 — 포함시키려는 의도가 더 이상 바랄 나위 없이 보일 수도 있었지만, 놀랍게도 힌덴부르크 측도 브뤼닝의 계획을 받아들이지 않았다.

힌덴부르크가 이제야 처음으로 브뤼닝의 노선에 저항하게 된 개인적·실질적 동기들이 어떤 서열을 지니고 있었는지를 판단하기는 어렵다. 이 순간에 이미 황제의 원수의 정치적 임기응변에 매우 미숙했음을 확인시켜 주었다. 그는 1918년의 검은 11월을 잊을 수 없었고, 민주적·입헌적 발전의 완전한 수정을 약속하지 않는 최근의 헌법개혁에도 동의하지 않으려 했다. 브뤼닝이 민주주의의 보수적 개혁을 통해서

---

6) 이 계획의 과정에 대해서는 특히 Wheeler-Bennett, *Hindenburg* (주 I/82), S. 353ff. : ders., *Nemesis* (주 I/162), S. 230ff. ; 그의 보고서는 브뤼닝이 1934/1935년 영국으로 망명한 후에 그와 가졌던 대화를 바탕으로 했다.

위협적인 나치의 독재를 미연에 방지하려 했던 반면에, 힌덴부르크는 이미 1931년 11월 초의 첫 물밑대화에서 영국의 예를 따라 계획된 헌법 해결책을 거부했으며, 자신을 군주정의 관리자로 간주하는[7] 구식 군주정의 복고를 고집했던 듯하다.

이러한 이견들은 합헌적이기보다는 심리적인 근거를 가진 것이었고, 또 다시 브뤼닝이 외관상 성공적으로 이끌어나간 듯한 정치적 예비탐색에 모순된 것이었다. 그는 자신이 나치당의 권력증가에 대항할 유일한 대안으로 된다면, 의회의 다수를 얻을 수 있을 것이라고 생각했을 뿐만 아니라, 탐탁지 않지만, 독일민족인민당의 지원으로 온건한 군주정의 재건도 가능할 것으로 생각했다. 그렇게 될 경우 힌덴부르크의 사후에 황태자의 아들 중 한 사람이 왕위에 오르게 될 것인데, 나치당의 보수파들도 체면을 잃지 않으려면 반대할 수 없을 것이라고 보았다. 사민당의 입장에서 관용이란 기껏해야 빌헬름 2세뿐 아니라 우파 반대파와의 연계 때문에 의심을 받게 된 황태자까지도 논외로 될 때 비로소 기대할 수 있는 것이었다. 그러나 13년 전 그들의 실각에 동의했어야 했던 힌덴부르크는 자신을 이제 바로 그들을 위한 자리 지킴이라고 생각했다. 이렇게 해서 힌덴부르크의 법적인 섭정직에 기반

---

7) 상세한 것은 Wheeler-Bennett, Hindenburg(주 I/82), S. 355ff. 브뤼닝은 이런 사실을 카우프만(Walter H. Kaufmann, 주 I/89, 286)에게 보낸 편지에서 확인했다: "휠러-베넷 씨가 현재 문제가 되는 인물 및 힌덴부르크의 전체 구상 거부에 대해 보고한 것은 정확하다. 그러나 그 구상은 힌덴부르크뿐만 아니라 군대지도자들에 의해서도 거부되었다. 그들은 헌법적인 수단, 즉 국민투표로 그 계획을 실현할 수 있으리라는 주장에 매우 회의적이다. 나뿐만 아니라 군대지도자들도 비헌정적인 수단을 거부했을 것이다." 브뤼닝은 여기서 분명히 그뢰너와 함머슈타인뿐만 아니라 우선 슐라이허를 생각했다. 그는 슐라이허의 능동적인 정치적 역할을 이와 연관해서 조명하거나 혹은 약화시키려 했다. 또 힌덴부르크에게 1918년 11월 9일의 악몽이 지닌 중요성에 대해서는 Kuno Graf Westarp, *Das Ende der Monarchie am 9. November 1918*, Stollhamm-Berlin 1952.

을 둔 점진적인 왕정복고 계획은 거의 시작단계에 있었다. 여기서 이제 왕정복고는 1932년에 기대되었던 대외정책 및 경제정책에서 부담 경감과 함께 나치의 큰 물결에 튼튼한 댐을 설치하고, 더 이상의 도약을 저지할 수 있으리라는 것이었다.

힌덴부르크만이 정치적 급진주의로부터 정부를 보호할 수 있으며 그의 위신으로 위기의 위험한 몇 달을 헤쳐 나갈 수 있을 것이라는 확신은 더욱 커져 갔다. 실제로 힌덴부르크는 새로운 선거에 강력히 저항했다. 왜냐하면 이 선거는 충분히 예상할 수 있는 선거전에서 그를 우파 친구들의 욕설 속에 내던지는 격이 될 것이고, 또 고령에도 불구하고 또 다시 몇 년 동안 원치 않던 공직에 있어야만 할 것이었기 때문이다. 이제 사람들은 84세인 힌덴부르크가 또 다시 7년의 임기를 채울 수 있을 것으로 생각하지 않았기 때문에, 그 대신 제국의회의 헌법 개혁 결의를 통해서 2년간 임기연장을 고려했다. 동시에 브뤼닝과 브라운[8] 그리고 모든 민주정당의 정치가와 함께 제국대통령의 온건 보수적 측근들과 제국군대 지도부는 저항자들을 결집시키기 위해 노력했다. 브뤼닝도 이제 자신의 계획을 대통령 임기의 단순한 연장에만 한정시켰다. 그는 이를 통해 힌덴부르크와 선동의 물결에 뒤덮이게 될 일반대중에게는 선거전을 면제시켜 주는 한편, 급진적인 여러 운동으로부터는 그들의 선동의 전개와 새로운 선거의 성공을 성취할 기회를 미연에 빼어버리고자 했다.

따라서 후겐베르크 및 히틀러와 개시한 협상들은 더듬는 듯이 매우 느리게 진행되었고 또한 전혀 실질적 성과를 내지 못했으나, "민족적 반대파"의 약점을 노출시킨 셈이었다. 힌덴부르크 계획에 대한 어떠한 직접적인 거부도 민족적 반대파를 심각한 심리적 문제 앞에 서게 했음에 틀림없었다. 그러나 히틀러는 물론이고 후겐베르크와 철모단이 도

8) Otto Braun(주 I/5), S. 368.

망쳤던 어정쩡한 입장표명은[9] "민족적 반대파"의 여러 파트너들 사이에 긴장과 불신을 증대시켰다. 헌법계획에 대한 합의에 성공하지 못한다 하더라도, 브뤼닝은 최소한 대통령 선거에서 우익 반대파의 일치단결된 전선형성의 위험을 피할 수 있기를 희망했다. 그러나 힌덴부르크는 계속 우물쭈물하다가 결국에는 동의했는데, 이는 그를 둘러싸고 점차 커져가던 의구심으로부터 해방시킬 수 없었다. 특히 제국대통령의 가장 가까운 주변에서는 10월 이후 시작된 브뤼닝에 대한 태도 변화는 계속되었다. 제국총리는 자신의 다양한 노력들이 그러한 조건 아래서 대체 의미가 있는 것인지, 또한 힌덴부르크로 대통령체제를 지속하는 것이 여전히 신뢰할 수 있는 버팀목을 가질 것인지에 대해 자문해 보았을 것이다.[10]

그러한 노력들은 1930~1931년의 전환기에 결정적인 단계에 들어섰다. 변화된 전조 아래서이긴 하지만 다시 한 번 본래 1929/1930에 세워졌던 브뤼닝 계획은 황급히 실현되는 방향으로 가닥이 잡혀갔다. 물론 상황은 근본적으로 변했다. 이제 우익급진주의의 강력한 팽창은 우파가 정부로 포섭된 자리에 들어서게 되었다. 또 급진주의의 이질적 구성요소들은 바로 지금 다시 눈에 띄게 분열되었으나, 국내정치에서 정부와 민주주의에 대한 압력을 덜어주지는 못했다. 이제는 사민당을

9) 히틀러는 특히 예전에 새로운 제국의회의 선거를 요구했다: Meissner(주 I/159), S. 216.

10) 특히 오스카 폰 힌덴부르크(Oska v. Hindenburg)는 아마도 제국내각이 노이덱 영지(Gut Neudeck)의 확대계획을 지원하지 않을 것이라 봤기 때문에 아버지에게 적극적인 영향을 행사하기 시작한 듯하다. Wheeler-Benett, *Hindenburg*(주 I/82), S. 361

〔역주〕 노이덱 영지(Gut Neudeck)는 14세기경에 건설되어 1945년까지 지속된 영지. 이 영지는 옛 서프로이센 (오늘날 폴란드)에 위치하고 있는데, 1927년 파울 폰 힌덴부르크 대통령의 80세 생일에 즈음하여 모금운동으로 그에게 헌납되어 유명해졌다. 1934년 그가 사망하자, 그의 아들인 오스카 폰 힌덴부르크가 그 주인이 되었다.

야당으로 밀어 내는 것도 — 민주주의가 완전히 마비되거나 또는 국가 기구가 독재에 굴복할 수도 있는 위험한 상황에서 — 더 이상 생각할 수 없는 것이었다.[11] 어쨌든 그 즈음이나 2년 전에도 우파 야당을 참여시키기 위한 직접적인 시도가 여러 차례 있었다.

그사이에 나치 지도자들과의[12] 점점 안정된 접촉을 이용해보려 했던 사람은 다름 아닌 바로 슐라이허였다. 1932년 1월 초 내무부 내지 제국 총리실에서 여러 차례의 대화가 이루어졌는데, 여기서는 먼저 그뢰너-슐라이허가, 이어 브뤼닝도 나치의 "합법성'을 약속함으로써[13] 히틀러와 룀(Röhm)의 지지를 얻으려 하였다. 히틀러는 "민족적 반대파"의 파트너들과 대화가 성사될 때까지 자신의 결정을 보류했다. 브뤼닝이 1월 7일 저녁에 그의 계획을 사민당의 힐퍼딩과 벨스에게 설명하는 동안 히틀러는 당 내부에서 여러 차례의 대화를 나누었는데, 슐라이허는 특히 자신의 준비에 근거해 이 대화로부터 좋은 결과를 기대

11) 사민당 지도부는 나치 연립정부의 모든 가능성을 막기 위해 전례 없이 관용정책을 고수했다. 여기에 강령적인 성격을 지닌 것으로 다음을 참조: Rudolf Hilferding, "Unter der Drohung des Faschismus", *Die Gesellschaft* 9, Heft 1(1. Januar 1932), S. 3ff.

12) 군사적 대중조직으로 슐라이허의 군사정책적인 고려에 특히 관련이 있었던 나치 돌격대의 책임자 룀과의 여러 차례에 걸친 접촉은 한 장의 편지에서 출발한다. Severing, 주 I/18, II, 321쪽 맞은편에 있는 1931년 11월 4일자 편지. 이 편지에서 슐라이허는 나치당에게 합법성 노선의 신뢰성을 확인한다. 그는 이 신뢰에 근거해서 룀이 보낸 자료를 통해서 "완벽하게 신뢰할 수 있다"고 말했다. 나치당의 기본입장을 승인한 앞서의 제국군대령은(이 책 아래의 309쪽) 명백히 슐라이허의 예비접촉의 결과로 보인다. 룀과 더불어 괴링과 에프(Epp)와 같은 장교들이 언급되었다. Kurt Caro/ Walter Oehme, *Schleichers Aufstieg. Ein Beitrag zur Geschichte der Gegenrevolution* (Berlin, 1933), S. 221f.

13) Joseph Goebbels, *Vom Kaiserhof zur Reichskanzlei* (Berlin, 1934), 22f. 또한 "Der Kampf um die Reichstagpräsidentenwahl", *Der Zeitspiegel* 1, Nr. 2(21. Januar 1932), S. 18도 참조.

했다. 그러나 괴벨스 이외에도[14] 슐라이허가 희망을 걸었던 룀도 그레고어 슈트라서와 함께 브뤼닝 계획의 관용을 지지했던 모든 것에 대하여 거부하는 입장을 취함으로써 히틀러의 입장을 더욱 강화시켰다. 그사이 후겐베르크도 베를린에 도착해(1월 9일) 여러 시간 동안 히틀러와 물밑대화를 가졌다.[15] 그러나 이 대화는 다음날에 있었던 후겐베르크와 브뤼닝 사이의 대화와 마찬가지로 거의 해명을 제공하지 못했다. 그럼에도 사람들은 1월 11일에 의회에서 규정을 정하려는 계획이 무산된 것으로 간주할 수 있었다.[16]

물론 브뤼닝의 접촉시도에 대한 후겐베르크의 입장도 여전히 끌려

---

14) 괴벨스(*Kaiserhof*, 주 V/13, 18ff.)는 1932년 1월 8~10일에 그가 작성한 회의록에서 그뢰너와 브뤼닝의 "성의 평화" 계획에 결단코 반대했다. "권력을 둘러싼 체스게임이 시작된다…. 중요한 것은 우리가… 어떠한 타협도 맺지 않는 것이다."

15) 그뢰너(Brief an Gleich v. 24. Januar 1932, Phelps, 주 I/52, S. 1017f.)는 후겐베르크가 바로 이 순간에 히틀러에게 마음을 바꾸었는데, 여기서 그는 "전향할 생각이 있었다"고 생각한다. 히틀러는 그뢰너에게 "당장에는 소속당의 반대파를 극복할 수 있음"을 확인시켜 주었다.

16) 베스타르프는 1932년 1월 14일 사위 개르트링엔(Berthold Frhr. Hiller v. Gärtringen)에게 보낸 편지에서(Westarp-Akten) 마이스너가 자신에게 1월 13일 히틀러를 "오락가락하면서, 민감하고 우쭐대면서 순간적인 인상으로부터 영향을 받은 것"으로 묘사했다고 보고했다. "그는 광범위한 약속을 한 후에, 후겐베르크와 당내의 강경파의 반응에 당황했다." Brief an denselben (*Ibid.*) v. 26. Januar 1932에 있는 다음을 참조: "히틀러는 의회의 길을 갈 생각이 있었고, 또 슐라이허와 그뢰너가 주장했듯이 이들에게 광범위한 약속을 했다. 브뤼닝과 가졌던 첫 물밑대화에서도 그는 최소한 기다리는 듯한 태도를 보였다. 이어 그의 측근들이 지붕 위에 올랐다. 브뤼닝이 너무도 냉정하고 조심스러웠으므로, 그는 모욕당한 프리마돈나처럼 경기를 했다. 이어 후겐베르크와의 대화가 있었다. 후겐베르크는 히틀러가 확고부동한 정치가라는 사실을 알았다고 한다. 몇몇 후계자들, 즉 괴벨스, 슈트라서(!), 그리고 특히 프릭을 자신의 편으로 끌어들여 그들을 통해 히틀러를 의회적 길을 거부하게 하는 데 성공했음에 틀림없다."

가면서 결정되었다. 그는 분명 — 히틀러 측과 마찬가지로 — 힌덴부르크 계획의 찬반에 관한 구속력 있는 결정이 있을 경우 동맹 파트너들 사이에 심각한 경쟁이 벌어질 것을 염려했다. 따라서 1월 11일 "민족적 반대파"의 양 대표자는 더 강고한 상호협정을 위해 협상했다. 그러나 그들은 극히 부정적인 동맹의 성격과 지금까지의 모든 공동의 정책에 따라 브뤼닝의 임기연장계획에 동의하지 않기로 한 결정을 넘어서지 못했다. 그래서 후겐베르크와 히틀러의 1월 12일자 공식적 답장은 거절을 포함했다. 후겐베르크는 브뤼닝에게 보낸 한 신랄한 편지에서 자신이 브뤼닝의 계획에 동의하지 않는 이유를 현 정부의 여러 조치들 및 힌덴부르크를 통한 정부의 지지에 대한 거부 때문이라고 설명했다. 히틀러 측은 우선 정부에 대한 모든 공격을 회피하면서, 힌덴부르크에게 직접 호소했다. 거기서 히틀러는 헌법에 근거하여 선동적·전략적으로 놀랍고도 냉소적인 전환을 단행했으며, 긴 설명에서 대통령직의 연장에 대한 법적 이의를 제기했다. 그럼에도 불구하고 그는 나치당의 힌덴부르크 지지가능성을 열어놓았다.[17] 나흘 뒤(1월 16일) 괴링은 이미 1월 12일 발표된 히틀러의 각서를 제국총리에게 제출했다. 각서 또한 이런 가능성을 불확실하게 만들었고 정부의 퇴진, 제국의회의 해산 그리고 "체제"의 철폐에 대한 요구로 다시금 경쟁하는 후겐베르크

---

17) 베스타르프(*Ibid.*)가 하루 뒤에 통지한 1932년 1월 13일자 마이스너의 정보에 따르면, 히틀러는 1월 11일에 자신이 힌덴부르크를 우파 후보로 받아들이게 하려 한, 이미 제안된 규정의 불허에 대한 각서를 계획했다. 그러나 브뤼닝이나 그뢰너는 이를 고수할 수 없었고, 힌덴부르크는 이를 거부했다는 것이다. 이어 "히틀러는 모욕당한 프리마돈나처럼 여행을 떠났고, 괴링은 화요일 저녁(1월 12일) 마이스너에서 공식적으로 나치가 이제 입후보를 원치 않으며, 그것이 편지에 있을 것이라고 통지했다. 이 편지는 아직 도착하지 않았다. 수요일 일찍 도착한(1월 13일) 편지는 순종적인 미사여구를 포함했고, 브뤼닝에 대한 신랄한 공격을 포함하지 않았다. 또 후겐베르크의 편지 또한 입후보에 대한 명확한 표명이 없었다." 서신교환과 다른 발언들은 *Der Zeitspiegel* 1, Nr. 3(21. Januar 1932), S. 18f.

의 선동에 도달했다.[18] 이로써 브뤼닝의 2차 계획도 분명히 무산될 위기에 놓였다. 관심은 이제 "민족적 반대파"가 노선 내에서 불화가 커져갔음에도 불구하고 반대로 인하여 강력한 공동후보를 민주적 정당 진영으로 떠밀려 간 힌덴부르크에[19] 맞세우려는 노력들로 향했다. 그러나 동시에 이 문제에서 브뤼닝의 실패는 협상전선 내부의 변화와 제국대통령 주변의 심리적 환경변화를 가져왔다. 힌덴부르크의 선거승리라는 개인적인 성공은 그들의 영향을 통해서 파탄의 첫 완결로 변할 것이었는데, 브뤼닝은 내부상황을 안정시키기 위해 그 성공을 활용할 생각이었다.

2. 힌덴부르크의 재출마

선거전은 이제 불가피해졌다. 그러나 힌덴부르크의 입후보 전망은—사람들이 희망했던 것처럼—"민족적 반대파" 내부에서뿐만 아니라 대통령체제의 담지자들 사이에서도 견해차를 심화시켰다. 그 체제는 1931년 가을 정부의 개편과 더불어 대통령제 권력구조 내부에서 그리고 그 담지자들 사이에서 첫 번째 어려움들이 발생할 때까지 거의 2년 동안 안정을 유지했다. 브뤼닝이 군주정적인 해결방향을 지향하면서 대통령제를 공고히 하기 위해 "민족적 반대파"와 접촉해야 했을 때, 그 어려움은 한 잠재적인 갈등상황으로 압축되어 갔다. 그 어려움들은 이

---

18) 브뤼닝이 히틀러에게 보낸 상세한 답변(1월 22일)은 적절한 논법으로 그 헌법상의 이의제기를 거부하지만, 명백히 그의 계획이 이로써 실패했다는 정치적 결론을 내린다(Schultheß, *1932*, S. 16~18).

19) 괴벨스의 1932년 1월 12일자 기입(*Kaiserhof*, 주 V/13, 24): "힌덴부르크는 거부했다. 우리는 첫 판을 패했다. 브뤼닝은 다시 한 번 승리했다.… 패배는 즉시 만회되어야만 한다."

러한 노력이 무산되는 순간 매우 위험한 성격을 띠었기 때문에, 그뢰너는 심지어 브뤼닝의 입지조차도 당장 위험에 처해 있다고 보았다.[20] 왜냐하면 후겐베르크, 특히 히틀러와의 대화 개시는 브뤼닝의 제한적인 의도를 넘어서는 진전으로 확인되었기 때문이다. 물론 그는 그러한 의도를 한편으로 원치 않았으나, 다른 한편으로 슐라이허와 힌덴부르크 측근의 후원을 받았다. 낙관적인 계획 아래서 우익 급진주의를 권위주의적인 대통령체제 속으로 포함시킨다는 그러한 실험은 이미 그의 의도 속에서 시작되었다.[21] 그것은 브뤼닝의 실각 후 파펜의 계

---

20) Brief Groeners an Gleich v. 24. Januar 1932(Phelps, 주 I/52, S. 1017): "대통령 선거 문제에서 우리가 패배한 것은 실제로 매우 나쁜 것이었다. 그리고 우리는 지금 브뤼닝의 지위를 안정시키기 위해 최선을 다해야만 한다. 왜냐하면 그는 계속 그 자리에 남아 있어야 하기 때문이다. 나는 실질적이고 개인적인 이유에서 이를 위해 싸운다. … 브뤼닝의 위치동요는 유감스럽게도 외부로부터 왔다. 비록 오른손잡이들이 함께하지 않지만, 이 산 같은 노인은 이제 선출되고 싶어 하지 않는다. 그뢰너 또한 1932년 1월 11/12일의 지휘관 회의에서 단호하게 브뤼닝을 지지했다. Vogelsang(주 III/35), S. 415ff.

21) 영국대사 럼보울드도 1932년 1월 19일 외무부장관에게 보낸 한 편지에서 전반적으로 비관적으로 보이지 않았다는 점은 흥미롭다. "히틀러 쪽을 포함한 우파 연립은 외교정책 문제에서 외부세계가 의심하는 것보다 더 유순하다는 점이 확인될 것이다. 그리고 이 연립은 이 나라에서 가장 유능하고 명석한 두뇌를 가진 사람들도 일부 포함하게 될 것이다."(!): *Documents on British Foreign Policy*(주 II/53), 2nd series, vol. II, Doc. Nr. 317, § 13. 당시 미국인들의 여러 보고서 또한 상당히 중요하다. 이 보고서들에 따르면 파리 측은 1932년 초 이후 "독일에 대해 가능한 한 많은 압력을 가할" 생각이었다. 그 결과 로잔느 회의가 아마도 지연될 수도 있을 것이었다(그러나 여기에 대해서는 본래 브뤼닝이 지연시키려는 데 관심이 있었음을 보여주는 이 책의 제 3권 S. 51 주 VII/137을 참조): 왜냐하면 프랑스의 우파측 인사들은 히틀러의 권력인수가 임박한 의회선거 및 "대미채무 철회에도" 유리한 작용을 할 것이라는 점을 약속했다는 것이다(*Papers relating to the Foreign Relations of the United States*, Washington 1945ff., vol. II, 1932, S. 286f.). 그것이 역으로 브뤼닝의 실각에 끼친 영향에 대해서는 아래의

획으로 이끌고, 결국에는 슐라이허의 실패와 더불어 공화국의 붕괴를 최종적으로 확인하게 될 하나의 실험이었다.

많은 것들은 연립정부에서 나치당의 "길들이기" 계획이 처음부터 슐라이허의 심중에 가장 중요한 대표자들을 갖고 있었다는 점에 동의한다.[22] 1930년 이후 나치가 제국군대에 접근하려는 길은 막혀 있었다. 그러나 그뢰너는 협상이 무산된 뒤에도 함머슈타인의 지휘 아래 있는 신뢰할 만한 제국군대를 통한 나치당의 통제 가능성을 확신했기 때문에[23] 그는 이즈음 나치에게 이 길을 다시 열어주었다.[24] 그리고 힌덴부르크뿐만 아니라 브뤼닝도 광범위한 우파연립 계획을 긍정적으로 받아들였다. 그들은 후겐베르크와 히틀러의 완고한 태도를 통해서 비로소 출발점으로 되몰릴 것이라고 생각했다. 물론 여기서 슐라이허는 자신의 계획을 최종적으로 포기하지는 않았을 것이지만 말이다. 그뢰너 자신도 여전히 나치당 내부의 이견을 감안할 수 있을 것으로 생각했다. 즉, 나치당에서는 합법성이 "폭약으로 확인"되었고 또 여러 전술적인 견해들이 있다는 것이었다.[25] 물론 1932년 1월 현재 힌덴부르크

S. 401 주 VI/198을 참조.

22) 이 책 앞의 240쪽 이하를 참조. 이것은 마이스너의 테제이기도 하다(주 1/156), 212f.

23) 이 책 앞의 주 V/20에 인용된 Brief an Gleich v. 24. Januar 1932를 참조: 나치의 쿠데타는 예상되지 않는다고 했다. "왜냐하면 히틀러와 그의 보좌관들도 어떠한 폭력적인 시도도 국가권력 수단의 가차없는 투입을 가져오게 되리라는 점을 잘 알고 있기 때문이다." 한 가장자리 메모: "함머슈타인은 1923/1924년의 제크트와는 전혀 달리 잔인하게 진압할 인물이다." 또한 Brief an Gleich v. 26. Januar 1932, *Ibid.*, 922: "제국군대는 우리의 수중에 있어서, 이 경우에 결코 문제가 되지 않을 것이다. 그러나 만약 합법성이라는 양의 탈을 쓴 늑대가 오면, 그는 제국군대에게 훨씬 더 위험하다." 앞의 주 V/20에 인용된 지휘관 회의에서의 평가도 이와 유사하다.

24) 아래의 주 V/88을 참조.

25) 그뢰너는(Brief an Gleich v. 16. Januar 1932: Phelps, 주 I/52, 1018)

와 브뤼닝 사이의 뚜렷한 관계변화가 명확히 드러났다.[26] "영감"(곧 힌덴부르크를 의미)은 브뤼닝이 그 프로젝트를 통해서 자신을 더 이상 선택이 불가능한 그리고 새로운 출마의 부담을 주는 상황으로 몰고 간 점에 대해 불쾌해 할 수 있었다. 동시에 그는—자신의 보좌관들과 마찬가지로—브뤼닝이 매우 노련하게 협상을 이끌었는지에 대한 의구심에 휩싸일 수도 있었다.[27] 마지막으로 그는 심지어 "민족적 반대파"가 그에게서 명확히 하려 했듯이 브뤼닝이라는 인기 없는 사람이 우파와의 "이성적인" 해결에 맞섰다고 생각할 수도 있었다.[28]

마이스너가 아직 연장계획이 최종적으로 실패로 돌아가기 전인 1월 초에 히틀러로부터 자신의 본부인 베를린의 카이저호프 호텔로 와달라는 부탁을 받았고, 괴링과 프릭이 임석한 자리에서 히틀러-후겐베르크-철모단 전선에 의한 힌덴부르크의 후원이 브뤼닝의 해임, "민족적

이와 관련하여 "당국의 참여 없이" 진행될 새로운 작전에 대해서 언급했다. "추기경〔슐라이허〕은 배후에 있는 감독이며, 매우 비밀스럽다…. 나치가 제국대통령직 및 제국총리직에 오르는 일은 모든 수단을 동원하여 저지되어야 할 것이다."

26) 오토 브라운(주 I/5, 371)도 다음과 같이 언급했다: "두 사람 사이의 관계는 첫 번째 크낙스(Knax)〔!〕를 얻었다. 왜냐하면 힌덴부르크는 자신에게 계획의 성공을 전망했던 브뤼닝에게서 속았다고 생각했기 때문이다."

27) 베스타르프는 앞에서 언급한 마이스너와의 물밑대화에서(Westarp-Akten, Brief an Hiller v. Gärtringen v. 14. Januar 1932) 다음과 같은 체험을 했다: "힌덴부르크는 브뤼닝의 실패 및 그것을 초래한 문제의 처리에 대해서 기분이 언짢았다. 그러나 그러한 언짢은 기분은 그가 특히 로잔느 회의 이전에 브뤼닝과 결별하게 될 정도로는 심각하지는 않았고, 상황이 허락할 경우에는 입후보할 준비도 되어 있다."

28) 나치당의 "원칙적인" 반대파 전략인 이것이 얼마나 제대로 고려되지 못했는지를 잘 보여주는 것은 괴벨스의 1932년 2월 3일자 메모이다(*Kaiserhof*, 주 V/13, 37): "베를린발 보도: 중요한 것은 브뤼닝을 희생시키려는 경향이다. 체제를 구출하기 위해 그뢰너가 미리 파견된다고 한다. 만약 우리가 거기에 빠져들면, 그들은 우리를 속일 것이다."

정부"의 구성, 제국의회 및 프로이센 주 의회의 새로운 선거 등에 달려 있다고 해명했다는 사실은 이를 암시한다. "이는 분명 민족적 다수파를 등장시키게 될" 것이었다.[29] 이 마지막 "냉정한" 계획에 따르면 힌덴부르크는 브뤼닝 및 그의 관용다수파를 배제한 상태에서 "민족적 반대파"의 후보로서 되어야 할 것이고, —1933년 1월 30일보다 1년 전에 —"민족적 권력장악"의 자리지킴이로서 관용되어야 할 것이었다. 분명한 것은 나치 진영의 사람들이 그의 즉각적인 죽음을 계산에 넣었다는 점과 하르츠부르크 동맹의 어려움 또한 쉽게 해결될 수 없을 것으로 생각했다는 점이다. 그렇지만 힌덴부르크는 이러한 간접적인 예비접촉 요구를 거절했을 뿐만 아니라, 괴링이 며칠 후에 마이스너와 가졌던 물밑접촉에서 했던 여러 제안도 거절했다.[30] 거기의 여러 제안들 속에는 브뤼닝의 해임에 대해서 더 이상 언급되지 않았다. 사람들은 요구되었던 제국과 프로이센에서의 새로운 선거의 결과를 통해서 안전을 보장받았다고 생각했다.

어쨌든 재선에 나서기로 한 힌덴부르크의 결정은 대통령 정부의 담지자 측에서도 의구심에 찬 복잡한 감정 속에서 실행되었다. 힌덴부르크가 브뤼닝과의 물밑대화(1월 27일)에 이어 그에게 이미 2주 전에 포기되었던 임기연장 계획을 공식적으로도 거부하고 새로운 선거를 준비하도록 요청했을 때, 동시에 7년 전에 자신의 선출을 관철시켰던 정치집단 대다수와의 투쟁에 빠져들었다고 생각했다. 그는 그 대신 중도 및 좌파의 모든 민주적 정당의 후원을 염두에 두었으나,[31] 완전한 승

29) 마이스너는(주 I/159, 116f.) 이러한 연관관계 속에서 힌덴부르크와 브뤼닝의 결별에 대한 어떠한 생각에도 반대하지만, 우파와의 예비접촉 지속에 대해서는 부인하지 않는다.

30) *Ibid.*

31) 언론의 동향에 대해서는 Der Zeitspiegel 1, Nr. 2(21. Januar 1932), S. 19ff. 를 참조. 독일 최대의 주(여기서는 프로이센 — 옮긴이) 내무부장관인 제버링 또한 일찍이 이니셔티브를 취했다. 그는 자신의 언론보좌관인 히

리를 장담할 수는 없었다.[32] 힌덴부르크는 자신을 입후보하게 만들었던 비공개 상황 설명과 더불어 모든 후보들의 행진이 있은 지 4주 후에 최소한 온건우파의 지도자들을 자신의 편에 묶어두려 했다.[33] 당시의 이 문서에는 감정의 내적인 분열, 정치적 불안정, 그리고 브뤼닝과 그 관용다수파의 점진적인 소외 등이 명백히 표현되어 있었다. 이는 우익 반대파를 포용하기 위한 정부의 개편론이 계속 고려되고 시도되었다는 사실을 확인시켜 주었다. 그래서 힌덴부르크는 브뤼닝의 작업능력과 "조국애"가 대외정책을 성공의 길로 이끌었는데, (예전과) 다르게 구성된 정부가 이를 뛰어넘을 수는 없다고 강조했다. 그러나 "이 인간적인 존중과 정치적인 인정에도 불구하고 나는 브뤼닝과도 결별했습니다. 또 만일 그러한 (정부의) 개편이 성공의 전망을 가능하게 한다면, 나는 우파로 변화된 다른 정부를 구성할 준비가 되어 있습니다."[34]

힌덴부르크의 각서도 강조하듯이, 힌덴부르크의 입후보가 보장된

르쉬펠트를 통해서 1월 중순 여러 민주적 정당들 및 언론의 대표들을 여러 차례의 간담회에 초대했는데, 이 간담회는 공화주의적 통일후보를 위한 투쟁이 임박한 것으로 간주될 수 있다. Severing(주 I/18), II, S. 318ff. 그러나 동시에 프로이센의 재정관료의 파괴적인 주저함에 대해서는 강력한 비난이 가해졌다.

32) 그뢰너는 1932년 1월 26일 글라이히에게 보낸 한 편지에서(Phelps, 주 I/52, 1018) 히틀러와 힌덴부르크에 대한 전망을 거의 동일하게(각각 35%) 추정했다. 반면에 그는(엄청난 과대평가) 공산당에게 20%나 가능한 것으로 평가했다.

33) Westarp-Akten: "Persönliche Darlegung des Herrn Reichspräsidenten über die Vorgänge und Vorgeschichte seiner Wiederkandidatur vom 25. 2. 1932"(Vertraulich). 괴를리츠(주 I/67, S. 254와 S. 236ff.)도 이 회의록을 언급했으나, 여기서는 그 날짜와 목적이 언급되어 있지 않다. 또한 그것은 부실하게 나머지 사료들을 뒤섞어 놓고 있다. 포겔장(주 III/35, S. 421, 주 85)에 따르면 슐라이허는 1932년 3월 5일 그 사본 1부를 라이헤나우 대령에게도 보냈다.

34) Persönliche Darlegung(주 V/33), Abschnitt 1(강조는 원문).

후로는, 브뤼닝은 사실상 그러한 전망에 더 이상 방해가 되지 않았다. 총리는 이 시기에 자신의 퇴진 용의를 여러 차례 밝혔고, 제국대통령의 측근에서는 과시적으로 이 변화된 분위기를 고려했다.[35] 그러나 우리는 힌덴부르크의 재선이라는 이러한 상황에서 아직도 브뤼닝 노선의 지속 또는 공고화가 기대될 수 있을지 물어보아야 한다. 만약 제국대통령 선거의 전사(前史)가 이러한 관점에서 조명된다면, 불과 4개월도 지나지 않은 기간 동안에 브뤼닝의 실각을 둘러싸고 벌어졌던 복잡한 과정들은 그 극적인 긴장의 많은 것을 잃고, 훨씬 덜 놀랍게 작용할 것이다.

여기에 대해서는 다시금 힌덴부르크 자신의 상세한 설명이 많은 것을 알려준다. 그의 설명들은 염려했던 우파로부터의 공격에 대해 다음과 같은 사실에 중요성을 두었다. 즉, "개인적 접촉"과 "세부적 협상들이 … 이른바 하르츠부르크 전선의 세 그룹 지도자들 사이에서" — 말하자면 독일민족인민당, 철모단, 그리고 나치당-히틀러의 여러 요구들로 방해를 받았다는 사실이다. 나치당은 "완전한 나치의 당 독재를 — 그러나 이러한 실험을 하기에는 시기가 너무 위중하다 — 넘어서는" 요구를 제기했다는 것이다. 다른 한편 그러한 요구들은 "다시금 히틀러가 복종하지 않으려는 요구, 즉 너무도 기반이 취약한 새 정부에서 힌덴부르크의 개인적인 지도권 요구에 부딪쳐 수포로 돌아갔다. 철모단이 자신의 노선에 독일민족인민당과 나치당을 통합시키려는 여러 시도들도 아무런 성과를 내지 못했다." 그래서 하르츠부르크 전선은 "여전히 하나의 허구를" 의미했을 뿐이었고, "사실상 존재하지 않았다." 그

35) Brüning, "Brief"(주 I/9), 9f. 여기에는 힌덴부르크의 "초헌법적 보좌관들" 내지 "가족구성원들"에 밀어붙였다는 분명한 언급이 포함되어 있다. 또한 Keil(주 I/3), II, 434f. 도 참조. 그의 기록에 따르면 이즈음에 있었던 벨스와 그뢰너 사이의 대화는 위협받고 있던 브뤼닝의 처지를 보여주었고, 또 동시에 국방부가 참여했음을 명백히 했다고 되어 있다.

것은 브뤼닝을 반대한다는 점에서만 통일적이었을 뿐, 정부를 구성할 능력도 없었다.

특히 다음과 같은 힌덴부르크의 최종적인 결론은 특징적인 것이다. 즉, "일방적으로 당의 공명심있는 지도자들에 의해서 영향력 행사도 불가능하고 자기 파괴적인 길로" 이끌었던 우파들이 스스로 사분오열로 나뉨으로써 의견일치를 방해했음에도 불구하고, 그도 브뤼닝도 우파정부에 반대하지 않았다는 것이었다. 여기에 그치지 않았다! 그는 이것을 바로 지금 극히 단호하게 자신의 고유한 목표로서 모든 정치적 노력의 중심으로 옮겨 놓았다. "어떠한 고난에도 불구하고 나는 우파로의 건전한 발전을 위한 나의 노력을 중단하지 않을 것이다. 나는 무조건 늦어도 5월에는 치러져야만 할 프로이센 선거 이후에 집중정부(*Konzentrationsregierung*)를 구성하기 위한 새로운 협상들을 시작할 필요가 있을 것으로 기대한다."[36] 대통령제 정부를 우파로 이동시키고 "집중정부"를 구성할 뿐만 아니라, 브뤼닝체제의 가장 중요한 지역기반인 프로이센 정부를 교체하는 것 또한 말하자면 — 완전히 "민족적 반대파"의 의미에서 — 제국대통령궁의 정치적 계획일정에 포함되었다. 공화주의적 기관들의 권력상실을 최종적으로 확인하게 될 사건들은 — 이는 브뤼닝의 실각과 프로이센 정부에 대한 폭력적인 작전이다 — 그러한 계획으로부터 발전된 것이지 직접적인 깜짝작전의 결과는 아니었다.

물론 힌덴부르크의 발언들은 — 그리고 이것은 그 담지능력의 평가에서 간과되어서는 안 된다 — 특히 일련의 온건 보수적인 동료들로부터 "흑·적·황" 진영의 후보인 그에 대해 퍼부었던 비난으로 재단되었다. 베스타르프의 주변인사들은 활발한 해명활동과 선전활동을 통하여 그러한 주장들의 강도를 약화시키고, 힌덴부르크의 선출을 공화

36) Hindenburg, "Persönliche Darlegung"(주 V/33), Abschnitt 1, Schluß (강조는 원문).

주의적 좌파의 규율있는 투표에 맡기려 하였다. 또한 그들은 보수적 중간계급이 오른쪽으로 표를 던짐으로써 힌덴부르크에게 계속 영향력을 행사할 수 있었던 우익 반대파의 비난에 대해 브뤼닝의 입장을 후원하려 했다. 베스타르프는 이미 히틀러와의 협상이 실패로 끝난 지 하루 만인 1월 12일에 트레비라누스와 함께 힌덴부르크를 위한 집회로 "중도파"를 통합시키기 위한 운동을 시작했다. 그러나 동시에 심각한 어려움이 기독교 사회봉사, 독일인민당 그리고 농촌주민당과의 관계에서 발생했다. 특히 독일인민당과 농촌주민당의 지도부는 처음에 여전히 히틀러의 긍정적인 입장표명을 기대하면서, 공개적으로 나치당과의 접촉을 파괴하지는 않으려 했다. 베스타르프는 하루 후에 마이스너와의 물밑대화에서 그러한 희망들은 기만적인 것이라는 자신의 견해를 확인했다. 그럼에도 불구하고 사람들은 독일인민당, 국가당, 제국군대(함머슈타인) 대표들과의 대화 후에 잠정적으로 기다려보기로 결정했는데, 이는 적어도 철모단과 일부 독일민족인민당원들에게 힌덴부르크 쪽으로 갈 수 있는 길을 열어두려는 것이었다.[37] 게슬러를 수장으로 한 초당적인 위원회의 프로젝트가 생각했던 이러한 노력들은 처음에 약간의 성공을 거두기는 했었다. 반면에 이제 막 시작된 선거전은 재빨리 화해할 수 없는 대립을 숙명적일 정도로까지 심화시켰다.

그사이 공화주의적인 좌파집단들은 불신의 눈초리로 이 몇 주 사이에 이루어진 극적이고 개관불가능한 예비회담과 협상을 추적했다. 그 정치적 결의안들과 선동이 빠져들었던 것으로 보인 딜레마는 적잖이 감지되었다. 히틀러를 둘러싼 브뤼닝의 노력이 정점에 도달했을 때, 베를린에서 개최된 "철의 전선" 집회에(1월 8일) 참석한 사민당 연설자는[38] 우익급진주의에 대해 고려되던 모든 양보조치들에 소속당의 동

---

37) Westarp-Akten, Brief Westarps an Berthold Hiller v. Gärtringen v. 14. Januar 1932.

38) Schultheß, *1932*, 5.

료들이 보여준 전투적인 거부태도를 상세히 설명했다. 신랄한 세부설명들은 브뤼닝과 그뢰너가 히틀러를 공식 접견한 사실을 비난하는 것이었고, 모든 수단을 동원하여 히틀러의 권력장악을 막으라고 요구했다. 즉, 정치적 난국으로 공화주의자들은 1925년처럼 힌덴부르크의 입후보를 — 그는 당시 공산당이 승리하도록 도왔다 — 범주적으로 거부할 수 없게 한다는 것이었다. 물론 이러한 연관관계 속에서 제국기치의 전국대회가 이미 1931년 9월 24일의 결의를 통해서 확정했던 것은 이미 알려져 있었다. 즉, 만약 사람들이 내전을 피하고자 한다면, 나치의 대통령직은 오직 힌덴부르크의 재옹립을 통해서만 막을 수 있다는 것이었다. 이 문제에 대해서 논의했던 2월 5일의 사민당의 당위원회에서도 유사한 분위기가 지배했다. 여기서 벨스는 힌덴부르크에 대한 히틀러의 투쟁에서 사민당의 입장은 명백하다고 선언했다. 그는 여기서도 사회주의 인터내셔널의 서기인 프리츠 아들러(Fritz Adler)의 견해를 근거로 내세울 수 있었다. 뢰베가 그에게 동조했지만, 필연적이면서 동시에 역설적인 결정에 유감을 표명했다. "브뤼닝이 후겐베르크를 막을 수 있는 유일한 총리라면, 힌덴부르크는 히틀러를 막을 수 있는 유일한 제국대통령이다."[39]

바이에른인민당이 브뤼닝의 입후보 계획을 관철시키지 못하자,[40] 그사이 이미 1월 27일에 힌덴부르크의 재선을 위해 대중에게 보내는 호소문과 함께 초당적 위원회가 출범했다. 이어 2월 1일에는 시민들에 의한 대규모의 "힌덴부르크 위원회들"(Hindenburgausschüsse) 결성이

39) 여기에 대해서는 Keil(주 1/3), II, S. 435: "일부 의연한 사람들만 적어도 제1차 투표에 대해서는 독자적인 후보를 세워야 한다고 생각했다. 그러나 그들의 전혀 반응을 얻지 못했다."

40) Karl Schwend, *Bayern zwischen Monarchie und Diktatur, Beiträge zur bayerischen Frage in der Zeit von 1918-bis 1933*(München, 1954), S. 418f. 참조.

이루어졌다. 이 위원회들은 특히 베를린으로부터 베를린 시장 잠(Sahm) 및 베스타르프와 게레케를 대표로 하여 대중적 · 문화적인 생활에서 저명한 개인들의 후원을 보장했다. 언론의 후원을 받은 그들의 명부에는 이미 2월 13일까지 당 조직의 도움 없이도 3백만 명 이상이나 등재되었다.[41] 동시에 베스타르프의 영도 아래 있던 우파성향의 대다수 인사들은 힌덴부르크를 위한 호소문을 발표했다. 좌와 우 사이에서 이리저리 어렵게 빠져나가는 과정에서 어느 정도의 온건우파의 결집이 이루어졌다. 여기서는 특히 "1925년의 민족적 유권자들이 오늘도 힌덴부르크의 선출을" 뒷받침하여 마치 "흑 · 적 정당들에서 출발하는 듯한" 모습이 제거될 것이라는 증거를 얻으려는 노력이 추구되었다.[42] 그것은 정부에 이 문제에서 헌법상으로나 정치적 · 심리적으로

---

41) Meßner(주 I/159), 217; Severing(주 I/18), II, 320f.; Hindenburg, "Persönllche Darlegung"(주 V/33), Abschnitt 2.

42) 이는 베스타르프가 크룹에게 보낸 1932년 2월 20일 편지에 언급되어 있다(Westarp-Akten). 그는 이 편지에서 호소문에 대한 그의 서명에 감사를 표했다. 베스타르프 문서(*Westarp-Akten*)는 힌덴부르크의 입후보에 찬성 또는 반대하는 많은 편지자료들을 포함한다. 이 자료는 "갈 곳 없는 우파"와 후겐베르크에 실망한 왕조주의자들이 히틀러에게로 전환한 것 및 문화생활에 영향력 있는 전문가들의(특히 시인들, 작가들, 교수들) 애매모호한 태도에 대해서도 많은 것을 알려준다. 뮌헨의 인민보수적인 전문가인 슈프레티(Karl Graf Spreti)가 베르타릅에게 보낸 편지(1932년 2월 21일)가 언급될 수 있을 것이다. 이 편지에는 왕조주의자 진영의 서명운동 과정이 묘사되어 있다(*Westarp-Akten*): "서명의 약속을 받아내기 위해, 나는 그들의 요구에 따라 몇몇 인사들과 대화를 시도했다. 나는 우연히 그것에 대해 매우 적절한 기회를 제공할 수 있었을 것이다. 왜냐하면 어제 저녁에 대규모의 왕조파 집회가 개최되었고, 이에 즈음하여 모든 중요인사들이 모였기 때문이다. 유감스럽게도 나는 이 기회에 슬픈 경험을 해야만 했다. 즉, 사회의 최고 대표자들이기를 원하고, 또 아마도 실제로 그렇기도 한 사람들은 모두 힌덴부르크의 재추대에 반대한다. 사람들은 다음과 같은 반대의 목소리를 듣는다: 힌덴부르크는 사민당과 동맹관계에 있다. 힌덴부르크는 '사라질 것'이다. 그는 너무 나이가 많다. 힌덴부르크는 자신의 재선에 동의함으로써 최

어려운 조치의 일부를 경감시켜주면서 특히 나치즘에 대한 단호한 입장표명으로 뚜렷이 표현된 이니셔티브였다.[43] 이어 힌덴부르크는 2월 16일에 공식적으로 자신의 입후보에 대한 동의를 선언했다.[44]

앞서 언급한 그의 각서의 거의 동시적인 선언문들은 보수적·"초당적인" 힌덴부르크 지지자들의 노력이 이 결정을 얼마나 강하게 규정했는지, 동시에 그 결정이 힌덴부르크의 공화국에 대한 고백 또는 브뤼닝의 대통령 내각에 대한 고백을 얼마나 적게 포함했는지, 마지막으로 여기서 이미 힌덴부르크의 전환이 얼마나 명확하게 드러났는지 등을 밝혀준다.[45] 여기서는 부르주아 정당들의 분열로 우익 급진주의의 연립 또는 제2차 선거에서 통합된 공산당-사민당 연합의 성공을 막아야 한다는 "조국애적인 의무"가 언급되었다. 힌덴부르크는 "우파 및 나의 옛 동료들에 대해 오해하리라는" 염려는 그 뒤로 물러나야 한다고 강조했다. 힌덴부르크의 심리적 상황에 특징적인 것은 그가 "좌파 또는 '흑-적 연립' 진영으로부터의 입후보를 일방적으로 받아들였다"는 "기만"에 대한 항의이다. 그것은 오히려 — 여기서는 1930년의 실패한 연립안이 또 다시 거의 의심스러울 정도로 강하게 무대에 등장했다 —

대의 혼란만 만들어냈을 뿐이다. 왜냐하면 브뤼닝이 실각당하지 않을 것인지라는 것은 내각의 문제이기 때문이고, 이어 사람들은 통일전선을 결성할 수 있었을 것이지만, 중앙당과 바이에른인민당은 그들의 호소문을 공포했을 것이다. 이제 제국대통령은 이로써 당의 사안으로 되고 말았다."

43) 특히 다음의 두 전단이 그렇다: Kuno Graf Westarp, Hindenburg und seine Wähler von 1925 (zum 1. Wahlgang)와 Graf Westarp, Dr. v. Dryander, Dr. Rademacher, Hindenburg und seine Wähler von 1925. Zum zweiten Wahlgang〔특히 G. v. Dryander, "Die Reichspräsidentenwahl im Kampf der Weltanschauungen" (S. 13ff.) und Dr. Rademacher, "Die wirtschaftliche Lehre des Nationalsozialismus" (S. 18ff.)〕.

44) 힌덴부르크 선언의 원문은 Poetzsch-Heffter (주 I/128), 112f.

45) 뒤에 있는 인용은: Hindenburg, "Persönllche Darlegung" (주 V/33), Abschnitt 2.

"중앙당과 독일민족인민당 사이에 있는 정당들인 농촌주민당, 경제당, 기독교 사회봉사, 인민보수주의 연합 그리고 독일인민당에 의해서" 그에게 제안되었다는 것이다. 거기에는 "청년독일기사단, 기독교노조총연맹, 기독교봉사단, 기독교농민연합들, 제국전사연맹 '키프호이저분트', 대학들 등과 같은 단체들"이 더해졌다는 것이다.

여기에는 결정적인 심리적 주장도 있는데, 힌덴부르크는 이를 통해 자신의 입후보에 대한 사민당 및 좌익공화주의의 후원에 대해서 보수적 유권자들과 자기 자신을 진정시키려 했다. "그러나 이 정당들과 단체들에게 많은 유권자들이 숨겨져 있습니다. 이들은 1925년에 나를 제국대통령직으로 불렀습니다." 힌덴부르크는 이러한 의미에서 좌파의 후원을 통해서가 아니라 무엇보다도 충실한 지지자들의 일반적 소망으로 자신의 결정에 동기를 부여하는 데 가장 큰 가치를 두었다. 그는 사민당과 명백히 거리를 둠으로써,[46] 힌덴부르크는 자신의 옛 관점과 과거에 그 근거를 둔 원칙적인 생각, 즉 흑-백-적의 복고목표 또는 온건우파의 — 물론 하르츠부르크 전선의 영향 아래 있지 않은 — 개혁목표에 대한 생각을 알렸다.[47]

그사이에 첫 단면들이 확대되면서 브뤼닝과의 관계는 매우 안정되어 있었고, 그 결과 선거운동 기간에 우파에 의한 모든 파괴기도는 지속되었다. 여기서 슐라이허는 다시금 중요한 역할을 했던 것으로 보인다. 그러나 거기에 대해서는 아직 확실한 것이 거의 제대로 조사될 수

---

46) *Ibid.* : "만약 사회민주주의자들이 독자적인 후보자를 등록하지 않는다면 또 동시에 나에게 투표하도록 그 지지자들을 내버려 둔다면, 나는 그것을 막을 수 없다. 만약 내가 이 유권자들을 밀치지 않으면, 독일 인민을 중요한 정치문제에서 단결시키는 것은 나의 목적에 모순되지 않을 것이다."

47) *Ibid.* : 나는 "나의 옛 관점과 과거에 입각하여 공명심 많은 당 지도자들보다 더 사리사욕 없이 독일에 … 봉사하고자 한다. 그들은 잘 알고 있는 것에 비해 우리의 영광스런 흑-백-적색에 대한 간판으로 현존하지 않는 하르츠부르크 전선을 요구한다. 나는 마지막 평가를 마음 놓고 역사에 맡긴다."

없다. 브뤼닝 자신은 슐라이허와 관련된 모든 세부사항들과 마찬가지로 의식적으로 이 과정을 통과한다. 브뤼닝에 가까운 한 관찰자의 보고서에는 한 가지 가능성이 부여되는데,[48] 이에 따르면 슐라이허는 룀을 중심으로 진행되던 길들이기 계획이 실패로 돌아간 뒤 다시 잠시 브뤼닝에게 관심을 돌렸다. 슐라이허는 브뤼닝에게서 힌덴부르크의 재선을 좀더 안전하게 관철시키기를 기대했을 것이다. 적어도 총리는 오랫동안 머물러야만 했고, 그와 좌파의 네트워크는 이용되어야만 했다. 이어 다른 계획들, 즉 제국의회의 무기한 해산과 제국군대의 후원을 받은 제국대통령의 단독정부가 명료한 모습을 얻을 수 있게 될 것이다. 그것은 브뤼닝이 예나 지금이나 극복할 수 없는 장애물로 보였던 1931년 가을의 계획들이었다.[49] 그러나 슐라이허는 힌덴부르크 앞에서 브뤼닝을 옹호할 때 다시 한 번 그뢰너를 후원했다. 선거의 결정이 나온 다음 주는 전환을 가져오게 될 것이었다.

물론 슐라이허 자신이 독자적인 가능성을 현실적인 것으로 평가했는지, 그리고 그의 상황판단이 감당할 수 있는 것이었는지는 다른 문제였다. 그는 끊임없이 나치 지도부에 대한 자신의 실질적인 영향력에 대해서 착각한 듯했다. 나치 지도부는 본래 그뢰너와 브뤼닝 그리고 슐라이허를 넘어서 권력으로의 길을 가기로 결정했다.[50] 슐라이허는

---

48) Wheeler-Bennett, *Hindenburg*(주 I/81), S. 364ff. 1932년 1월 11/12일의 지휘관 회의에서 그뢰너와 슐라이허가 단호하게 브뤼닝을 후원하기로 한 것 또한 이를 말해준다: 앞의 주 V/20.

49) Severing(주 I/18), II, 336: "아직 제국대통령 선거 이전인 3월 1일에 슐라이허는 러시아 대사관에서 저녁식사를 하던 중에 사람들이 '착한 하인리히'의 일을 더 이상 볼 수 없겠다고 나에게 말했다. '이 사람'은 어떠한 결정도 내리지 못하게 될 것이고, 자신의 직무수행중에 점점 더 많은 실업자들이 거리로 몰려갔다."

50) Joseph Goebbels, *Kaiserhof*(주 V/13), S. 40(4. Februar 1932): "가장 간단한 공식으로 표현한다면: (먼저) 그뢰너가, 이어 브뤼닝이, 다음에는 슐라이허가 떨어져 나가야 한다. 그렇게 되기 전에 우리는 결코 모든 권력을

힌덴부르크의 "헌법외적인 보좌관들" 중에서 자신의 지위 또한 과대평가했다. 그들의 개인적인 상호 경쟁관계는 이익정책적인 동기로 인해 — 특히 슐라이허가 매우 "비융커적인" 노선을 추구한 동부지역 지원을 둘러싼 논쟁에 비춰볼 때 — 더욱 강화되었다. 그의 심각한 경쟁관계는 측근 내에서, 특히 인사정책 및 농업정책 문제를 둘러싸고 오스카 폰 힌덴부르크의 활동이 강화되는 과정에서 생겨났다. 그리고 곧장 그는 순전히 자신의 정치적 창조물인 파펜(Franz von Papen)이라는 인물로 제국대통령의 최측근 집단 내부에서 새로운 경쟁자를 키우게 될 것이었다.

선거 이전의 몇 주 동안에 힌덴부르크가 실제로 슐라이허의 배제라는 사고를 고려했고 또 다시금 엄청난 노력 끝에 브뤼닝의 — 그는 제국군대의 방향전환과 나치의 위신이 높아지는 것을 염려했을 것이다 — 생각을 바꿀 수 있었는지는 아직 해결되지 않고 있다.[51] 어쨌든 대통령 정부의 발전과 힌덴부르크를 둘러싼 우왕좌왕은 연쇄적인 음모, 조치, 대응조치 등을 초래했다. 이들은 매우 복잡하게 얽혀 있어서 거의 풀어낼 수 없었지만, 이들의 전반적인 성격은 브뤼닝에 의해 각인된 대통령체제의 내적인 해체를 극명하게 보여주는 것이었다. 특히 힌덴부르크와 브뤼닝 자신의 관계에 끼친 반작용들은 거의 과대평가될 수 없다. 역동적인 발전을 거듭하던 대통령체제의 문제점들은 1931년 가을에는 느껴지기 시작했고, 이제는 마침내 크게 진전되어 특히 우파 쪽 정치집단이 운동단계로 나아가는 길을 열었다. 그리고 이 단계는

획득하지 못할 것이다." 이와는 대조적으로 슐라이허가 그뢰너에게 보낸 편지(1932년 3월 25일)에서 슐라이허가 힌덴부르크의 입후보에 대한 사민당의 후원을 얼마나 불쾌하게 느꼈는지, 그리고 그가 나치의 "균형"을 얼마나 환영했는지 경험하는 것은 흥미롭다. "나치는 결코 좋은 형제도 아니고, 극히 조심스럽게 향유할 수도 있다…. 그들이 거기에 없다면, 사람들을 그들을 발명해야만 했을 것이다.": Craig(주 I/34), 130.

51) Wheeler-Bennett, *Hindenburg*(주 I/82), 366.

공화국의 폭력적인 파괴, 즉 전체주의적인 국가에서 모든 정치활동의 자유를 철폐함으로써 그 대미를 장식할 것이었다.

3. 하르츠부르크 전선의 분열

우파의 여러 결정들은 이제 상황의 변화에 따라 선거투쟁으로의 전진과 최종적인 전선형성이 어떠한 형태로 실행될 것인가에 대해서도 결정을 내려야만 했다. 후겐베르크와 히틀러를 둘러싼 브뤼닝의 노력들이 결국 실패로 돌아간 후, “민족적 반대파” 내부의 상황은 전례 없이 불확실해 보였다. 힌덴부르크가 입후보하기로 결심했을 때, 그가 전제조건으로 삼았던 것은 “선거가 **절대적으로** 확실해야 하고, **하르츠부르크** 전선이 일치단결하여 거기에 반대하지 **않는다**”는 것이었다.[52] 그래서 1월 중순 이후에 보수적인 힌덴부르크 지지자들은 우파 경향의 일부 유권자 획득에 나섰다. 하르츠부르크 이후 우파 단일후보 문제를 둘러싸고 지속된 히틀러, 후겐베르크, 철모단 사이의 견해차는 그러한 노력을 더욱 부추겼다. 그래서 베스타르프의 희망은 “철모단이 힌덴부르크의 입후보를 지지하고, … 이어 후겐베르크가 힌덴부르크의 입후보에 협력하여”, 그럼에도 불구하고 사민당이 이탈하지 않고, “그러한 상황에서 나치가 독자후보의 위험”을 같이하지 않게 되기를 바라는 쪽으로 나아갔다. 이와 같은 양해하에 딩엘다이는 철모단을 둘러싼 문제를 해결하려고 노력했으며, 독일인민당 또한 일시적으로 다시 히틀러와 접촉하였다.[53] 그러나 동시에 독일인민당 지도자들과 동프로이

52) 베스타르프와 마이스너의 대화(*Westarp-Akten*, Brief Westarps an Berthold Hiller v. Gärtringen v. 14. Januar 1932; 강조는 원문).

53) 괴벨스(*Kaiserhof*, 주 V/13, S. 27)는 1932년 1월 21일 몇몇 독일인민당 정치가들이 예비접촉을 거부한 히틀러를 방문했다고 전한다.

센 대표후보(*Spitzenkandidat*)인 올덴부르크-야누샤우(Oldenburg-Januschau)는 힌덴부르크의 지원을 보장할 듯이 보였다.[54)]

사실 하르츠부르크 전선은 그사이에 새로운 위기에 빠졌다. 그 담지자들은 부정적인 목표설정에 의견일치를 보였고, 또 임박한 선거를 바이마르체제를 전복시키기 위한 지렛대로 간주한 반면에, 공동의 긍정적인 목표관념을 거의 갖고 있지 않았다. 특히 후겐베르크는 하르츠부르크의 주창자로서 나치당에 대해 기대했던 입장이 성사될 가능성이 거의 없다는 사실을 거의 인정하려 하지 않았으며,[55)] 히틀러의 대통령직에 반대하여 그 대신에 일련의 타협후보들을 제안했다. 이 또한 나치의 요구에 상응하지도 않았고, 힌덴부르크의 대중적인 형상에 대해 승리를 위한 대중심리적인 전재들을 보장해주지도 못한 듯했다. 이제 황태자의 입후보 계획도 하나의 가능성으로 떠올랐는데, 후겐베르크는 그에 의존하여 히틀러와의 우호관계를 구축했다.[56)] 이는 광범위한 집단의 군주정적인 감정에 대한 호소였을 뿐만 아니라, 힌덴부르크

---

54) *Westarp-Akten*: Brief Westarps an Hiller v. Gärtringen v. 14. Januar 1932.

55) 괴벨스는 이미 1932년 1월 10일에(*Kaiserhof*, 주 V/13, S. 23) 브뤼닝과의 협상(앞의 279쪽 이하)에 즈음한 다음의 언급을 참조: "후겐베르크는 마차의 다섯 번째 바퀴에 불과하다."

56) 어느 '참여적 관찰자'(*participant observer*)의 불결한 르포르타주는 적절한 친밀성과 더불어 태평스러운 여러 조합가능성과 많은 확인되지 않은 부분적인 진실을 포함한다. 물론 이 르포르타주에 따르면 이 계획은 제 1차 투표 이후에야 비로소 좀더 구체적으로 주목을 받았다. Julius Friedrich, Wer spielte falsch? Hitler, Hindenburg, der Kronprinz, Hugenberg, Schleicher. Ein Tatsachenbericht aus Deutschlands jüngster Vergangenheit nach authentischem Material〔Hamburg, o. J. (대략 1950)〕, S. 10f. 이 책자의 배후에는 — 동시에 그 "영웅"으로서 — 요아힘 오스타우(Joachim v. Ostau)가 있다. 그는 "실망한 나치"로 "민족적 반대파" 내부에서 탐색회담에 참여했고, 특히 히틀러와의 협상에도 참여했었다고 한다. 여기에 대해서는 아래의 327쪽을 참조.

가 그사이에 작성한 재입후보 결의안의 심각한 내적 위협이기도 했을 것이다. 빌헬름 2세가 도른(Doorn)의 망명지로부터 거부권을 행사했을 때, 그 계획은 제 2차 선거에서 진지하게 추구되었으나 여전히 초기단계에 있었다. 독일인민당 우파에 속하는 대기업가 푀글러 또는 프로이센 왕자를 우파의 공동후보로 세우자는[57] 후겐베르크의 새로운 제안들은 히틀러의 완강한 저항에 부딪쳐 실패했다.[58]

그러나 나치당 또한 처음에는 분명한 입장을 취하지 않았다. 나치당은 분명한 결의안 채택이 불가능함에 따라 먼저 프릭을, 이어서 에프를 "민족적 반대파"의 후보로 내세웠다.[59] 반면에 히틀러는 마이스너에 대해[60] 위협적인 발표에도 불구하고 2월 중순까지도 배후에 머물렀다. 거기에 대한 책임은 나치 지도부 내부의 전반적인 전술적 이유들뿐만 아니라 매우 구체적인 긴장들과 변동들이었을 것이다. 마치 그것들이 브뤼닝 및 슐라이허와의 협상에 즈음하여 그리고 1월의 첫 몇 주 동안 후겐베르크와의 관계에서 등장했듯이 말이다.[61] 2월 16일 힌

---

57) Stampfer(주 I/4), 56. Wheeler-Bennett, *Hindenburg*(주 I/81), 367; Edgar v. Schmidt-Pauli, *Hitlers Kampf um die Macht*(Berlin, 1933), 147.

58) 여기에 대해서는 괴벨스의 1932년 2월 21일자 논평(*Kaiserhof*, 주 V/13, 49): "후겐베르크는 지도자에게 왔다. 그는 푀글러와 오스카 폰 프로이센 왕자를 후보자로 제안한다. 주목할 만한 것은 그가 민중의 영혼에 얼마나 익숙해 있지 않는가이다! 독일민족인민당은 여전히 모든 반동적 세력의 조직이고, 또 그렇게 남아 있다. 우리는 이 조직과의 투쟁에 임해야 한다."

59) *Westarp-Akten*, Brief Rademachers an Westarp v. 31. Januar 1932.

60) 히틀러는 브뤼닝 해임 요구를 명확히 하기 위해서 1월 초에 "카이저호프"에서(앞의 283쪽 참조) 마이스너에게 다음과 같이 선언하였다: "만약 원수가 좌파블록의 입후보를 수락한다면, 나는 나의 뒤에 있는 민족적 운동세력의 소망에 따라 어쩔 수 없이 대통령직의 대항후보로서 그와 맞서게 될 것이다. 그리고 나는 이 선거에서 승자가 되리라는 사실을 전혀 의심하지 않는다"(Meißner, 주 I/156, S. 216).

61) 베스타르프는 1932년 1월 26일 개르트링에게 보낸 한 편지(*Westarp-Akten*)에서 1월 말에 이러한 견해차뿐만 아니라 독자적으로 입후보할 경우 분열될

덴부르크의 공식적인 출마발표에는 중앙당뿐만 아니라, 호른(Horn) 장군과 함께 키프호이저 연맹 의장과 농촌주민당 상임위원회도 동의했다. 물론 이 발표에 비춰볼 때 결정은 더 이상 미룰 수 없었다. “민족적 반대파”는 전혀 합의에 이르지 못했다. 독일민족인민당과 철모단이 독자적인 결정을 내릴 수 있기 전에, 히틀러는 힌덴부르크와 대결하여 적어도 망설이던 이들의 일부를 자신의 편으로 끌어들이기로 결심했다.

그러나 이를 위해서 그는 독일의 국적을 얻어야만 했다. 1918년 이후 이주해온 많은 사람들에게 거부되던 것이 이제 마지막 순간에 의사법적인 계략에 의해 향후 독일의 파괴자의 손에 들어오게 되었다. 이제까지 히틀러는 무국적자로서 — 그는 1925년에 오스트리아 당국에 의해서 국적을 박탈당했다 — 수동적 선거권도 능동적 선거권도 갖지 못했다. 그렇지만 이러한 상황을 독일의 정치생활에서 대중선동의 배제에 이용하려는 모든 고려들은 여러 차례 연기되었다. 이전인 1923/1924년에 이해할 수 없을 정도로 가벼운 판결이 히틀러의 추방기회를 놓쳤고, 나치의 합법성 선서가 1930년의 라이프치히 재판에서 히틀러의 교묘한 유사법적인 미꾸라지작전과 결합되어 그러한 결정을 어렵게 했다. 게다가 공화주의자 측이 대중선동 “운동”에 대해 나타냈던 도덕적 경시는 여전히 정치적으로 과소평가되면서 계속 영향을 미쳤다.[62)]

수 있다는 히틀러의 염려에 대해서도 결정적인 중요성을 부여한다. 괴벨스의 메모(*Kaiserhof*, 주 V/13, S. 36)에 따르면 히틀러의 출마는 이미 1932년 2월 2일에 확정되었다. 다만 그 공지는 반대자가 드러날 때까지 연기되었다. “독일민족인민당과 철모단은 잠시 동안만 묶여 있게 될 것이다. 우리의 후보자는 마지막 순간에 대중에게 알려질 것이다. 궁극적으로는 제 1차 선거에서는 지도자 대신에 다른 사람이 등장하게 될 것이고, 따라서 우리는 제 2차 투표에서 결정적인 기회를 포착하고자 한다”(*Ibid.*, S. 37).

62) 당시 프로이센 문화부장관인 아돌프 그림메(Adolf Grimme)는 1951년 6월 21일 가블렌츠(O. H. v. d. Gablentz)와 가진 대담에서 여기에 대해 간단하지만 특징적인 사례를 제시한다. 즉, 그림메가 교사봉급의 삭감에 대해 불평하면서 교사들 사이에서 운동이 생겨날 것이라는 생각을 피력하자, 오

물론 그사이에 이러한 조치들이 대중운동에 심각한 타격을 줄 것인지, 아니면 오히려 광범위한 대중 속에서 대립적인 심리효과를 갖게 될 것인지는 의심스러워졌다. 예컨대 이러한 사실들로 인하여 1931년 12월에도 제버링은 경찰을 동원하여 히틀러를 "대사령부"(*Großes Hauptquartier*), [63] 즉 호텔 카이저호프의 기자회견장으로부터 뮌헨으로 추방하여 최소한 프로이센에서 공식 추방하려는 계획을 포기했다. [64] 이 사람은 두 달 전에도 힌덴부르크와 슐라이허의 영접을 받았고, "민족적 반대파"의 영향력 있는 정치가들 및 경제계의 실력자들로부터 직간접적으로 한 번 이상 독일정치의 1등 거물(*erste Größe*) 로 인정받았다. 이에 따라 브뤼닝도 — 특히 연장계획에 대해 히틀러의 동의를 얻을 수 있으리라 기대하면서 — 이러한 종류의 조치들에 반대했다. 그는 그러한 조치들이 형식적으로 근거가 있으나, 심리적으로는 해롭다고 생각했다. 그러한 망설임은 나치당에 대한 투쟁에서 브뤼닝의 모든 결정들에 특징적이었고, 또 여러 부분적인 조치들의 실행, 제복착용 금지조치, 나치 돌격대 금지라는 불행한 역사 그리고 마지막으로 1933년의 수권법에 대한 중앙당 지도부의 입장 등을 결정한 요인들이었다. 또한 그것은 여러 내적인 어려움의 전형적인 특징이었다. 왜냐하면 브뤼닝은 그러한 어려움들로 인해 민주주의의 옹호문제에서 자신의 단호한 입장표명을 가로막았기 때문이다. [65]

토 브라운은 화가 나서 다음과 같이 말했다: "히틀러는 자신의 가게도 운동이라고 부른다."

63) Goebbels, *Kaiserhof*(주 V/13), S. 43.

64) Severing(주 I/18), II, S. 316f. 경찰의 적극적인 나치 억제 문제는 Brecht(주 I/85), S. 176ff. 도 참조. 브레히트는 바이마르 헌법의 기초자가 의식적으로 미국의 헌법과 유사하게 오직 독일에서 태어난 국가시민들만 대통령 후보로 허용하는 — 오스트리아인을 배제하지 않고 — 것을 포기한 비극적인 상황을 언급한다(S. 180, 주 1).

65) 제버링(주 I/18, II, 317)은 브뤼닝과 가졌던 물밑대화에 대해서 언급하고

그래서 이미 1930년 프릭이 취한 한 비밀조치에서 히틀러를 튀링엔 힐트부르크하우젠(Hildburghausen)의 헌병대장에 임명함으로써 (그를 독일로) 귀화시킬 계획을 세운 후,[66] 이제 브라운슈바이크의 나치 장관인 클라게스는 독일인민당 장관의 저항이 약하다는 이유로 일시적으로 (나치당의) "지도자"를 참사관으로 지명하여, 2월 26일에 처음으로 바이마르 헌법에 선서하게 했다. 바로 이 헌법을 남용하고 파괴할 수 있는 길이 열리기 전인 1933년 1월 30일에 다시 한 번 이러한 선서는 반복될 것이었다. 이처럼 전문성도 고려하지 않고 자의적으로 당적보유 관리들을[67] 지명함으로써 — 이는 "민족적 반대파"가 무리하게 "체제"의 운영부실과 동일시했던 모든 것을 넘어섰다 — 1933년의 나치 관리정책은 이미 그 경고의 그림자를 미리 던졌다.

그러나 나치의 관점에서 볼 때는 지금이 그러한 선거를 준비하기에 적기였다. 왜냐하면 그사이에 이미 잡혀 있던 선거일 3주 전에 마침내 전선들을 명확히 하기 시작했기 때문이다. 2월 10일에 힌덴부르크는 젤테와 뒤스터베르크를 영접했다. 다른 한편 철모단 내부에서는 여러 가지 검토가 진행되었고, 또 동시에 철모단, 전국농민연맹, 키프호이저연맹, 독일민족인민당 사이에서는 논의가 계속되었다.[68] 2월 15일

있는데, 그러한 제안에 대한 브뤼닝의 단호한 반대주장은 독일 군대 내부에서 히틀러의 군복무에 대한 언급이라는 것이다: "사람들은 그에게 연행과 추방으로 모욕을 주어서는 안 된다."

66) 이것은 튀링엔 정부가 제국정부에 관련 자료를 넘겨줌으로써 비로소 알려졌다. 히틀러는 이어 1930년 7월 그와 관련된 프릭의 준비를 중단시켰다. "왜냐하면 그는 이러한 방식으로 독일의 국적을 획득하기를 원치 않기 때문이라는 것이다."

67) 1932년 2월 4일에 대한 괴벨스의 냉소적인 평가는(*Kaiserhof*, 주 V/13, 39f.) 전형적인 것이다: "이제 클라게스는 이 문제의 해결을 위촉받게 될 것이다. 지도자를 브라운슈바이크의 특별교수로 지명할 계획이 서 있다."

68) 이미 1932년 1월 19일 괴벨스의 메모(*Ibid.*, 26): "두 차례의 중요한 방문: 전국농민연맹의 지도급 인사는 제국대통령 문제에 대해 정보를 얻고 싶어

에 있었던 제국대통령의 집회에서 힌덴부르크가 출마를 공식 선언한 것은[69] 우익반대파 내부에서 최후의 열정적인 논의를 야기시켰다. 이미 다음 날 히틀러의 거부입장이 언론에 등장했다. 후겐베르크도 그를 따랐다. 동시에 전국농민연맹의 의장인 그라프 칼크로이트도 — 농촌주민당과는 달리 — "민족적 반대파"의 지도자들에게 보내는 한 편지에서 힌덴부르크에 대해 반대를 표명했다. 전국농민연맹 중앙위원회는 이미 2주 전에 대규모 집회에서 브뤼닝-실레의 경제정책을 다시금 신랄히 공격했다. 골츠(Goltz)도 통일애국자 단체들을 대표하여 이와 유사한 선언을 발표했다.[70]

그러나 2월 22일에는 하르츠부르크 전선의 결집입후보를 내기 위해서 진행되었던 협상의 실패 사실이 알려졌다. 독일민족인민당 및 철모단의 정치가들은 얼마 후에 그러한 실패가 히틀러의 독재적 요구 때문이었다고 강조했다. 히틀러는 대통령직뿐만 아니라 제국총리직과 외무부장관, 내무부장관, 국방부장관 등의 자리를 요구한 반면에, 후겐

한다. 전국농민연맹은 일관된 노선을 견지하려 한다. 철모단은 더 이상 견딜 수 없을 것이다. 이는 전혀 사악한 것이 아닐 듯하다. 이어 우리는 민족적 전선 내부에서 유일한 지도력을 획득하게 된다." 1932년 2월 9일에도(*Ibid.*, 43): "철모단은 결단력이 없다. 우리는 때를 기다리고 있다."

69) *Leipziger Neueste Nachrichten*, Nr. 47 v. 16. Februar 1932.

70) 그는 다시 한 번 '영 안'의 거부에 대한 책임을 이 결정 탓으로 돌렸다. 힌덴부르크의 《개인적인 이야기》(*Persönliche Darlegung*, 주 V/33)에 있는 환멸에 찬 발언들은 여기에 반대한다. 그의 발언들은 이 계획이 라인란트의 해방과 배상의무의 궁극적인 중단으로 나아가는 과정에서 과도적인 성격과 건설적으로 새로이 영향을 미칠 것이라고 강조했다. "당시 독일의 두 세대가 65년 동안이나 공물을 바쳐야 할 의무를 지게 되어 있다는 주장으로 추진된 모든 선동은 이로써 의미가 없어지고 말았다. '영 안'은 오늘날 사실상 존재하지 않지만, 이른바 민족적인 진영이 나를 공격하기 위한 자료를 제공하는 데 여전히 일정정도의 역할을 하고 있음에 분명하다. 만약 우리가 후겐베르크의 선전기구에 따르면서, 거기에 서명하지 않는다면, 우리가 너무 많이 나간 것일까?"

베르크는 재무부장관만 용인했다는 것이다.[71] 같은 날, 즉 히틀러가 독일시민권을 획득하기 사흘 전에 괴벨스는 베를린에서 개최된 나치당 당원총회에서 "지도자"의 출마를 알리면서 비장한 어투로 승리를 예언했다.[72] 그리고 2월 23일에 독일민족인민당과 철모단은 새로이 결성된 "흑-백-적 블록"의 후보자인 뒤스터베르크를 지지해 달라는 호소문을 발표했다.[73] 이들은 현재의 상황에서는 선거의 승리를 계산할 수 없었지만, 이로써 제 2차 선거로 나가게 한 다음 "당과 관련이 없는 새로운 인물"을 세울 수 있기를 희망했다.[74] 혹시 황태자를 (후보로 내세우려 했을까)?

철모단은 온건보수주의자들의 희망이나 노력과는 반대로 이미 여러 힌덴부르크 위원회의 활동과 거리를 두었다. 베스타르프는 1월 말에도 이 그룹이 그 명예의장인 힌덴부르크에 대한 확고한 입장 위에 서 있으면서, 이 길에서 자신의 정치적 동지들에게 힌덴부르크의 엄청난 영향력이 가능하지 않은 것으로 생각했다. 그렇지만 그는 이미 "철모단이 결국 나치의 편에 서게 될 것인가"라고[75] 물어보아야만 했다. 힌

71) Engelhaaf, 1932, 82에 따른 것임. 또 Meißner(주 I/159), S. 217도 참조.

72) Goebbels, *Kaiserhof*(주 V/13), S. 49f. 히틀러의 출마가 이미 오래전에 확정되었으나, 전술적인 이유에서 비밀에 붙여졌다는 사실은 1932년 2월 15일에 대한 괴벨스의 메모에 근거한 것이다(*Ibid.*, S. 46): "우리는 지금 자유롭다…. 이제 우리는 우리의 결정을 더 이상 비밀에 부칠 필요가 없다."

73) *Der Stahlhelm* 14, Nr. 8 v. 28. Februar 1932. 이 — 나중에 그가 밝힌 바에 따르면 자발적이지 않은 — 후보자는 자신의 후보옹립에 거의 친구가 없었다: 나치주의자들은 유대인 할아버지를 발견했고, 이로써 "민족적" 경쟁자에 대한 캠페인의 연료를 갖게 되었다. 또한 Duesterberg(주 IV/18), S. 34f. 를 참조. 그의 뒤에 — 그리고 힌덴부르크에 반대하여 — 황태자가 세워졌다: 여기에 대해서는 Herre(주 III/139), S. 202.

74) Hugenbergs Ringen(주 I/6), S. 19.

75) Westarp-akten, Brief Westarps an Berthold Hiller v. Gärtringen v. 26. Januar 1932.

덴부르크 위원회의 등재목록이 완성된 후인 2월 14일에 철모단의 지역 지도자 대회는 마침내 힌덴부르크를 향해 힌덴부르크 출마의 후원이 "노선전환"에 달려 있음을 만장일치로 확정하였다. 이로써 그 연결선들은 최종적으로 단절되었다.

철모단의 이러한 입장표명은 힌덴부르크에게 가장 심각한 타격을 입혔다. 만일 사람들이 우선 그에게서 이 개인적인 실망에 대한 불만을 그 정책이 그러한 결정을 필요하게 만들었던 브뤼닝에 대해 그가 더욱 불신하게 된 근거로 간주한다면, 그것은 잘못된 것이다. 물론 그는 먼저 철모단의 불충에 대해서 몹시 불평하였는데, 그 자신은 철모단에 대해 "내가 옛 전우들에 대해 간직하는 신뢰감에서 나의 대통령직을 처음부터 보호하려는 입장에서 손을 잡았다"[76] 는 것이었다. 이러한 연관관계 속에서는 힌덴부르크가 자신의 확고부동한 옛 네트워크와 충성으로 인하여 빠져들었던 문제점이 느껴진다. 그가 철모단의 활동이 예전부터 공화국에 반대했다는 사실을 명확히 인식하고 있었음에도 불구하고, 만약 이제까지 충성의 갈등을 쫓아냈다면,[77] 그가 과연 정치적 인식을 쫓아 자신의 감성적인 네트워크와의 단절을 감행하거나 또는—우파정부의 구성으로—자신의 가장 내면적인 생각이라는 의미로 최후의 공화주의적 권력기반을 희생시키면서 이 극히 개인적인 갈등을 끝내고자 했을까 라는 물음이 그를 괴롭혔다. 먼저 그는 불만

---

76) Hindenburg, "Persönliche Darlegung"(주 V/33), Abschnitt 3: "당시 정부의 입장에서 정치적 이유로 내게 요구했을 때, 나는 철모단의 명예회원직을 그만두라는 것을 거부했다. 그리고 나는 이 시기 내내 '철모단' 및 그 지도자들과 동지적이고 개인적인 접촉을 유지했다."

77) *Ibid.*: "1925년에 다른 사람이 대통령으로 선출되었더라면, 나 자신이 지난 몇 년 사이에 했던 경험에 따르면, '철모단'은 이미 해체되었을 것이다. 나는 약 1년 반 전에 철모단이 라인란트와 베스트팔렌에서 금지되었을 때, 나 자신을 극히 개인적으로 '철모단'을 위해 투신하는 것이 자명한 것으로 간주했다(앞의 110쪽도 참조).

에서 첫 번째 길을 결정했을 것이다. 그리고 거기서 그는 특히 독일민족인민당의 대항후보에게 "흑 - 백 - 적 사상"에 대한 고백을 논쟁적으로 만들고자 했다.[78] 그는 자신의 재선을 특히 겉으로는 객관적으로 보이는 듯한 결정 덕택으로 돌렸다. 그렇지만 그의 재선 이후에는 본래 갖고 있던 감정에 따라 제 2의 길이라는 주관적인 동기들이 점점 더 전면으로 밀어닥쳤다. 그것들은 오랫동안 추진되었던 여러 계획들뿐만 아니라 모략으로 점철되어 있던 힌덴부르크 주변에서 갑자기 발발한 대립들로부터도 후원을 받았다. 그리고 그것들은 불과 몇 주 만에 브뤼닝체제의 파탄과 파펜실험의 막간극으로까지 상승하였다.

4. 제국의회와 제국대통령 선거

4개월 휴회 이후 제국의회가 다시 개최되었다. 이것은 2월 16일에서 23일 사이에 발생한 사건들이 극적으로 진전하게 된 배경이다. 4일 동안 진행된 의회 토론은 대통령 선거를 중심으로 진행되었다. 격렬한 논쟁에서 새롭게 입장의 차이가 들어났다. 우파 야당에서 2명의 후보가 나왔다는 사실로 인해 대규모 전선 내부에서 권력이동과 차별화가 지속되었다. 2월 23일 괴벨스[79]는 브뤼닝 내각에 대한 나치당의 공격

78) *Ibid.*: "나는 '철모단' 지도부의 사유과정에 따르고 싶지 않다. 그 지도부는 여론에서 나와의 신뢰를 지킬 것이라고 주장한다. 그러나 그 지도부는 다른 한편으로 선거전에서 나에게 반대하였는데, 특히 자신이 독일민족인민당과 협력하여 '철모단'의 제 2전국지도자를 반대후보로 내세움으로써 이러한 속내를 표현했다. 그러면서 여기서 주장하기를 — 나에 반대함에도 불구하고 — 흑-백-적 사상을 대표해야 한단다. 따라서 그것들은 자명해질 수 있다"라면서 이 설명은 보수적인 친구들에게 다음과 같은 말로 끝맺는다. "'철모단'의 현재와 같은 행태는 나에게서 불만을 야기할 것임에 틀림없다. 어쨌든 그것은 '신뢰' 개념에 대해 나와 전혀 공통점이 없다."

의 포문을 열었다. 최근 역사에서 큰 전환점인, 1930년 9월 선거 이후의 권력분배를 오도하고—민주적 정당들이 박장대소하는 가운데—자유의회주의적 권력관계를 무시했다고 괴벨스는 브뤼닝 내각을 비판했다. 더 나아가 그는 힌덴부르크 자체에게도 향했다. 힌덴부르크가 자신을 선출한 사람들의 민족적 염원을 무시했다는 것이다. 불만은 소요로 발전했다고 괴벨스는 지적했다. "너를 찬양하는 사람은 누구인지 말해보아라. 네가 구군지 내가 너에게 말해주마. 힌덴부르크는 베를린의 싸구려 저널이나 탈영병들에게나 칭송받는다. …"[80] 괴벨스는 의사진행 발언을 했다. 사민당이 격렬히 항의한 뒤[81] 뢰베(Löbe)는 회의를 중단하고 이 사태의 전말을 설명해 줄 것을 원로회의(*Ältestenrat*)에 의뢰했다. 이에 대한 해명이 없고, 괴벨스도 자신의 공격을 철회하지 않았다.[82] 이 때문에 그는 다수의 갈채를 받으면서 국가원수에 대한 비난을 퍼부어댔다. 그는 당 동료를 향해 '하일 히틀러'를 외치며 회의장을 떠났다.

원내 나치당이 이후 소란을 피우며 회의를 방해함으로써 얻은 것은 그레고어 슈트라서의 반유대인주의적인 '등에 칼 꽂기' 연설뿐이었다.[83] 젊은 상이군인인 사민당 의원 슈마허(Kurt Schumacher)가 나

---

79) Reichstagprotokolle v. 23. Februar 1932, S. 2245ff.

80) *Ibid.*, S. 2250.

81) 사민당의 항의는 나치의 치유구호(*Heilrufen*)에 대응한 것이었다: "우리 전사들은 이 향토전사들로부터 비난받을 수 없다"(*Ibid.*).

82) 괴벨스가 위험한 힌덴부르크-프로파간다에 대한 전술적 고려 속에서 이틀 후 그의 진술을 "보충하고" 이제 거의 전도된 형태로 이해되기를 바랐다면, 그것은 목적-변론술의 작은 전범이다. 그는 다음과 같이 말하고 싶었다고 한다: "… 탈영병 잔당에게 칭송받고 동시에 나치스에게 칭송받는 것은 있을 수 없는 일이다." 사민당 의원들은 우레와 같은 박수로 또는 "유대인적 사술"로서 대응했다. 이것은 앞 문장에는 어울릴 수 없었다.

83) *Reichstagsprotokolle* v. 23. Februar 1932, S. 2253f.

치즘을 비판하는 즉흥연설을 할 때 소란은 고조됐다. 그는 이 연설 때문에 후에 집단수용소에 장기간 수감되었다. 그는 나치즘의 "도덕적, 지적 퇴행"을 비판했으며, 나치 선동을 "인간에 내재하는 야만성에 호소"하는 것으로 비난했다. "우리가 나치즘을 조금이라도 인정한다면, 인간의 어리석음을 끊임없이 동원하는 데 나치즘이 독일정치에서 처음으로 성공했다는 것이다."[84)]

다음날 국회도 괴벨스 연설을 둘러싼 분쟁으로 시끄러웠다. 먼저 제국 국방부장관 그뢰너가 "전쟁에 대해 소문으로만 들어 알고 있는"[85)] 사람이 행한 힌덴부르크에 대한 비난을 비판했다. 그의 연설은 다수의 박수갈채를 받았고 매우 냉엄했다. 사민당 원내대표 브라이트샤이트는 최종적인 판단을 할 수 없지만 현재 상황에서 힌덴부르크의 국정운용이 "약간 실망스럽다"[86)] 고 말함으로써 그에 대한 사민당의 용인하는 입장을 표명하자 원내 나치당은 제국의회를 떠나려고 했다. 나치당은 그들의 지도자의 만류에도 불구하고 다시 소란을 피우며 논의를 방해하는 데 몰두했다. 브라이트샤이트의 발언은 "하르츠부르크 전선"의 약한 지점을 깊이 건드렸으며 현재 진행중인 히틀러의 국적취득을 둘러싼 속임수를 매우 효과적으로 비판했다. 그 결과 나치스는, 독일민족인민당의 지원하에, 특히 올덴부르크-야누샤우의 지원하에, 행진을 감행했다. 사민당이 당면한 대통령 선거에서뿐 아니라 브뤼닝 내각과의 관계에서 봉착한 딜레마는 브라이트샤이트의 명확한 진술 속에서도 감지됐다. 브라이트샤이트는 사태를 정확히 파악했다: "나치는 폭력으

---

84) *Ibid.*, S. 2254.

85) *Ibid.*, S. 2270f.

86) *Ibid.*, S. 2271. 이 발언은 루돌프 브라이트샤이트(Rudolf Breitscheid)의 논문 "Abrechnung, Eine Reichstagsrede"에서도 확인된다. *Wider den Nationalsozialismus*, Republikanische Bibliothek, Bd. II. Berlin o. J. (1932), S. 98ff.

로 권력을 쟁취하려 한다. 히틀러의 준법선언도 이에 어떠한 변화를 초래하지 못할 것이다." 그는 정부에 대해 "나는 나치스에 대한 정부의 관용에 놀랐다"[87] 고 말했다. 브라이트샤이트는 극우파의 위험에 대한 낭만적인 대응책을 계속 비판했다. 이것은 무엇보다 국방부장관의 최근의 국방부령에 대한 비판이었다. "민족적 반대파"의 힘겨운 협상이 진행되는 가운데 국방부령으로 나치스의 제국군대 복무 금지가 해제됐다.[88] 브라이트샤이트의 결론도 '사민당은 파시즘에 반대하는 다수를 가장 효율적으로 집결할 수 있을 것 같은 대통령후보를 지지할 것'이라는 방어적 설명에 그치고 말았다.

그뢰너의 다음과 같은 답변은 슐라이허가 이전보다 더 관여하던 기회주의적 계획들의 특징을 명확히 드러냈다. 그리고 사태가 돌격대 금지를 둘러싼 위기와 브뤼닝의 실각에 직접 영향을 미쳤음이 명확했다. 이것은 두 문제를 하나의 해법으로 해결하려는 생각이었다. 즉, 나치스 내 "군사적으로 가치 있는 요소들"을 포섭하고 활용함으로써 제국방위군을 강화하고 동시에 나치당을 통제하며 나치 지도부로부터 실질적인 무력부분을 박탈하는 것이었다.[89] 어쨌든 그뢰너는 군부와 돌격대와 협의 이후, 불법적인 군사적 활동을 금지하되 오직 "청소년의 육체훈련과 정신훈련을 위한 군사활동"만을 허락한다는 결심을 정당화했다. 나치스의 제국군대 복무 허락은 제국군대가 이행하기 전에, 먼저

87) *Reichstagsprotokolle* v. 23. Februar 1932. S. 2277.

88) 군 운용과 군 복무에 관한 1932년 1월 29일자 국방부령(Nr. 600/32 W Ia)을 통해 군대 내 나치스에 대한 부령들(1929. 7. 16, 1930. 4. 10; 군대에서 나치스를 추방하고 군인의 나치 집회 참가를 금지했음)이 해제됐다. 1932년 국방부령의 애매한 문구로 나치스 군인은 히틀러 방식의 준법선언만 하면 군에 복무할 수 있게 됐다; "특정 부대의 지도자나 회원의 무례한 언행은 그 부대나 당파의 회원 전원을 군에서 쫓아낼 근거가 되지 못한다."(Schultheß, *1932*, S. 20). Vgl. 주 V/23 및 앞의 주 V/20에 인용된 명령.

89) 돌격대 금지의 역사와 관련된 더욱 상세한 분석은 이 책의 339쪽 이하를 참조.

히틀러가 "군부 내 파괴적인 행위를 하지 않을 것"을 선서하고 난 후 이루어질 것이었다.[90] 나치당에 대해 잘 알면서도[91] 그 실체를 간과한 그뢰너의 결정으로 나치의 합법활동 전술은 또 다시 괄목할 만한 성과를 올렸다. 그것도 군사적이기보다 정치적-심리적 측면의 성과였다. 나치스의 전복기도가 확인된 복스하이머 문서가 공개된 지 3개월 후 공화국 군부와 나치의 최고위층은 공화국을 전복하려는 의도를 지닌 장교후보 모두에 대한 철저한 대처를 단언했지만, 동시에 나치스의 군 복무를 가능한 것으로 여겼던 것이다. 3개월 후 그뢰너 자신은 이 환상을 복구하는 데 매진했다.

이후의 제국의회 회기에서 회기 초반에 다루었던 주제들에 대한 격렬한 논쟁이 다시 전개되었다. 뷔르템베르크 주 총리인 중앙당의 오이겐 볼츠는 의회정치를 붕괴시키는 나치스의 모든 방해활동을 격렬하게 비판했으며,[92] 대통령 선거에 대해 우익 반대파는 오직 파괴적인 권력장악에만 열을 올리고 있음을 보면서 애석해 했다[93](우익과 함께 연립정권을 구성할 수도 있다고 생각하는 중앙당원들이 조금 있다).[94] 이에

---

90) Reichstagsprotokolle v. 23. Februar 1932, S. 2279f.

91) 이 몇 주 동안의 그뢰너의 개인적 진술 속에서 — 제5장과 제6장에 이에 대해 상세히 설명됐다 — 나치당과 그 정치목표에 대한 환상이 별로 발견되지 않는다. 함머슈타인의 군 수뇌부 담화(1932. 2. 27)에 대한 기록 또한 제국군대가 정확하고 이성적으로 판단하고 있다는 점을 입증해 주고 있다. Vorgelsang(주 III/35), S. 418ff.

92) Reichsprotokolle v. 24. Februar 1932, S. 2280ff.: "나치스의 비판은 끝도 없고 양심도 없으며, 오직 부정적이기만 합니다. 내용도 없습니다. 선동, 독약 살포, 파괴만이 있을 뿐입니다."

93) *Ibid.*; "신체제를 구축하겠다고 떠들어대는 사람들은 이를 어떻게 달성하려는지 말하지 않으면서 구체제 전복만을 호소할 뿐입니다. 그들은 집권하면 무엇부터 시작할지에 대해 아무 말도 없이 권력을 잡고자만 합니다."

94) *Ibid.*: "중앙당은 나치스에게 말합니다: 우리는 헌법에 따라 활동하려는 모든 정당과 협력할 용의가 있다고."

대해 프라이탁-로링호펜(v. Freytagh-Loringhoven)은 "바이마르체제"에 대한 후겐베르크 추종자의 나치적인 비난을 다시 한 번 정리했다. 그는 특히 외교정책에 초점을 맞추었으며 프랑스에 대한 브뤼닝 내각의 굴욕적 태도 및 동유럽 폴란드의 위협을 격렬하게 비판했다. 그의 비판은 힌덴부르크에게도 미쳤다.[95] 이에 대해 경제당의 브레트와 보수인민당의 베스타르프는 브뤼닝 노선과 힌덴부르크 후보자를 지지했다.[96] 국가당의 베버(August Weber)는 극우파의 반이성적 파괴노선에 대한 이들의 결연한 비판에 동조했다. 그는 이에 더 나아가 그뢰너의 국방부령을 비판했다. 그가 극우와 극좌의 혈투를 맹렬히 비판하자 나치당 의원들이 연단으로 몰려들었다.[97] 회의는 다시 중단되었다. 속개된 회의에서 기민당 짐펜되르퍼는 민족적 지도자 이념과 보수주의적 국가사상에 대한 극우파의 죄악을 비판했고 힌덴부르크 신화와 권위주의적 대통령정권에 대한 종교적 신앙고백을 했다.[98] 당 동료 바우쉬(Bausch)는 그에 뒤이어 브뤼닝 내각에 대한 나치스의 방해를 신랄하게 비판했다.[99]

힌덴부르크를 지지하는 사람들 사이에 사멸해가는 민주주의-의회주의 국가구조에 대한 방어나 개혁에 대한 전망이, 그리고 힌덴부르크의

95) *Ibid.*, S. 2285ff. ; "이 체제의 전복이 이제 시작한 우리 선거투쟁의 목표입니다. 힌덴부르크는 이 체제를 무너뜨렸습니다. 이것이 그의 비극적 실수입니다."

96) *Ibid.*, S. 2291ff. ; S. 2297ff.

97) *Ibid.*, S. 2300ff.

98) *Ibid.*, S. 2303: "힌덴부르크는 신(神)이 선사한 지도자입니다. 그는 그 마음 깊숙한 곳에 그리스도교적이며 종교개혁적인 신앙을 갖고 있습니다. 그는 1918년 체제와 극단적인 의회주의를 사실상 극복했습니다. 이 현실이 헌법에 의해(특히 헌법 제 48조와 제 54조의 도움으로) 더 많은 승인을 받을 것이 요망되지만 말입니다."

99) *Ibid.*, v. 26. Februar 1932, S. 2380ff.

새로운 임기에 대한 기대, 희망 그리고 계획이 매우 다양하고 서로 충돌한다는 것이 의회 논의에서 확실히 드러났다. 이것은 특히 다음날 독일인민당(DVP)이 이중적인 입장을 표명했을 때 명확해졌다. 이 날 딩엘다이가 힌덴부르크를 지지하는 발언을 했다. 그는 자신의 실패한 중재 시도를 회상하면서, 브뤼닝이 "나치운동 내부 세력을" "넓은 민족전선" 안에 재배치하는 일을 "게을리 했다"고 비판했다.[100)]

2월 25일의 회의에서 상황은 더욱 고조됐다. 바이에른인민당이 힌덴부르크 후보를 지지하는 발언을 한 후[101)] 제국총리도 발언했다. 브뤼닝의 거대하면서도 조심스런 발언은—이것은 이날 저녁 라디오를 통해 일반국민에게 방송됐다—긴장된 외교적, 경제적 상황을 다루었다.[102)] 책임의식을 갖춘 전문가와 현실주의적인 정치가와 대비시키는 일방적인 인식을 표명하면서 그는 이제 자신의 입장을 밝혔다: 내정의 선동과 위신에 대한 고려 없이 사안에 근거한 외교정책을 추진한다는 것이 그의 입장이었다.[103)] 국가위기의 시기에 외교정책 우선을 비현실적으로 추진하고 정치지도자들로부터 내정의 정당화 수단과 지배의 권력적 기반을 빼앗는 그러한 전제들이 의심스러울 수밖에 없었다. 브뤼닝이 여기서 동시에 사태를 정체시키는 국민의 염세주의를 극복하기 위한 노력을 독려했지만, 그렇게 함으로써 그는 외교정책과 경제정책이 내정의 방해를 받지 않고 추진될 수 있도록 해야 한다는 그 자신의 주장을 스스로 반박한 셈이다. 말을 마치면서 그는 나치스와 소란스런 논쟁에 빠지고 말았다. 그는 히틀러의 준법선언에 어긋나게 헌법을 훼손하지 말 것을 경고했다. 만약 헌법이 훼손될 경우 그는 이에 대해

---

100) *Ibid.*, v. 25. Februar 1932, S. 2356ff.

101) *Ibid.*, S. 2318ff. (Prälat Leicht).

102) *Ibid.*, S. 2323ff.

103) 브뤼닝의 마지막 진술도 이에 부합했다: "사안에 따라 필요한 입장을 견지한다는 것이 나의 체제다…."

— 제국방위군 관련 국방부령을 암시하며 — "어떤 경우라도 법에 근거하여 냉정히 대응할 것"이라고 말했다. 간간히 우익 쪽 의원들이 고성을 질렀다. 브뤼닝은 다시 한 번 내정의 사태진전을 촉구했다. 그는 1918년 자신의 군사정책적 입장을 지적하며 — 그리고 로젠베르크(Alfred Rosenberg)와 같은 사람의 당시 활동을 지적하면서 — 국가반역죄라는 비난에 저항하였으며 끝으로 힌덴부르크 1명으로 대통령후보를 단일화하는 협상의 실패에 대한 책임을 절제 없는 우익 반대파가 져야 한다고 주장했다. 그는 스스로, 자신의 퇴진을 통해 그들이나 우파 연정을 가능하게 하겠다고 제안하기도 했다.

브뤼닝은 "민족적 반대파"의 상황 및 그들의 권력요구의 비현실성에 대한 마지막 발언에서 상황을 정확하게 분석했다. 브뤼닝이, 우익 반대파가 바이마르공화국체제를, 그들이 권력을 원했으나 권력을 쟁취하지 못했기 때문에 바이마르체제를 비판하고 있다고 확정적으로 말했을 때, 이것은 권력상실의 국면에서 권력공백의 상황으로 전환하는 과도기에 대한 이야기다.[104] 우익정부 구성의 가능성은 매번 있었지만, 그들에게 정치적 이해가 결여되어 있다는 것이다. 방해행위는 스스로를 배제하는 것에 불과한 것이라고 그는 말했다. "나는 힌덴부르크 같은 한 사람만을 섬길 수 있습니다"라고 그는 말했다.[105] 다수의 우레와 같은 박수를 받으며 브뤼닝은 이후의 선거캠페인에서와 마찬가지로 여기서도 다시 한 번 더 힌덴부르크 신화에 호소했다. 이것은 그가 희생되기 3개월 전의 발언이었다. 힌덴부르크 신화는 그의 정부를 유지시켰으며, 그의 수미일관된 정책노선을 가능하게 했고, 곤경에 처한 내정의 위기, 즉 민주주의 정치구조의 권력상실로 인한 지속적인

---

104) "내가 이제 모든 정당에 그들이 권력을 쟁취할 수 있는 방법에 대한 처방을 주어야 한다면, 이것은 내 직책의 범위를 훨씬 벗어난 것이다"라고 브뤼닝은 말했다.

105) *Ibid.*, S. 2333.

위기를 회피할 수 있게 했다. 그의 힌덴부르크는 자신의 경험과 역사적 인식에 모순되게 회상했던 역사적 힌덴부르크가 아니라 철학적으로 이상화된 힌덴부르크였다: "독일인들이 역사와 전통 그리고 한 인간의 위대함에 대해 경외감과 경의를 갖고 있음을 세상이 믿느냐는 힌덴부르크의 제국대통령 재선여부에 달려 있다는 것을 잊지 마십시오."[106)]

마지막 회의(2월 26일)는 국가당의 원내대표 베버의 대규모 결산연설에서 절정에 달했다. 그는 극우파의 살인 테러를 언급했다. 에르츠베르거와 라테나우의 암살 이후 바이마르공화국 역사의 어두운 측면을 개관했다. 그는 이 두 사람에 대한 암살을 "조국에게 수치"라고 말했다. 그는 파괴로부터 제국을 보호하기 위한 강력한 사법적, 행정적 대응의 필요성을 역설했다. 그는 극우파의 테러 분위기를 철저히 분석하면서 준법정신에 호소했다. 극우파의 테러 분위기를 바로 나치당이 전수했다. 돌격대 지도자이며 제국의회 의원인 하이네를 비밀재판으로 살해했을 때, 괴벨스와 나치당 기관지가 정치적 폭력을 미화했을 때 극우파의 테러 분위기는 가장 고조됐다.[107)] "민족적 반대파"는 다시 한 번 의회를 박차고 밖으로 나왔다; 독일민족인민당과 함께 밖에서 행진하는 나치스를 프릭과 괴링이 다시 회의장으로 돌려보냈다.

중앙당의 마르크스(Wilhelm Marx) 의원은—1925년 민주파 대통령후보로 당시 경쟁자가 바로 힌덴부르크—과거 자신의 경쟁자인 힌덴부르크를 지지하는 발언을 했다.[108)] 이후 정부 불신임안이 제기됐지만 통과되지 않았다(288 : 264). 이때 독일인민당,[109)] 농촌주민당 그리고

106) *Ibid.*

107) *Ibid.*, v. 26. Februar 932, S. 2400f. 베버의 "Die Nationalsozialisten sind auf dem Wege des politischen Mordes vorangegangen! Zwei mutige Reden"에 기록되어 있다. Wider den Nationalsozialismus(주 V/86), 70ff. ; 특히 S. 90ff.

108) Reichstagsprotokolle v. 26. Februar 1932, S. 2411ff.

109) 여기 표현된 독일인민당의 지속적인 우경화는 당 내분의 원인이었다. 정부

SAP의 분열그룹은 좌우의 급진적 반대파로 머물렀다. 그뢰너에 대한 불신임안(303 : 246), 디트리히(Dietrich)에 대한 불신임안(289 : 247), 제국의회 해산안(319 : 226)[110] 그리고 제국의회 의장을 새로 선출하자는 안(319 : 226, 1명의 기권)은 각각 다 부결되었다.[111] 나치스는 계속되는 정부 요직 인사 불신임안 부결에 직면해 다시 한 번 회의장을 떠났다. 그 결과 공산당이 나치스가 지배하는 브라운슈바이크의 경찰 보조금 지급 금지안 및 문제 많은 제국방위군 관련 국방부령의 즉각적인 폐지에 대한 안을 제출했고, 사민당의 도움을 받아 이 안들은 232 : 158(기권 43명) 및 220 : 169(기권 37명)로 통과됐다. 그 밖에 100개 넘는 안은 전문위원회로 회부됐다. 나치의 공화국 파괴공작은 심각한 실패를 맛보았던 것처럼 보인다고 정부는 다시 한 번 주장했다. 대통령 선거는 브뤼닝을 지지하는 다수의 이러한 새로운 성공이 결국 정권의 안정적 기반을 확보하는 길을 닦을 것이라는 점을 입증해야 했다.

5. 선거운동

진정한 의미의 선거 캠페인은 — 물론 더욱 강력하게 — 선거 3주 전에야 비로소 시작됐다. 나치스의 언론활동과 집회활동은 점증하는 막대한 당의 선동수단과 재정수단을 과시한 반면,[112] 예전에 그들을 지

에 반대표를 던지기 위해 원내교섭단체 및 참석자 강제조치가 취해지자, 쿠르티우스와 카르도르프 이외에 다른 두 지도급 의원들은 딩엘다이의 파괴노선에 불참으로 기권했다. 그들은 원내교섭단체로부터 출당되었으나, 동시에 우파의 저명한 대표자들은 힌덴부르크 구호에 항의하는 의미에서 독일민족인민당으로 당적을 옮겼다.

110) 독일민족인민당도 이 투표에 — 약화된 지위를 부인하면서 — 참가했다.

111) 이는 프릭과 그 동료 및 오버포렌 및 그 동료들이 제출한 제국의회 의장에 대한 불신임안이 절차상 의사진행규정에 어긋나는지 여부에 대한 투표였다.

지했던 독일인민당은 양극단 사이의 좁은 공간을 확보한 것으로 만족하는 "미적지근한 극단세력"라는 절망적인 상황으로 내몰렸다.[113] 나치당의 공식적 선거구호(3월 1일)는 "조국 배신자 사민당의 말로 표현할 수 없는 부패경제(*Bonzenwirtschaft*)", "흑-적 11월당의 유례없는 경영부실", "이민족적인" 중앙당, "유대인의 사이비민주주의", "비겁하고 속물적인 돈 자루 애국자들", "편안한 은퇴생활을 베풀어주는 대신에" 사람들이 "위장된 위원회들로 우회하여" 입후보로 내몰린 힌덴부르크를 위한 선거사기 등에 대해 매우 신랄한 공격을 퍼부었다.[114] 나치언론은 동시에 다시 사회주의적 색조에 편승하여 그러한 "과도한 선거전 정신병"을 막기 어려울 수 있었을 "사회반동적인" 독일민족인민당에 대하여 극히 분명한 구분선을 그었다. 뒤스터베르크는 독일의 자유의지가 카이사르식으로 단절될 수 없다고 주장한 히틀러에 반대했다. 그러나 "민족적 사회주의"의 대중선동을 곁들인 이상적 경쟁은 철모단의 전선사회주의(*Frontsozialismus*) 호소에도 불구하고 위축된 독일민족인민당에게 승리를 줄 수 없었다.[115]

---

112) 이 선거전의 "비할 수 없는 차원들과 함께"라는 선전조직 및 나치집회의 환희에 대한 괴벨스의 보고서에 대해서는 그의 메모(*Kaiserhof*, 주 V/13, S. 35ff.)를 참조. 1932년 2월 27일의 히틀러 연설에 대한 메모(*Ibid.*, S. 56): "스포츠 궁전(Sportpalast)은 1시간 내내 일종의 무의식 상태와 같은 광란의 상태에 빠져 있다." 이어서(*Ibid.*, S. 56): "우리 연설자들의 순회 여행은 진정한 개선행렬이다."

113) 철모단이 갈팡질팡한 모습은 이에 대한 좋은 예이다. 철모단 내부에서의 우왕좌왕 또한 여기에 전형적이다. 베스타르프 파일(*Westarp-Akten*)에는 예컨대 루이제 연맹(Luisenbund) 지도부(엘리자베트 벡스 -연맹의 지도자 마리 넬츠) 내부의 서신교환이 있는데, 여기서는 여러 구성원들의 우유부단이 명확히 나타난다. 연맹의 지도자인 넬츠(Marie Nelz)는 단호하게 뒤스터베르크 지지를 표명하면서, 제 2차 투표와 관련해서 자신은 힌덴부르크보다는 오히려 히틀러를 지지할 것이라고 선언한다.

114) *Völkischer Beobachter*, Nr. 63 v. 3. März 1932.

그러나 동시에 다시금 정부의 운동능력 부족과 실질적인 권력지위의 상실이 확인되었다. 그래서 적어도 너무 늦은 지금 나치의 권력요구 시위에 대해 동원가능한 모든 수단을 던지려는 프로이센 내무부장관의 여러 시도들은 여전히 초기단계에 머물러 있었다. 제버링이 그뢰너와 가졌던 개인적인 대화[116] 및 재무성을 통해 후원하려는 노력은[117] 다시금 심각한 내분을 드러냈을 뿐이었다. 이 위기상황에서 권력의 담지자들은 심리적 방어준비나 정치적 가능성과 기대에 따라 분열되어 있었다.

---

115) Egelhaaf, 1932, S. 87과 *Der Zeitspiegel* 1, Nr. 6(18. März 1932), S. 82ff. 에 있는 언론동향을 참조.

116) 제버링(주 I/18, II, S. 321ff.)은 자신이 베를린의 "알테 피셔휘테"(Alte Fischerhütte) 쪽으로 여러 차례 산책하면서 그뢰너에게 "제국의 수동성"에 대해서 언급했다고 전한다. 이에 대해 그뢰너는 내무부가 거의 수단을 갖고 있지 않아서 대담한 선전을 추진할 수 없다"고 불평했다고 한다. 나치당과 히틀러 — 그뢰너는 히틀러를 '마구잡이성의 정신분열증 환자'라고 불렀다 — 에 대한 그의 기본입장은 명백하다고 했다. 더욱이 나치 단순가담자들을 — 그뢰너는 1932년 1월 29일의 제국군대령에 대한 제버링의 비판을 이에 대한 언급으로 무마하려 했다 — 처리하기 위해 필요한 노력들에 대한 당혹스러운 언급은 슐라이허의 원저작 및 이 조치들이 슐라이허의 계획들 및 예비탐색회담의 연관관계를 확인해 주었다는 것이다. 이 대화의 시작은 2월 초로 기록되어 있다.

〔역주〕 "알테 피셔휘테"는 베를린에 있었던 전통적인 선술집.

117) 제버링(주 I/18, II, S. 319f.)은 반국가적 기도들을 막을 목적으로 이미 1930년 이후 특별재정을 얻기 위해 자신이 기울였던 노력에 대해서 회고하면서 프로이센 재무성 관료제의 경직성과 양심가책성(*Skrupelhaftigkeit*)에 대해서 비난했다: "민주적인 투쟁정신이라고는 전혀 느낄 수 없는 알랑거리는 듯한 자포자기는 이미 광범위한 관료층에 강력히 자리잡혔다." 그래서 1932년 1~2월에 제국 재무부장관 디트리히가 마침내 1932년 2월 27일 선거전을 후원하고 민주질서를 급진적인 반란계획으로부터 보호하기 위한 구체적인 조치들에 제버링과 합의하고 이를 위해 필요한 자금도 약속할 때까지, 브라운의 협조에도 불구하고 상황은 바뀌지 않았다(*Ibid.*, S. 323f.).

이제 브뤼닝은 정력적으로 직접 선거전에 뛰어들었다. 사민당은 눈에 띄는 내부의 예비군과 함께 한편으로는 어쩔 수 없이 다른 한편으로는 스스로가 원해서 수동성에서 벗어남으로써, 그 엘리트 또한 어려운 위치에도 불구하고 당 중앙위원회의 호소에 따라 브라운과 함께 공산당의 거리낌 없는 선전에 맞서 힌덴부르크의 재선이라는 차악(次惡, *kleineres Übel*)을 지원하기 위해 뛰어들었다.[118] 중도파 정당들 및 집단들과 더불어[119] 베스타르프와 같은 보수적 정치가들이 추진한 온건우파의 동원도 반응이 없지는 않았다.[120] 반면에 개신교진영에서는 엄청난 논쟁이 벌어졌는데, 이 과정에서 "민족적 반대파"가 교회의 지도부에 강력한 영향력을 행사하고 있음이 명확해졌다.[121] 그러나 효과있는 조치들은 느릿느릿 뒤척거리면서 취해졌다. 3월 1일에도 총리실에서는 브뤼닝, 디트리히, 그뢰너, 슐라이허와 더불어 국무차관 퓐더(Pünder)와 켐프너(Kempner) 그리고 제버링이 참여한 수뇌부 회담은 전혀 성과 없이 끝났고, 디트리히의 독자적인 결의안은 3월 4일 — 선거 9일 전 — 프로이센의 내무부장관에게 힌덴부르크 선전의 담지자에게 약간의 통제된 지출수단을 제공했다.[122] 이와 더불어 2월 27일

---

118) 강력한 호소문은 1932년 2월 27일자 〈전진〉지에 발표되었는데, 그 구호는 극히 부정적인 것이었다. "히틀러를 격파하고, 그리고 이를 위해서 힌덴부르크를 선출하자." Otto Braun(주 I/5), 372를 참조.

119) 오스카 마이어(주 II/89, 155)도 자신이 국가당의 "10여 회의 집회에서" 힌덴부르크를 지지했다는 점을 괴로운 심정으로 회고했다.

120) 베스타르프는 2월 24일에 보수주의적인 저명인사들이 서명한 선거호소문을 발표했는데, 그것의 흥미로운 통신원 자료들은 "베스타르프 파일"에 포함되어 있다(주 V/42를 참조).

121) 당시대인들의 저작 속에 있는 흥미로운 자료들: Horst Michael/ Karl Lohmann, *Der Reichspräsident ist Obrigkeit! Ein Mahnruf an die evangelische Kirche*(Hamburg, 1932), S. 6ff.

122) 제버링(주 I/18, II, S. 324ff.)은 180만 마르크라고 언급한다. 그러나 이 돈은 경찰 비용지원의 축소로 다시 제국에 돌려주어야만 했고, 이 방향에

에 프로빈스장 및 행정구역장 회의에서 프로이센 내무부는 언론비상령 (*Presse-Notverordnung*) 의 광범위한 사용을 권고했다.

선거를 둘러싼 논쟁은 히틀러와 힌덴부르크의 대결에서 더욱 격화되었고, 그 결과 처음으로 하르츠부르크 연합의 틀에서 성장해 나온 나치당의 요구들과 강점들은 모든 사람들에게 가시적으로 명확히 선언되었다. 그리고 히틀러가 "카이저호프"에서 영국 및 미국 언론인들을 접견하는 중에 발표된 힌덴부르크에 보낸 신랄한 공개서한은 논쟁의 정점들 중 하나에 속했다. 히틀러는 이 편지에서 자신의 대내외 정책의 왜곡을 "격분해서" 거부했다. 동시에 그는 그것을 "이제부터는 개인적으로 적절한 방식으로 방어하겠다"고 위협하면서, 정부가 취한 여러 치안조치들에 대해서도 항의했다. 3월 5일자 그뢰너의 답변은 그 편지가 힌덴부르크에게 전달되기 전에 외국에 대한 선동적 호소문으로 출판된 방식에 대해서 항의한 것이 아니라, 히틀러가 거리낌 없는 선동에 동기를 부여한 "선거의 자유"라는 개념을 분명히 했다. 즉, "선거의 자유"는 나치의 선동을 뒷받침하는 테러와 강제를 통한 영향력 행사에 반대하는 선거결정의 보호를 요구하지만, 나치당의 공격적이고 불명료한 강령적 표현들은 적어도 국내외에 만연된 염려들을 없애는 쪽으로 실행되었다는 것이었다.[123]

이틀 후에 브뤼닝이 에센에서 행한 첫 번째 거대한 선거연설은 나치즘과의 날카로운 대립의 영향 아래 있었는데, 이는 — 브뤼닝이 강조했듯이 — 1년 반 동안 정부 측이 회피한 것이었다. 제국총리는 실망을 거의 숨기지 않은 신랄한 표현으로 — 1930년 여름에서 (대통령임기) 연장안의 거부까지 — "민족적 반대파"의 파괴적인 책임회피, 즉 베르사유 정책의 수정을 위해 싸우고 있는 정부의 등에 이러한 "비수꽂기"를 비난했다. 즉, 사람들은 — 다시 브뤼닝 정책의 일방적인 기본사상

서 여러 차례의 시도들도 더 이상 진전되지 못했다.

123) Schulteß, 1932, 50f., S. 52f.

— 건설적인 내정을 통해 정부의 대외정책 및 경제정책을 위한 여러 노력들을 뒷받침하는 대신, 정부의 협상능력을 부정했다는 것이었다. 이 연설은 국민 전체의 과감한 희생정신에 냉정하게 호소함으로써 다시금 디플레이션 노선을 인플레이션적인 모든 프로젝트에 대비시켰으며, 낭만주의적으로 연단에 올라 힌덴부르크를 빌헬름 1세와 비교하기 시작했다. "힌덴부르크는 — 겸손하고 강하면서도 직선적인 성격의 소유자인데 — 스스로 뒤로 물러나 있으면서 주변의 적절한 사람들을 결집시켜, 그들과 함께 독일제국의 위대함에 대한 근거를 설명하는 데 가장 큰 가치를 두었다."[124]

제국총리는 선거 이틀 전에 베를린 스포츠 궁전에서 행한 — 이는 방송으로 중계되었다 — 한 연설에서도 이러한 생각을 반복해서 밝혔다. 그는 여기서 "체제"의 "정당정책"에 대한 비난에 민족적인 2/3 다수파의 형성을 통해 — 거기에 성공하기 위해 자신은 용퇴의사를 밝혔다고 — 선거전의 (과열을) 막으려는 노력뿐만 아니라 "민족적 반대파" 스스로의 단일입후보도 우익정당들의 정당정치적인 여러 이기주의에 부딪쳐 실패했다는 사실을 대비시켰다. 이러한 설명들은 특히 통화문제(通貨問題) 주변을 맴돌았으며, 모든 계층과 직업 노동자와 경제계 지도자들에게 했던 우파의 약속을 충족시키는 것이 인플레이션을 의미할 수 있을 뿐이라는 확신에 기반을 둔 것이었다. 이러한 설명들은 다시 탄넨베르크(Tannenberg)[125]의 힌덴부르크라는 인간에 대한 낭만주의적이고 종교적으로 과도하게 상승된 신앙고백, 즉 그의 강고한 성격, "사물을 예리하고 신속하게 간파할 수 있고" 그것을 몰트케의 전통

124) *Ibid.*, S. 53f.

125) 〔역주〕 탄넨베르크(Tannenberg)는 제 1차 세계대전 초인 1914년 8~9월에 힌덴부르크가 러시아군을 물리친 곳. 이 전투는 제 1차 세계대전이 시작된 이후 독일군이 거둔 첫 대승이었고, 이로써 힌덴부르크는 전쟁의 영웅이 되었다.

속에 있는 총참모장으로 극히 간단하게 공식화하여 현재와 같은 위기 상황을 견뎌낼 수 있는 그의 능력에 대한 신앙고백으로 나아갔다.[126] 브뤼닝은 이러한 버티기를 통한 구출철학으로 대외정책과 경제정책에서 임박한 성공에 즈음하여 자신의 정책이 전례 없이 짊어지게 된 정치적 기본관점을 힌덴부르크라는 이상형적인 모습 속으로 옮겨 놓았다. 브뤼닝이 이미 몇 달 전부터 더 이상 후원을 확신할 수도 없었던 한 인간에 대해서 이토록 이례적일 정도로 정력적이면서, 동시에 더 이상 이성적이라고 할 수 없을 정도로 지지를 보낸 가장 깊은 의미는 바로 여기에 있었던 것이다.

오토 브라운이 사민당 유권자들에게 보낸 호소는 힌덴부르크에 대한 입장표명에서 좀더 자제하는 듯했으나 내용 면에서는 더 분명했다.[127] 그는 "정치적 모험가의 원형"인 히틀러와의 논쟁을 더욱 단호하게 선거의 본질적인 내용이라고 불렀다. 그는 히틀러가 당선될 경우 "정치적 억압과 내전 … 그리고 결국에는 제국의 붕괴위험이 오게 되리라는 것을" 미리 알고 있었다. 히틀러는 "(출처불명의) 검은 돈으로 대중적인 선전선동을 일삼고 있다. 이러한 그의 선동은 모든 과격분자들, 즉 의구심에 가득 찬 의지할 곳 없는 수많은 사람들, 그리고 자본주의적 이익욕구 및 반동적인 사상 또는 정치적인 몰이해에서 현재의 인민국가에 불구 대천지원수처럼 대하는 모든 사회계층들을 자신의 주변에 모았고, 또 그의 안개 속에 가려진 제 3제국을 위해 이들을 획득

126) *Ibid.*, S. 58f. : "진정한 지도자들은 항상 새로운 제안들과 끊임없이 변화된 계획 그리고 잘 꾸며진 이야기로 대중 앞에 세워질 수 있는 사람들이 아니라, 제국대통령처럼 오직 신이 보낸 사람들이다. 그는 신에 대한 깊은 경외심, 신 앞에 순종, 전쟁중에 그리고 전쟁 후의 결정적인 모든 시기에 용기를 가졌고, 자신의 입장을 견지했으며, 올바르지만 어려운 결정들을 내렸다."

127) Otto Braun, "Ich wähle Hindenburg", Vorwärts v. 10. März 1932. Brecht (주 I/85), 73ff. 에도 수록되어 있음.

했다…. 그가 말한 제3제국은 모든 계층에 대해 다른 부분을 희생시키면서 그들이 원하는 모든 것을 약속했다." 저 악명 높은 공산당의 특별유세가 사회주의자의 입후보를 방해하므로, 남은 것은 힌덴부르크를 지지하기로 한 결정이라는 것이었다. 왜냐하면 사람들은 그를 적어도—세계관이나 정치적인 면에서는 매우 대립적임에도 불구하고—"순수한 호의와 현명한 판단을 할 수 있는 인간으로서" 주목할 만하고 또 "그가 하는 말을 신뢰할 수 있다"는 것이었다.[128)]

힌덴부르크는 친근한 장군들, 철모단원들, 대토지 소유자들, 독일민족인민당 및 나치당 정치가들의 분노에 찬 투서들에 대해 고뇌에 찬 침묵으로 대응하면서, —1925년의 경우처럼—3월 10일에 한 방송연설에만 등장했다.[129)] 그는 자신이 입후보하게 된 근거를 급진적인 우파 또는 좌파가 승리할 위험성과—여기서 다시금 심각한 분열이 떠올랐다—"우파의 의견불일치" 탓으로 돌렸다. 그는 정치적인 중상모략에 항의했으며, 특히 자신의 결정이 "옛 지지자들의 일부, 그 중에서 유감스럽게도 많은 옛 동료들에 의해서 오해되었고", 적대시된 점에 대해 유감을 표명했다. 그는 다시 한번 자신의 가장 중요한 관점을 강조했다. 즉, "흑-적" 연립이 아니라 초당적인 운동이 자신의 출마를 제안했고, 첫 제안의 계기는 "여러 우파집단으로부터" 나왔다는 것이었다. '영 안'과 비상령의 서명과 관련하여 연설에서 주장된 내용들은 본질적으로 2월 25일의 〈개인적인 이야기〉로 채워져 있었다.[130)] 힌덴부르크는 모든 논쟁을 방지하려는 취지에서 "1914년의 정신"을 환기시

---

128) 이와 유사하게는 카일의 호소문과 연설문을 참조(Kail, 주 I/3, II, S. 436ff.) 카일은 부르주아적 힌덴부르크 그룹과 어느 정도의 협력으로부터 선거운동에 대해서 전해준다. 사민당은 "히틀러의 입후보를 격퇴하기 위해 민주적 기업가들로부터 상당한 기부금을" 받았다고 한다(438쪽).

129) Schulteß, 1932, 55~57; Poetzsch-Heffter(주 I/128), S. 113f. 에 있는 텍스트 참조.

130) 앞의 S. 288 이하 참조.

켰다. 이는 대통령의 연설문 작성자들이 공화국의 선동적인 대안, 즉 한편으로는 "체제"와 다른 한편으로는 "전선정신"을 정치적으로 비이성적인 최종종합으로 고양시키려 한 비장한 방향전환이었다.

6. 힌덴부르크의 재선

3월 13일에는 흥분된 가운데 여러 선거가 일제히 시작되었다. 이 선거들은 1930년 이후 위기로 내닿기 시작한 발전이 위협적일 정도로 첨예화된 징후들이었고, 다음 해의 정치적 사건에 거의 유일하게 외적인 특징을 부여하게 될 것이었다. 이 선거들은 민주적 권력배분을 안정적으로 다지는 대신에 민주적인 수단으로 민주주의를 절멸시키는 데 본질적인 영향을 미쳤다. 여섯 차례의 중요한 투표일들—1932년 3월 13일, 4월 10일, 4월 24일, 4월 31일, 7월 31일, 11월 6일과 1933년 3월 5일—그 선거 전후의 영향으로 독일의 공공생활을 지배했으며, 국내의 각 세력집단들 및 권력의 경향이 거의 탈출구가 보이지 않을 정도로 분열되어 있었음을 반영했다. 바로 여기서 이미 권력공백, 즉 권력을 둘러싼 부정적인 투쟁의 단계가 시작되었다. 이 시기의 권력은 선거 때마다 적대적인 집단의 접근을 모면했으나, —이 집단들이 결국 음모, 유혹 그리고 테러에 의해서 민주적 기능권으로부터 완전히 추방될 때까지—권력장악 과정에서 공화국의 의식적인 파괴자들의 수중에 떨어졌다. 제국대통령 선거는 이러한 발전의 첫 획기적인 사건으로 되었으나, 그 결과는 이러한 사실을 여전히 알 수 없게 했을 것이다. 이미 그 전사(前史), 즉 전선의 행진과 선거투쟁의 매우 협소한 대안은 민주주의의 딜레마를 반영했고, 앞으로 다가올 모든 것에 극히 중요하게 될 발전과 그룹화의 계기를 마련했다. 공화국의 최고위직에 지원한 5명의 후보자들 중 어느 누구도 완전한 확신과 내적인 의미,

사회적·당 전통적인 수준 등에 따를 경우 민주적·의회주의적인 의미에서 공화주의자가 아니었다.

적어도 힌덴부르크가 히틀러와 대결하여 명백한 승리를 거둔 것은(49.6% : 30.1%) 민주적 결집후보의 첫 번째 목적을 충족시켰다. 이는 또한 점차 커지던 나치의 권력요구에 대해 다시 한 번 그 한계를 지키라고 요구한 것이었고, 나치 지도부의 고조된 분위기를 당의 상황에 위협적인 심각한 침체상태에 빠뜨렸다.[131] 뒤스터베르크가 재기불가능할 정도로 패배한 것(6.8%)은 "민족적 반대파" 내부의 경쟁관계를 명백히 그리고 최종적으로 후겐베르크에 유리한 방향으로 결정했다. 독일민족인민당, 철모단 그리고 그 밖의 "민족적 단체들"은 의문의 여지없이 엄청난 수의 유권자들을 나치당의 매우 영향력 있는 급진적 선동에 빼앗겼다. 비록 모든 공식적인 구호에도 불구하고 힌덴부르크에게 남은 보수주의자들의 수가 과소평가되어서는 안 될 터이지만 말이다. 나치의 득표수는 1930년의 제국의회 선거와 뒤이은 지방선거에 견주어서 추정해보면 계속 증가하였다. 그러나 그 수는 본래 당이 기대했던 수준에 뒤져 있었을 뿐만 아니라, 주목할 만한 관찰자들의 추정보다도 약간 뒤처져 있었다. 동시에 탤만(13.2%)도 기대 또는 염려했던 만큼의 표를 얻지 못했다. 따라서 바이마르에 대한 반대결정은 아직 내려지지 않았다.

그럼에도 불구하고 결과의 총체적인 평가가 정당정치적·의회적인 의미에서 권력배분의 추정으로 나아간다면, 그것은 매우 이중적으로 내려져야만 한다.[132] 예전의 대연립 정당들은 일부 우익 군소정당들을

---

131) 괴벨스의 당시 메모(*Kaiserhof*, 주 V/13, 특히 55ff. 와 62 v. 13. März 1932)에 표현된 낙관론과 비관론의 끊임없는 교차를 참조: "뭔가 낌새가 이상하다…. 우리는 한 방 맞았다. 우려할 만한 전망들. 우리는 상대편의 기회에 대한 평가보다는 우리 내부의 분위기 평가에서 더 잘 적중했다…. 공산당은 완전히 실패했다."(!)

포함하여 — 그리고 빈터(Winter)라는 특별한 입후보도 계산에 넣어서 (0.3%) — 유권자의 약 50%를 모을 수 있었을 것이다. 반면에 제국의회에서 이들은 여전히 61% 이상의 의원들을 거느릴 수 있었다. 여기서 농촌주민당 및 독일인민당과 더불어 몇몇 정당들이 힌덴부르크를 지지했다. 그렇지만 이 정당들은 의회의 수준에서 더 이상 브뤼닝 블록으로 간주될 수 없었고, 또 1931년 여름 이후 점차 "민족적 반대파"의 소용돌이 속으로 빠져들었다. 또한 본질적으로 특징적인 것은 더 많은 여성들이 힌덴부르크를 지지한 반면에, 히틀러와 탤만 측에는 남성유권자들이 다수였다.[133] 이렇게 본다면, 힌덴부르크의 선거승리는

---

132) 여러 선언과 언론동향을 참조: Der Zeitspiegel 1, Nr. 2(18. März 1932), S. 84ff.; Nr. 7(8. April 1932), S. 100ff.

133) 다음을 참조: Hans Beyer, *Die Frau in der politischen Entscheidung* (Stuttgart, 1933); Heinrich Zurkuhlen, "Die Reichspräsidentenwahl und die Frauen", *Jahrbücher für Nationalökonomie und Statistik* 138, III, F. 83(1933), 95~100. 개별적인 개표자료를 얻을 수 있는 많은 선거구의 상은 도표로 대비시킬 경우 다음과 같은 관계를 보여준다(실제로 여성들은 절대적으로 많은 유효표를 보여주지만, 비율 면에서는 투표율이 더 낮았음을 보여준다).

		뒤스터베르크	힌덴부르크	히틀러	탤만
제1차 투표	남성	100	100	100	100
	여성	101.2	115.5	94	70.9
제2차 투표	남성	-	100	100	100
	여성	-	115	93.7	67.2

특히 중앙당과 바이에른인민당의 강력한 여성 지지자들은 주로 힌덴부르크에게 투표한 것으로 보인다. 반면에 탤만은 여기서 제국의회 선거에서 공산당이 얻은 결과보다 더 낮은 지지를 얻었다. 여기에 대해서는 추어쿨렌의 의회선거 분석을 참조. 1928년의 제국의회 선거는 *Ibid.*, S. 74(1928), 730ff., 1930년에 대해서는 Die Tat 22(Februar 1931)를 참조. 종합적으로는 Zurkuhlen, "Wie wählen die Frauen? Religiös, national und konservativ", Die Tat 24(Oktober 1932), S. 544ff. 이에 따르면 여성표의 비중은 특히 기독교사회봉사정당에서 압도적으로 높이 나타나고, 이어

브뤼닝 노선의 내정적인 토대가 계속 현저히 약화되고 있다는 사실을 감출 수 있었다. 이 노선의 지속은 제국의회와 각 주 의회의 구성을 변화시키게 될 모든 종류의 조기선거를 막는 데 성공하느냐의 여부에 달려 있었다. 그러나 제국의회의 정규회기가 1934년 9월에 만료된 반면에, 여러 큰 주에서는 바로 지금 선거가 예정되어 있었다.

헌법은 제 1차 선거에 대해 절대다수를 요구했으나, 힌덴부르크는 간발의 차로 이를 달성하지 못했다. 물론 이러한 헌법의 여러 규정에 따라 제국대통령의 제 2차 선거는 4월 10일로 예정되어 있었다. 우파의 다른 매력적인 통일후보자를 얻으려는 여러 시도들과 히틀러를 얻으려는 독일인민당의 여러 노력들이 실패한 후,[134] 이제 결정은 오직 힌덴부르크와 히틀러 사이에서만 날 수 있게 되었다. 황태자를 옹립하려는 여러 노력들은[135] 도른에서 헤르미네가 보낸 거부권뿐만 아니라 힌덴부르크와 히틀러의 지속적인 경쟁관계에도 대비되는 것으로 보였다. 사람들은 저 악명높은 왕조주의자들과 더불어 나치의 지도부가 황태자의 옹립에 참여했을 것이라고 믿었으나,[136] 정작 히틀러 자신은

서 중앙당-바이에른인민당 그리고 독일민족인민당과 독일인민당의 순으로 나타난다. 여성표의 비중이 가장 낮은 정당은 공산당과 나치당이다. 이는 여성유권자들이 급진주의를 지지했다는 전설과 정반대된다!

134) 괴벨스(*Kaiserhof*, 주 V/13, 68)의 1932년 3월 19일에 대한 설명에 따른 것임.

135) 이러한 노력들은 많은 독자를 가진 한 나치적인 주간지 편집자가 큰 표제로 장식한 논설을 통해서 모든 언론에 공개되었다. F. C. Holtz, "Unser Reichspräsident Kronprinz Wilhelm", *Frideticus*, 4. Märzausgabe, 1932년 4월 초판에 재수록됨. 또한 여기에 대해서는 Herre(주 III/139), S. 203ff. 도 참조.

136) 프리데리쿠스(*Fridericus*)에 따르면 한 "나치의 선동지도자, 철모단 지도자 그리고 제 3의 인물"이 빌헬름에게 입후보를 제안했다. 반면에 괴벨스(*Kaiserhof*, 주 V/13, S. 72)에게서는 1932년 3월 30일 자에 다음과 같이 열쇠를 제공하는 메모가 있다: "지도자는 중간에 입후보함으로써 전혀 새

이러한 노력을 일시적으로 거부했던 것으로 보인다. 사람들은 황태자의 계획 속에서 오히려 일종의 목적조작을 고찰했던 듯하다. 이 목적조작은 특히 힌덴부르크 자신의 심리적인 영향력 행사와 분열된 충성의 이용을 겨냥한 것이었다. 어쨌든 황태자는 얼마 후에 곧 자신은 히틀러를 선택할 것이라고 공개적으로 천명했다.[137] 이로 인해 그는 세간으로부터 엄청난 주목을 받았다. 그리고 신뢰의 파괴에 대해 좌파는 엄청나게 분노했고, 슐라이허도 화가 몹시 났다. 슐라이허는 아마도 히틀러를 쳐부수기 위해 황태자의 입후보를 고려했던 것으로 보인다.[138] 문화계와 예술계의 저명한 대표자들이 유사한 고백을 하는 것과 거의 동시에[139] 철모단이 전혀 당선될 가능성이 없는 입후보를 철

로운 상황이 마련될 수 있으리라는 보고를 받는다. … 우리는 즉시 갈색의 집으로 간다. … 한 파발꾼(*Kurier*)과 중요한 물밑대화 완료." 프리드리히(주 V/56, S. 13ff.)에 따르면 이 "파발꾼"에게서 중요한 것은 황태자와 회합을 가진 뒤 그가 (후겐베르크의 동의로) 입후보할 준비가 되어 있음을 히틀러에게 전달했던 파발꾼 오스타우(Ostau)였다. 히틀러는 (괴벨스, 프릭, 슈트라서와 함께) 즉각 베르히테스가덴(Berchtesgaden: 독일 남부 바이에른 주의 오버바이에른 최남단에 있는 시장—옮긴이)으로부터 뮌헨으로 돌아와 먼저 긍정적인 양보를 했다고 한다. 힌덴부르크가 입후보에서 물러나고 텔만과 맞서게 될 황태자의 선거 승리를 위한 길을 열어주는 데 반대하자, 히틀러는 고집스러운 거부태도를 나타냈다는 것이다. 이는—그리고 헤르미네 황제비(*Kaiserin Hermine*)가 무대에 올려놓은 황제의 거부권—황태자 복귀의 근거였으며, 이로써 "호헨촐레른가가 합법적으로 귀환할 수 있는 마지막 가능성은 … 지나가"버렸다(*Ibid.*, S. 17). 이 과정에 대한 상세한 내용은 Herre(주 III/139), S. 205ff. 에도 포함되어 있다.

137) 1932년 4월 1일에 작성되어 4월 3일에 언론에 배포된 황태자의 성명은 하르츠부르크 정신에 기초하여 일치단결한 민족적 전선을 위해 히틀러의 지지를 요구했다.

138) Brief Groeners an Gleich v. 18. Juni 1932(Phelps, 주 I/52, 1022).

139) Goebbels, *Kaiserhof*(주 V/13), S. 73(1932년 3월 31일에 대한 메모): "한스 그림(Hans Grimm)이라는 시인은 솔직하게 지도자의 지지를 고백한다." 다른 7인의 대학교수들과 함께.

회했으므로, 전국농민연맹과 연합애국단체들이 이제 히틀러의 지지를 선언한 반면에,140) 후겐베르크는 자신의 지지자들의 결정을 자유재량에 맡겼다. 그는 절제를 옹호하면서, 동시에 히틀러를 입후보에서 물러나도록 하려고 시도했다.141) 또한 그는 "민족적 반대파"와 나치당의 통폐합에 반대해서 투쟁했으나,142) 1930년의 정부위기 이후 그리고 하르츠부르크 이후 융통성이 없는 자신의 정책이 전례 없이 히틀러에게 이익을 가져다 준 결과들을 막을 수는 없었다. 이후의 몇 달은 다시 한 번 독일민족인민당의 환상적인 자립노력의 징후 속에 있게 되었고,143) 이어 이러한 노력은 "민족적 반대파" 전체와 더불어 나치의 권

140) *Ibid.*, 64(1932년 3월 15일에 대한 메모): "나는 다레(Darré)와 전화통화를 했다. 전국농민연맹은 우리를 지지하기로 결의했다."

141) *Ibid.* 동시에 후겐베르크는 언론에서 제1차 선거를 최종적인 것으로 선언하고, 제2차 선거 대신에 제국의회 선거를 실행하는 데 동의를 표했다. 이는 나치당이 동의하지 않은 하나의 협상이었다. Poetzsch-Heffter(주 I/131), 115를 참조.

142) 1932년 4월 5일에 그가 뉘른베르크에서 행한 연설에서 다음의 내용을 참조: "나는 이 순간에 마치 민족적 반대파가 히틀러나 나치즘과 동일한 의미인 듯한 잘못된 관념이 떠오르게 할 수 없도록 하는 것을 최고의 의무로 여기고 있습니다(*Hugenbergs Ringen*, 주 I/6, I, 65).

143) 첫 징후는 후겐베르크가 1932년 3월 20일에 히틀러에게 보낸 편지였다. 이 시기에 히틀러는 여전히 정치적 후원자의 오만방자한 감정—이는 이미 현실적인 기반을 상실했다—으로부터 명령받고 있는 듯이 보였음에도 말이다: "절제는 현명함에 속합니다. 사람들은 현재의 전반적인 상황에서 힌덴부르크 원수가 중요한 모든 권력적 지위를 한 당의 수중에, 특히 어렵사리 건설하고 유지시켜 온 제국군대의 수중에 두는 것을 기다릴 수 없었고 또 지금도 그렇게 할 수 없습니다. 나는 여러분께 이러한 사실을 이미 뮌헨에서 말씀드렸고, 그 후에도 몇 차례 반복한 바 있습니다. 만약 여러분이 모든 권력적인 지위를 자신의 수중에, 당 또는 운동의 수중에 통합시키려 한다면—이는 게르만족의 국가에서는 이제까지 어떠한 황제와 국왕 아래서도 그러한 일은 없었습니다—, 저는 여러분께 감히 예언합니다. 여러분은 이러한 목적을 달성하기 위해서 가장 우수한 피를 뿌리더라도 성공하지는

력장악에 그대로 전수되었으며, 마침내 다른 모든 정치집단들의 운명을 갈라놓았다.

물론 황태자의 호소는 분명 일부의 왕조주의자들, 후겐베르크의 추종자들, 그리고 철모단원들을 히틀러에게 넘어가게 했을 것이다. 그래서 나치의 선전은 힌덴부르크의 명령으로 시행된 "오스터부르크의 평화"(*Osterburgfrieden*)에[144] 이어 마지막 주의 대중집회들은[145] 너무도 광적으로 위협과 약속, 증오의 구호와 내전의 구호들로 넘쳐났다.[146] 그러나 이어 선거의 결과는 권력의 정복에 대한 희망과는 턱없이 맞지 않는 것이었다. 투표율이 약간 더 낮아졌으나 여전히 엄청나게 높았는데,[147] 여기서 히틀러(36.8%)는 절대적으로는 힌덴부르크(53%)보다 더 높은 득표의 증가를 달성했으나—6.6%: 3.4%—, 그의 진영은 괴벨스의 희망대로 "반동의 표를 증대시킬 수" 있었다.[148] 그러나 그의 진영은 임박한 "권력장악"의 공지 및 수많은 선거

못할 것이라고 말입니다. 이와는 반대로 함께 뭉치는 것은 여러분 개인보다 훨씬 더 강해질 것입니다"(*Ibid.*, 21, 강조는 원문). 1932년 4월 3일 후겐베르크가 베를린의 스포츠 궁전에서 행한 연설도 참조: "우리는 청소년과 우리의 아이들에게 이 선거전에서 목소리를 높여 진심으로 우리가 나치가 아니며, 나치가 우리 없이 혼자서 이 시대의 과제를 해결할 수 없다는 점을 강조해 주어야 할 책임이 있습니다"(*Ibid.*, 65).

144) *RGBl.*, 1932, I, 133(3월 17일). 이로써 1932년 3월 20일에서 4월 3일 사이에 정치적인 집회와 플래카드 및 전단을 통한 선전은 금지되었다.

145) Goebbels, *Kaiserhof*(주 V/13), 67 등.

146) *Völkische Beobachter*에 실린 알프레트 로젠베르크(Alfred Rosenberg)의 논문은 거기에 대한 사례이다. 인용은 Egelhaaf, 1932, 90f.: "현재 독일이 아직 한 번도 겪은 적이 없는 비분강개와 무자비한 상황이 계속되고 있다…. 우리가 투쟁하는 이유는 우리와 반대되는 입장에 있는 모든 것에 대한 증오이다…. 이제는 어떠한 용서도 없게 될 것이다."

147) 특징적인 것은 나치 지도부의 가장 중요한 염려거리가 투표율의 감소였다는 점이다. Goebbels, *Kaiserhof*(주 V/13), 76.

148) *Ibid.*, S. 67(1932년 3월 18일에 대한 메모). 또한 1932년 4월 10일의 메

연설에서 표현되었던 2천만 표에서 3천만 표의 기대는[149] 명백히 성공하지 못했다. 히틀러는 3월 13일에 폼머른, 슐레스비히-홀스타인, 헴니츠-츠비카우 등과 같은 선거구에서 힌덴부르크를 물리쳤다. 당시에는 35개 선거구 중에서 17개 선거구에서만 그는 절대적 다수를 확보했다.[150] 4월 10일에는 유권자의 50% 이상이 힌덴부르크에게 표를 던진 선거구는 21개에 달했다.[151] 공산당 유권자가 10.2%로 약 3% 정도 감소한 것 또한 중요했다. 이는 여러 차례 주문을 외워댔던 "붉은 유령"이 우익 반대파의 선동적인 목적구조로 드러났음을 보여주는 사실이었다.

브뤼닝은 짧았지만 격렬했던 제 2차 선거전에서도 자신의 평소의 국내정책적인 자제를 포기했고,[152] 이러한 노력은 성공을 거두었다. 그가 책임질 수 있는 정도는 전례 없이 브뤼닝과 힌덴부르크의 협력에 달려 있었다. 왜냐하면 그러한 협력의 기능성이 점차 오직 대통령체제

모(*Ibid.*, S. 78) 도 참조: "… 우리는 우리 측에 반응을 보인 거의 모든 표를 끌어들였다."

149) 히틀러는 4월 8일 뮌스터에서 여전히 이렇게 주장했다. Egelhaaf, 1932, 91f.

150) 팔츠를 제외한 서남독일의 전역과 라인란트, 베스트팔렌, 동부 및 남부하노버, 드레스덴, 라이프치히, 함부르크 그리고 오버슐레지엔 등지에서 나타났다.

151) 니더바이에른은 72.3%가 힌덴부르크에게 투표함으로써 그 선두에 있었다. 교회와 연결된 가톨릭 주민들은 바이에른인민당의 구호에 따랐으며, 여기서도 특히 나치의 선전에 오염되지 않은 것으로 확인되었다. 여기에 대해서는 이 책의 제 3권 190쪽 이하에 있는 여러 분석 및 Schwend(주 V/40), 419f.를 참조.

152) 그는 특히 칼스루에(4월 4일)에서 "가장 무자비하고 무책임한 대중선동적 나치체제"에 대해 신랄한 선거연설을 했다. 즉, 이 체제는 거의 실행불가능한 약속을 쏟아내고, 동시에 공식적인 부인으로 외국의 언론(의 불안)을 무마한다는 것이었다. 쾨니히스베르크에서 있었던 브뤼닝의 마지막 선거연설(4월 9일)은 이와 유사하다.

의 권력행사 및 정부의 능력을 보장해 주었기 때문이다. 힌덴부르크는 주로 1925년에 그에 반대했던 집단들의 힘으로 재선되었고,[153] 따라서 그의 재선은 이제 압도적으로 정반대되는 기대로부터 영향을 받았다. 1925년에 사람들이 그에게서 1918/1919년의 바이마르"체제"를 반공화주의적으로 바로 잡아줄 것을 기대했다면, 1932년의 투표는 명확한 다수가 안정된 민주적 상황 그 자체의 유지와 재건에 대한 희망을 지닌 것이었다. 이것이 자유주의적, 사회주의적 또는 보수주의적인 의미로 이해되었건 간에 말이다.[154] 좌파와 우파의 혁명적 시도와 전체주의적 시도로부터 개인의 자유와 헌법의 보호 그리고 위기의 정점에서 힘겨운 싸움을 벌이는 정부의 후원은 구체적인 정치적 목표들이

---

153) 힌덴부르크는 자신의 옛 지지자들 중에서 특히 바이에른인민당과 — 이 당은 1925년에 중앙당 및 그 후보자인 마르크스에 강력한 반대입장을 갖고 있었다 — 독일인민당을 그대로 유지했다. 온건우파의 투표에 대한 보다 더 정확한 확인은 여러 차례의 기복을 보이면서 우익반대파에 대해서도 수많은 네트워크를 통해서 결정된 여러 그룹으로 분열되었기 때문에 매우 어렵다. 4월 11일에 로버트 헤르터(Robert Haerdter, 하이델베르크)에 보낸 편지(*Westarp-Akten*)를 참조. 베스타르프는 이 편지에서 힌덴부르크가 보수적인 지지자들에도 불구하고 — 그리고 오직 민주적 좌파의 정치적 인식 덕택에 — 당선되었다는 주장에 대해 다시 한 번 반박했다. 그는 힌덴부르크를 선택한 사람들이 두 그룹에서 나왔다는 점을 강조했다. 그리고 이 그룹들은 "한편으로는 서로 대립되는 동기에서 행동했으며, 그들이 그사이에 있는 대립을 당의 이해관계에 의해서 지배된 다른 선거에서 관철시키려 한다는 점을 분명히 보여주었다. 이 새로운 투쟁은 4월 11일에 프로이센, 바이에른, 뷔르템베르크에서 개시되었으며, 이러한 사실을 숨길 목적도 없었고, 또 거기에 충실하지도 않았다는 것이다. 나의 과제는 히틀러와 후겐베르크의 당에 반대하여 우파의 유권자들을 초당적인 힌덴부르크의 선출로 이끌어 내는 것이었다. 내가 거기서 전혀 성공하지 못할 것이라고 가정하는 것은 잘못이다. 3월 13일에는 530만 명의 우익유권자들이 그리고 4월 10일에는 6백만 명의 우익유권자들이 힌덴부르크에게 표를 찍었다."

154) 각종 호소문과 언론의 논평에 대해서는 *Der Zeitspiegel 1*, Nr. 8(21. April 1932), S. 114f. 를 참조.

었다. 그리고 힌덴부르크의 입후보를 지지한 거의 모든 사람들은 거기에 지향되어 있었다. 따라서 힌덴부르크가 4월 11일 제국총리의 판에 박힌 듯한 사퇴서 제출을 예상대로 거부하고 브뤼닝의 축하를 받았으나, 동시에 그 어법에서 자신의 재선을 일차적으로 관철시켰던 제국총리에게 정부상황의 가능한 한 변화, 즉 가까운 장래에 우익 내각의 지명을 암시한 것은 중요성이 없지 않았다.[155]

그에 대한 특히 민주적 좌파의 신임투표를 그에게 가져왔던 선거를 고려한다면, 힌덴부르크는 깊은 경향들과 네트워크 그리고 특히 최측근들의 여러 계획에 양보하여 이미 길을 열어 놓았던 전환을 실행하기 시작했다. 그리고 이러한 전환은 공화국의 마지막 임시버팀목을 부수어 옛날의 적이자 새로운 적에게 넘겨줄 것이었다. 지금 그 뒤에서는 슐라이허가 있었다. 그는 4월 11일에 대해 힌덴부르크의 지지를 우파에 대한 조치와 연관시켰던 모든 사람들과의 결산을 알렸다.[156] 급격한 발전은 6주 동안 뒷전으로 밀려나 있다가 이제 힌덴부르크 측근들

155) 그 정보들을 주로 브뤼닝의 개인적인 통신문들에 의거했던 휠러-베넷(Wheeler-Bennett, Hindenburg, 주 I/82, 372)에 따르면, 힌덴부르크는 내정한 언급에 제한되어 있었다: "당신은 내가 일시적으로 공직에 머물러 달라고 요청한 발언을 보도해도 좋습니다. 나는 우파 정부의 승인을 고려하고 있습니다." 또한 오토 브라운도(주 I/5, 373) 자신이 프로이센 정부의 축하를 전달했을 때 다음과 같이 언급할 수 있었던 사람은 힌덴부르크였다는 점을 기억한다. "그는 민주적 좌파에 의해서 선출된 제국대통령의 역할에서 별로 감흥이 없었다. 그는 의도적으로 나에게 사람들이 이제 그를 후원했던 정당들의 의미에서 정치를 자신으로부터 기대해서는 안 된다는 점을 강조했다." 에리히 코르트도 당시대인으로 후일 파펜과 슐라이허의 국무차관을 지낸 에어빈 플랑크(Erwin Planck)와의 대화를 바탕으로 이와 유사한 내용을 전해준다. Erich Kordt, Nicht aus den Akten … Die Wilhelmstraße in Frieden und Krieg. Erlebnisse, Begenungen und Eindrücke 1928~1945 (Stuttgart, 1950), S. 47f.

156) 1932년 3월 25일 슐라이허가 그뢰너에게 보낸 편지의 내용: Craig (주 I/34), S. 130.

의 탐색대화 및 프로젝트로부터 결과를 이끌어 냈다. 그리고 그러한 발전의 종착역에는 브뤼닝의 실각과 더불어 새로 선출된 제국대통령의 유권자들에 대한 배신이 자리하고 있었다. 힌덴부르크가 다시금 권력을 장악할 수 있도록 도왔던 정당들 또한 1년도 채 되지 않아서 이제 그의 후원에 기울였던 바로 그러한 시도들의 희생물로 되고 말았다. 대통령 선거의 상황과 결과는 공화국 해체의 한 획기적인 사건으로 되었다. 이 선거는 공화국의 마지막 승리로 보일 수 있었다. 그가 제1차 세계대전에서 승리하고, 이어 공화주의자들을 때려눕히며, 이제 그 반대자를 물리치고, 마지막으로 히틀러 정부를 순치시키려 했을 때, 힌덴부르크는 중요한 모든 과제에 실패했다. 그럼에도 불구하고 그의 신화는 시시각각으로 상승하여, 마침내 한 민족의 정치적 판단력의 상징적인 이미지로까지 되었다.

제 6 장

브뤼닝의 실각

1. 돌격대(SA) 금지의 역사

회고적으로 관찰해 볼 때 대통령 선거 이후의 역사와 연결된 큰 전기(轉機)는 일련의 분명한 사건들, 아니 그보다는 그것들이 남긴 예기치 못한 정치적-심리적 결과들을 통해 발생하였다. 우선 정부를 강화시키고 확산되는 극우파들의 야망에 맞서 방책을 쌓기 위해 쟁취한 승리를 이용하는 것은 당연한 일이었다. 그래서 3월 13일 이후 급진주의를 방어하기 위한 단호한 조치들을 요구하는 목소리들이 커졌다.

프로이센 정부의 경찰활동은 나치 사무소들과 가우 지도부들에 대한 3월 17일의 수색조사에서 결코 대규모의 변란행위는 아니지만 히틀러가 선거에서 승리를 할 경우를 대비한 수많은 돌격대 구성체들의 경계태세와 돌격대 지도부를 통한 개별적인 폭력작전들의 계획을 입증하는 자료들을 밝혀냈다.[1] 물론 3월 24일의 제버링의 행위에 대한 나치당의 고소로 인한 소송은 실제적인 문제를 촉진하거나 해명하지 않은

1) 세부사항에 대해서는 Severing(주 I/18), II, S. 328f.; 또한 Groener-Geyer(주 I/52), S. 291ff. 참조. 히틀러 자신이 룀을 통하여 즉시 그뢰너에게 그의 조치들은 단지 거리에서의 충돌을 피하는 데 기여했을 따름이라는 것을 보증하게 했다; 나치당 소속 제국의회 의원인 그뢰너는 3월 18일 모든 의원들과 높은 돌격대 지도자들이 서명한 새로운 합법성 선언을 제출했다.

가운데 나치당으로선 불리하지 않은 형식적인 타협으로 끝났다. 공화국 헌법상의 최고심은 여기서도 건설적인 결정을 포기했다. 그 치명적 실패는 몇 개월 후 파펜 쿠데타를 둘러싼 재판에서 마지막 정점에 달하게 될 것이었는데, 이는 "제 3제국"이 이 제도마저도 정치적 의미를 거의 상실하게 만들기 전이었다.

그사이에 이 조치들이 이제는 분명히 보다 강한 처리를 결심한 그뢰너의 주지하에[2] 시발되었다는 소식이 알려졌다. 제버링이 4월 5일 프로이센의 가택수색 결과를 요약한[3] 신문 공지는 선거승리의 경우 나치가 "권력장악"을 위한 포괄적인 준비를 하고 있음을 알려 주었다. 사

---

2) 이에 상응하는 프로이센 내무부에 보내는 그뢰너의 서한은 이미 국사재판소(Staatsgerichtshof)에서의 담판시 프로이센 대표인 참사관 바트 박사에 의해 공표되었다: "나치당원들 특히 돌격대에서 일어난 일들을 잘 아는 인물이 최근에 돌격대의 동정을 각별히 조심스럽게 관찰할 필요가 있다고 전하였다. 그들은 우선 각별한 관심을 가지고 돌격대원들이 필요한 장비를 갖추도록 애를 썼다. 다음에 그들은 특히 슐레지엔에서 제국군대의 무기고에 대해서 알려고 열정적으로 노력했다…. 제국군대가 총기류와 자물쇠를 분리시켜 보관하는 등 각별한 예방조치를 취하기는 했다. 그러나 이러한 어려움을 극복하는 데 필요한 조치를 취하도록 사주가 있었다는 것이다. 특히 중요한 지위들에 옛날의 장교들이 아닌 사람이 부대장인 경우 옛날 장교 출신의 부대장으로 교체되었다는 사실은 우려할 만한 일이다. 모든 것을 고려해 볼 때 쿠데타의 가능성을 예측할 수 있다. 프릭, 괴벨스 그리고 슈트라서는 히틀러에게 합법적으로 권력을 장악할 마지막 기회를 제공한 것이다. 선거가 끝난 뒤 히틀러의 승리가 달성되지 못하면 쿠데타의 발발을 계산에 넣어야 한다. 상응하는 조치를 취할 것을 당부하며 나는 이에 대해 보고하는 바이다"(Schulthess, 1932, S. 61).

3) 그에 따르면 나치당은 비둘기를 통한 편지교환과 무선전신교류를 가지고 확장된 정보업무를 조직화하였다. 이를 통해 완전군장으로 동원된 돌격대와 친위대(SS)의 투입을 중앙에서 조종하고자 했다. 3월 17일의 조치들은 슐레스비히, 힐데샤임, 마그데부르크의 수장들(*Oberpraesidenten*)의 구체적인 보고들을 통해 유발되었다: 같은 책, S. 63f.; O. Braun(주 I/5), S. 381; Severing(주 I/18), II, S. 328f. 참조.

람들은 조치들의 프로이센 내부적 성격을 확인하였고 그뢰너의 책임을 부인했지만 바이에른,[4] 뷔르템베르크, 바덴, 작센, 그리고 헤센의 정부들도—즉, 독일의 큰 주들 모두가—프로이센의 상황판단을 공유한다는 것을 인정했다.

그럼에도 불구하고 4월 13일, 즉 선거 3일 후 "국가권위의 확보를 위해" 나치 돌격대와 친위대, 그리고 전 제국 내의 그 밖의 전체 "의사(擬似) 군사조직들"이 금지되자, 그것은 여론에게 놀라운 일이었다. 당국의 코뮈니케는 그 사유로서 "국가 내의 또 다른 국가를 형성하는 전투조직인 사설군대의 존재는 평화적인 부르주아층에게 항상 불안의 원천"을 만든다는 사실을 지적하였다. 더 나아가서 나치 지도부의 합법성 주장은 수많은 폭력행위들을 통해 반증되었다. 이것은 대부분의 주정부들의 견해로 볼 때도 국가의 안정성을 심각하게 위협하는 사실이라는 것이다.[5] 단 하나의 해석만이 있었는데, 대통령제 정부의 담지자들이 오랫동안 기다려왔고 자주 숙고했던 나치에 대한 단호한 타격을 만회했다는 것이 그것이었다. 그러나 며칠 지나지 않아 이미 이 조치들의 양상은 변하였다. 즉, 그것은 기존의 권력구조를 파괴하고 내정적 발전들을 새롭게 변화시키는 데 기여한 지렛대가 되었던 것이다.

1932년 4월 13일의 돌격대 금지는 길고 복잡한 전사(前史)를 가지고 있다. 그것은 나치 위험의 "냉정한" 극복, 반(半) 의회주의적 대통령제의 틀 내에서 증가하는 극우주의의 길들이기 문제를 둘러싼 모든 숙고들과 프로젝트들의 정점을 형성했다. 정부의 권력정치적 기초들을 점점 더 제국군대와 제국대통령이라는 "초당적" 토대로 이전시킨

4) 4월 4일 바이에른 주 공보부도 3월 13일의 나치 쿠데타 계획에 대한 보고서를 공표하였다. 3일 후 바이에른 주 의회에서는 논쟁이 있었는데, 여기서 주 총리인 헬트가 정력적으로 음모를 지적했는데 나치가 특히 관리들을 압박하려고 시도했다는 것이었다. Schwend(주 V/40), S. 419도 참조.

5) RGBl., 1932, I, S. 175ff.

권위주의적 노선의 지속적인 고조와 우경화하는 비상령체제를 가지고 대연정을 교체한 이래의 순환논법이 이 문제와 결합하였다. 그 창안자들이 보기에 브뤼닝-해결의 원래의 전제들과 목표들에 속했던, 우파들을 끌어들이려는 시도는 전적으로 실패했다. 1931년 가을에 더 적극적으로 분리를 시키려던 시도와 "민족적 반대파"를 통해 대통령제 계획을 지지하려는 노력은 별로 성공을 거두지 못하여 정부는 이제 이전보다 더 속수무책으로 — 제국과 주들의 세력관계는 그사이에 상당히 변화하였다 — 탈출구가 없는 의회적 및 일반적인 심리적 딜레마에 직면하게 되었다.

마침내 매듭을 끊고 나치의 내란군에 대한 첫 번째 타격을 가하려는 결정은 거듭 연기되었다. 브뤼닝이 1931년 가을 이러한 제안들을 했음에도 불구하고 힌덴부르크 자신은 우파들의 비난을 피하고 내란이 일어나리라는 주장을 하지 않으려고 완강히 거부했다. 그는 제국군대가 증원되고 동시에 국제협약을 통해 동부 국경이 보장이 되지 않는 한 나치당과 독일공산당의 동시 봉기를 감당하지 못할 것이라는 점을 두려워했다.[6] 결정의 주도를 연기시킨 주요 책임은 제국군대 내부에서 "초당파성"이라는 표어 뒤에 숨겨진 이해관계의 고려에 있었다. 그들은 돌격대를 여타의 "민족적" 집단들과 우익단체들처럼 군사적 잠재력의 기대되고 — 국제적 협상의 진전과 더불어 — 예상되었던 확대를 위한 보고로 여기는 경향이 있었으며 여기서 제국군대(*Reichswehr*)는 인민군(*Volksheer*)을 위한 준비를 하고 테두리를 마련해 주어야 할 것이었다. 이것은 결코 독일의 "군사주의"에서만 기원하는 구상이 아니라 오히려 영국대사관 군사담당관의 머릿속에 더욱 자리잡고 있던 생각이었다.[7] 하지만 히틀러가 1930년 합법성을 선언한 이래로[8] 나치

---

6) 이에 해당하는 브뤼닝의 설명을 참고하라(위의 S. 250).

7) *Documents on British Foreign Policy*(주 II/53), 2nd series, vol. II, Appendix IV.

당과의 모든 협상들의 성격을 형성했던 "정당정치적" 영향력을 행사하려는 시도와 방해공작에 맞서 제국군대의 "비정치적" 성격을 지키는 것이 슐라이허에게는 일차적인 전제조건으로 보였다.

이미 1931년 봄 그뢰너는 돌격대를 해체할 생각을 갖고 있었다. 그러나 이 해체는 제국기치와 철모단에도 해당될 것이며 그 때문에 힌덴부르크에게 관철되기가 어려울 것이라는 법적 및 심리적인 고려들이 이를 막았다. 특히 제국군대 사령부는 그러한 행위가 이렇게 해체된 세력들을 수용할 틀이 마련될 때 비로소 의미가 있을 것이라 믿었다. 이러한 맥락에서 그들은 베르사유조약 조인국의 저항을 제거하고 제국군대의 확장과 반(半)군사적 조직들을 제국군대하의 큰 군사체육단으로 묶는 것을 가능하게 할 대통령중심제 정부의 외정적 주도로부터 결정적 도움을 기대했다. 처음에는 그뢰너와 브뤼닝도 그때 비로소 내정적 문제들과 함께 외정적 문제들이 해결되고 문제가 단순히 부정적 금지를 통해서가 아니라 긍정적 대안을 통해서 해결될 수 있는 방향으로의 대전환이 성취될 수 있을 것이라고 슐라이허와 함께 믿었다.[9]

1931년 가을 슐라이허의 우익들을 위한 노력들에 대해서,[10] 1931년 12월에는[11] 우익 군사단체들에 대해서 그리고 1932년 1월에도[12]

---

8) 위의 S. 158 참고.

9) Wilhelm Groener, "제국 국방 및 내무부장관으로서의 나의 사퇴를 초래했던 사건들의 연대기적 기술"(1932년 10월), Craig, "Reichswehr"(주 I/79), S. 211ff.; Friedrich Meinecke, *Die deutsche Katastrophe*, Wiesbaden 1946, S. 72f.; S. 100. 이 계획들에 대해서는 또한 Walter Goerlitz, *Der deutsche Generalstab, Geschichte und Gestalt 1657~1945*, Frankfurt a. M. 1950, S. 384f.

10) 위의 S. 241ff. 참고.

11) 12월 14일의 한 미국 언론 인터뷰(Schulthess, 1931, S. 269)에서 그뢰너는 이른바 무장단체들(철모단, 제국기치, 돌격대)의 외국에서 논의된 군사적 가치를 격렬히 부인하면서, 그들 훈련의 스포츠적인 성격을 지적하고 특히 무기의 결여를 강조했다. 또한 한 가지 장비만 갖춘 제국군대의 무기고 역

여전히 히틀러에 대해서 보여준 그뢰너의 관용적 태도는 그러나 이러한 맥락에서 다수의 주들과 심각한 견해차이를 초래했다. 그들은 이미 1931년 11월 15일과 12월 14일의 회의에서 증가하는 내란위기에 맞서 조치를 취하도록 제국 내무상을 압박했다. 그뢰너에게는 그 어느 때보다도 지금 우선적으로 제국군대의 권력수단을 이용하면서도 그들의 이해관계에 대한 고려에 굴하지 않는 정력적인 내정이 기대되었다. 브뤼닝 내각을 사민당이 관용하는 데 위험을 주지 않기 위해서 그뢰너는 이러한 기대에 부응해야 했다.[13] 이미 여기서 정치 전략적인 구상에

시 문제시될 수 없다고 했다. 경찰이나 국방군(*wehrmacht*)의 예비역으로서 무장단체들의 투입은 내정적인 목적을 위해서도 있을 수 없다고 했다. 그뢰너는 이러한 확신에 기초하여 제국군대에 대한 모든 정당정치적인 영향에 맞서는 투쟁을 선포했고, 적대주의적인 무장단체들과의 제국군대를 뒤섞는 것은 국가의 권력수단을 내적으로 약화시키고 붕괴시키는 것이라고 보았다.

12) 위의 S. 311 참고. 1932년 1월 11일에 국방부 지도자 회의기록에 의하면, 그뢰너는 "민족적 야당"을 위한 브뤼닝의 당시 노력의 영향을 받아 히틀러와 그의 운동에 대해 다음과 같이 판단했다: "… 최선을 원하는 겸손하고 단정한 사람이다. 성실한 독학자의 전형으로 보인다. 장관은 히틀러의 합법적인 운동은 모든 수단을 동원하여 지지하겠지만, 다른 한편으로 나치집단의 소요선동에 대해서는 계속 단호하게 단속할 것이라는 것을 명확히 했다." 히틀러의 의도와 목적은 좋으나 "광신자에다가 맹렬하며 다면적이다. 장관은 제국을 위하여 그의 의도를 지원할 것을 그에게 동의했다. 장관은 주들에 대해서도 나치를 정당하게 다루어주고, 쓸데없는 지나침만 단속하지 운동 자체를 억압하지 말 것을 당부했다…. 국방군은 조국의 최고기관이며, 그 어떤 연맹이나 단체로도 대체될 수 없다. 국방군에 대한 외부로부터의 어떠한 영향도 용납될 수 없다. 민병대로 국방군을 보충하는 것은 나중의 문제이다. 단체들의 좋은 점을 우리 쪽으로 끌어와야지, 이탈리아에서처럼 정치적인 민병대에 복속시키는 것은 안 된다." Pelps(주 IV/38), S. 20f. 에서 Groener-Geyer(주 I/52), S. 285f. 는 물론 이처럼 그 외의 판단에서 벗어나는 그뢰너의 표명을 회의록의 사실성을 의심하면서 약화시키고자 하고 있다. Vogelsang(주 III/35), S. 413ff, 특히 S. 417에서의 리브만 장군의 기록내용은 그 반대를 말하고 있다.

서 서로 상이한 2개의 부처의 장으로서의 그뢰너가 점점 빠져 들어간 어려움들이 분명해졌다. 이제 제국대통령 선거가 군사정책적인 고려들을 완전히 배제시키지는 않은 채 나치당과의 정치적 협상을 종식시키자, 이 상황은 심각한 딜레마로 발전하였다. 대통령직을 둘러싼 협상들은 나치당에 대한 조치를 다시 한 번 지연시켰다. 그러나 1932년 3월부터 그뢰너가 보기에 돌격대와 다른 방위단체들을 국가-군사적 통제하에 둠으로써 나치당을 개량하여 연정가능하게 만들려는 계획은 당분간 실패한 것으로 보였으며 프로이센을 필두로 하는 주 정부들의 압박은 그로 하여금 결국 행동하지 않을 수 없게 만들었다. 4월 5일 다시금 큰 주들의 내무상들의 회담일정이 잡히자 비록 내각을 안정화시키고 군사정책적인 계획들을 진전시켰을 외교적 승리가 여전히 일어나지 않았지만 상황은 3월 17일의 프로이센의 거사를 통해 결정할 시기가 임박한 것으로 보였다.[14]

한 친구에게 보낸 사적인 편지에서 그뢰너는 회담 3일 전에 그 순간에 그를 움직였던 계획과 기대들을 시사했다.[15] 그의 친구가 돌격대 금지를 이제 기술적으로나 실제적으로 실행가능하다고 보았던 반면 그뢰너는 "우리가 그들에게서 독니를 빼낸 뒤에" "나치를 통치가능하게 만드는" 옛 목표를 비록 완화된 상태이긴 하지만 여전히 낙관적으로 간주할 수 있다고 믿었다. 반면에 "분명히 더욱 상승하는 운동을 완력으로 더 이상 억압할 수 없다"는 확신이 여전히 존재했다. 즉, 그뢰너

13) Craig의 "연대기적 서술"(주 I/80), S. 216ff.

14) 게다가 히틀러는 제국 지도부에게는 경악스럽게도 폼머른의 국경도시인 라오엔부르그의 한 집회에서 "체제를 위해 그의 전사들을 희생시키지 않겠으며 먼저 현 체제의 담당자들이 제거된 연후에야 국경을 보호할 것"이라고 선언한 사실을 추가로 들 수 있다. 오토 브라운은(주 I/5) 381쪽에서 이에 대해 3월 17일 압수된 자료도 국가배신적인 지시들을 포함하고 있었다고 설명했다.

15) 글라이히에게 보낸 1932년 4월 2일의 Phelps에서 인용(주 I/52), S. 1019f.

는 "옛 사회주의자법과 같은 식의 반나치법을" 불행한 것으로 여겼기 때문에 그는 여전히 조심스럽게 제한된 정부참여에서 바람직한 해결책을 보았던 것이다.[16] 그러나 그는 이제 돌격대를 어떤 상황에서든 제거하기로 결심했다. 물론 그는 이러한 맥락에서 동시에 "철의 전선"의 금지를 동시에 생각했다. 다음 편지와 함께[17] 행동은 이미 아주 가까이 다가왔다. 이제는 4월 10일 대통령 선거 직후의 날들이 "대타격"을 위한 심리적으로 적합한 순간으로서 보였다.

프로이센과 더불어 특히 바이에른을 흥분시켰던[18] 4월 5일의 회담은 임박한 주 의회 선거들의 그늘 속에 있었다. 이것은 대부분의 주들이 이제 최후통첩적으로 요구했던 돌격대에 대한 계획적인 타격에 일차적인 정치적 의미를 부여했다. 주들의 개별조치들을 피하고 사민당의 관용을 위태롭게 만들려고 하지 않았던 그뢰너는 1932년 가을 그의 서술에 따르면[19] 참석중인 프로이센, 바이에른, 작센, 뷔르템베르크, 바덴과 헤센의 내무장관들에게 이제 힌덴부르크에게 다음 주에 돌격대와 친위대에 대한 금지령을 제안하려는 자기의 의도를 알렸다. 나치조직들에 존재하는 "귀중한 청소년 세력들은" 그 뒤 "국가를 위해 유익한" 존재로 만들어져야 할 것이었다. 대통령 선거와 관련하여 나치당에서 다시 사민당 그리고 특히 제버링의 압력에 맞서 균형을 유지해야 한다고 그가 믿었기 때문에[20] 처음에는 프로이센의 가택수색을 인정

16) *Ibid.*: "나치는 물론 제국 전체로는 말할 것도 없지만 어느 주에서도 정부를 혼자 구성하도록 허용되어서는 안 된다. 그러나 주들에서는 여기저기서 나치를 연정으로 끌어들이고 긍정적인 정부업무의 참여를 통해서 그들의 유토피아로부터 벗어나게 하려는 시도가 이루어져야 한다."

17) 1932년 4월 6~8일에 시작 4월 13일에 종결: *Ibid.*, S. 1020.

18) 바이에른의 태도에 대해서는 Severing(주 I/18), II, S. 330.

19) "Chronologische Darstellung", Phelps(주 IV/38), S. 22~30; Craig(주 I/79), S. 219f.; Groener-Geyer의 요약 참고(주 I/52), S. 294ff.

20) 그뢰너에게 보낸 슐라이허의 1932년 3월 25일의 편지; Craig, "Briefe

하지 않고 포괄적인 조치들에 대해 경고했던 슐라이허 역시 4월 6일에 회담의 결과를 환영했고 이 견해를 후에(4월 8일) 육군과 해군사령관들에게 알려주었다. 히틀러를 기껏해야 "그저 평범한 인물"로 표현하곤 했던[21] 함머슈타인은 거친 표현 속에서 동의를 전했던 반면 래더는 이미 이 기회에 "국방군에 미치는 인상 때문에" 제국기치(*Reisbanner*)의 동시 금지를 제안했다. 슐라이허는 이 제안을 거부했으며 브뤼닝의 비서실장인 프륀더와의 전화통화에서 가격을 위한 "심리적 순간"이 이제 — 대통령 선거 다음 주 — 왔다고 여겼다.[22] 고위 장군들의 동의와 함께 제국군대로부터의 기대했던 비판도 위험하지 않아 보였기 때문에 수행은 확실한 것으로 간주되었을 것이다.

4월 9일 — 즉, 돌격대 금지공표 4일 전에 — 극적인 전환의 첫 번째 표시가 있었다. 처음에 국방부 공보실의 실장인 마르크스 소령이 그뢰너에게 반대의사를 밝혔다. 그러자 슐라이허가 특히 돌격대 금지가 박두한 주 의회선거에 미칠 불리한 영향에 관계된 자신의 갑작스런 우려를 그뢰너에게 전하였다.[23] 그는 그뢰너에게 심리적-선전적 위험을 경감시키고 히틀러 자신에게 돌격대의 해체를 전가시킬 전술을 제안했다. 즉, 그뢰너가 히틀러에게 편지로 돌격대를 탈군사화하기 위한 일련의 구체적 요구들을 일정기간까지 충족시키도록 명령해야 한다는 것이다. 수많은 이전의 경고에도 불구하고, 그것이 단지 그의 "옛 친구"

Schleichers"(주 I/34), S. 130.

21) Rumbold an Simon, 1. Maerz 1932: Documents on British Foreign Policy(주 II/55), 2nd series, vol. III, S. 101.

22) 1932년 5월 30일 퓐더의 메모, Phelps(주 IV/37); Craig, "Reichswehr"(주 I/80).

23) 그뢰너가 전하고 있듯이, 슐라이허는 이러한 맥락에서 "돌격대 금지로 인해 그들의 당은 프로이센 선거에서 심하게 손상을 입을 것"이라고 그에게 전날 저녁에 말했던 딩엘다이와 게레케의 아연실색을 묘사했다: "Chronologische Darstellung"(4월 9일), Phelps(주 IV/38), S. 23.

의 늘상 있는 술책들 중의 하나에 지나지 않는다고 보았던 그뢰너는 그 계획을 대수롭지 않게 여겼지만 슐라이허에게 편지를 작성하도록 하였다. 힌덴부르크 역시 이 시점에서는 돌격대와 친위대의 직접적인 금지를 지지하고 그러한 종류의 편지를 불필요한 것으로 여겼던 반면 슐라이허는 제국총리실까지 끌어들이는 활동을 전개했다. 군사적 관점으로 계속 돌아가서 제국군대를 순수한 정부 집행기관의 역할로부터 정치적 투기장으로 끌어들인 그뢰너의 잘못도 함께 작용하여 내무부의 행위는 이제 슐라이허의 지휘하에 즉시 극히 독자적인 주도력을 발휘한 사령부의 소관영역으로 침투해 들어갔다.

4월 9일에도 슐라이허는 "나치에게 우선 일종의 최후통첩을 보내야 하기 때문에" "해체 긴급명령이 아마도 즉시 오지는 않을 것"이라고 총리실에 전화로 전함으로써 돌격대 금지를 위한 준비들을 지연시키고자 했다.[24] 그는 이 개입과 함께 이미 그뢰너의 행위에 대해 분명한 거리를 두었으며 퓐더는 선거운동으로부터 돌아온 브뤼닝에게 4월 10일 아침 "사안의 상황"에 대해 곧바로 보고했다.[25] 그는 그뢰너의 행보를 성급하다고 판단했으나[26] 내각의 존재가 그것과 맞물려 있다고 보았

---

24) 4월 9일 퓐더의 메모, *Ibid.*, S. 24: 슐라이허는 퓐더 자신이 아니라, 제국수상청 내의 중재자였고 나중에 파펜과 슐라이허 내각 때에 퓐더의 자리로 옮아갔던 고급 행정관(*Oberregierungsrat*) 에르빈 플랑크에게 전화를 걸었다.

25) *Ibid.*, S. 25.

26) Bruening, "Brief"(주 I/9), S. 4. 그뢰너의 딸과의 대화에서 이제 브뤼닝도 그를 수행하던 고급 행정관 플랑크가 분명히 물어봤음에도 불구하고 4월 9일까지만 해도 앞으로 있을 작전에 대해서 아무 말도 하지 않았다고 전했는데, 이 사실로 인해 그는 다음날 퓐더의 보고를 받고 그뢰너에 대한 계략을 추정했다: Groener-Geyer(주 I/52), S. 300. 여기서도 어쨌든 브뤼닝의 비극을 가속화시킨 외정적인 기본구상이 가시화된다. 그는 가급적 회의성과를 프랑스 정치권에서 바라던 돌격대 금지와 결합시키고자 계획했다. 이제 국회선거에 따라서 주 총리 라발이 실각되고, 회의는 또 다시 지연되었으며, 이러한 상황에서 고립된 정치적 조치로서 불균형적으로 보였던 돌격대 금지

기 때문에 모든 정력을 기울여 관철시키고자 노력하였다. 같은 날 밤(4월 10일) 그뢰너, 슐라이허, 제국 법무상 요엘, 차관들인 츠봐이거트, 마이스너, 그리고 퓐더가 제국총리와 자리를 함께 하였다. 여기서 그뢰너는 나치의 군사적 조직들을 해체할 심리적 순간이 왔으며, 그것을 제국정부의 감독을 받는 "대규모 일반 방위스포츠 단체" 속으로 수용하려는 그의 계획은 잠정적으로 철회되어야 한다는 생각을 브뤼닝에게 반복하여 개진하였다. 그뢰너는 그 이유로서 내정적 및 외정적 원인들을 열거했고 특히 큰 주들이 나치에 대한 그뢰너의 관용적인 정책에 대해 비판했던 점을 지적했다. 만약 제국정부가 이제 아무런 조치도 취하지 않는다면 특히 프로이센과 바이에른 당국은 독자적으로 나치당에 대한 조치를 취할 것이며 작센, 뷔르템베르크, 바덴, 헤센이 따르리라는 것이었다. 슐라이허 계획에 관련하여 그뢰너는 일 처리를 더 지연시키는 것은 나치 지도부에 다시금 회피할 기회를 제공할 것이며 여론에 대한 영향력을 훼손할 것이라고 보았다. 이 발제에 이어 토론이 있었는데 퓐더의 증언에 따르면 마이스너도 힌덴부르크의 이름으로 히틀러에게 일정 기간의 최후통첩을 주자는 데에 찬성하였다. "대통령이 그에게 대항하는 공격이 일어날 것을 우려했다"[27]는 것이다. 슐라이허는 이 생각을 즉시 받아들여 자신의 것으로 만들고, 또한 ―그뢰너가 서술한 대로―최후통첩 서한을 제시했으나, 결국 약간 우왕좌왕하다가 즉각적인 조치에 동의한다고 선언했다.

만 홀로 남게 되었다. 브뤼닝이 라발과 의견 일치하여 프로이센 지방의회 선거를 프랑스의 국회선거의 시점으로 확정했다는 사실 또한 그러한 결합정책을 입증해준다. 이를 외무상(지몬)에게 12월 18일에 보고했던 룸볼트에 대한 차관 뷜로우의 발언을 참고할 것: Documents on British Foreign Policy(주 II/55), vol. II, Doc. Nr. 317, §3; vol. III, Nr. 288, §3; Papers relating to the Foreign Relations(주 V/21), vol. I, 1932, S. 639.

27) 4월 10일 퓐더의 메모, Phelps(주 IV/38), S. 25. 그뢰너의 비망록, Groener-Geyer(주 I/52), S. 402f.

다음날 브뤼닝이 계획된 비상령에 대한 힌덴부르크의 동의를 얻어 낸 후 오후에 총리실에서 다시 회의가 열렸다. 그러나 슐라이허와 마이스너가 빠졌다. 동시에 츠봐이거트는 마이스너가 그에게 "대통령이 슐라이허 장군의 영향으로 아들을 통해 생각을 바꾸었다"는 사실을 전화로 그뢰너에게 알려주었다. 그 발의가 슐라이허 자신에게서 비롯된 것인지 아니면 힌덴부르크의 아들에게서 시작된 것인지 그리고 마이스너가 어떤 역할을 했는지 분간하기는 어렵다.[28] 아무튼 하루 뒤인 4월 12일 그뢰너도 흥분상태에 있는 힌덴부르크의 아들을 직접 만났는데 그는 여기서 힌덴부르크 아들의 입장을 결정한 것은 합리적이기보다는 감정적인 주장들이라는 인상을 받았다.[29] 즉, 그는 재선 직후의 그러한 비상령은 우파들에게 그의 아버지를 더욱 싫어하게 만들 것이므로 권유하기가 어렵다는 생각이었다.

상황은 이제 매우 복잡해졌으며 대통령체제의 주요 담당자들 사이

---

28) 4월 11일의 "Chronologische Darstellung"(*Ibid.*, S. 26) : 슐라이허는 그날 저녁까지만 해도 그뢰너에게 "관심이 없다고" 밝혔으나, 힌덴부르크 아들이 "돌격대 금지 때문에 오전에 크게 당황하여 그에게 왔으나, 그 어떤 발언도 거부하면서 당분간 제국대통령 관저에 발걸음을 하지 않겠다고 밝혔다고 이야기했다. 육군대령 폰 힌덴부르크가 슐라이허 장군의 수동적인 행동으로 인하여 자신의 아버지의 결심을 바꾸도록 설득해야겠다는 생각이 더욱 강해졌다는 데에는 의심의 여지가 없다 … ." Meißner(주 I/159), S. 222는 물론 자신이나 오스카 폰 힌덴부르크의 관여를 결연히 부인했다. 1932년 4월 13일에 그뢰너에게 보낸 슐라이허의 편지 내용도 그러하다: Craig(주 I/34), S. 131.

29) 4월 12일의 "Chronologische Darstellung", Phelps(주 VI/38), S. 26: "그러나 그의 견해가 순전히 순진하고 감상적인 느낌에 기초한 것이라는 데에 나는 추호의 의심이 없다. 그의 책상에는 보이멜부르크가 쓴 비스마르크 소설이 놓여 있었다. 그는 책을 가리키면서 수상도 그 책을 읽고 이러한 시대에 어떻게 통치해야 하는지 그로부터 교훈을 얻어야 한다고 말했다. 그는 거기서 1860년대의 갈등시대를 염두에 두고 있었다. 육군대령 폰 힌덴부르크는 프로이센 선거가 끝날 때까지 기다려야 한다고 수차례 반복했다."

의 관계는 매우 혼란스러워져 브뤼닝과 그뢰너는 4월 12일 그 계획을 재검토했는데 이번에는 브라운과 제버링을 끌어들였다. 그러나 이들은 비상령을 긴급히 요구했고 주들의 독자적인 행동이 이미 다음날 이루어지는 것으로 선언되었기 때문에, 브뤼닝은 그뢰너로 하여금 마침내 돌격대 금지를 수행하라고 결정했다. 같은 날 오후 브뤼닝은 대통령에게 그뢰너와 마이스너가 배석한 가운데 상세하게 사유를 설명했다. 그뢰너가 제국의회 앞에서 돌격대 금지에 대한 완전한 책임을 떠맡으리라는 것을 보증한 뒤에 힌덴부르크는, 비록 자기 아들의 부정적인 견해를 언급하기는 했지만,[30] 결국 비상령에 서명했다.[31]

4월 13일 내각에서의[32] 그리고 주 내무상들과의 마지막 회담들도 역시 계획했던 대로 진행되었다. 브라운슈바이크에서 온 나치 장관인 클라게스조차도 조치를 충실히 수행할 의무가 있었다. 친위대와 그에 속하는 모든 참모부와 시설들, 돌격대 예비대, 자동차 돌격대, 해양 돌격대 및 기수 돌격대, 항공단, 위생단, 지도자학교, 돌격대 병영,

---

30) "Chronologische Darstellung" bei Phelps(주 IV/38), S. 27: "마지막으로 제국대통령은 자신의 아들이 아버지를 보호하기 위해서 앞에 나서더라도 불쾌하게 여기지 말아야 한다고 말했고, 수상과 내무상이 긴급명령을 필수적으로 여긴다면, 그는 서명할 준비가 되어있다고 했다 …." Craig(주 I/80), S. 222ff.

31) 그뢰너는(*Ibid.*) 단지 힌덴부르크가 어떤 본질적인 반대의사도 제기하지 않았으며 "결코 근본적으로 거부적인 태도를" 보이지 않았다고 보증할 따름이다. 반면에 마이스너는(주 I/159, S. 218f.) 힌덴부르크의 강한 저항을 강조한다: 그는 "브뤼닝과 그뢰너가 공동의 발제에서 만약 돌격대와 친위대가 아무 제약 없이 남아 있다면 사퇴하겠다고 압력을 가했을 때에야" 비로소 양보했다는 것이다. 브뤼닝 역시 이를 입증한다("Brief", 주 I/9, S. 4). 그럼에도 불구하고 힌덴부르크 자신의 태도에 대한 논리적인 그림은 얻기 힘든데, 마이스너에게 힌덴부르크의 저항에 대한 강조가 중요했던 만큼, 그뢰너에게는 정반대의 인상을 주는 것이 중요할 수밖에 없었기 때문이다.

32) 제국내각에서도 의견이 "갈려 있었다"는 마이스너의 변명적 주장(주 I/159, S. 219)은 여타 사료에서는 아무런 뒷받침을 찾지 못한다.

병기창들에도 관계된 돌격대 금지의 공표에 이어 4월 14일 경찰조치들이 발표되었다. 이러한 조치들은 가택수색과 광범위한 압수뿐만 아니라 나치본부인 뮌헨의 "갈색의 집"의 임시점거를 포함했음에도 불구하고 아무런 저항에 부딪치지 않았다. 이러한 경과는 나치 측에서 — 괴벨스의 메모가 보여주듯이 — 준비하고 있었으며 더욱이 슐라이허 측의 즉각적인 대적행위를 계산에 넣을 수 있다고 믿었다는 추정을 분명하게 해주었다.[33] 히틀러 자신이 그의 돌격대 부하들에게 — 그는 그 수를 40만이라고 계산했다 — 새로운 합법적인 전술을 호소했는데, 여기서 그는 그들을 "이제부터는 단지 당 동지들이라고만" 표현했으며 박두한 주 의회선거를 "복수의 날"로 일컬었다.[34]

이 순간에 4주 후에 그뢰너 그 다음엔 브뤼닝과 공화국의 전체 대통령제를 최종적으로 무너뜨릴 "헌법 외적" 프로젝트들과 술수들의 망이 이미 결합되었다. 돌격대 금지는 성공하였다. 그러나 그 정치적 영향은 며칠 후에 실제적 권력관계가 2년간의 관료적 비상령 정부 이후 브뤼닝의 기대와 계산에 얼마나 부합되지 않는지를 폭로했다.

---

33) 괴벨스는(Kaiserhof, 주 V/13, S. 66) 이미 3월 17일에 우려를 적고 있다. 4월 11일에 그는 그뢰너에 대한 총체적인 공격의 가능성을 암시하면서 히틀러에게 이미 언론에 흘러나간 그뢰너의 의도를 보고했다. 4월 12일에는 "돌격대 금지가 손에 잡힐 듯 가까이 다가왔다"(S. 80) 고 적고 있고, 4월 14일에는 "그것은 그뢰너의 탄환이지만, 그를 통해서 그는 아마도 몰락할 것이다. 우리는 슐라이허가 그의 노선을 인정하지 않는다는 보고를 받았다"(S. 80) 고 적고 있다. 그리고 "슐라이허 장군과 관계를 맺고 있는 한 유명 숙녀가 전화를 걸어와서, 장군이 퇴임할 것이라고 했다. 그러나 그것도 한 책략에 불과할지도 모른다"(S. 81).

34) "돌격대 금지", *Der Zeitspiegel* 1, Nr. 8(21. April 1932), S. 120ff. 여타 언론보도들과 함께.

2. 그뢰너의 실각

구체적인 뉴스들에 의하면, 이 순간 슐라이허가 단호한 활동을 전개했거나 적어도 사태가 그뢰너와 브뤼닝에 적대적으로 진행되도록 했다는 것이 분명하다.[35] 대통령정부의 버팀목으로서의 제국군대는 그 지도부의 그때까지의 계획들을 따르든지 혹은 그 전체 내부구조에 따르든지 간에 나치 쿠데타에 대해 대비되어 있었지만, 나치당에 대항한 정부의 폭력적인 조치에 대해서는 준비되어 있지 않았다. 그래서 내무상 그뢰너의 조치들은 국방상 그뢰너의 노선전환을 조건지었다. 슐라이허 — 그리고 그와 함께 함머슈타인도 — 국방부의 전술적이고 이익정책적 고려들보다 그의 과제의 내정적 부분에 우선권을 부여하려는 단호한 태도를 지지하지 않았을 뿐만 아니라 효과적인 수단들로 맞서 싸웠다는 것이 금세 분명해졌다. 그뢰너가 슐라이허의 배신으로 느낀 것이 슐라이허와 함머슈타인에게는 "제국군대의 이해관계의 어쩔 수 없는 영향"이었던 것이다.[36]

---

35) Conze, "Zum Sturz Brünings"(주 IV/38, S. 263)는 슐라이허가 그뢰너를 버려두었다는 점을 온당하게 강조한다. 슐라이허에 대한 가장 예리한 비판은 Franz v. Papen, *Der Wahrheit eine Gasse*, München 1952, S. 175f.

36) 슐라이허의 동료인 Eugen Ott, "Ergänzende Bemerkungen zu den Akten des Instituts für Zeitgeschichte"(München, 18. Februar 1952, 빈쇄), S. 15. 1946년 쿤라트 폰 함머슈타인에게 보낸 한 편지에 나와 있는 브뤼닝의 판단도 비교 참고할 것: "슐라이허는 기질상 함머슈타인과 반대였다. 따라서 — 인생에서 종종 그렇듯이 — 두 사람은 서로 아주 잘 이해했다. 함머슈타인은 정치가 정치전술적인 한에서 정치를 혐오했다. 이런 맥락에서 그는 정치에서는 물 만난 고기 같지만, 종종 함머슈타인식의 선명하고 조용한 노선으로 되돌아와야 했던 슐라이허를 신임했다 …. 슐라이허는 매우 예민하고 빠르게 변하는 환상을 갖고 있었으며, 쉽게 상처받는 것과 마찬가지로 마르크스, 플랑크, 다른 이들의 영향도 쉽게 받았다. 그래서 그는 종종 전

물론 이 설명은 충분치 못하다. 슐라이허가 그뢰너로부터, 이어서 브뤼닝으로부터 돌아선 것은 더 넓은 정치적 맥락에 속하는 문제이다. 그것은 힌덴부르크의 측근에서 이미 몇 달 전부터 추진된 대통령 개념의 계속적인 발전이 없이는 이해될 수 없다. 그뢰너의 동시대적인 관찰이 브뤼닝 내각에 맞서 진행되는 음모의 감추어진 연관들을 풀어줄 수는 없다 하더라도 그것은 슐라이허 외에도 특히 마이스너와 힌덴부르크의 아들이 행한 중요한 역할을 분명히 인식하게 해준다: 마지막까지 슐라이허에 대한 우정적 신뢰를 확고히 견지했던 그뢰너는[37] 그 속에서 심지어 돌격대 금지와 그 자신에 맞서 펼쳐지는 캠페인의 주요 조종자가 있음에 틀림없다고 믿었다.[38]

이제 사건들은 걷잡을 수 없이 일어났다. 독일의 여러 주들, 특히

혀 예상밖의 행동을 했다. 그는 모든 유(類)의 위험을 탐지해냈고 정적 속의 그러한 위험의 환상 때문에 괴로워했다. 밖으로는, 즉 장교단에 대해서는 그는 이 모든 것을 가식적인 냉소주의 뒤에 숨겼다."

37) 긴밀한 신뢰관계가 이미 몇 달 전부터 분명히 식었다는 것을 여러 측들이 확인해준다. 이것은 또한 모든 종류의 사적 연관들을 가지고 입증된다. 이에 대해서는 Craig(주 I/80), S. 225; Reibnitz(주 I/81), S. 152. 또한 v. Carlowitz(아래 주 VI/72): "그뢰너와 슐라이허 간의 관계는 그 자체로서는 장관과 그의 수석고문 사이에 그럴 수 없이 가까웠다. 그러나 그뢰너의 재혼으로 관계는 혼탁해져서, 이처럼 중요한 시점에 신임관계가 위협받았을 정도였다…." 브라운(주 I/5, S. 384)은 특히 그뢰너의 "신분에 맞지 않는 결혼"을 혐오했던 힌덴부르크 주변의 "여성계"를 언급하는 반면에, 힌덴부르크 자신은 "이 새로운 결혼에서 나온 아이가 통례적인 것보다 더 일찍 세상의 빛을 보게 된 것을 그뢰너에게 용서할 수 〔없었다〕"고 했다. 그뢰너는 1931년 여름에 현격히 어린 여성과 결혼했다.

38) 1932년 4월 25일 글라이히에게 보내는 편지, Phelps(주 I/52), S. 1020: "사건의 발단이 된 것은 아마도 아들과 폰 마이스너일 것이다. 아들은 자신의 아버지가 사회민주주의적 사업을 추진한다는 비난에서 그를 보호한다는 감상적 이유에서 이미 그 전부터 긴급명령에 단호히 반대했다." 저자의 문의를 받아서 오스카 폰 힌덴부르크는 1955년 2월 4일의 한 편지에서 이 문제를 유별나게 열어놓으려고 하는 Görlitz, Hindenburg(주 I/67)를 지적했다.

프로이센, 바이에른과 뷔르템베르크에서는 선거전이 쉼 없이 계속되고 그곳의 주 의회의 해산과 함께 제국 내의 권력분배에 일반적인 의미를 가지는 새로운 지역적 권력이동이 다가왔던 반면, 돌격대 금지의 반대자들은 제 1차 공격을 위해 팔을 뻗었다. 이미 4월 15일에 슐라이허는 그뢰너에게 "대통령 관저와 국방부에서는 비상령에 반대하여 폭풍이 일 것"이라고 시사했다. 하지만 그는 세부적인 것을 이야기하지는 않았다.[39] 그 대신 그는 "제국군대가 … 금지를 조용히 감수하지 않을 것"이기 때문에 그는 직접적으로 그뢰너의 위치에 대해 두려워한다는 것을 처음으로 강조했다.[40] 슐라이허가 이 맥락에서 "제국군대가 복종해야 한다"는 그뢰너의 확언도 인정하지 않았을 때 상황이 이미 얼마나 발전했는지 분명해졌다.

그뢰너 스스로 "나에 대한 음모"의 주요 실행자로서 대통령 측근들 외에도 후겐베르크의 주변인물인 제국의회 의원 슈미트-하노버와 쉐를신문의 배후조종자들을 지적했다. 실제로 "민족적" 신문들은 그뢰너의 조치들에 대한 공격을 강화했으며 제국기치의 금지를 요구했고 나치 지도부의 대항조치들을 심리적-선전적으로 도왔다. 동시에 황태자는 그뢰너에게 항의편지를 썼는데, 여기서 그는 1918년 11월부터의 그뢰너에 대한 불신을 언급했고 그의 조치를 심각한 실수이자 내적인 평화에 대한 특별한 위험으로 표현했다. 즉, 국방부장관이 "돌격대와

---

39) 4월 15일의 "Chronologische Darstellung", Phelps(주 IV/38), S. 27. 슐라이허의 "조심스러운 표현에 의하면 예전의 제 3분대장이자 현재는 민족사회주의자들에 대한 경도로 유명한 증권신문사에 있는 폰 슈튈프나겔, 호른 폰 키프호이저분트 장군, 제 2분대장인 폰 복이 관여해 있었다. 폰 슐라이허 장군은 더 이상의 이름은 거명하지 않았다."

40) 이에 대해서는 슐라이허의 가까운 협력자로서 오트(주 VI/37), S. 15, 역시 "금지 발표 직후에 분대원의 수장들이 크게 당황하여 전화를 걸어와서 이러한 일방적인 조치의 이유에 대해서 물었다 … 라이하르트 장군 역시 흥분해서 그의 영도자 비서의 즉각적인 해명을 청원했다."

친위대에 통합되어 있으며 여기서 훌륭한 교육을 향유하는 놀라운 인적 자산"을 깨부수는 것을 돕는다는 것을 그로서는 이해하기 어렵다고 했다. 편지의 정점은 나치당에 대한 공공연한 지지였다.[41] 이 편지는 이 순간 나치당과 그의 교감을 다시 강화시킨 것으로 보이는 슐라이허의 언급들과 황태자의 긴밀한 접촉을 입증한다. 돌격대 금지의 해제 제안을 가지고, 힌덴부르크를 둘러싼 사람들에 대한 영향력에 자신감이 있었던 슐라이허는 그의 길들이기 계획에 방해가 되는 정부진영이나 나치 측의 장애물들을 제거할 카드를 손에 가지고 있다고 믿었다.

같은 날(4월 15일) 대통령 내각의 주축들 사이에 벌어진 의견차는 여론에도 알려지게 되었다. 제국기치의 연방지도부가 이미 며칠 전에 제고된 경고준비를 취소할 것을 지시하고 다시금 기존 국가에 대한 가차없는 지지를 선언했지만 힌덴부르크는 동시에 신문에 넘겨진 냉랭한 서신에서 그뢰너에게 금지된 돌격대와 친위대와 "비슷한 형태의 조직들"을 "다른 정당들에서도 금지할 것"을 요구했다.[42] 첨부된 자료는 힌덴부르크가 제국기치의 해체를 생각하고 있었으며 이를 위해 국방부의 문서들로부터 필요한 자료들을 받았다는 것을 분명히 보여주었다. 그뢰너는 이제 국방부의 독일군 담당부처 출처의 문서들을 관장했던 그의 정치적 선임자 슐라이허의 직접적인 반대행위에만 직면했던 것이 아니었다. 더욱이 그는 — 슐라이허가 뒤에 그뢰너에게 보낸 전언이 알려주는 바와 같이 — 4월 15일 오후 국방부에서 수집한 제국기치에 대한 자료들을 넘겨받은 힌덴부르크를 염두에 두어야 했다.[43]

---

41) 1932년 4월 14일 그뢰너에게 보내는 황태자의 편지, Telegraf(Berlin) v. 21. Dezember 1947 그리고 (그뢰너의 답장과 함께) Groener-Geyer(주 I/52), S. 311ff. Herre(주 III/135), S. 200f.; Craig(주 I/80), S. 223. 황태자가 최근에 치워버리려고 했지만, 그뢰너 서류집에 들어있는 편지는 의심의 여지없이 진짜이다.

42) Schulthess, 1932, S. 68; Hockenbach, 1932, S. 115에 나온 텍스트들.

43) Groener, "Chronologische Darstellung" zum 17. April bei Phelps(주

그뢰너가 트레비라누스의 지원을 받아 즉시 공개적으로 제국기치와 철모단을 금지할 아무런 이유도 없다는 것을[44] — 이것은 힌덴부르크에 대한 기술적인 경고였다 — 공개적으로 강조했던 반면에,[45] 그는 다시 한 번 슐라이허를 사적인 대화에서 설득하고자 했다. 그는 그뢰너에게 4월 17일의 산보에서 그가 4월 15일의 행위에 전혀 가담하지 않았다는 것을 보증했으며 모든 소문을 없애기 위해 군대와 여론에 공동으로 대처하는 데에 동의했다.[46] 그러나 다음 몇 주간에도 아무런 일이 일어나지 않았다. 슐라이허는 이제, 그의 상관에 대한 "잘못된 소문"을 퍼지도록 방조한 반면, 오히려 그뢰너에 맞서 "대통령 집무실에서 육군과 해군사령관들의 공동작전을" 성사시키기 위해 구체적인 노력을 수행했다.[47]

그뢰너는 이제 부지중에 어려운 상황 속으로 빠져들었다. 그는 내무상으로서 모든 길들이기 시도가 실패한 후에 제국군대의 합법적 지원을 확신할 수 있다고 믿었던 길을 갔다. 여기서 그는 그의 가장 가까운 동료의 계획과 제국군대 수뇌부의 분위기뿐만 아니라 힌덴부르크 서클과 특히 힌덴부르크 자신의[48] 반응도 잘못 평가했든지 그것을 무

IV/38), S. 28; Craig(주 I/80), S. 224. Groener-Geyer의 요약도 참고(주 I/52), S. 307ff.

44) 슐라이허의 가까운 협력자도 "제국기치(브레도우에 의해 구성된)에 반대하는 자료는 매우 희박했다"고 Conze(주 IV/39), S. 274에 수록된 "Bemerkungen des (verstorbenen) Generals v. Noeldechen zu Meißners Memoiren"에 나와 있다.

45) WTB를 통해서 유포된 논문에서: "Mein Standpunkt"(Schulthess, 1932, S. 68).

46) "Chronologische Darstellung" bei Phelps(주 IV/38), S. 28.

47) *Ibid.*, S. 28f. 로부터 그뢰너는 이것이 "래더 제독과 그의 협력자들 때문에" 실패했다는 것을 알 수 있었다. 아주 명백하게 슐라이허 편에 서 있었던 함머슈타인은 회자되지 않고 있다.

48) 힌덴부르크에 대한 그뢰너의 평가는 그의 증언에 따르면 "힌덴부르크는 그

시할 수 있다고 믿었다. 물론 그는 은퇴한 고위 장교들의 반대를 계산에 넣었지만 제국군대 지도부의 반대를 계산하지는 못했다. 그의 커다란 지주였던 대통령과 군대가 그에게서 떨어져 나가려고 위협함으로써 그의 계획은 이제 브뤼닝 내각의 기반 자체를 위태롭게 만들었다. 왜냐면 돌격대 금지의 철회는, 심리적 이유에서도 불가능했거니와, 사민당의 관용과 함께 정부에 대해 아직 남아있는 지지도 동시에 위태롭게 만들 것이기 때문이었다. 제국기치의 금지라는 대안 역시 별 효과를 가질 수 없었는데, 그뢰너가 힌덴부르크에게 한 또 다른 브리핑(4월 26일)에서 이에 단호히 반대했기 때문이었다.[49]

만약 전선이 힌덴부르크가 재선된 며칠 뒤인 지금 대통령제 내부에서 형성된 것과 같은 상태로 머물렀다면 대통령제-군사적-권위주의적 정부형태와 의회민주주의적 정부형태의 오래 견지되어 온 조합은 재빠른 붕괴로 나아갔을 것임에 틀림없다. 정상적인 상황에서 당연한 유일한 출구는 힌덴부르크에게 슐라이허와 함머슈타인의 해고를 요청하는 일이었을 것이다. 그러나 여기에는 그뢰너의 행위에 대한 힌덴부르크의 거부감, 그리고 — 그와 결합하여 — 내각정책적인 고려들이 걸림돌이 되었다: 힌덴부르크 자신이 이미 겨울에 그뢰너의 반대에 맞서 브뤼닝에 대한 비판을 제기하고 슐라이허가 "오래전부터" 총리교체에 대한 생각을 발전시켜 온 이후 그뢰너조차도 그러한 행위는 자기 자신의 사퇴와 전체 브뤼닝 내각의 몰락을 확고히 할 것을 확신했다.[50]

가 힌덴부르크의 명성을 구하기 위해 1918년 이래 자신의 흠 없는 평판을 민족의 이익을 위하여 희생했기 때문에 힌덴부르크는 결국 항상 자기의 충고를 받아들일 것"이라는 확신에 의해 결정되었다. "Brief"(주 I/9), S. 3.

49) 브뤼닝이 힌덴부르크에게 한 유일한 양보는 5월 3일의 긴급명령이었는데, 이를 통해 모든 "국가권위"를 위협하는 조직들의 감시와 종국적인 해체 및 공산주의적 무신론자단체들의 해체가 가능해지게 되었다: RGBl., 1932, I, S. 185ff.

50) Phelps(주 IV/38), S. 29; Craig(주 I/80), S. 225; 위의 S. 241f. 참고.

국방상으로서의 그뢰너의 사임까지의 과정들을 세세하게 밝히기는 대단히 어렵다. 그뢰너는 특히 "후겐베르크파가" 더욱더 우파로 기운 정부를 원하는 힌덴부르크를 움직이려 할 것이라 믿었다. 즉, 브뤼닝은 그 때문에 상당히 위태로워졌고 새로 총리가 될 사람만 없게 되었다는 것이다.[51] 그뢰너가 — 그렇지 않아도 연설 재간이 별로였는데[52] — 돌격대 금지를 별로 효과적으로 변호하지 못했던 5월 10일에 위기는 정점에 도달하였다. 따라서 그와 함께 사안도 심리적으로 실패했다. 대통령 선거 후 첫 번째 회의에서 특히 괴링이 발표한 나치의 공격에 대한 그뢰너의 답변은 떠들썩한 소동 속에서 가라앉고 말았다.[53] 나치라는 "국가 속의 국가", "국가에 맞선 국가"[54]에 대한 그의 항의, 국가에 충성하는 "초당파적인" 제국기치에 대한 그의 변호, 한편으로는 돌격대, 다른 한편으로는 제국기치의 완전히 서로 다른 목표들에 대한 그의 설명은 초보단계를 벗어나지 못했다. "돌격대가 없었다면 우리는 이미 여러 해 전부터 평안과 질서를 향유했을 것이다"[55]라는 그의 주장이 큰 박수를 얻었기는 했지만 말이다. 결국 경찰이 회의장의 질서를 다시 세워야 했으며 여러 명의 나치당 의원들을 체포해야 했다. 그뢰너는 — 그는 물론 후에 단호히 부인했지만[56] — 별로 마

51) Brief an Gleich v. 25. April 1932; Phelps (주 I/52), S. 1020f.

52) Otto Braun (주 I/5), S. 383: "그뢰너는 솔직하고 직선적인 군인성격을 갖고 있고, 지적으로는 장교들의 평균수준을 훨씬 뛰어넘었으나, 언변술이 없었고, 사투리가 심해서 내부회의에서도 그의 주장을 명확히 표현하기 위해서 노력해야 할 정도였다."

53) Reichstagsprotokolle v. 10. Mai 1932, S. 2545ff. 그뢰너 스스로는 전체가 하나의 공모된 게임이고, 민족사회주의자들을 먼저 내보내서 제국군대에게 그뢰너의 퇴진요구를 용이하게 해줄 것이라는 인상을 받았다.

54) Reichstagsprotokolle v. 10. Mai 1932, S. 2548.

55) *Ibid.*, S. 2550.

56) "Chronologische Darstellung" bei Phelps (주 IV/38), S. 29; Craig (주 I/80), S. 225f.

음이 내키지 않아 했거나 혹은 이미 체념했다는 인상을 남겼다.[57]

이 새로운 실패 이후 군대 수뇌부의 반대행위는 결정적인 진전을 이루었다. 제국의회 논쟁에서 슐라이허를 관찰했던 당시 소령이었던 오트는 연설 직후 수많은 의원들이 그뢰너가 사임하도록 압력을 가하라고 그에게 다그쳤다고 주장했다. 그는 "여행중인 함머슈타인을 불러들여서 그와 상의한 뒤 그뢰너에게 사퇴의 필연성을 설명했던 슐라이허에게 보고했다."[58] 그뢰너가 휴가나 병가를 내야 한다는 슐라이허의 제안에 그뢰너는 다시 한 번 반대의 뜻을 분명히 밝혔는데, "전투중에 비겁하게 도망가지 않겠다"는 것이며 제국의회나 대통령의 불신임 결의에만 굴복하겠다는 것이었다. 그러나 그는 힌덴부르크에게 즉각 그뢰너를 양 직책에 그대로 두라고 요구하려는 브뤼닝의 도움을[59] 내각

57) 신문에서 그리고 동시대의 관찰자들인 슐랑에-셰닝엔(주 I/80), S. 69, Stampfer(주 I/4), S. 623ff., Severing(주 I/18), II, S. 335, 또한 Braun(주 I/5), S. 383. 브라운은 여기에 논평하기를, "프로이센 경찰이 게다가 그에게 민족사회주의자들에게 충격적인 자료들을 제공했음에도 불구하고, 이들은 야유, 조롱, 소음으로 그를 혼란시켜서, 그의 설명이 완전히 효과 없이 끝나도록, 아니 그가 때때로 거의 무력한 인상을 주도록 만들었다." 브라운은 또한 "제국의회 부의장에서의 정력 결핍"을 언급했다. 물론 그뢰너-가이어(주 I/52), S. 314f. 에서의 서술내용은 그 반대이다.

58) Ott(주 VI/37), S. 15.

59) 브뤼닝은 그뢰너의 실패 직후에 베스타르프와 린다이너로부터 적어도 나머지 내각이 그의 실각에 함께 말려들어가지 않도록 그뢰너의 퇴진에 영향을 미쳐달라는 부탁을 받았다. 그들은 적어도 그가 당일에도 제국의회에서 그뢰너를 옹호하지 않는 것으로 "퓐더와 의견일치를 보도록" 했다. 그러나 브뤼닝은 돌격대 금지에 대한 그뢰너 성명 자체는 어떤 경우에서도 보호해 주어야 한다고 믿었다. 5월 11일에 베스타르프는 힌덴부르크에게 불려갔는데, 거기서 그는 그뢰너가 "그의 직책을 위한 야전근무에 맞지 않는 것으로 드러나기는" 했지만, 브뤼닝은 대외정책을 위해서 유지되어야 한다고 반복했다. 힌덴부르크는 후자의 사안에 대해서는 "동의하면서" 끄덕였다. Kuno Graf Westarp, "Zu Brünings Rücktritt", diktiert Mittwoch, 1. Juni 1932, in: Westarp-Akten, 현재는 Conze(주 IV/39), S. 282에 수록.

전체를 위험에 빠뜨릴 것이라는 이유에서 거절하고 5월 12일 국방부 장관의 직위를 내놓았다.[60] 그러나 그는 동시에 그의 현 정책을 수행하면서 내무부를 계속 이끌기로, 즉 내정적 조치들과 국방정책적인 프로젝트들과의 긴밀한 연결만을 포기하기로 결심했다. 사람들은 물론 제국군대 지도부가 이 계획의 실현을 위해 새로운 정치적 방도를 모색하리라는 것을 계산에 넣어야만 했다. 슐라이허가 공석의 국방부를 맡기를 거부한 것은 이 방도가 지금 이미 브뤼닝 정부를 벗어나 있음을 추정할 수 있게 해주었다.

오늘 알려져 있는 정보들을 보면, 제국군대 지도부 스스로가 이 어려운 처지에서 그뢰너를 지지하는 대신에 실각을 초래했다는 것은 더 이상 의심의 여지가 없다.[61] 슐라이허와 함머슈타인으로부터 어떤 직접적인 증거도 전해진 것은 아니지만 슐라이허의 동료들은 내무부의 계획들의 우선성과 함께 "제국군대가" 그들 자신의 군사정책적인 기대들과 목표들이 위태롭게 되었으며 두 부처의 결합의 원래적 의미가 손상되었다고 여겼음을 뚜렷이 확인시켜 주었다. 5월 21일 명령권자 담화에서는 함머슈타인이 직접 그뢰너가 그 당시 육군지휘부의 지지를 얻어 군사조직들을 국가적인 제도들로 교체하는 작업을 추진하고 특히 오래전부터 전개된 초당파적인 스포츠조직을 창출하기 위한 협상들을 촉진하기 위하여 내무부와 국방부를 맡았다고 지적했다.[62] 그 대신

---

60) 마이스너의 설명은(주 I/159, S. 220f.) 잘못되었다: 그뢰너는 우선 내무상으로 남아 있었으며 힌덴부르크는 결코 "그를 적어도 국방상의 자리에 두려고" 시도하지 않았다. 슐라이허(모든 것을 마이스너에게 떠넘기려는 경향이 있는)가 이 순간에 힌덴부르크에게 실제로 결정적인 영향력을 행사했다면, 그뢰너가 이미 이 시점에 두 장관직으로부터 물러났다는 전제는 오류이다.

61) Hermann Foertsch, Schuld und Verhängnis. *Die Fritsch-Krise im Frühjahr 1938 als Wendepunkt in der Geschichte der nationalsozialistischen Zeit*, Stuttgart 1951, S. 19는 하지만 장교단조차도 이 문제에서 "결코 슐라이허를 전폭적으로 지지하지는 않았다"고 보고한다.

그뢰너는 내무부의 "의심스러운 사람들"에 의해 — 그들을 해고하지 않고 — 둘러싸이고 말았고,[63] 기대했던 "군사적인 사안들의 촉진은 오지 않았다"는 것이었다. 우익들과 구 장교들에게도 혼란을 야기한 불행한 대통령 선거 이후 돌격대를 금지하기로 한 그뢰너의 결심은 1주일 먼저 군 수뇌부에 전달되었지만 그뢰너는 그들의 중재적인 조언을 수용하지 않았으며 너무 성급하게 일을 추진했다는 것이다. 함머슈타인은 히틀러에 대한 최후통첩은 "나치 내부의 다양한 노선들" 때문에 충분히 성공했을 것이며 우파에 대한 힌덴부르크의 위신을 보존했으리라고 확신하였다.[64] 그뢰너는 이로써 — 이것이 함머슈타인의 결론인데 — 슐라이허의 나중의 견해에 따르면 오판이었던, 두 부처를 결합하는 것의 실질적인 목적을 최종적으로 놓쳤으며 동시에 "군대의 초당파성은 … 손상되었다". 그 때문에 "고도정치적인 부처와 초당적인 부처의 결합"은 해체되어야 했다. 이것은 제국의회에서 그뢰너의 실패를 촉진시킨 과정이었다. 그리고 슐라이허 자신이 이미 3월 말에 "초당성"의 유지, 즉 돌격대 금지의 문제에서 대단히 조심할 것을 얘기했으며 그뢰너에게 주 장관들, 특히 제버링의 압박에 맞서 저항할 것을 경고했다.[65]

---

62) Vogelsang(주 III/35), S. 423ff. 에 이제 수록되어 있는 1932년 5월 21일의 지도자 여행에서의 HL 수장들의 회의록을 볼 것.

63) 여기에 제버링과 뷔르트의 재임시절 "공화주의적인" 내무부에 대한 군대의 전통적인 감정이 계속 영향을 미쳤다. 이것은 바이마르공화국에서 제국군대를 다루는 전체 문제에 특징적인 상호불신이었다.

64) *Ibid.* : "시점이 원수의 위신을 떨어뜨렸다(이는 좌익에 대한 대가로 간주되어야 한다)."

65) 1932년 3월 25일 슐라이허가 그뢰너에게 보낸 편지: Craig(주 I/34), S. 130: "필요한 손끝 감각이 없는 이러한 당에 얽매인 주 장관들이 아니라 노련한 우리들만이 돌격대 문제를 해결할 수 있다. 나는 해체의 경우를 위해서 수많은 자료들을 이미 수집해 놓았다. 브라운슈바이크가 복종하지 않았을 경우에 〔탄식!〕, 우리에게는 가이어를 통한 군사적 집행준비가 되어

이러한 시각(視角)이 슐라이허 주변의 여타의 진술에서도 지배적이었다. 그 밖에 제국기치는 건드리지 않았기 때문에 "힌덴부르크 주변의 민족적인 집단들로부터 그(그뢰너)에 대한 비난이 빗발쳤으며", 그가 슐라이허와 함머슈타인의 분명한 조언과 부탁과는 반대로 행동했기 때문에 슐라이허가 그를 막아주지 않았으며, 마지막으로 그뢰너의 실각에서 "힌덴부르크의 아들이 결정적인 역할을 행했다"는 것이 강조되고 있다.[66] 그뢰너와의 결렬에 결정적인 역할을 한 것은 현재의 증거에 따르면 비록 그들이 "민감한" 슐라이허[67]에게 깊은 인상을 주기는 했지만[68] 젊은 장교들의 나치즘 감염보다는 다음과 같은 사실이었다. 즉, 슐라이허는 방위단체들의 탈정치화를 통하여 우익을 안전하게 포섭하는 문제와 내정적 위기를 해결하는 동시에 국가가 통제하는 군사력 강화를 성취한다는, 그가 선호하던 계획이 내무부의 돌격대 금지를 통하여 심각히 위협받고 있다고 느끼게 되었다는 사실이 더 중요했던 것이다.[69]

있었다."

66) Besprechung Hammerstein(주 VI/63), Anmerkung v. d. Bussche v. 26. November 1951.

67) 브뤼닝의 평가: "Brief"(주 I/9), S. 2.

68) 이렇게 Conze(주 I/9), S. 660 역시.

69) 슐라이허의 입장과 계획에 대한 다음의 확정에 대해서는 — 개별적으로 변명적인 색채를 띠긴 하지만 — 그의 동료들의 증언을 참고하라: Generalmajor a. D. H. v. Holtzendorff, "Die Politik des Generals von Schleicher gegenüber der NSDAP 1930~1933, Ein Beitrag zur Frage Wehrmacht und Partei"; "Aus einem Interview des Dr. von zur Mühlen mit Dr. Ardolf v. Carlowitz"(그는 슐라이허의 오랫동안의 동료이자 1932년 7월까지 국방군에서 법률적 특별문제에 대한 자문을 맡았다). 둘 다 Conze, "Zum Sturz Brünings"(주 IV/39), S. 267~270; S. 270~272에 수록. 1931년 이후 나치와 관련한 문제들과의 연관 속에서 슐라이허의 국방계획들의 발전에 대한 요약은 이제 Wheeler-Bennett, *Nemesis*(주 I/162), S. 227ff.; S. 235ff. 를 보라.

왜냐하면 그에게는 국방사상의 유일한 담지자이고자 하는 제국군대의 요구가 다른 어떤 것보다 더 중요했기 때문이었다. 따라서 군사적 제약의 최종적인 수정이 아직 불투명했고 근무기간의 단축으로 인한 조사가 이미 1년 전에 영국의 반대로 실패한 후에 그는 방위단체들의 이용과 통제를 통해서 국경방위로서의 외정적 효용성[70]과 대통령정부의 버팀목으로서의 내정적 핵심지위를 더 높이고자 시도했다.[71] 물론 그는 그 때문에 모든 "군사적이고자 하는 조직들"에 대해 유보적이었고 특히 철모단의 점증하는 정치화에 단호히 반대했다.[72] 그럼에도 불구하고 그의 모든 현실정치적인 주의력은 나치당의 상승에 집중되었다. 그는 국방정책에 대한 나치당의 긍정적인 태도를 제국군대에 적대적인 급진적 좌익에 대한 균형추로서 계산에 넣고,[73] 그들의 쿠데타

---

70) 이에 대해서는 1949년 2월 7일 Dr. v. Carlowitz의 인터뷰에 대한 Holtzendorff의 입장표명을 보라(1953년 3월 16일), Conze(주 IV/38), S. 273: 슐라이허는 제국군대가 특히 동프로이센에서는 "방위의지가 강한 정착민들, 즉 바로 동프로이센의 수많은 돌격대의 굳건한 국경수비가 없이는" 그들의 국방임무를 수행할 수 없다고 믿었기 때문에도 돌격대 금지를 실수로 간주했다. 그에 반해, 특히 오트(주 VI/36, S. 11)가 강조하고 있듯이, 제국기치에 대한 관계에서는 국경수비에 대한 그의 주저함 때문에 — 특히 국경지방의 장교단 사이에서 — 전통적으로 불신이 지배적이었다.

71) 1931년 1월에 독일 정부와의 회담에서 영국 외상 헨더슨은 룸볼트 쿠르티우스를 통해서 전하기를, "그러한 논평 속에 함축되어 있는 태도는 … 무장해제에 해를 끼치는데, 독일 정부는 이를 마음에 두겠다고 공언하고 있다": Documents on British Foreign Policy(주 II/55), 2nd series, vol. I, Doc. Nr. 348.

72) 뮌헨의 현대사연구소의 문서고에서 있은 Carlowitz의 인터뷰, 미출간(이 부분은 Conze, 주 IV/39에 실리지 않음).

73) 나치를 사회주의자들에 대한 균형추로서 본다는 1932년 3월의 슐라이허의 발언을 참고하라: Craig(주 I/80), S. 217, 주 70; 주 VI/20에 인용된 그뢰너에 보낸 슐라이허의 편지도 참고. 오트의 솔직한 "논평"(주 VI/36), S. 13에 의하면, 벨트뷔네, 푀어스터, 게라흐의 정치적 공격들은 "사실을 전적으로 서술할 수 없었던 국방부의 사무관들을" 불쾌하게 압도했다. 당시 차관인

의도를 온전한 제국군대를 동원하여 중지시키고, 그들의 정치적 승리의 행진을 세계경제 대공황 동안의 책임을 통해서 — 그리고 고령의 힌덴부르크가 그러한 실험에 대한 확실한 지지를 보장해주는 한 — 막을 수 있다고 믿었다.

그의 협력자들의 증언에 따르면, "그뢰너의 돌진"을 통해 위협받고 있다고 여겨졌던 이 기본구도를[74] 슐라이허는 이 몇 주뿐만 아니라 다음 몇 달간 확고히 견지했다.[75] 즉, 그는 돌격대 금지가 "모든 방위단체들, 제국기치, 돌격대를 동일한 방식으로 금지하거나 민병대를 만들어 통합할 가능성", 즉 "방위단체들의 잘못된 발전을 억제하고 이를 통해 급진적인 우익정당들에게 특히 근본적인 권력 및 선전요소를 탈취할 가능성을 망쳐버렸기"[76] 때문에 이에 반대했다. 슐라이허와 함머슈타인의 인상에 따르면, 그뢰너는 이제 "힌덴부르크도 동의했던" 이 계획으로부터 결정적으로 이탈하였다. "방위단체들 중 일부(돌격대)에 대한 그의 특별 전투는 전체 전투계획을 무산시키려고" 위협했으며[77] "순교자를 만들어냄으로써"[78] 나치당을 강화시키는 데에 유리

붐케(법무부)가 형법개혁 제국위원회의 자문과정에서 파울 레비(사민당)와의 첨예한 논쟁 속에서 국가반역법의 강화를 주장했음에도 불구하고, 이러한 "제국재판소에게 유쾌하지 않은 상황"(!)에 대해 1933년까지 어떤 "법적인 구조"도 이루어지지 않았다.

74) 우익들의 돛에서 바람을 거두기 위하여 "국가적인 관점하에서의" 국방사상의 질서를 지켜야 한다는 것이다: Carlowitz의 인터뷰, 미출간 부분(주 VI/72).

75) Carlowitz의 인터뷰(Conze, 주 IV/39, S. 272): "국가권위의 강화와 그들에게는 편안하지만 국가에게는 위험한 야당으로부터의 나치당의 구제에는 변함이 없었다."

76) *Ibid.*, S. 270: "목표가 된 것은 제국군대의 민병대로의 전환이었다. 슈튈프나겔 장군의 지도하에 구성된 완전히 비정치적인 '청소년 훈련을 위한 제국위원회'가 이러한 방향을 준비하도록 되어 있었다. 무장해제 회의 후에는 민병대로의 재편이 이루어질 예정이었다."

하게 작용할 수 있었다.

슐라이허가 이제 그의 나치 연결 접촉인들인 룀, 헬도르프 및 힘믈러와 강도 높게 벌인 협상들도 이러한 관점에서 볼 수 있다.[79] 슐라이허가 헬도르프와 모든 방위단체들을 받아들이기 위한 저수지로서 그의 "슈뤨프나겔 조직"에 대해 구속력 있는 이야기를 나누었을지라도 나치 측에서는 이것이 물론 달리 이해되었고 이용되었다. 괴벨스가 정보를 입수한 원천이 매우 혼탁하긴 했지만,[80] 돌격대 금지를 자기 방식에서 이용하고 원래의 계획을 그뢰너와 브뤼닝에 맞서 수행하려는 슐라이허의 의도가 어떻게 그의 파트너들에 의해 직접 전술적인 이유에서만 그리고 그로부터 브뤼닝의 실각, 제국의회의 해체 그리고 나치당에 대한 모든 경찰조치들이 기대될 수 있는 한에서만 진지하게 받아들여졌는지 분명해진다.[81]

---

77) *Ibid.*, S. 271.

78) Holtzendorff, Conze(주 IV/39), S. 273.

79) Carlowitz in: Conze(주 IV/39), S. 272.

80) Carlowitz는(in: Conze(주 IV/39), S. 272) 특히 알벤스레벤(Werner v. Alvensleben)을 언급하는데, 그는 중개자로서 인정받으려고 슐라이허와의 관계에서 확인하기 어려운 소문들을 퍼뜨리는 데 역할을 했다(마지막으로는 1933년 1월 쿠데타에 대한 소문이었다: 특히 S. 630ff. 참고): "알벤스레벤은 당시 이 방법을 가지고 나쁜 짓을 많이 했다. 그는 슐라이허의 중개인이 결코 아니었기 때문이다."

81) 이렇게 괴벨스의 논평은 이해될 수 있는데(Kaiserhof, 주 V/13, S. 80f.), 그는 4월 14일에 이미 돌격대 금지(S. 80 f.)에 대한 슐라이허의 반대를 그리고 4월 23일에는 헬도르프의 슐라이허와의 회담을 그리고 4월 26일에도 동일사항을 기록하고 있다(S. 88: 슐라이허는 "노선변경을 집행할 것이다"). 4월 28일(S. 89)에 "영도자가 슐라이허를 방문했다. 대화는 잘 끝났다." 5월 3일에는 정부위기의 시작(S. 91: "말하자면 벌써 시작이다. 진짜 즐겁다. 이제 당내에서는 철저히 침묵해야 한다. 우리는 무관심한 역을 연기해야 한다")에 대해 적고 있다. 5월 4일(S. 92: "베를린으로부터 히틀러의 지뢰가 폭발하기 시작한다는 소식이 들어왔다…. 그뢰너가 먼저 그리고 나서는 브

슐라이허는 정부의 기반을 우측으로 넓히려는 노력이 "그의" 총리인 브뤼닝을 통해 성공할 수 있을 것으로 기대했다. 이 희망이 실패한 것으로 보이자 그는 자신의 힘으로 나치당과의 교감을 넓혀 갔으며 이제는 그뢰너뿐만 아니라 브뤼닝도 실각시키는 쪽으로 일을 꾸몄다.[82] "우리는 슐라이허 장군으로부터 위기는 계획한 대로 전개되고 있다는 소식을 듣는다"—괴벨스는 이렇게 들떠서 승전가를 구가하였다.[83] 브뤼닝의 실각은 이제 회복이 불가능한 것으로 보였다. 문제는 이제 누가 의회적으로 묵인되었던 바이마르공화국의 마지막 정부의 해체로부터 가장 큰 이익을 거둘 것인가, 권위주의적인 개혁가들인가 혹은 민주주의에 적대적인 전체주의자들인가에 있었다.

뤼닝이 죽어야 한다"). 5월 6일(S. 92: "폭탄이 터졌다. 경제부장관이 그의 퇴임을 얻어냈고, 그뢰너와 브뤼닝은 흔들리고 있다").

82) *Ibid.*, S. 93(5월 8일): "지도자는 슐라이허 장군과 결정적인 담판을 했다: 대통령 측근 몇 명이 동석했다.… 브뤼닝은 다음 며칠 사이에 실각할 것이다. 대통령은 그에 대한 신임을 철회할 것이다. 내각을 새로이 구성할 것이며 제국의회는 해산될 것이다. 모든 강제입법들은 철회될 것이며 우리는 선동의 자유를 누리게 될 것이며 아주 탁월한 선동작품을 만들어낼 것이다.… 만약 이것이 성공하면 우리의 협상가들은, 그 정점에는 부서장인 룀이 있는데, 걸작을 만들어낸 것이다." 슐라이허의 전향 동기는 파울 뢰베(Paul Löbe)와의 대화에서도 뚜렷이 드러난다: Paul Löbe, Erinnerungen eines Reichstagspräsidenten, Berlin 1949, S. 142. 여기서 슐라이허는 자기 자신, 제국군대, 힌덴부르크의 권위를 히틀러에 대해 유일하게 효과 있는 반대균형추로 표현했다. 왜냐하면 "우리가 저지할 수 없을 정도로 파동이 커져 버렸기 때문이다. 우리가 히틀러와 브뤼닝을 함께 팽팽하게 잡아당기면, 후자가 몇 달 지나지 않아서 처리된다. 무솔리니가 포풀라리를 밀어낸 것처럼 그는 이미 옆으로 밀려났다."

83) Goebbels, *Kaiserhof*(주 V/13), S. 97(5월 13일).

3. 주(州) 권력의 이동

돌격대 금지가 실제로 "전체 내정 발전의 핵심"이 되었고[84] 위기를 속결로 몰아갔다면 일련의 다른 요소들도 마찬가지로 사건의 전개와 해결방식을 결정하였다. 특히 전체적으로 보아 제 2차 대통령 선거의 득표분배를 확인시켜준 4월 24일 주 의회 선거의 결과는[85] 독일 국민 3/4 이상을 포괄하는 큰 주들의 의회에서의 권력이동을 의미했다. 여기서 지금까지는 1928년의 민주주의적인 다수당이 제국정부의 버티기 정책을 위한 버팀목을 형성했을 뿐만 아니라 반대하는 제국내무상에게 공화국을 보호하기 위한 보다 강한 조치들을 직접 압박했었다. 이것이 바로 그뢰너로 하여금 돌격대 금지와 함께 과거의 계획들을 포기하도록 만들었으며 힌덴부르크와 제국군대에서의 충분한 보장도 없이, 여전히 그의 기대를 강하게 견지했던 슐라이허와의 치명적인 결렬을 감행하도록 만든 요인들이었다.

4월 24일 이후 바이에른을 제외하고는[86] 모든 주 의회들에서 나치당은 주도적인 위치로 상승하였는데, 이것은 브뤼닝이 1930년 제국의회를 해산하고 그의 버티기 정책의 기회를 낙관적으로 평가하면서 충분히 계산하지 못했던 사실이었다. 전체주의 정당들의 권력추구를 막기 위해서는 1934년 이전에 제국의회의 새로운 선거를 막을 수 있다

---

84) *Ibid.*, S. 95(5월 11일).

85) Der Zeitspiegel 1, Nr. 8(1932년 4월 21일), S. 117ff. 에서의 선거전 호소문을 보라. 프랑스 국회선거에서의 권력이동과 예상된 회의성과의 지연을 통해서 이제 브뤼닝에 적대적으로 작용하게 된 선거시기의 외정적 의미에 대해서는 위 각주 VI/26을 참고.

86) 여기서도 나치당은 바이에른인민당에 단지 2석 차이로 뒤져있었다. 선거분석을 위해서는 Gustav Stolper, "Der 24. April", in: *Der deutsche Volkswirt* 6(1932), II, S. 1011ff.

하더라도 브뤼닝이 계산한 것처럼 “그들이 주선거들에서 그사이에 어떤 승리를 얻든”[87] 마찬가지가 아니라는 것이 분명해졌다. 힌덴부르크가 이미 몇 주 뒤에 지난 주 의회 선거의 결과에 따르면 제국의회가 더 이상 “독일 국민의 정치적 의지에 상응하지 않는다”[88]는 이유로 그것을 해산한 것은 결코 우연이 아니었다. 이 경우에도 심리적이고 선전적인 요소들만이 아니라 새로운 상황의 직간접적 권력정치적 영향들과 약화된 주 행정부들의 위치도 잘못 평가되었다.[89]

브뤼닝의 기대는 나치당이 연정을 구성하려는 많은 노력들에도 불구하고 독일의 어떤 큰 주에서도 정부를 구성하지 못했으며 제국정부에서의 권력장악을 거쳐 거의 1년이 지나서야 주의 “획일적 통합”을 폭력으로 강제했다는 한에서만 정당했다. 브뤼닝의 기대는 그러나 주 정부들의 활동이 새로운 의회적 및 정부기술적 상황을 통하여 손상을 받았고 나치의 야심 — 최강의 정당이 되고자 하는 기대 — 과 관련하여 거의 전적으로 마비되었다는 사실을 간과했다. 왜냐하면 2년 이상 지속되어 온 선거 발전상이 계속되었으며 부분적으로는 더욱 가속화되었기 때문이다. 즉, 공산당은 의석수를 더 늘렸던 반면 사민당은 함부르크를 제외하고는 모든 주에서 의석수가 현저히 감소하였다.[90] 중앙당

87) Bruening, “Brief”(주 I/9), S. 12f.; 위의 S. 145 참고.

88) 이 책의 제 3권 S. 40 참고.

89) 제국의회와 비교할 때 하지만 주 의회가 더 안정적이었다는 것은 1919~1933년의 주 정부를 새로이 구성한 회수를 비교하면 분명해진다.

Hessen	4	Mecklenburg-Schwerin	9
Württemberg	6	Thüringen	9
Oldenburg	6	Lippe	9
Bremen	7	Braunschweig	10
Bayern	8	Preußen	10
Anhalt	8	Mecklenburg-Strelitz	14
Hamburg	9	Sachsen	15
평균	9.5	제국정부	21

90) 여기서도 나치당은 제 1당으로 상승하였다. 선거전에 대해서는 Orkaß(주

(Zentrum)과 바이에른인민당(BVP)은 대체로 저항력이 있는 것으로 입증되었다. 독일인민당과 특히 모든 온건우파 집단들은 의미 없는 군소청당들로 전락했다; 그러나 독일민족인민당(DNVP) 역시 망상적인 후겐베르크 노선으로 심각한 손실을 입지 않을 수 없었다.

큰 주들에서 기대했던 과반수 의석에 몇 석 모자랐으며 특히 중앙당과의 협력에 의존하게 된 "민족적 반대파"의 연정 무능성은 더욱 분명해졌다. 바이에른에서는 1930년 8월부터 상황이 교착상태에 있었다. 바이에른인민당이 비록 나치당보다 약간 더 많은 의석을 차지하긴 했지만, 다수당 연합이 성사되지 않았기 때문에 거의 2년 전부터 정부를 이끌었던 헬트내각(BVP-DNVP)이 계속 정권을 유지했다.[91] 더욱이 많은 의석을 차지한 나치당이 제복금지에도 불구하고 6월 17일 의회 개원식에 갈색 셔츠를 입고 나타나 경찰의 투입을 불가피하게 만든 소동을 일으켜서 그 후 5개월간 회의참가에서 배제되었다.[92] 나치당이 가장 강력한 당으로서 주 총리 선거(5월 24일)에서, 중간 정당들과의 연정협상이 실패한 후 필요한 절대다수 의석을 구성하지 못했던 뷔르템베르크에서도 사정은 비슷했다. 여기서도 나치당이 주 의회 의장과 함께 전부 제복을 입고 등장하자 격앙된 논쟁이 벌어졌다. 주 총리를 상대적 다수를 통해서 가능케 하려는 제안이 위원회에 맡겨진 후 여기서도 당시 집무중인 볼츠 내각이 계속 정부를 맡게 되었다. 동시에, 결정이 날 때까지 잠정적으로 절대다수의 원칙을 지키기로 결정되었기 때문에 볼츠 정부는 이중의 과도정부를 의미했다.[93] 몇 개의 작은 주

III/41), S. 267ff. 에 실린 나치 보고서를 보라.

91) 이에 대해서 그리고 BVP와 사민당과의 연합이 바이에른의 민주적 지위를 안정화시키는 데 열어주었을 가능성에 대해서도 Schwend(주 V/40), S. 421ff. 를 참고하라.

92) *Ibid.*, S. 441f.

93) 이에 대해서는 Keil(주 I/3), S. 484ff.; Miller(주 I/41), S. 408ff. 도 참고.

들에서만 나치들이 우익정부로의 도약을 성취했다. 두 곳에서는 — 올덴부르크와 메클렌부르크-슈베린-나치당이 이미 절대다수 의석을 차지했으며 단독정부를 구성하였는데, 이 사건은 곧 나치당의 총체적인 승리에 대한 과도한 기대와 진단을 끌어내었다.[94)]

차후의 발전에서 가장 중요했던 것은 프로이센에서의 상황이었음에 틀림없다. 이 가장 큰 주의 정부는 많은 의견차이들에도 불구하고 양극단 사이에서 줄을 타는 브뤼닝정부의 가장 강력한 버팀목이 되었다. 그것과의 공조는 사민당을 통한 대통령 내각의 생존에 필수불가결한 제국 수준에서의 관용을 보장했다. 수년 전부터 안정적인 브라운 내각을 지탱했던 바이마르 연정의 예상된 실패는 제국군대와 대통령과 더불어 제국정부의 더 넓은 기초를 흔들려고 위협했다. 공산당 외에도 독일인민당이 속한 "민족적 반대파"(*nationale Opposition*)의 해체제안은 재삼재사 거부되었는데, 주 의회는 정기회기가 끝날 때까지 그 업무를 수행하였으며 — 특히 작은 주들에서처럼 — 조기에 해체되지는 않았다.

4월 24일 이후 프로이센의 새로운 권력분배가 162 대 261로 바이마르 정부연정을 소수당으로 전락시킨 것은 결코 놀라운 일이 아니었다: 선거의 결과는 절대다수보다 몇 석 모자랐던 "민족적 반대파"가 희망했던 것보다는 집권중인 바이마르연정이 두려워했던 바와 일치했기 때문이었다.[95)] 나치당 당선자는 8명에서 162명으로 급증했는데, 여기에는 젊은층 유권자들 외에도 중앙당 투표자 외의 부르주아 중도파들이 거의 전부 표를 던졌다. 지금까지 사민당 뒤에 서 있었으며 중앙당과 두 번째로 강한 원내정파를 형성했으나 이제 56%의 의석을 상실한 후 다섯 번째 자리로 후퇴한 독일민족인민당의 현저한 감퇴로 "민족적 반대파"의 정부를 둘러싼 모든 계산들은 파괴되었다. 심각하게 줄어든

---

94) 예컨대 Joseph Goebbels, "Die absolute Mehrheit", in: *Der Angriff* v. 31. Mai 1932.

95) Der Zeitspiegel 1, Nr. 9(5. Mai 1932)에 나온 신문의 목소리를 참고하라.

독일인민당과와 온건우파의[96] 마지막 의석들을 합하더라도 203 : 220의 비율로 소수당에 머물러야 했다.

프로이센의 정부구성 정당들은 출구 없는 의회상황을 기대하면서 선거(4월 12일) 직전 근소한 차이로 사무규정 변경을 관철시켰다. 이에 따르면 주 총리를 선출하는 데 있어서 이제는 두 번째 선거에서도 절대다수의 표를 받아야 했다. 브라운 자신은 원치 않았던 이 결의의[97] 세목들이 어떻게 평가되든, 발의자들의 바람에 따르면 적어도 브뤼닝의 결정적인 외정적 협상들을 위해서 그를 지지하도록 되어 있었는데,[98] 그 결과는 아무튼 사퇴한 브라운 정부가 "행정집행자로서" 계속 존속하는 것이었다. 왜냐면 위풍당당한 공산당 원내그룹이 아무런 해결책도 지지하지 않았기 때문이다. 그들은 여전히 사민당을 "주적으로서"[99] 대적하였고 이로써 — "사민당을 근본적으로 깨부숴야 한다"는 좌우명에 충실하여 — 나치당을 단순히 "부르주아 독재의 원외 버팀목으로 보는" 데에 만족했다.[100] 나치당과 공산당이 거친 난투극

96) 이번에도 베스타르프는 후겐베르크와 중앙당 사이의 집단들을 "힌덴부르크-결사의 활용하에" 결집시키는 데 실패했다. 이 노력은 특히 이제 브뤼닝에 적대적으로 돌아선 독일인민당, 그러나 또한 기독사회주의자들의 고집 때문에 좌초되었다. Westarp-Akten: 베스타르프가 1932년 3월 22일 리히트호펜에게 보낸 편지; 같은 날 푸트캄머에게 보낸 편지도 참고.

97) Braun(주 I/5), S. 380. 이 결의에는 프로이센 추밀원의 의장으로서 아데나워도 중요한 역할을 했다: Der Bundeskanzler, Der Weg Konrad Adenauers, Freiburg-Frankfurt a. M. 1953, S. 61 참고. 브라운의 의심은 이해할 만하게도 특히 심리적인 것이었다. 그 결과, 프로이센 내각은 사실상 — 특히 파펜의 간섭과의 결정적 논쟁에서 — 이러한 상황으로 인해 사무정부로서 심리적 내지 권력 정치적으로 불리했다. 이 책의 제 3권 S. 83ff.를 비교할 것.

98) Jakob Diel, "Das Ermaechtigungsgestz", in: Die Freiheit 1, Nr. 5(1. Oktober-Heft 1946), S. 26f. 에서 중앙당 의원인 딜의 설명.

99) Severing(주 I/18), II, S. 333.

100) Ernst Thaelmann, "Einige Fehler in unserer theoretischen und

으로 새 회기를 연 후에[101] 새 정부를 선출하려는 여러 차례의 시도들도 잇달아 실패했다. 우익들은 이를 위하여 중앙당과의 통합을 달성해야 했었으나,[102] 이러한 종류의 모든 접촉은 브뤼닝 내각에 대한 집중적인 공격이 마지막 안정적인 중도정당의 정부활동에 던진 어두운 그늘하에 서 있었다.

이렇게 독일 인구의 3/5을 대표했던 이 주 의회도 연정 불가능한 우익과 좌익블록의 부정적 "봉쇄다수"[103]의 질곡으로 빠져 들어갔다. 즉, 그것은 2주 전만 해도 희망을 일깨웠던 빠듯한 힌덴부르크 다수의 석조차 지키지 못했던 것이다. 이제는 "나치공산주의자들"[104]이 의석의 절대다수인 52%를 차지했다. 민주주의 다수파 형성이 결국 봉쇄되었던 동안에, 나치당과 공산당은 수많은 불신임안과 선동안—한편으로는 볼셰비즘에 대항한, 다른 한편으로는 파시즘에 대항한 수없이 인용되었던 방어벽으로서—으로써 그 어떤 구체적인 내용도 없이 공동의 의회 내 승리를 거두었다. 나치당은 정부와 공산당을 반목시켜 이용했고, 공산당은 다시금 민주주의 세력의 모든 유보에 대해서 볼셰

---

praktischen Ar beit", in: Die *Internationale* 14, Heft 11/12(1931).

101) Braun(주 I/5), S. 379f. 참고.

102) 사민당 장관들인 브라운, 제버링, 그리고 그림메의 사임과 정부업무를 임시로 중앙당 장관들이 계속 끌고 갈 것이라는 소문이 돌았다. 제버링(주 I/18, II, S. 334)은 하지만 모든 더 이상의 조합들을 부인하고 히르트지퍼가 계획을 언급하기는 했지만 자기의 사임이나 나치당의 끌어들임이 어떤 구체적인 형태를 취하지 않았다는 것, 그리고 나치당과 중앙당과의 협상이 "느슨한 교감의 단계"를 넘어서지 않았다는 것을 강조한다: Kaiserhof(주 V/13), S. 87; S. 89; S. 91f. 등. 당시 중앙당의 총재 포켈 박사는 1951년 6월 13일 베를린에서의 대화에서 저자에게 1951년 9월 빌레펠트에서 가진 대화에서 제베링이 그러했던 것처럼, 헛소문을 인정했다.

103) Carl Misch, "Betrachtungen zur Zeit", in: *Die neue Rundschau* 62 (1952), S. 145에서 인용.

104) 사민당 지도부는 이렇게 불렀다: Keil(주 I/3), II, S. 440.

비키의 권력장악으로의 길은 바로 파시스트적 중간정권을 거쳐 간다는 천편일률적인 기대로써 대응했다.[105] 적대적인 형제들이 서로 공을 던졌던 이 게임은 이제 독일의 모든 의회들에서, 새로운 권력분배의 긍정적 이용에 대한 어떤 전망도 열어 놓지 않은 채[106] 민주적 메커니즘의 기능능력을 마비시켰다. 이것이 바로 권력인수를 할 능력이 없는 다수의 일관된 부정성, 즉 권력공백이었다.

제국의회가 위기극복 이전에 너무 일찍 해체되는 것을 피할 수 있었을 때 그것만이 그러한 상황으로부터 보호받았다. 브뤼닝은 그러할 결심을 했으며[107] 모든 것은 그가 "민족적 반대파"의 열렬한 운동에 맞

105) 한 예를 들면 프로이센의 중앙당 의원인 야콥 딜이 당시 그의 독일공산당 동료인 변호사 오부후에게 공산당의 전술은 단지 나치당이 권력을 장악하는 것을 도울 따름이라고 지적했다. 오부후의 대답은 "딜 동지, 그것이 바로 우리가 원하는 것이오! 우리 공산주의자들은 자유노조와 기독노조에 조직된 노동자들이 정부 뒤에 서 있는 한, 우리가 집권할 기회가 없다는 것을 너무나 잘 알고 있소. 따라서 우리는 우선 우익이 집권하도록 하는 전술을 펴야 하오. 그러면 이 우익정부에 대항해서 전 노동자가 뭉칠 것이오. 나치의 지배는 오래 가지 못하고 붕괴할 것이고 그 유산은 우리 것이지요!"라는 것이었다. 제국의회에서의 비슷한 발언에 대해서도 Diel (주 VI/98), S. 27f. 을 볼 것.

106) 프로이센의 예: 1932년 6월 2일의 지방의회 회의에서 나치 분파장이 공산당으로 하여금 브라운의 사무정부에 대한 불신임안을 내도록 부추겼다: "당신이 원하는 대로 근거를 대고 안건을 제출하십시오. 우리는 곧바로 동의하겠습니다." 즉시 이대로 이루어졌다. 이 모든 것은 정부가 오래전에 퇴진한 후에 일어난 헌법상의 효력이 없는 무의미한 선동계략이었다. 브라운은 사무규정에 반하여 지방의회에 출석하지 않아서 자기편에서 상황을 제대로 설명하지 않았기 때문에, 이후의 "청산"에서 빠져나왔다. O. Braun (주 I/5), S. 393ff. ; Severing (주 I/18), II, S. 333f. 그리고 S. 504 참고.

107) Bruening, "Brief" (주 I/9), S. 13: "나의 내각으로선 이 시기(즉, 1934년 가을) 이전에 제국의회를 해체하는 것은 아무런 문제도 아니었다. 세계경제 대공황이 정점에 있을 더 이른 시기에 의회선거를 피하는 것이 우리의

서서 이 문제에서 힌덴부르크도 자기편으로 만들 수 있는가에 달려 있었다. 그러나 이때는 그뢰너 위기가 브뤼닝 위기로 발전한 시점이었다. 한편으로 친돌격대적인 입장의 제국군대 지도부와 다른 한편으로 우익적인 힌덴부르크 측근은 "민족적 반대파"와 불균등한 동맹을 체결하여 이질적인 이해관계들을 공동의 정치적 합성을 낳도록 이끌어야 할 것을 고려했다. 이로써 그들은 제국의회의 계획된 해체와 더불어 공화국으로부터 마지막 의회적 토대를 제거했지만, 동시에 그들의 장래의 정부로부터도 정치적으로 의지할 수 있는 모든 중요한 기회들도 빼앗고 말았다. 그러한 상황하에서는 제국대통령과 제국군의 신임도 더 이상 충분할 수 없었다.

그사이에 1932년 5월의 파국적인 사건들을 더욱 촉진시키고 슐라이허의 개인적인 행위들에 힌덴부르크의 마찬가지로 개인적인 동기를 연결시켰으며 브뤼닝에 맞서 투입되었던 또 다른 요소가 게임에 뛰어들었다. 정부의 농업 및 동부지원정책에 불만을 가졌으며 그 건설적인 식민계획들에 의해 심각한 위협을 느꼈던 대지주들의 이해관계가 그것이었다. 그들이 내각타도의 마지막 장을 올리기 전에 브뤼닝은 전진하는 음모 한가운데서 다시 한 번 발판을 굳힐 수 있는 것처럼 보였다. 그의 끈질긴 외교정책의 첫 번째 대승리가 목전에 이르렀다. 마지막 순간에 엄격하게 제한된 내정에 대한 외정의 우위라는 그의 테제가 그래도 위기의 성공적 전환을 알리고 2년간의 힘든 일이 배상받을 지도 모를 일이었다. 왜냐하면 동시에 브뤼닝은 제국의회의 큰 논쟁에서 그뢰너를 사퇴시킨 반대파들에게 다시 한 번 승리를 거두었기 때문이다.

전체 정책에 기본적이었다."

4. 브뤼닝의 마지막 승리

주 의회 선거의 결과가 브뤼닝의 지위를 현저히 약화시켰음에도 불구하고 내각의 상황은 5월 마지막 주까지는 결코 희망이 없는 것으로 보이진 않았다. 경제문제에서의 의견차이를 밝히고 5월 6일 정부로부터 물러난 경제상 봐름볼트의 사퇴는 첫 번째 흔들림을 의미했다. 그는 예산문제에서 재무부장관과의 견해차이와 실업률을 줄이기 위한 노동시간 단축에 반대의사를 밝혔다.[108] 보다 중요한 것은 정치적 관점이었다. 대기업의 유일한 대변자가 내각으로부터 사퇴함으로써 그 기반은 더욱 축소되었고 브뤼닝에 맞서는 전선은 더욱 넓어지고 영향력을 강화했다. 산업계가 보기에 극히 명확했던 것은 불안정한 수정협상 때문에 브뤼닝을 지켜야 한다는, 1931년 가을까지만 해도 유효했던 주장도 이제는 탈락되었다는 사실이었다.[109] 바로 이 봐름볼트가 4주도 지나지 않아 새 정부에서 다시 장관직을 맡았을 때 이 사건에서 대기업의 측에서도 어떤 변화가 징후적으로 나타났는지 확실했다. 다른

---

108) 오토 브라운은 6일 전에 프로이센 정부의 이름으로 체계적인 노동시간 단축과 그로 인해 생기는 일자리에 실업자를 채움으로써 기존의 일자리를 새로이 분배하는 일자리 창출 계획을 제출했다; 이것은 동부지역으로의 이주를 통해서 보완되고 동시에 위기 및 복지부양의 통합을 통하여 실업자 부양의 조직화된 단순화가 도입되어야 할 것이었다(Schultheß, *1932*, S. 70; *Der Zeitspiegel* 1, Nr. 8 v. 21. April 1932, S. 122ff.). 그는 이로써 물론 (노조의) 강한 반발에 부딪쳤다: Keil(주 I/3), II, S. 440.

109) 이에 대해서는 Klein(주 II/12, S. 902, 주 87)에 인용된 사료기록이 흥미로운데, 여기에는 1931년 10월 14일에 클뢰크너, 파펜 그리고 *DAZ*의 편집부장 간의 담화가 담겨 있다. 이에 따르면, 클뢰크너는 푀글러를 적어도 불쾌감을 감추고 브뤼닝 내각을 지원하도록 "아주 절박하게 자문했다." 경제적 관점에서 볼 때, 우익정부의 즉각적인 수반은 특히 휴전협상과 관련하여 현재로서는 불가능했다. 위의 S. 263ff. 도 참고.

인물을 구하려는 노력은 실패했다.[110] 이것이 제국군대 지도부가 국방상으로부터 떨어져 나가고 잠재적 후계자인 슐라이허가 브뤼닝 내각에 들어가기를 거부한 것과 시기적으로 일치한 것은 다양한 발전들이 우려스럽게 만난 결과였다. 정부에 대한 위협은 증가했는데 이것이 그 권력상실의 유일한 표현은 아니었다.

그러나 바로 이 순간에, 브뤼닝이 그의 통치의 초기에 대통령정부의 새로운 가능성을 활용하여 제쳐두었고 마비적인 결정불가의 상태로 내버려 두었다가 확고히 했던 측이 브뤼닝의 정책을 새로이 확인해주면서 그를 도왔다. 늦어도 이제는 "브뤼닝-해결"의 비극적 모순이 가시화되었다. 1930년과 그 이후 공화국 의회가 자주 비난을 받은 불충분함에 대해 맞서 제기한 독자적 권력기반이 공화국 반대자들의 공격과 음모하에서 부서졌다. 반면에 비록 자주 무력화되고 자신의 잘못을 통해서도 약화되었지만 합법적인 의회적 기반들은 그들이 선출하지도 않고 긍정적으로 인정해주지도 않은 정부의 버티기 정책에 가장 필요한 공간과 지지를 주기 위해 여전히 지탱을 해주었다. 브뤼닝의 반대파에게는 이것은 분명 그와 더불어 적어도 아직은 제한적으로나마 작업능력이 있었던 이 민주주의 기관까지 무너뜨려야 할 또 다른 이유에 불과했는데, 이는 대부분의 주들에서는 이미 위험스런 현실이 되었던 모든 의회적 나머지 기능들을 새로운 선거전을 통해서 제국에서도 마비시키기 위해서였다.

또한 5월 9일로부터 12일까지의 회의가 1930년에 선출된 제국의회의 드라마에서 마지막 장이었다는 것을 오직 그들만이 알고 있는지도 몰랐다. 계속된 해체와 마침내 테러가 제국의회의 결의들을 익살극으로 떨어뜨리기 전에, 사실상 그들의 결과는 바이마르공화국의 역사상 마지막으로 제국정부의 의식적인 의회적 묵인으로 드러났다. 우익 및

110) Meißner(주 I/159), S. 221에서 특히 물가담당 특사인 괴르델러가 언급되었다.

좌익야당(나치당, 독일민족인민당, 농촌주민당의 일부, 독일인민당, 공산당)의 전통적인 불신임 결의안에 대한 표결에서 들쭉날쭉한 경제정당의 도움으로 쟁취된 브뤼닝의 인상 깊은 승리는(286 : 259) 2년 이상 소수당 정부를 뒷받침했던 권력배합의[111] 상대적 확고성을 다시 한 번 입증했다. 그것이 얼마 후 붕괴한 것은 1930년 동맹의 원래 파트너들 때문이었다. 브뤼닝으로부터의 이탈의 그림자는 물론 이미 일련의 원외 정치조작의 첫 번째 거사였던 그러나 실각 직전에 브뤼닝에게 마지막 승리를 안겨준 제국의회 회의의 떠들썩한 논쟁에 드리워졌다.

의사일정상 채무삭감법에 대한 제 1차 독회가 단 하나의 항목으로 정해졌기 때문에, 5월 9일의 회의는 디트리히의 포괄적인 재정정책적인 개관과 더불어 시작되었다.[112] 그의 통계에 따르면 제국의 채무는 1930년 정부 출범 이후 17% 감소되었다. 그러나 정상적 및 비정상적 예산집행에서의, 세계경제 대공황으로 인한 적자 때문에 계획된 상환액수는 강력한 긴축정책에도 불구하고 도달하지 못했다. 특히 전쟁과 배상금으로 인한 기본채무도 지난 2년간 다소 줄어들었다. 그러나 특히 심각한 실업률에 직면하여 1933/1934년 이전에는 긴장된 신용상황에서 결정적인 개선은 기대할 수 없었다. 정부는 따라서 정리과정을 계속 제어할 수 있기 위하여 제 48조를 근거로 새로이 신용위탁을[113] 요구했다. 디트리히는 특히 동부지방의 이주정책을 통해 실업자 문제와 식량문제를 위한 해결책을 동시에 마련할 가능성을 시사했다: 그의

---

111) 마이스너(*Ibid.*)는 브뤼닝에게 단지 20표의 우위만을 승인하고 의회적 기반을 직접적으로 위협했다는 주장을 가지고 뒤이은 정부교체의 음모적 성격을 위장하려고 시도하는데 이것은 틀린 것이다.

112) *Reichstagsprotokolle* v. 9. Mai 1932, S. 2468ff.

113) 입법초안은 이전 시기로부터 유지되어야 했던 신용위탁뿐만 아니라 비상령을 지속하고 1932/1933년의 예산을 집행하기 위한 신용위탁을 포괄했다. 여기에 가변적 채무의 상환을 위한 위탁과 일자리 창출과 이주정책에 필요한 재정을 위한 신용위탁이 추가되었다.

입법초안의 마지막 부분이 이 목적을 위한 대출요구를 포함하고 있다는 사실에는 브뤼닝정부의 운명에 곧 결정적인 의미를 가질, 부채가 많고 부실한 대토지 소유의 문제에서 계획된 정책들에 대한 분명한 지적이 동시에 들어 있었다.[114)]

브라이트샤이트가 사민당의 이름으로 실업자보험의 개선을 다음 시기의 가장 중요한 정치적 과제로 삼고 어떤 지원도 더 이상 줄이지 않는다는 조건하에 계속적인 관용을 약속하자,[115)] 나치당은 예상대로 거부의 뜻을 밝혔다. 다음날 게오르그 슈트라서는 논쟁적으로 — 그러나 괴벨스와 비교해서는 훨씬 더 부드럽게 — 그의 나치 경제정책을 전개했다.[116)] 그는 "우리 민족을 관통하고 있으며" 새로운 시대를 예고하는 "위대한 반자본주의적 열망"에 대해 열정적으로 이야기했다.[117)] 여기서 그는 놀랍게도 사회주의 노조의 노동창출 프로젝트에 대해 화해적으로 언급했으며 특히 이제 감당하기 어려운 지출의 위험이 있더라도 모든 재정적인 고려보다 우선권을 가져야 한다고 강조했다. 이로써 다시 한 번 나치 이데올로기의 의사(疑似)사회주의적인 요소들이 전면으로 부각되었다. 브뤼닝에 대한 어조도 눈에 띄게 부드러워져서 슈트라서는 그의 완전한 실패가 아니라 잘못된 연합정책을 비난했다. 주의 깊은 관찰자라면 여기서 나치당 지도부의 연정지향적인 분파의 한 대변인이, 경제정책적인 기본관점이 아무리 원시적으로 보일지라도,[118)] 접촉을 시도했다는[119)] 인상을 받을 수 있었을 것이다. 이러한

---

114) 아래 S. 380ff. 참고.

115) *Reichstagsprotokolle* v. 9. Mai 1932, S. 2473ff. (Breitscheid).

116) *Ibid.*, v. 10. Mai 1932, S. 2510ff.

117) *Ibid.*, S. 2511. 이 연설은 Gregor Strasser(주 II/107), S. 345ff. 에도 수록되어 있다.

118) Gustav Stolper, "Die antikapitalistische Sehnsucht", in: *Der deutsche Volkswirt* 6(1932), II, S. 1147ff. 의 날카로운 비판을 참고. 그에 반해, 슈트라서는 현금 및 신용경제의 연구회에서 활동하는 팽창적 경제정책의 대

인상은 그뢰너에 대한 괴링의 공격이 일반적인 소동을 일으키자 곧 사라졌다. 그뢰너는 여기서 심각한 심리적 패배를 경험했다.[120]

그러나 브뤼닝은 야당에게는 불쾌할 만큼[121] 능숙한 솜씨로 그의 정책의 실질적인 기초로 돌아감으로써 다음 날 다시 한 번 방향타를 낚아채는 데 성공했다. 그것은 최종적인 성공 직전에 서 있는 외정적 수정노선을 일관되게 추진하는 것이었다. 브뤼닝은 제국총리로서의 마지막 대연설에서 특히 외무부를 인수한 뒤 견지했으며 내정의 후퇴를 정당화할 사상, 기대와 사실들을 요약했다.[122] 브뤼닝이 그 조금 전 베를린의 외국언론연합 회의에서 행한 발표에서[123] 그는 박두한 로잔느 회의의 의미를 강조했다. 그는 그것의 지연뿐만 아니라 신문과 여론을 통해서 어려운 협상들을 파괴적으로 평가한 것을 비난했다. 브뤼닝은 배상과 군비축소, 곧 국제적 이해와 파국 없는 경제정책으로 나아가는 과정에서의 이 근본적 문제들이 곧 해결될 것이라 믿었다. 민족들의 신경이 예민해져 가는 가운데 국제적 연대를 위한 브뤼닝의 호소, 오랫동안 준비된 결단이 "너무 늦어지는 것"에 대한 그의 경고,[124] 그 의미를 단순한 재정기술적인 수단들로는 더 이상 포섭할 수 없는 정치적 부채를 삭제하라는 요구, 상품, 통화 및 신용통행에 치명

변자들의 측으로부터 많은 공감을 받았다: 이에 대해서는 Grotkopp(주 I/12), S. 77ff.

119) 이에 대해서는 괴벨스가 일기장에 슈트라서에 대해 지속적으로 성이 나서 공격을 했다는 것이 말해 준다. 그것이 얼마나 믿을 만한 당시의 증언으로 적용될 수 있는지 그리고 사후적 구성물(*constructio post eventum*)—즉, 슈트라서의 당으로부터의 축출 이후—에 해당되는지는 더 이상 결정할 수 없다.

120) *Reichstagsprotokolle* v. 10. Mai 1932, S. 2536ff.; 위의 S. 357 참고.

121) Goebbels, *Kaiserhof*(주 V/13), S. 95 참고.

122) *Reichsprotokolle* v. 11. Mai 1932, S. 2593ff.

123) 5월 8일에: Schulthess, 1932, S. 71f. 참고.

124) *Reichsprotokolle* v. 11. Mai 1932, S. 2595.

적 결과를 초래하는 자급자족적 정책들의 지속에 대한 그의 경고, "독일의 통화를 어떤 상황에서도 지키려는"125) 그의 단호한 결심 — 이것은 지역적인 개별행동들을 넘어서는 국제적인 반대조치들을 계속 미루는 모든 행위는 "아무도 해법을 찾을 수 없는 상황으로 세계를 몰아가리라는"126) 공산주의자들의 외침을 수반한 확신으로 재차 귀결되었다.

"결코 마지막 5분 동안 약해지면 안 된다"127) 라는 구호를 가지고 내정에 대한 브뤼닝의 입장을 다시 한 번 명확히 특징지은 것은 그의 버티기 정책의 이러한 기조였다. 우익 야당세력을 겨냥하여 그는 재삼재사 남발하는 만병통치약에 대한 무책임한 선전과 "독일민족의 저항능력의 유지와 독일의 외정적 상황에 대해 아무런 고려를 하지 않는"128) 파괴적인 선동 그리고 "이 위기만 가지고 선동하려는"129) 정치가들을 비판하였다. 나치들의 항의는 브뤼닝의 조치들이, 종국적으로는 돌격대 금지가, 실업자 돌격대원들을 거리로 내몰았다는 냉소적인 목소리들을 내세워, 여기서 다시금 건설적인 내정의 지연이라는 브뤼닝 노선의 약점을 건드렸다. 내정적 위기가 마지막 순간에 내각을 쓰러뜨린다면 임박한 외정적 승리가 무슨 도움이 될 것인가?130) "외정적 성공과

---

125) *Ibid.*, S. 2596.

126) *Ibid.*, S. 2597.

127) *Ibid.*

128) 바로 정부에 의해서 주문된(!) 야당의 신랄한 비판이 "외국에 대한 자신의 협상토대를 … 강화시킬" 수 있다고 하는 브뤼닝의 오늘날 증언과 이것이 일치하든지는 다른 문제이다: Bruening, *Die Vereinigten Staaten und Europa*(주 III/48), S. 4; 위의 주 III/145 참고.

129) "물론 재정문제에서 생각들이 갈라진다. 나는 개인적으로 일시적으로는 일을 약간 쉽게 하여 인기 있게 하지만, 화폐를 과중한 위험 속으로 끌어들이는 조치를 취하는 것에 대해서 어떤 상황에서도 거부하는데, 특히 내정적 외정적 이유에서 그렇다(*Reichsprotokolle* v. 11. Mai 1932, S. 2598).

130) 슐랑에-셰닝엔(Schlange-Schöningen) (주 I/79), S. 61f. 역시 그가 브뤼닝과의 여러 차례의 대화에서 당시 그러한 일방적인 정책의 직접적 위험성

재상승을 위해 상황이 깨끗이 정돈되어 있으면 이제 나쁜 것들은 모두 사라졌다고 말할 수 있기 위하여"[131] 나치들은 정부를 쓰러뜨릴 것이라는 그의 어두운 예감이 후에 실제로 실현되었다면 이 냉정한 제한은 브뤼닝 덕분으로 돌려야 할 것이다. 그는 — 그뢰너를 언급하지는 않고 — 돌격대 금지를 두둔했다. 그러나 그는 나치들에게 지나친 선동은 하지 말 것을 경고했다. "왜냐하면 당신들이 일깨운 희망들을 당신들은 결코 채울 수 없기 때문이다. 사람들이 그렇게 일깨우는… 희망들은 쉽사리 반대방향으로 역반격을 가해올 것이다."[132]

브뤼닝이 자기 정부의 폭넓은 기반을 포기함으로써 생긴 협로가 아마도 위기를 극복할 시야를 열어주었던 것 같다. 그러나 그것은 동시에 적들의 집중적인 공격의 기회도 제공했다. 이들에게 사람들은 2년간 거의 방해하지 않고 내정적 활동의 영역을 넘겨주었다. 돌격대 금지의 부분조치는 너무 늦게 이루어졌다. 그것은 불균등한 적들의 연합을 더욱 강화시켰고 그것에 새로운 자극과 동기를 제공했다. 지금도 브뤼닝은 오랫동안 회피되어온 불가피한 대결을 수용하고, 냉정한 침묵으로부터 벗어나서, 위험들을 분명히 표시하고 "목표 앞의 마지막 100미터를" 싸워서 자유롭게 만들기를 거부했다. "나는 매우 오랫동안 너무 많은 것들에 대해 침묵했다. 당신들이 나에 대해 어떤 생각을… 퍼뜨리건 그것은 전혀 문제가 안 된다. 내가 그로 인해 영향을 받는다면 나는 이로써 가장 막중한 정치적 잘못을 범할 것이다: … 목표를 향하여 마지막 100미터를 남기고 나는 가장 중요한 평정을 내정에서도 상실할 것이다.[133]

을 시사했다는 것을 강조한다.

131) *Reichsprotokolle* v. 11. Mai 1932, S. 2598.

132) *Ibid.*, S. 2602.

133) *Ibid.* (강조점은 원본에서대로). 뮐리히도 역시(주 I/38), S. 290ff., 브뤼닝의 실각을 디플레이션 정책의 실패와 새로운 길을 가기를 망설이는 것에

의회에서의 19일간의 인상적인 성공 후에 브뤼닝은 더 나아가기를 포기했다. 로잔느는 바로 코앞에 있었다. 제국의회는 5월 12일에도 야당의 불신임안을 거부했다. 그러나 흥분한 정치적 여론을 움직인 것은 배상금 문제가 아닌 다른 일이었다. 힌덴부르크의 말은 외정의 우위에 대한 그의 신앙으로부터 그 구체적 기반을 뺏기에 족했다.

5. 브뤼닝으로부터 힌덴부르크의 이반

브뤼닝이 그의 마지막 의회적 승리를 거두던 날 힌덴부르크는 베를린에 있는 대통령 관저를 떠나 동프로이센의 영지인 노이데크로 갔다. 우연히 그는 진기하게도 정부의 운명을 결정했던 조합들(*Kombinationen*)을 만났다. 그 이야기의 전모를 풀어내기는 여전히 어렵다.[134] 최근에 파펜계의 측근 집단의 변명적인 노력을 통하여 많은 흥미 있는 사료들이 발굴되어 부분적으로 출간되었다.[135] 이들은 일단의 "동엘베 융커들이" 동부담당 위원인 슐랑에-셰닝엔의 심화된 이주정책들에 반대하는 이익정치적인 작전에서 브뤼닝 내각 전체를 거꾸러뜨리고 독일

서 도출한다.

134) 가장 중요한 것은 우선 Papen(주 VI/35), S. 174~191; Meissner(주 I/57), S. 221~231; Schlange-Schoeningen(주 I/79), S. 61~77.

135) 헤닝 그라프 폰 보르케-슈타르고트(Henning Graf v. Borcke-Stargodt)는 우선 "브뤼닝 해고에 관한 비밀보고"에서 1947년에 다양한 정치적 당파들의 수많은 인상들과 주장들을 모아서 이 방대한 수집물을 이후에(1953년까지) 참여자들에 대한 또 다른 개인적인 진술, 문서, 요약, 신문발췌로써 보충했다. 특히 파펜의 열렬한 변명(각주 VI/35, S. 176 이하)이 일방적으로 의거하는 이 자료들의 사본은 뮌헨 소재의 현대사연구소에 소장되어 있다. 우리와 연관되는 몇 가지 중요한 부분들은 콘체(각주 IV/39), S. 275~281에 새로이 출간되었고, 콘체의 서문(S. 264~266)도 사료비판과 일반적인 판단에 중요하다.

민족주의적인 대토지 소유의 농업적 및 정치적 의도들에 순종하는 정부로 대치하기 위해 힌덴부르크와의 긴밀한 관계를 이용했다는 그 당시나 오늘날의 대부분의 출판물들에서 제기된 비난을[136] 반박하고자 한다.

따라서 우리가 정부위기의 경과와 동기구조를 재구성하고자 하면 우리는 우선 힌덴부르크가 5월 12일부터 28일 사이 노이데크에 체류할 때 농업을 경영하는 그의 친구들이 그로 하여금 브뤼닝과 최종적으로 결별하도록 사주를 받았다는 테제를 만나게 된다. 특히 일시적으로 노이데크에 머물렀던 마이스너는 힌덴부르크가 그때 분명히 올덴부르크-야누샤우, 바토키, 로르-뎀민 같은 동프로이센의 대지주들의 "잘 조직화된 감행"을 통해 결정적인 영향을 받았다고 단호하게 주장한다[137]; 그는 이로써 동시에 브뤼닝을 실각시키려는 거사에 자신이 참여한 것과 오스카 폰 힌덴부르크의 역할을 부인한다. 이 해석은 이제 파펜에 의해서[138] 그리고 1936년 이미 올덴부르크-야누샤우와 다른 관련자들에 의해 범주적으로 부인되었다.[139] 이 목적을 위해 마련된

136) 예컨대 Braun(주 I/5), S. 390; Severing(주 I/18), II, S. 336f.; Meyer(주 II/89), S. 155; Schlange-Schöningen(주 I/79), S. 69f.; Meinecke(주 VI/9), S. 103; François-Poncet, Botschafter(주 I/81), S. 38; Rudolf Olden, Hindenburg oder der Geist der preußischen Armee, Nürnberg 1948; Wheeler-Bennett, Hindenburg(주 I/82), S. 380(날짜 오류); Miller(주 I/41), S. 412 f.; Stegerwald(주 IV/120), Vortrag 13, Oktober 1945, S. 47f.

137) 마이스너의 확언은(주 I/156, S. 223) 그가 이 기간에 여러 차례 힌덴부르크를 방문했기 때문에 매우 비중이 높다. 이 확언은 분명히 그 자신의 변명적 욕구 때문에 약화될 수 있지만, 진정한 반증이 제시될 때까지 — 그리고 그것이 이하의 진술은 아니다! — 완전히 무시될 수 없다.

138) Papen(주 VI/35), S. 177; 이러한 의미에서 이제는 Goerlitz, Hindenburg(주 I/66), S. 368ff. 그리고 오스카 폰 힌덴부르크 자신도(위 주 VI/38) 참고.

139) 이 비난을 부정하기 위해서 파펜의 장차 내무부장관인 가일은 1936년 9월

자료는 물론 그렇게 일관되어 보이지 않으며 다시 한 번 "1932년 계획된 결의에 따르면 그 토지들이 청산되어야 할 대지주들의 그룹들에서는 큰 흥분이 지배적이었다"[140]는 것을 입증해준다. 직접적인 연결을 분석하는 것은 매우 어려운 일이지만 거기에 연루된 연관관계는 힌덴부르크의 최종적인 결심을 결정적으로 형성하는 데 영향을 미쳤던 사실들을 분명히 보여준다. 아무튼 마이스너와 슐라이허가 브뤼닝에 압력을 가하기 위해 공식적으로 노이데크-측근세력으로 구성했다는 가정은 결코 만족스럽지 못하다.[141] 왜냐하면 동시에 제국농업연맹

7일의 기록에서 그가 1936년 여름 이른바 참여자라는 사람들과 행한 대화들을 요약하였다("Zum Sturz des Kabinets Bruening", in: Conze, 주 IV/39, S. 278f.). 그 후 브뤼네크-벨슈비츠 백작은 "노이데크의 최측근으로서" 문제의 시간에 "정치적 인물들"이 힌덴부르크를 방문했고 어떤 행동을 했다는 데에 관한 모든 소문들을 부인했다(보르케에 관한 미출간 자료에 1948년 7월 8일에 브뤼닝에게 보낸 편지가 있는데, 여기서 모든 개인적인 직접 기억을 동원하여 이러한 주장을 근거지으려고 하고 있다; Borcke, "Vertraulicher Bericht", 주 VI/135, S. 32~37). 폰 올덴부르크-야누샤우가 동일 내용을 확증해주었는데, 그는 이 달에 힌덴부르크를 방문하지도 않았고 그와 정치적 사안에 대해 이야기하지도 않았다는 것이었다. 가일도 동프로이센의 철모단장 오일렌부르크-비켄 백작과 그의 사촌(오일렌부르크-프라센 백작)으로부터 유사한 정보를 얻었다. 그는 동프로이센 농업지도자 브란데스-차우페른 박사와 그 자신에 대해서까지 이 부정을 확장했는데, 여기서 그는 흥미롭게도 그는 5월 24일의 자신의 행동에 대해서 침묵하고 있다. 이 사실 및 올덴부르크의 확언(주 VI/185)의 명백한 부정확성은 이러한 부정 전체를 의문스럽게 만든다. 파펜 내각의 섭생부장관 폰 브라운이 1953년 1월 23일에 보르케 백작에게 보낸 편지(*Ibid.*, S. 281)도 마찬가지인데, 이 편지에서는 힌덴부르크의 영향에 관한 특별보고의 거부가 대농업적인 격분에 아무런 의미가 없을 정도로 대농업적 관점이 일방적으로 방어되어 있다〔Magnus Frhr. v. Braun, Von Ostpreußen bis Texas, Stollhamm(Oldb.) 1955, S. 217ff.〕. 따라서 포메른의 대지주인 로어-데민이 "그의 평생에 노이데크에 간 적이 없었다"고 파펜이 확언할 때(주 VI/35, S. 177), 이는 결코 확실한 반증이 아니다.

140) Papen(주 VI/35), S. 179.

(Reichslandbund)은 그 옛날 의장이었던 제국 부양장관인 실레에 대한 공격을 강화했기 때문이다: 칼크로이트 백작은 긴급한 농업요구들을 가지고 힌덴부르크에게 도움을 요청했다.[142]

어느 정도 제한은 있지만 현재의 지식수준에 따르면 아무튼 심리적 영향뿐만 아니라 아주 구체적인 조치들을 목표로 삼았던 이주계획의 반대자들이 힌덴부르크에 현저한 영향을 행사했다는 것에는 의심의 여지가 없다. 이것이 어떤 방식으로 수행되었는지는 제쳐두어야 한다. 이것은 브뤼닝 실각 1주일 전에 지금은 볼 수 있게 된 항의서한 속에서 나타났다. 이 서한은 이해 당사자들 중의 한 사람이자 동프로이센 농촌협회의 당시 회장이었으며 제국참의원의 일원이었고 프로이센 추밀원의 위원이었고 이어서 파펜 내각에서 내무부장관이 될 가일 남작이 1932년 5월 24일 힌덴부르크에게 보낸 것이었다.[143] 가일의 편지는 더 이상 채무변제 능력이 없는 동부지방 토지들의 강제경매에 관한 명령 초안에 관한 것이었다. 가일의 의견에 따르면 이 문제에 대한 내각에서의 논의는 "동부지방과 독일경제의 폭넓은 집단을" 대단히 불안하게 만들었다. 그는 여기서 "나치로 다시 빠져듦을" 보았으며 "지금까지 폴란드에 대한 방어의지의 전담자들의 저항력"을[144] 더욱더 고갈시키리라고 예견했다. 힌덴부르크로 하여금 브뤼닝의 일에 긴급히 간섭

141) Borcke, "Vertraulicher Bericht"(주 VI/135), S. 38~42. 그는 이에 관해 오스카 폰 힌덴부르크와의 서신에 의거한다.

142) Egelhaaf, 1932, S. 100.

143) 이 편지는 제국참의원의 방에서 마이스너에게 넘겨졌고 같은 날 마이스너가 직접 가지고 노이데크로 향하였다. 이 편지는 Conze(주 IV/39, S. 276f.)에 수록되어 있다.

144) *Ibid.*, S. 276: "이러한 관찰은 군사사무소에서도 나온 것이 아니다." 브뤼닝에 대한 반대가 동프로이센에서 강한 동시에 다름 아닌 그곳의 장교단 사이에서도 민족사회주의적인 주장에 대한 취약성이 감지될 수 있는 정도였다고 Goebbels, Kaiserhof(주 V/13), S. 25에서 강조하고 있다. 아래 S. 396도 참고.

해야 한다는 가일의 요구에 마이스너는 같은 생각이 "다른 측에 의해서도" 힌덴부르크에게 전달되었다고 그를 안심시켰다.[145] 마이스너가 주장한 노이데크 거사가 가담자들이라 일컬어진 사람들 중 누구에 의해서도 어떤 방식으로든 입증되지 않았다는 가일의 추후 확인을 받아들인다 하더라도,[146] 동시에 혹은 약간 뒤에 힌덴부르크에 대한 직접적 영향력 행사가 있었다는 사실은 남는다. 인용된 이주계획 초안이 "동부지방의 넓은 지역에서" 결코 널리 알려지지 않았을 것이라는 추측에 의해서도[147] 이러한 사실에는 별반 달라질 바가 없다. 이것은 단지 이른바 "대단히 급진적인 이주법"[148]에 대한 항의가, 파펜 역시 이에 가담했는데, 여러 차례의 전초전을 치른 후 브뤼닝 내각에 대한 집중적인 공격이 시작된 순간에 전면으로 부상하였다는 인상을 뒷받침해 준다.

이러한 이유에서 불길한 초안에 대한 상세한 언급은 생략될 수 있다. 제국 부처의 요직을 담당한 관리가[149] 나중에 입장표명한 것을 보면 가일의 유고에 "1932년 5월 브뤼닝 명령의 초안"[150]이라고 표기된 문서가 결코 내각에서 협의되지 않았거나 혹은 긴급명령으로서 다듬어지지 않은 실무자-임시초안에 지나지 않았다는 데에는 의심의 여지가

145) Conze (주 IV/39), S. 277에 출판된 1932년 5월 26일에 가일에게 한 마이스너의 답장 편지. 이 짧은 서신은 베를린에서 다시 작성되었다.

146) 주 VI/139에서 인용된 1936년 9월 7일의 글.

147) Conze, *Ibid.*, S. 276, 주 8과 S. 265.

148) Papen (주 VI/35), S. 177.

149) 전 내각국장인 E. Reichard, "Es war kein Stegerwald-Plan", in: Die Welt v. 12. September 1952: "우리가 매우 여러 번 농업적 정주문제에 대해 협상했음에도 불구하고, 가일 남작도 … 그의 유고집에 들어 있는 편지를 내게 언급한 적이 없다 … ." 리하르트는 농업적 정주를 관할하는 노동부 내에서 동부보조에 관한 법안작성 임무를 맡은 대변인이었다.

150) 부분적으로 Conze (주 IV/39), S. 275f. 에 수록.

없다: 슈테거발트 부처도 슐랑에-셰닝엔 동부위원회도 결코 효력을 발하지 못한 이 "초안"에 가담하지 않았다.[151] 정치적으로 보다 중요해 보이는 사실은 그 초안이 부처로부터 가일과 "다른 측"으로의 길을 찾았으며 이로부터 분명히 이익정치적인 통로를 거쳐 힌덴부르크에 전달되었고 브뤼닝에 대한 그의 불만을 더욱 강하게 만들었다는 사실이다.[152] 여기서 대토지 소유가 브뤼닝 정부의 모든 동부지방 지원 및 이주정책들에 대해 점점 더 강하게 제기해 온 비판적 태도는 모든 다른 부분적인 개별비판보다 더 큰 비중을 차지했다.

독일민족적인 영지소유자들의 일부가 브뤼닝-실레 정책을 환영하고 후겐베르크의 원칙적인 반대로부터 거리를 두고 그것을 지지했던 1930년 이후 농업위기는 전체 위기의 틀 속에서 점점 더 위협적이 되어갔다.[153] 나치당은 히틀러의 상응하는 약속 덕분에,[154] 후겐베르크의 "온건한" 급진주의로 돌아가지 않은 한, 이 세력으로부터 현저한 원군을 얻었다. 베스타르프 운동의 운명이 이에 대한 명확한 증거이다.[155] 브뤼닝에 대한 강한 비판을 초래한 것은 특히 그가 프로이센과

---

151) 이에 대해서는 Conze, Ibid., S. 266. 미 출간 부르케 자료(주 VI/135), S. 90f에는 제국의원이자 오버슐레지엔의 채무변제협회 사장인 바우르가 슐랑에-셰닝엔에게 보낸 편지(1949년 2월 17일)도 있다: 바우르는 여기서 슐랑에 부서 내의 "라디칼린스키스"(Radikalinskis)의 초안에 슐라이허가 우연한 것처럼 주어졌을 수 있다는 그에 대한 브뤼닝의 짧은 추측을 언급하고 있다.

152) Gottfried R. Treviranus(주 I/78), S. 1f. 역시 이렇게 본다.

153) Max Sering, *Deutsche Agrarpolitik*, Leipzig 1934, S. 116ff. 의 1930/1933년 동부지방 지원조치들에 대한 개관을 참고. 또한 Mühlich(주 I/38), S. 63ff. 를 보라.

154) *Berliner Tageblatt*, Nr. 162 v. 7. April 1931("히틀러가 대토지 소유를 위해 애쓰다")에 따르면, 히틀러는 오일렌부르크 영주에게 "나는 독일 땅에 광범위하게 이주시킬 의도가 없다…. 그에 상응하는 공간이 우리에게 확보된 연후에야 우리는 합목적적으로 이주시킬 수 있고 또 이주시킬 것이다…."

제국의 대단히 넉넉한 동부지원 활동을 수익성의 기준에 따르게 했다는 사실이었다:[156] 독일민족적인 신문의 선동에 따르면 브뤼닝은 동엘베의 대토지 소유를 때려 부숨으로써 그 정치적 영향력을 제거하려 했다는 것이다. 이미 프로이센 정부에 대한 선동에서처럼 여기서도 이익정치적인 주장이 곧바로 정치적인 주장으로 바뀌었다.

새로운 동부담당 특사인 슐랑에-셰닝엔의[157] 정력적인 개입은 하지

---

155) 베스타르프 주변 사람들이 1931년 7월 "민족정책적 작업공동체"를 창설했다. 이것은 〈동부독일로 보내는 편지〉라는 기관지를 통해 동부독일의 지주, 고위관리들, 산업가, 성직자, 교사, 공공기관들과 경제조직들에 정치문제들을 냉정하게 다루고 "우리의 처지의 조건들을 보다 강하게 이해하는 방향에서" 영향을 미치고자 함이었다. "정부, 특히 슐랑에-셰닝엔이 내밀히 후원하는 가운데" 이 편지들은 격주로 거의 8천 명의 선별된 인사들에게 보내졌다. 기록자는 〈링〉과 〈보수인민의 목소리〉에서 활동했던 게오르크 슈뢰더(Georg Schroeder)였다. 베스타르프 사료에는 1931년 10월 30일과 11월 9일에 있었던 관할 위원회의 회담일에 관한 설명이 들어 있는데, 이는 상황에 대한 통찰까지 제공해준다. 즉, 그에 따르자면 정치적으로 특히 제국농촌동맹과 철모단의 영향을 받은 동독의 대지주들 사이의 분위기는 상당히 격분해 있었다. 편지들은 거의 영향력을 갖지 못했던 것으로 보인다(그러나 이 편지들은 브뤼닝의 우익을 향한 노력과 대농업적 보수주의의 영역에서의 그의 좌초에 대한 상황전거로서 흥미롭다).

156) 아마도 동부지원을 조종하는 데서 힌덴부르크에 가까운 집단들을 통한 규정을 벗어난 행위가 드러날 것에 대한 두려움도 작용했을 것이다: 이 점은 뒤이은 논쟁에서 흔히 언급이 되었지만 지금까지도 명확하게 규명되지 못했다. 오토 브라운(주 I/5, S. 387f.)이 인용할 수 있는 유일하게 구체적인 사례는 물론 믿을 만한 것으로 입증되었다: 포메른의 동부보조 위원(1930/1931년)인 위르겐 폰 데비츠(Jürgen v. Dewitz)는 힌덴부르크의 친척 사이의 동일한 행동을 통해 자신의 행위를 감춘 뒤에 그의 개량책을 거리낌 없이 자신의 친척들에게 유리하게 만들었다. 분규가 생기자, 그는 마이스너를 통해 직접 힌덴부르크 앞에서 진술했는데, 이 사실로 인해 데비츠는 실각하고 힌덴부르크는 의심을 받았다. 1950년 3월 7일에 치체비츠에게 보낸 데비츠의 편지(Borcke, "Vertraulicher Bericht", 주 VI/135, S. 61~64)도 이러한 내용을 만족스럽게 설명해줄 수 없다.

만 이 정치전술적인 관점을 별로 고려하지 않았다; 그것은 불만을 더욱 강화시켰다. 물론 경험이 많은 영지소유자로서 그는 1931년 12월 6일의 채무상환법을[158] 가지고 동부지원활동의 틀 내에서 가능한 조치를 취했다; 채무상환서한을 통해서 수많은 영지들이 구제되었다.[159] 구제가 더 이상 정당화될 수 없었던 경우들도 남아 있었다. 사회적 정당성의 모든 근본원칙들을 거스르지 않으려면 이를 실업을 완화하기 위한 대규모 이주활동에 희생시켜야 했다. 여기에 슈테거발트가 슐랑에-셰닝엔과 연대하여 추진한 이주법 프로젝트가 연결되었다. 그것은 5월 21일 내각회의의 공보(公報)에서 언급되었다. "농업 볼셰비즘"에 대항한 농업적 반대파의 뚜렷한 이익정치적 반응은 분명 이미 오래전부터 시작되었다. 그들이 — 힌덴부르크를 통한 기존의 경로로 — 점점 더 브뤼닝 자신을 위협했다는 것은 대통령체제가 본래 그의 공고함을 힘입었던 분위기의 변화가 개각중에 뚜렷해졌다는 표현이었다. 이제 동부독일 영지소유의 가장 열렬한 대변자들은 힌덴부르크와의 개인적인 관계를 한층 강하게 이용하여, 우파정부를 세우라는 요구를 제기했다. 이는 1931년 이래 대통령 측근에서, 슐라이허의 조사들에서, 그리고 심지어 브뤼닝의 대안계획들에서 자리를 확보했으며 대통령 선거를 통해서야 비로소 밀려났다.

이러한 정치적 배경하에서 농업을 경영하는 신분동료들의 새로운 압력에 대한 힌덴부르크 자신의 반응은 직접적인 의미를 얻었다; 그것은 아마도 단지 추가적 요소에[160] 지나지 않았을 것이지만 브뤼닝으

157) 위의 S. 168 참고.

158) RGBl., 1932, I, S. 59ff.; S. 71ff.; S. 130; S. 143ff.

159) 이에 대해서는 Schlange-Schoeningen(주 I/79), S. 57ff.; S. 66ff. 특히 파펜의 순진하고 전형적인 정치적 통찰력을 엿볼 수 있는 사실은 그가 대지주들에 의한 동부지원의 불규칙적인 활용에 관한 소문을 1933년 2월 이래로 후겐베르크가 주재하는 한 의회 조사위원회의 1933년 3월 25일의 보고에 대한 지적으로(!) 무시했다는 점이다: Papen(주 VI/35), S. 179.

로부터 완전히 결별하려는 그의 결심에 분명히 기여했다.[161] 아마도 가일의 편지가 영향력을 행사한 뒤 마이스너는 브뤼닝의 차관인 퓐더로 하여금 브뤼닝이 힌덴부르크에게 개입하도록 충고했다; 그는 슐랑에-셰닝엔에게 전화로 "제국대통령은 나의 이주계획에 대해 대단히 불안해 하고 있으며 내게 브리핑을 하러 오라고 제안할 것이라고"[162] 전했다. 슐랑에-셰닝엔이 5월 27일 힌덴부르크에게 즉시 보낸 편지는[163] 간접적인 영향력 행사에 대한 진지한 분노의 징후들을 담고 있었다. "맹목적으로 타격을 받은 집단들이" 이러한 영향력 행사를 통해 폰 슈타인 남작의 시대에서처럼 필수적인 이주정책적인 발전을 막으려고 하며 그것을 그들의 이해관계에 종속시키려 했기 때문이었다. 이 편지는 사퇴하겠다는 위협으로 끝을 맺었다.[164] 아마도 같은 날에[165]

---

160) Conze (주 IV/39), S. 265.

161) 힌덴부르크가 노이데크에서 행한 연설에서 그 당시 그에게 농업분야의 불만에 대한 염려를 표하고 그가 "민족적이고 농업친화적인 사람들을 정부로 불러들이라고 동프로이센의 모든 집단들로부터 압박을 받고 있다"고 부연했다는 마이스너의 주장(주 I/156, S. 223f.)은 저자의 변명적 성격을 유보하고라도 결코 부인할 수 없을 것이다.

162) Schlange-Schöningen (주 I/79), S. 70. Meissner (주 I/159), S. 226.

163) Schlange-Schöningen (주 I/79), S. 70~72.

164) 마이스너의 확인되지 않은 보고서(주 I/156, S. 226)에 의하면 이 격정에 찬 편지는 그 속에서 "젊은 장관의 매우 이상한 행동거지"를 본 힌덴부르크를 불편한 심경으로 밀어붙였으며 일의 전개를 가속화시켰다.

165) Schlange-Schöningen (주 I/79, S. 72)는 이에 대해 6월 7일을 말하고 있지만, 회담은 분명히 여기서 추정되는 맥락 속에 있었고 다른 곳에서도 (S. 77) "브뤼닝의 실각 며칠 전에" 일어났다고 강조하고 있다(명백한 전적으로 기억에서 쓰여진 이 책에 나오는 날짜들은 완전히 믿을 만하지는 못하다). 통합경제지역의 경제회의에서 한 슐랑에-셰닝엔의 묘사도 비교할 것: Wörtlicher Bericht über die 27. Vollversammlung am 2.-3. Dezember 1948 in Frankfurt a. M., 2. Sitzung (3. 12. 1948), S. 1223, S. 2: 여기서 회담날짜는 "브뤼닝 내각의 붕괴 전날 저녁"으로 되어 있다.

제국농촌동맹 의장인 칼크로이트 백작이 슐랑에의 관청에 나타났다. 그 조심스런 조사는 간접적으로만 방문의 배경을 인식시켜준다. 그러나 그것은 구내각이 아직 힌덴부르크의 노선변화에 대해 아무런 공식적인 지식을 갖고 있지는 못했지만 여기서 새 정부의 구성에 대한 논의가 있었다는 것을 추정케 해준다.

이 증거들에 따르면, 제국농촌동맹도 참여했던 브뤼닝에 맞선 대토지 소유의 강력하고 효과적인 개입은 결코 "꾸며낸 이야기"166) 라고 처리해버릴 수 없다. 이것은 결국 힌덴부르크 자신의 말을 통해 입증된다. 이미 6월 1일 받아쓰게 한 문서에서 베스타르프 백작은 그의 특성인 아주 세심한 정확성을 가지고, 그가 알고 있는 한, 5월 28일과 31일 사이의 과정들을 설명했다.167) 힌덴부르크와의 대화에 대한 그의 보고서는(5월 31일) 대농업적 주장들이 국면전환의 중요한 동기였으며 힌덴부르크의 주요 관심은 이 순간 "이주계획 초안의 볼셰비키적 국유화법"에 있었다는 인상을 확인시켜준다.168) 상당한 불명확성이 개별적으로 있었음에도 불구하고 이러한 일반적 맥락에 관해서는 거의 의구심이 존재할 수 없는 만큼, 농업적-이익정치적 활동이 이 사건의 중요한 구성요소들 중 하나에 불과했다는 것도 동시에 확실하다. 다른 요소는 대토지 소유의 활동을 이용할 줄 알았던 슐라이허의 의도를 둘러싸고 형성이 되었다.169) 그는 이 순간 새로운 총리를 만들어냈을 뿐

166) Conze, "Die Weimarer Republik"(주 I/9), S. 660.

167) Westarp, "Zu Bruenings Rücktritt"(주 VI/59), S. 282~288.

168) *Ibid.*, S. 287.

169) Meissner(주 I/159), S. 224는 슐라이허의 당시 노이데크 방문은 전적으로 힌덴부르크 주변의 "대농들"의 개입으로 시작되었고, 물론 그와 상관없이 나름대로 브뤼닝의 해임을 목표로 했다. 반면에 브뤼닝 스스로는 계략소동에 대한 충격적인 인상을 전해주는 1948년 10월 12일 브뤼네크 백작에게 보낸 아직 미 출간된 편지에서(Borcke, 주 VI/135, S. 43~48), 슐라이허 외에 마이스너에게 가장 많은 부담을 안겼다.

만 아니라 "민족적 반대파"와 제국군대에 기초한 새로운 유형의 대통령정부를 구성하기 위한 협상도 이끌었다.

6. 브뤼닝에서 파펜으로

브뤼닝 정부의 실각은 매우 빨리 마찰 없이 왔기 때문에 경고적 징후들은 많이 있었지만 여론에서뿐만 아니라 직접 관련자들도 놀랐다. 힌덴부르크의 사라져가는 충성심이 그렇게 로잔느회담 개최 직전에 브뤼닝 반대파의 작용에 굴복하리라고는 아무도 계산하지 못했다. 물론, 기존의 그리고 다시 제국의회에 의해 간접적으로 작동되었던 정부 이외에 새로운 정부를 세우려는 노력들을 추진했던 열정적인 활동에 대해서는 단지 확인되지 않은 소문만 있었다. 지금도 우리는 슐라이허의 주도권을 평가하기 위해 여전히 괴벨스의 불충분한 메모들에 의존하고 있다. 이에 따르면 5월 18일에 브뤼닝에 맞서는 "비밀작전"이 "확고하게 계속"되었다. 하루 뒤 "슐라이허 장군의 사자(使者)"가 나타나서, "…장관 명단을 발표할 준비가 되어 있다. 과도기를 위해서 그것은 그리 중요하지 않다"라고 전했다. 5월 23일에는 "위기는 계획대로 진행되고 있었다." 다음날 괴벨스는 이미 파펜을 새 총리로, 노이라트를 외무부장관으로 그리고 5월 29일에는 브뤼닝의 실각을 메모할 수 있었다.[170)]

프란츠 폰 파펜은 슐라이허의 후보였다. 특히 세 가지 동기가 이 선택에 영향을 미쳤을 것이다. 53세의 파펜은 반의회주의적이고 군주제적이며 신분제적인 정파의 극단적 대변자들, 중앙당의 독일민족적 경

---

170) Goebbels, Kaiserhof(주 V/13), S. 98~102. 이 협상과정에서 예를 들어 5월 19일에 함부르크의 정당기관지에서 "슐라이허에 대한 시의적절치 못한 공격"을 했던 한 민족사회주의 저널리스트가 나치당으로부터 출당되었다 (*Ibid.*, S. 99).

계인들에 속하였고[171] 이미 1925년 자기 당의 후보를 반대하고 힌덴부르크를 대통령으로 지지했다.[172] 프로이센 주 의회의 의원으로서 그는 의회규정의 개정에 반대함으로써[173] 그의 당과 사민당의 연합에 근본적인 반대를 제기했으며[174] 원래 우파적 성향이었던 브뤼닝 내각

171) 이에 대해서는 이미 Franz von Papen, "die Parteien", in: Die Einheit der nationalen Politik, Stuttgart 1925, S. 230f. Theoder Eschenburg는 자신의 기억에 의존하여 파펜의 성격과 입지를 비판적으로 분석하고 있다 (수많은 비논리적이거나 사실과 반대되는 주장들의 목록과 더불어). Theoder Eschenburg, "Franz v. Pape", *Vierteljahrshefte für Zeitgeschichte* 1(1953), S. 153ff.

172) 파펜은 당시 "황제의 피난을 통해 단절된 전통을 복원하는 것"이 중요하였다. "나는 내가 누구를 지지해야 하는지에 대해 한순간도 의심하지 않았다." Papen(주 VI/35), S. 133. 따라서 그는 힌덴부르크 캠페인에 앞장서서 참여했고 선거에서 승리한 뒤 새 대통령에게 축하전보를 보냈다 (Wheeler-Bennett, Hindenburg, 주 I/81, S. 267f.). "힌덴부르크는 개인적인 서신에서 아마도 결정적으로 작용했던 나의 지원에 대해 감사했다." 그리고 1932년까지의 시기에 그에게는 "당 밖에서도 나의 정치적 노선을 추구할 수 있는 다른 가능성이 열렸다": Papen(주 VI/35), S. 133f. 특히 1925년 이래로 브라운 연정정부의 몰락과 당의 결연한 우익발전을 추진했던 프로이센 중앙당 내의 베스트팔렌의 농업 반정부당의 영향력 있는 지지자로서의 파펜의 역할에 대해서는 Helga Grebing, Zentrum und katholische Arbeiterschaft 1918-1933, Ein Beitrag zur Geschichte des Zentrums in der Weimarer Republik, Diss. Berlin 1952(ungedr.), S. 153ff. 사실상, 1925년의 제 2차 대통령 선거에서의 힌덴부르크에 대한 마르크스의 패배는 바이에른인민당과 튀링엔과 작센의 사민당의 추락에 의해서뿐만 아니라, 중앙당에 유리한 라인란트와 베스트팔렌 지역에서의 눈에 띄게 저조했던 선거참여율에 의해서도 초래되었다.

173) 위의 S. 369 참고. 파펜은 자기 당의 프로이센 분파 내에서도 큰 영향력을 얻지 못했고, 제국의회 분파의 후보목록에서도 고려되지 못했다. 1932년 4월 24일 선거에도 그는 입후보하지 못했다.

174) 오늘날도 파펜은(주 VI/35, S. 181) 그가 "항상 반대했던 사민당과의 긴밀한 협력"이 특히 프로이센에서 "의회주의적 과도함"을 제거하는 것을 방해했으며 근본적으로 바이마르공화국의 몰락에 기여했다고 믿고 있다.

의 좌파에 의해 묵인된 중도노선을 실망스럽게 여겼다.[175] 4월 말에야 그는 그가 귀족회원으로서 긴밀한 관계를 맺고 있는 귀족클럽(*Herrenklub*)의 잡지에 그러한 의견을 담은 사설을 발표하였다.[176] 여기서 "우익들의 거대한 저수조 속에 있는… 가치 있는 요소들을 국가에 끌어들이는 것"이 전통적인 중재정당으로서의 중앙당이 직면한 가장 긴급한 정치적 과제로 표현되었다. 이를 통해서도 슐라이허는 힌덴부르크에 깊은 인상을 남겼던 것으로 보인다.[177]

게다가 개인적인 접촉점도 있었다. 파펜은 가톨릭적인 베스트팔렌의 농촌귀족의 일원으로서 농업적-군주제적 성향을 가지고 있었다. 더욱이 그는 자를란트의 산업가 집안과 결혼하였으며 과거 창기병 장교이자 참모부 장교로서 제국군대의 이해관계에 열린 자세를 가지고 있었다[178] : 그는 과거에 슐라이허와 함머슈타인과 같은 시기에 함께 참모부에서 일했었으며 세련된 귀족으로서 브뤼닝보다 "늙은 주인에게" 더 가까웠고 의심할 바 없이 더 편했다. 마지막으로 파펜은 열정적으로 말타기를 좋아함으로써 부수적 관심을 가지고 있었고 정치적으로 적응능력이 컸을 뿐만 아니라 해롭지 않은 인물이었다. 그는 그래서 슐라이허의 앞으로의 계획들을 위한 과도적 대표자로서 그리고 사람들 앞에 나서기를 꺼려하는 장군의 조종하기 쉬운 "대변인 장관"으

175) 뮌스터의 뒬멘에서 있었던 농업지역연맹 총회의 유명한 연설에서 가장 결연했다: "총리의 은밀한 독재는 의회적 장식을 벗어야 한다. 총리는 민족내각, 정부, 독재를 민족적 토대 위에서 운영해야 한다." Gert Buchheit, *Franz v. Papen, Eine politische Biographie*, Breslau 1933, S. 31에서 인용.

176) *Der Ring*, Heft 16 v. 16. April 1932, S. 258. 그는 1923년 이래로는 베를린 중앙당지 〈게르마니아〉의 이사회장이자 주주로서도(Papen, 주 VI/35, S. 136ff.) 중요한 언론수단을 갖고 있었다. 1932년 6월 4일에는 대사업가 플로리안 크뢰크너가 그를 대체했다.

177) Meissner(주 I/159), S. 231.

178) 파펜 스스로(주 VI/35, S. 141) 오늘날도 그의 입각을 "다소 군대의 표결"이라고 본다.

로서 매우 적합한 것으로 보였다.[179] 1916년 미국으로부터 추방되었으며 귀국길에 그의 외교관으로서의 부적절한 행동의 증거들이 영국 관리국의 수중에 들어가고 백서에 기록되게 했던[180] 대사관 부속무관인 파펜의 신중치 못한 사보타지 활동으로 슐라이허의 국제적 명성이 손상되었다는 사실은 1932년의 쿠데타 성공 이후의 신문논평을 통해서 비로소 독일 여론에 알려졌다.

우리가 파펜의 말을 믿어도 된다면 그는 집필활동에서나 슐라이허와의 대화에서 최근에서야 정부구성을 우측으로 확장할 것을 지지하였으며, 직접적인 정치과정들과의 보다 긴밀한 접촉도 없이 그의 처의 자를란트 영지에서 결정적으로 중요한 주간을 보냈다. 여기서 그는 — 이른바 "무슨 일인지 모른 채"[181] — 슐라이허의 전화를 받고 5월 28일 그의 베를린 사무실에서 그를 만났다.[182] 뒤이은 대화에서 슐라이허는 그에게 자기의 협상들과 계획들의 잠정적 요점을 전해주었다.

파펜의 자세한 보고서에 따르면[183] 슐라이허의 생각은 "정당들로부

---

179) Friedrich K. v. Zitzewitz-Muttrin이 O. H. v. d. Gablentz와의 대화에서 1951년 10월 1일 설명한 것은 이 장면을 특징적으로 보여준다. 그가 5월 말에 폼머른 농촌연맹의 친구들과 함께 라인란트로부터 베를린으로 여행했을 때 파펜을 만나 그가 슐라이허의 중개를 통해 곧 입각하리라고 들었다는 것이다. 그가 슐라이허에게 "그 파펜은 결코 우두머리감이 아니다"고 말하자 슐라이허는 "그는 우두머리가 돼서는 안 되고 그는 모자이다"고 대답했다는 것이다. François-Poncet, *Botschafter*(주 I/80), S. 13ff.; Bonn(주 I/81), S. 338f. 도 참고.

180) 지금도 파펜의(주 VI/35, S. 53~57) 광범위한 변명은 이 과정들에 대한 새로운 양상을 말해주지 않는다. 그것은 파펜의 무능력을 보여줄 뿐이지, 파펜의 "사업"이라는 사실을 부정하지는 않는다.

181) 그에 반해 브뤼닝("Brief", 주 I/9, S. 10)은 슐라이허와 잘 아는 프랑스 대사(François-Poncet)가 5월 30일로부터 1주일 전에 이미 "사적인 대화에서" 그에게 파펜을 브뤼닝의 후임자로서 언급했다는 것을 입증한다.

182) Papen(주 VI/35), S. 182.

183) *Ibid.*, S. 182~188. 검증할 수 있는 가능성이 없고 파펜은 여기서 결정적

터 독립된, 전문가들로 구성된 내각"에 대한 힌덴부르크의 강력한 소망에서 출발하였다. 돌격대 금지가 제국군대가 받아들일 수 있는 방향에서 나치문제를 해결할 수 있는 모든 가능성을 봉쇄한 후에, 그는 브뤼닝의 실각이 필연적인 것이었다고 보았다. 이에 반해 슐라이허는 흥미롭게도 동부지원 문제는 전혀 언급하지 않았으며 단지 브뤼닝에 대한 동부 농업계의 불만을 일반적으로 강조했을 뿐이었다. 정당체제의 권위주의적 극복의 필연성에 대한 모든 더 이상의 생각들은 제국총리와 프로이센의 주 총리 사이의 인적 동맹을 가진 "민족적 집중정부"를 통해 "비스마르크적 처방에 따라" 질서와 안정을 재건하려는 파펜의 생각과 일치했다.[184] 이 생각들은 정부교체를 둘러싼 계획들이 특히 어떤 특정한 형태를 띠고 있었는지를 보여주었다. 이 시기에 노이데크에서 돌아온 힌덴부르크에게 파펜은 이미 확실하게 제안되어 있었고 "전문가 내각"도 구체적인 윤곽을 가지고 있었다.

이것이 어느 정도나 완전히 슐라이허의 작품이었는지 — 파펜은 단호히 그렇다고 주장한다 — 결코 만족스럽게 답을 구하지는 못할 것이다. 의심할 바 없이 슐라이허 장군은 우익야당과 광범위한 협상을 가졌고 힌덴부르크와도 지속적으로 접촉을 가지며 위기를 포괄적으로 통제하였다. 그러나 동시에 힌덴부르크의 독일민족적 측근들이 "대농업가들"과 결합하여 그들이 의도한 대로의 정부교체에 대해 확신하고 있었다는 아주 구체적인 증거들이 있다. 대통령 선거의 전도된 전선에 대한 불만은 힌덴부르크의 선거 운동가들에 반대하는 새로운 협력에게 길을 양보했다. 이에 대해서는 올덴부르크-야누샤우가 5월 21일, 즉

인 계략에 대한 책임 전체를 슐라이허에게 떠밀려는 노력을 그 어느 때보다도 확고히 하고 있기 때문에, 판단에서는 분명히 특별한 주의가 필요하다.

184) 파펜(*Ibid.*, S. 183) 스스로는 슐라이허와 "이 문제에 대해 이미 자주 이야기했다"고 강조하고, 또한 얼마나 자주 그가 브뤼닝에게 그렇게 하도록 간청했는지 여전히 강조해야 한다고 믿고 있다.

가일이 힌덴부르크를 찾기 3일 전에,[185] 우익들의 독재가 임박했다는 그의 확신을 표현한 한 편지로부터[186] 많은 시사점을 얻을 수 있다. "브뤼닝 내각은 끝장났다"는 파펜이 보르케 자료를 알면서도 의도적으로 침묵했던 이 분명한 선언으로, 그가 문제의 시기에 힌덴부르크와 아무런 정치적 접촉도 갖지 않았다는 올덴부르크의 사후적 변명만 명백히 반박되는 것이 아니다.[187] 5월 24일 가일의 중재가 얼마나 직접적으로 정치적 사전조사들과 연결되고, 노이데크에서의 일반적인 분위기전환의 유리한 순간에 초안"이라는 주장을 가지고 추격하여 힌덴부르크의 결심을 최종적인 것으로 만들려고 했는지도 분명해진다.

슐라이허의 이러한 활동들이 단지 인지되었을 뿐 수행되지 않았다는 것은 올덴부르크가 그의 편지에서 장래의 "독재자"에 대해 아무런 언급을 할 줄 몰랐으며 파펜을 거명하지 않았고 이 시기에 심지어 분명히 후겐베르크를 생각했다는 것과 더 나아가 그가 그뢰너의 "경력의 이러한 아름답지 못한 종말"을 당연히 부러워하지 않았던 만큼, "정치적 장군들의" 활동을 불신했다는 것을 통해 입증된다. 마지막으로 힌덴부르크가 폰 가일을 "극우적"으로 여겼던 것으로 인해 가일에 대한 자신의 잦은 옹호가 늘 실패로 끝났다는 ― 아마도 가일 스스로가 고무시켰던 ― 올덴부르크의 단언 역시 여기에 들어맞는다. 동시에 슐라이

185) 위의 S. 384ff. 참고.

186) Conze(주 IV/38), S. 277f. 에 인쇄된 "Schreiben des Kammerherrn v. Oldenburg-Januschau an Freiherrn v. Gayl vom 21. Mai 1932."

187) 올덴부르크-야누샤우는 뒤스터베르크의 후보에 대한 그의 지지로 인한 힌덴부르크의 불쾌감을 언급하고는 있으나, 힌덴부르크가 히틀러 대신에 재선된 것은 지금 시점에서 행운이라고 밝히고 있다. 그는 이차전에서는 힌덴부르크에게 자신도 표를 던졌는데, "빌헬름 거리에서 우익의 결합이 찢어져서는 안 되기" 때문이었다. 결국 "우리는 다시 서로를 이해할 수 있다"는 약속에 대해 그는 28일에 베를린으로 돌아가면 힌덴부르크를 보겠다는 통고로 화답했다. 이로써 그는 이 시기 내내 힌덴부르크와 전혀 관계가 없었다고 한 그의 나중의 주장은 해결된다(위 주 VI/139 참고).

허와 함머슈타인 외에도 동프로이센의 독일군 사령부(사령관 폰 블롬베르크)의 참모장인 폰 라이헤나우 대령 역시 나치당이 정부에 참여해야 한다고 압력을 가한 것으로 보인다: 그는 "〔그렇지 않으면〕 동프로이센의 제국군대와 주민을 유지할 수 없다"는 것이다.[188]

물론 이제 힌덴부르크가 베를린으로 돌아오는 순간에, 슐라이허의 파펜 계획이 명시적으로 관철되었다. 그는 우익적인 "초당파적" 대통령 내각이라는 낡은 생각으로 복귀하여 자주 논의되었던 길들이기 프로젝트를 포함시켰고, 히틀러가 슐라이허를 통해서 일련의 일차적 요구를 양보한 후에는 나치당에 관해 어떤 생산적인 가능성을 기대하는 것처럼 보였다. 구체적으로 말해서, 파펜이 지금 책임지게 된 정치노선은 분명히 브뤼닝 노선의 풍자화만을 의미했다. 즉, 사회민주주의의 묵인을 나치당과의 협력으로 대신해야 한다는 것이었다. 이를 위해 슐라이허는 돌격대 금지의 취소와 제국의회에 대한 새로운 선거를 그에게 용인해준다면, 새로운 내각을 묵인하겠다는 히틀러의 약속에 의거했다. 이는 우익이 강해진 새 의회가 "민족적 정부"의 활동을 방해하지 않으리라는 기대로 정당화되는 것처럼 보였다. 그러면 오히려 "민족적 반대파"는 마침내 의회적 방해를 제거하기 위해서 의회주의에 대한 원칙적인 비판을 시작할 수 있으리라는 것이었다.

슐라이허가 5월 30일 다시금 파펜을 위해 성공적으로 힘을 기울인 반면, 브뤼닝의 돌연한 해고에 직면하여 중앙당과 함께 중간 정당들도 새로운 집합으로 이끌고 이것에 좌파에 반대하는 다수당 전선의 성격을 부여하려던 기대는 깨졌다. 마이스너는 노이데크로부터 돌아오자마자 이미 그 전에 즉시 노이데크를 방문하고자 했으나 실패한 브뤼닝에게 5월 26일 변화된 분위기와 힌덴부르크의 새로운 요구들에 대하여

188) 1932년 5월 29일 베스타르프와 트레비라누스의 대화: Westarp, "Zu Brünings Rücktritt"(주 VI/59), S. 284. 위의 주 VI/144에 인용된 괴벨스의 언급도 참고하라.

보고했다: 그것은 인사정책적 계획들과 입법계획들에 관계되었으며 사실상 특히 내각의 이주계획에 반대는 내용이었다. 박두한 정부교체에 대한 소문들이 이제 급속히 힘을 얻어갔다. 트레비라누스의 증언에 따르면, 이미 5월 28일에 브뤼닝 자신이 내각의 상황을 매우 심각한 것으로 보았으며 슐라이허와 제국군대의 입력에 대한 그의 부정적 반응이 이미 힌덴부르크 앞에서의 다음 브리핑을 통하여 사퇴를 초래할 것으로 예상했다.[189]

차후의 사건들은 매우 황급히 전개되었다. 힌덴부르크의 태도 역시 너무나 냉혹하고 결연해서 뒤이은 협상들은 단지 형식상의 문제로만 보일 수 있었다. 5월 29일 노이데크에서 돌아온 힌덴부르크와 브뤼닝의 1시간 동안의 담화에 대해서는, 적어도 사람들이 힌덴부르크에게 큰 종이에 큰 글씨로 써준 요구들이[190] 많이 언급된 이주계획들뿐만 아니라 내각을 우측으로 확장한 것, 즉 근본적 내정노선의 변경과 정부구성에서의 폭넓은 변화에 관한 것이었다는 정도가 알려졌다. 마이스너 역시 힌덴부르크의 제안들이 이전보다 "덜 유화적인 형태로" 이루어졌다는 것을 확인해준다.[191] 브뤼닝 자신의 보고[192]는 힌덴부르

189) 1932년 5월 28일 트레비라누스의 전화상의 보고, Westarp, *Ibid.*, S. 282. 브뤼닝은 하지만 이날 베를린의 외국신문 클럽의 연례향연에서의 연설에서 정부위기에 대한 모든 소문들을 부인하려도 노력했다: Horkenbach, 1932, S. 159f.

190) Schlange-Schöningen (주 I/79), S. 73.

191) Meissner (주 I/159), S. 226f.; Treviranus bei Westarp (주 VI/59), S. 283. 덧붙여서 Adam Stegerwald, Wo stehen wir?, Würzburg 1946 (1945년 8월 21일 연설), S. 17. 이에 따르면, 힌덴부르크가 브뤼닝에게 전쟁배상금 지불중지, 무장강화, 군주정으로의 복귀, 정당과 노조의 폐쇄를 요구했다.

192) "Brief" (주 I/9), S. 8f. 5월 30일(29일 대신에) 이란 날짜는 5월 30일 대신에 31일의 브뤼닝의 마지막 접견설과 5월 30일 대신에 31일의 마지막 내각회의에 대한 슐랑에-셰닝엔의 날짜(주 I/79, S. 73)와 마찬가지로 오류이다.

크의 기분변화를 대통령의 새로운 정신적 허약성[193]으로 설명하고 힌덴부르크가 제국의회의 해체를 강력하게 요구했으며 돌격대 금지의 제거를 요구했다고 확인해주고 있다. 즉, 힌덴부르크는 이것을 그가 이에 대해 한 중개인[194]을 통해 우측으로 확장된 브뤼닝 정부를 후겐베르크와 히틀러가 지지해줄 것을 약속받았다는 것을 가지고 설명했던 것이다. 동시에 힌덴부르크는 브뤼닝이 그의 노선을 고집하는 한 의회에서 통과되지 않은 명령에 서명하는 것을 거부했다. 이로써 결정적인 순간에 브뤼닝의 기반이 침식되어, 제국총리가 대통령체제하에서 가장 취약한 위치에 있었다는 사실이 드러났다.

브뤼닝에게는 자주 맹세된 제국대통령의 "신임" 이외의 아무런 대안이 없었다. 동시에 완전히 그의 통제 밖에 있던 사안들이 이미 얼마나 발전했는지 그에게 분명해졌음에 틀림없다. 내각은 곧 한 회의에서 총사퇴를 결의했으며 그뢰너의 분노의 표출을 동반했다.[195] 브뤼닝은 물론 그가 이미 이러한 종류의 위기를 여러 차례 경험했고 힌덴부르크와의 마지막 대화에서 마음의 변화의 흔적을 인식했다고 믿었기 때문에 대통령의 "신임"[196]을 재회복함으로써 상황을 구제하기를 희망했

193) Westarp(주 VI/59, S. 287) 역시 힌덴부르크를 "건강이 타격을 받았으며 무관심하다고" 묘사하며 그가 거부된 NVO-초안의 내용에 대해서, 그것이 이주계획들과 전쟁연금의 삭감을 벗어나는 한, 잘 모르고 있었다는 인상을 가지고 있었다. 이로부터 힌덴부르크에게 5월 25일에 노이데크에서 그에 관해 보고했던 마이스너는 그가 오늘날 강조하는 것처럼 그렇게 무관하지 않았음을 추정할 수 있다.

194) Meissner(주 I/159, S. 226)에 따르면 이것은 슐라이허였다. 브뤼닝 역시("Brief", 주 I/9, S. 13) 파펜을 임명하기 아직 전에 슐라이허와 히틀러 사이의 이러한 약속이 있었다고 믿는다.

195) Schlange-Schöningen(주 I/79, S. 73)는 그뢰너가 노선변경의 방법에 대해 격분하여 인사와 과정에 대한 몇 가지 지침을 통고했지만, 힌덴부르크가 어떤 일이 있어도 "인민에게 아직 유일한 결집점으로" 남아있다는 브뤼닝의 설명을 듣고는 진정했다고 전하고 있다.

다. 그는 적어도 파펜 대신 괴르델러나 베스타르프를 그의 후임자로서 힌덴부르크에게서 관철시키고 그럼으로써 정부의 계속성의 단절과 극우주의에 대한 전술적으로 치명적인 양보들을 피할 가능성을 계산했다.[197] 그래서 그는 의도한 마지막 기회들을 잃지 않기 위해서 모든 공적인 반대행위들에 반대했다.

이 순간에 사퇴를 결정하게 될 대통령 접견 단 1시간 전인 5월 30일 아침, 브뤼닝이 미국 특사 휴그 깁슨(Hugh Gibson)의 노력으로 미국, 영국, 이탈리아에 이어 프랑스의 새 총리, 헤리옷이 군비축소의 공식에 원칙적으로 동의했다는 오랫동안 기다려온 소식을 마침내 얻었을 때 극적인 전환은 가능한 것으로 보였다. 이로써 즉각적인 협상을 위해 제네바로 소집된 브뤼닝은 배상금 문제의 박두한 해결 외에도 "외교

196) Bruening, "Brief"(주 I/9, S. 9f.)는 슐랑에-셰닝엔의 보고를 대체로 확인해주지만, 그가 이미 1월과 2월에도 비슷한 상황에 처했으나, 직접적인 회담을 통해서 "헌법 외적인 고문들"의 계략에 맞섰고 힌덴부르크에 대한 자신의 관계는 다시 공고해질 수 있었다는 점을 지적한다. 그는 "정부를 유지하기 위해서 1932년 1월 이래로 거의 매주 이를 … 행해야 했다"고 말했다.

197) 이제는 Ritter, Carl Goerdeler(주 III/194), S. 53f. 참고. 동시에 일시적으로는 힌덴부르크를 중심한 집단 내에서 그리고 5월 28일 이래로는 언론에서도 베스타르프가 거명되었다. 이는 (트라비라누스를 통해서) 브뤼닝도 지지할 가능성인 반면에, 마이스너는 5월 30일 오후까지만 해도 힌덴부르크의 참석하에 뢰베에게 그에 관해 보고했다: Keil(주 I/3), II, S. 446; 이 책의 제 3권 주 VII/7. 베스타르프 스스로는 처음부터 매우 회의적이었는데, 그의 주장의 전제, 즉 제국해체를 범주적으로 거부하는 조건하에서만 민족사회주의적 장관들이 책임 있게 참여하고 반면에 나치 적대적이지만 나치당의 진정한 책임 없이 임기응변식의 과도기 정부를 피한다는 전제를 믿지 않았기 때문이었다. 그러나 분명히 처음에는 베스타르프 후보를 적어도 프로이센에 대해 생각했던 슐라이허는 그사이에 파펜으로 결정했다. 베스타르프 계획은 이 단계에서 아주 명확히 여전히 기만전략에 불과했다. 그래서 5월 31일에 힌덴부르크 방에서 극히 일상적인 영접만 이루어졌는데, 여기서 베스타르프는 이 순간 브뤼닝의 퇴진에 유감을 표했다: Westarp(주 VI/59), S. 283; S. 285ff.

관계의 아직 남아있는 마지막 큰 문제"가 최종적인 해결단계에 이르렀다고 믿었다.[198] 지난 여러 주간 그를 거의 항상 제네바에 머무르게 했던 열띤 협상들이 마침내 결실을 맺는 것으로 보였다.[199] 그의 전체 구상에 충실하게 그는 마지막 순간에 이것에 그의 희망을 걸었다. 그의 견해에 따르면, 이 희망은 힌덴부르크의 측근이 "이를 알고" 10시 30분으로 약속된 그의 접견을 최대한 지체시켜서 그가 극도의 시간적 압력하에서 단 3.5분 내에 끝내야만 했기 때문에 실패했다.[200] 이때

---

198) Brüning, "Brief"(주 I/9), S. 10. 그러나 프랑스의 지연전술이 당시에 — 서술된 것처럼 — 브뤼닝의 추락을 전적으로 계산에 넣었던 것은 영국 외교사절들의 이해할 수 없을 정도로 낙관적이었던 상황판단의 경우에 그러했던 것처럼 충분히 가능했다: 이에 대해서는 위의 주 V/21을 볼 것. 브뤼닝의 격분은 따라서 이해할 수 있다. Robert d'Harcourt, "Horizons allemands", in: Neue Züricher Zeitung, Nr. 91(Bl. 9) v. 2. April 1953: "우리는 그〔브뤼닝〕에게 나쁘게 대했고 히틀러 앞에서 굽실거렸다. 그것은 마땅히 해야 할 바의 반대였다. 브뤼닝은 사람들이 그를 홀로 두었기 때문에 실각했다. 히틀러는 유럽의 무위 덕분에 가능했다." 이제 브뤼닝 스스로는 특히 러시아와의 계약(1929년에 맺은)을 1931/1932년 겨울에 2년만 더 연장했다고 강조한다. 그를 통해 그는 프랑스로부터 "미국, 영국, 이탈리아 정부로부터 1932년 4월에 이미 받아들여진 우리의 무장해제 제안을 거부할 수 있는 모든 가능성"을 배제하고자 했다고 했다: Brüning, Die Vereinigten Staaten und Europa(주 III/48), S. 10f. 그러나 그로써 브뤼닝의 주장(*Ibid.*, S. 12)과는 반대로 러시아와의 불법적인 군사적 관계는 결코 정리되지 않았음은 Helm Speidel, "Reichswehr und Rote Armee", in: Vierteljahrshefte für Zeitgeschichte 1(1953), S. 17ff. 에서 입증되고 있다. Mende(주 III/143), S. 6773ff. 에서의 브뤼닝이 추가한 러시아 문제에 대한 서술에 대한 비판도 참고.

199) Wheeler-Bennett가(*Hindenburg*, 주 I/81, S. 397ff.) 이 협상들의 "비극"에 대하여 제공하는 극적인 서술은 하지만 그 세목들에서 아주 신뢰할 만하지는 않다.

200) Brüning, "Brief"(주 I/9), S. 10f. 자신의 확인과는 반대로, 마이스너도 결연히 파펜 해법을 지지했다는 것은 베스타르프의 힌덴부르크 접견(5월 31일 오후)에 대한 그의 직접 서술로부터 믿을 만하게 드러난다. 마이스너

브뤼닝은 더 이상 최근의 성공을 기초로 하여 힌덴부르크에게 기대했던 심경의 변화를 불러일으키는 데 실패했다. 소식은 하루 늦게 왔다. 힌덴부르크는 아주 황급하게 다시 한 번 우익정부를 구성하라고 압박하면서 11시 55분에 시작된 대화를 끝냈다. 브뤼닝은 이를 제지하지 못했다. 왜냐하면 그는 그의 정부를 구성하기 전처럼 다시 육군원수를 마주하고 있었기 때문이었다. 즉, 5월 30일 정오 스카게락 전투를 기념하는 주간이 시작되었으며 힌덴부르크는 정확히 12시에 해군근위대의 사열을 받았던 것이다. 국가수반의 군대식 정확성과 군인적인 기억들이 공화국의 운명에 대해 결정하는 정치적 결단의 숙고보다 더 우위를 차지했다.

보다 더 중요한 것은 물론 이 순간에 힌덴부르크가 이미 파펜으로 결심을 굳혔다는 사실이다. 모든 노력들에도 불구하고 우익야당의 어떤 확실한 약속도 존재하지 않았고 "광범위한 우익정부"의 구성이 결코 확보된 것이 아님에도 불구하고 힌덴부르크는 몇 시간 뒤에 파펜에게 정부의 구성을 맡겼는데, 그 세부사항들은 이미 며칠 전에 슐라이허의 도움하에 결정되어 있었다. 이 정부는 사람들이 브뤼닝에게 요구했던 폭넓은 기반이 훨씬 적었다. 그것은 단지 부담스러운 민주적 결속들로부터 해방되었을 뿐이다. 브뤼닝의 실각은 사람들이 그러한 해

는 거기서 "흥분된 어조로" 히틀러에게 제국해체가 약속되어 있다는 사실을 부인했다: "보다 확고하고 선명한 민족정책을 실현하기 위해서 그리고 또한 내각을 노동조합의 영향으로부터 벗어나게 하기 위해서는 교체가 필요해졌다"(!). 브뤼닝은 힌덴부르크의 바람(그뢰너를 내무부장관으로서도 해임하는 것, 슐랑에-셰닝엔의 급진적인 계획과 노동조합의 영향의 완화)에 대해 "조금도 수긍하는 빛"을 보이지 않았다고 했다. Westarp, "Zu Brünings Rücktritt"(주 VI/59), S. 287. 힌덴부르크의 판단에 관해서는 특히 이 점과 관련해서 Otto Heinrich v. d. Gablentz, "Person und Typus, Von der Größe und den Grenzen des Offizierskorps", in: Zeitwende 25(1954), S. 622ff.

결책을 확신했기 때문이 아니라 우선 그 전제라 생각되는 것들을 마련하고자 했고 이를 위해 우익야당에게 자주 요구된 희생물을 제공했기 때문에 일어났다.[201] 또한 사람들은 특히 이 경제위기가 이러한 기습을 위한 유리한 시점이라고 믿었다. 즉, 브뤼닝은 실업의 겨울과 가장 어려운 협상 기간 동안 책임을 지고 있었고, 새로운 "민족적 정부"에게는 계절에 따른 위기의 완화와 오랫동안 준비된 배상정책 및 외정상의 성공이 유리하게 작용하게 될 것이었다.

그러한 고려들은 물론 최대의 잘못된 계산으로 입증되었다. 파펜정부의 시작을 특징지었던 히틀러, 후겐베르크, "대농업가들"에 대한 일련의 양보들은 슐라이허 계획에 결코 기여하지 못했다. 그것은 생각 없이 제공되었고 혜택받은 사람들에 의해서 마찬가지로 생각 없이 이용된 사전급부들이었다. 어떤 쪽도 자기 약속을 지킨다는 생각을 하지 않았다. 바이마르공화국은 큰 정치집단들 중 누구도 자기에게 결속시킬 수 없었던 정부하에서 강력한 블록형성의 적대주의에 완전히 빠지게 되었다. 최후의 피동적 다수는 영향력을 상실했고 권력투쟁은 이전보다 더욱 의회 밖으로 옮겨졌고 의회에서는 내부분열된 거대 야당이 소수 독일민족주의자 집단과 대립하고 있었다.

누구나 얻고자 싸웠던 권력은 어디에 있었는가? 브뤼닝 내각이 그것을 한 조각 한 조각 상실하고 결국 민주적 통제를 빼앗긴 후에 그것은 이제 힌덴부르크의 강력한 측근의 수중에 있는 것으로 보였다. 그러나 사방에서 유권자 의사의 대변자들, "여론"의 지지자들이 자신의 요구를 제기했다. 거대한 권력공백 속에서 그들을 무력화시키고 "초당적이고" 초의회적인 권위주의 정권을 관철시키는 것은 성공할 것인가? 파

---

201) 5월 30일의 사건에 대한 언론보도를 횡단한 서술로서는 Horkenbach, 1932, S. 161ff.; Gottfried R. Treviranus, "Weshalb Bruening ging", in: Vossische Zeitung, Nr. 437 v. 11. September 1932; Gustav Stolper, "Staatskrise", in: Der deutsche Volkswirt 6(1932), II, S. 1179ff.

펜 국가의 이데올로그들은 바로 이것을 기대했는데, 제국의회는 권력을 상실했다. 제 48조는 새로운 대통령 내각의 권위주의적 정권을 위해 충분히 시험되었다가 그것이었다. 혹은 이 모든 것은 새로운 해결책에 길을 열어줄 짧은 간막극에 지나지 않았는가? 나치독재의 적수들은 이러한 희망을 가지고 "신국가"를 환영하고, 관용하며, 대적하고, 두려워하고 쓰러뜨렸다.

찾아보기

(용 어)

ㄱ ~ ㄴ

ㄷ ~ ㄹ

ㅁ ~ ㅂ

ㅅ ～ ㅇ

ㅈ ~ ㅊ

기 타

찾아보기

(인 명)

ㅁ ~ ㅂ

ㅅ ～ ㅇ

칼 디트리히 브라허(Karl Dietrich Bracher, 1922~)

1922년 슈투트가르트에서 태어났으며 제2차 세계대전 때 아프리카 전투에 참전했다가 3년간의 미국 포로생활 중 학문의 길을 시작했다. 종전 후 귀국하여 튀빙엔대학에서 1948년 "초기 로마 황제시대의 사상에서 쇠락과 진보"라는 논문으로 박사학위를 받았다. 베를린자유대학의 정치학연구소에서 일했으며, 1955년 교수자격논문으로 《바이마르공화국의 해체》를 발표했다. 1959년부터 1987년 정년퇴직할 때까지 그는 본대학의 정치학 교수로서 왕성한 활동을 하였다.

그의 주요 저서로는 교수자격논문 외에도 《독일의 독재》(*Deutsche Diktatur*, 1960), 《현대사의 성찰》(*Zeitgeschichtliche Kontroversen*, 1976), 《이데올로기의 시대》(*Zeit der Ideologien*, 1982) 등이 있다. 그가 공동저자로 집필했던 《나치의 권력장악》(*Die nationalsozialistische Machtergreifung*, 1960)도 현대적 고전의 반열에 올랐다.

이병련

독일 빌레펠트대학에서 독일사를 전공하여 1990년에 "1차대전 기간 동안의 독일 노동운동의 사회사"로 박사학위를 취득하였다. 1992년부터 현재까지 고려대 사범대학 역사교육과 교수로 재직하고 있다.

저서로는 《독일 노동운동의 사회사(1914~1919)》, 《동아사상의 보수와 개혁》, 《분단의 두 얼굴》이 있다. 번역서로는 볼프강 쉬벨부쉬의 《기호품의 역사》(공역), 에드가 볼프룸의 《무기가 된 역사. 독일사로 읽는 역사전쟁》(공역)이 있다. 그리고 역사교육에 관하여, 그 중에서도 독일 역사교과서와 독일 역사교육 이론에 관한 논문들을 발표하였다. "독일 통일 이후 신연방주(구동독지역)의 역사교육", "독일 역사교과서에 나타난 제2차 세계대전", "독일 역사교과서에 나타난 나치독재와 홀로코스트(1)", "독일 역사교육의 새로운 경향: 환경의 역사", "역사교육과 인권: 아메리카 혁명에서의 인권" 등의 논문이 있다. 최근의 관심사는 역사교육과 인권의 문제인데, 권력과 지배를 위한 역사교육을 탈피하고 어떻게 하면 인권을 존중하는 역사교육이 가능할 것인가에 관해 연구하고 있다.

이대헌

고려대에서 역사학을 전공하였고, 1991년 "루르지방 철강산업의 성장(1870~1914): 혼합기업과 수평적 기업결합의 발전 및 그 결과에 관한 연구"로 석사학위를 취득하였다. 1996년부터 독일 보쿰대학에서 역사학을 전공하였으며 2002년 "Die Betriebsvertretungen auf den Staatszechen im Ruhrrevier 1905~1933"(루르지역 국영광산의 종업원 대표제도)에 대한 논문으로 박사학위를 취득하였다. 고려대 아세아문제연구소 연구교수를 역임한 바 있으며 고려대 등에서 서양사를 강의했다.
역서로 벨러(Hans-Ulrich Wehler)의 《독일제2제국》이 있으며, "독일 루어광산업에서의 노동시장의 발전과 노동시장 당사자들의 대응(1900~1933)", "1920년 '종업원 평의회법'의 도입과정", "1933년 이전 독일의 '사회화' 문제와 석탄광산업" 등 독일 광산업과 노동자의 역사에 대한 논문들 외에도 폴란드의 전후 나치 과거 청산과 부역자의 문제 그리고 1989년 이후 공산당의 과거사 극복문제에 대한 논문들을 발표하였다.

한운석

고려대 사학과 대학원을 졸업하고 DAAD 장학생으로 독일의 빌레펠트대학에서 역사학을 전공하였으며, 1995년 "맑스와 엥겔스의 사상에서의 민족국가와 민족주의: 3월 전기와 1848/1849년 혁명기 독일문제에 대한 그들의 태도를 중심으로"라는 논문으로 박사학위를 취득하였다. 현재 고려대 역사교육과 겸임교수로 재직하고 있다.
분단시대 동서독 관계와, 독일 통일과 그것이 한반도 통일에 주는 교훈에 대해 연구하였으며, 이에 대한 저서로 《하나의 민족, 두 개의 과거: 20세기 독일민족과 통일문제》가 있다. 유럽과 동아시아의 과거청산, 역사갈등과 화해, 평화를 위한 역사교육의 문제들에 대해서도 연구하고 있으며, 이 분야의 저서로는 《가해와 피해의 구분을 넘어: 독일·폴란드 역사화해의 길》(공저), 《유럽과 미국의 동아시아사 교육》(공저), 《독일의 역사화해와 역사교육》이 있으며 독일과 한국 학자들 간의 학문적 협력을 위한 가교역할을 활발히 하고 있다.

1220
폭력에 대한 성찰

조르주 소렐(Georges Sorel) 지음 | 이용재(전북대) 옮김

조르주 소렐은 제도화된 개량 사회주의에 반기를 들고 프랑스 특유의 노동운동노선인 혁명적 생디칼리즘을 제시한다. 노동자 계급의 혁명성을 총파업 신화 속에서 재구성한 혁명적 생디칼리즘의 성서인 이 책에서 소렐은 좌우를 막론하고 기존체제에 대한 봉기의 사상적 기초를 제공한다. 그 어느 때보다 폭력의 문제가 진지한 정치철학적 쟁점으로 떠오른 우리 시대에 반드시 참조해야 할 고전이다.

신국판 · 양장본 | 446면 | 18,000원

1219
세계시민주의와 민족국가
– 독일 민족국가의 형성에 관한 연구

프리드리히 마이네케(Friedrich Meinecke) 지음
이상신(고려대)·최호근(고려대) 옮김

랑케, 드로이젠과 함께 독일 역사주의 거장으로 꼽히는 마이네케는 강렬한 민족주의 시대에도 세계시민주의의 의의를 놓치지 않았던 사상가였다. 이 책에서 그는 국가를 통한 민족발전이 개인적 자유의 발전과 대립하지 않는다는 전제에서 출발하여, 독일의 국가형성과정을 문화국가에서 민족국가로 나아가는 과정으로 분석한다. 그리고 이 과정은 계몽시대의 세계시민주의적 문화의식에서 민족국가 의식으로 나아가는 과정으로 해석된다.

신국판 · 양장본 | 648면 | 33,000원

1217
민주시민의 도덕

로버트 프리만 버츠(Robert Freeman Butts) 지음
김해성(강원대) 옮김

민주화 이후에는 자유롭고 평등한 개인들이 공존할 수 있는 가능성을 모색하는 것이 가장 시급한 과제이다. 이를 위해선 시민교육의 제도화가 무엇보다 시급하다. 민주주의의 학습장도 이제 거리에서 공교육으로 이행되어야 한다. 이 책에서 저자는 미국 시민교육의 역사적 진화과정을 서술하면서 민주사회의 시민이 갖춰야 할 자질과 덕목도 함께 논의한다. 민주화 이후의 과제들에 직면해 있는 우리에게 많은 것을 시사해준다.

신국판 · 양장본 | 366면 | 18,000원

1309

주권과 순수성 – 만주국과 동아시아적 근대

프래신짓트 듀아라(Prasenjit Duara) 지음 | 한석정(동아대) 옮김

만주는 동북아 근대사의 터부이자 블랙박스였다. 저자는 이 블랙박스를 열고 숨겨진 동아시아 근대의 복잡한 면모를 밝힌다. 우선 만주국은 신체규율 및 사회동원에 입각한 파시스트적 발전국가의 모델이었다. 또 중심과 주변의 차이 대신 동질성을 동원한 일본의 만주 지배는 냉전기 미국과 소련이 우방을 통제할 때 사용한 신제국주의 기법의 모델이었다. 이와 동시에 만주국은 동아시아에서 "신성한 국가와 민족"이 어떻게 만들어졌는지를 확인할 수 있는 역사 실험실이기도 하다.

신국판 · 양장본 | 502면 | 28,000원

1308

자연종교에 관한 대화

데이비드 흄(David Hume) 지음 | 이태하(세종대) 옮김

이 책은 신의 존재와 속성에 관한 치열한 논쟁을 다루고 있다. 특히 신의 존재에 관한 논쟁 중 가장 오래되고 유명한 주제에 속하는 '디자인'에 관한 논쟁을 주로 다루고 있다. 과연 인간과 그들을 둘러싼 세계는 신의 철저하고 정교한 디자인의 결과물인가? 따라서 그 결과물인 인간의 정신도 신의 정신과 유사하기 때문에 신을 인간의 이성과 유사한 이성을 가진 존재로 보아야 하는가? 흄은 기존의 종교관과 신에 대한 인식에 문제를 제기하며 계몽주의적 입장에서 이를 풀어나간다.

신국판 · 양장본 | 176면 | 10,000원

1289~1290

헤겔 자연철학 ①②
– 철학적 학문의 백과사전 강요 제2부

헤겔(G. W. F. Hegel) 지음 | 박병기(전남대) 옮김

헤겔은 《철학적 학문의 백과사전 강요》에서 이념의 필연적 전개과정에 따라 로고스-자연-정신이라는 3개의 개념군으로 철학적 개념들을 서술했다. 로고스는 추상적 형식 속의 이념이고, 자연은 타자의 형식 속의 이념이며, 정신은 자신에게 복귀한 이념이다. 《자연철학》은 《철학적 학문의 백과사전 강요》의 제2부이다. 특히 헤겔 사후 미슐레가 헤겔의 강의노트와 수강생들의 필기노트를 정리하여 덧붙인 〈보충〉 부분이 포함되어 있어서, 헤겔 자연철학 연구의 중요한 전거가 될 것이다.

1권 : 신국판 · 양장본 | 784면 | 38,000원
2권 : 신국판 · 양장본 | 488면 | 28,000원

1284
숲길

마르틴 하이데거(Martin Heidegger) 지음 | 신상희(건국대) 옮김

하이데거의 존재사유는 인간의 삶의 세계가 욕망과 지성에 찌든 소유의 세계가 아니라 그 이전에 존재의 무구한 세계임을 일깨워준다. 《숲길》은 그 존재의 진리를 향한 하이데거의 고뇌와 숙고의 흔적이다. 이 책엔 예술에 대한 존재론적 해석인 “예술작품의 근원”, 서구 근대적 사유를 비판하는 “세계상의 시대”, 헤겔의 정신현상학의 경험 개념을 해명하는 글, 니체의 니힐리즘에 대한 비판적 해명, 궁핍한 시대에 시인의 존재이유를 숙고한 “무엇을 위한 시인인가?”등이 실려 있다.

신국판 · 양장본 | 648면 | 32,000원

1237
법철학

아르투어 카우프만(Arthur Kaufmann) 지음 | 김영환(한양대) 옮김

현대 법철학의 교황으로도 불렸던 저자는 법존재론적 차원과 법인식론적 차원을 모두 포괄하는 법철학적 사유의 진수를 보여준다. 이 책은 법철학적 사유의 기초를 형성하는 개념적 문제 및 쟁점들뿐만 아니라 사회정의에 관한 수많은 실체적 문제들도 중요하게 다룬다. 공리주의, 다원주의, 관용, 위험사회, 생명윤리, 인간유전공학, 임신중절 등을 둘러싼 법철학적 쟁점이 무엇인지가 명쾌하게 해명된다.

신국판 · 양장본 | 744면 | 35,000원

1225
서구 자유주의의 융성과 쇠퇴

앤서니 아블라스터(Anthony Arblaster) 지음 | 조기제(진주교대) 옮김

자유주의는 무엇으로 살아가는가? 자유의 열망? 그렇다. 그러나 이 열망 뒤편엔 “민중에 대한 공포, 민주주의에 대한 공포”도 있다. 이 책은 자유주의의 빛과 어둠을 균형 있게 서술한 명저이다. 1부에선 자유주의의 개념적 기초를 분석하고, 2부와 3부에선 자유주의 사상의 역사적 전개과정을 추적한다. 자유주의의 모든 시대에 걸친, 그리고 서구사회 전체에 걸친 가장 포괄적인 서술이면서도 역사적 사건과 인물에 대한 디테일을 놓치지 않고 있다. 충실한 내용에 더해 문학적 향취도 느낄 수 있다.

신국판 · 양장본 | 688면 | 35,000원

1488~1489
마키아벨리언 모멘트 ①②
– 피렌체 정치사상과 대서양의 공화주의 전통

존 그레빌 에이가드 포칵(John Greville Agard Pocock) 지음
곽차섭(부산대) 옮김

공화주의 논쟁이 새롭게 타오르게 했던 명저가 국내에서 처음으로 완역되어 발행되었다. 이제 한국에서도 마키아벨리즘은 꼭 탐구해 보아야 할 정치사상적 모델로 자리 잡았다. 이 책은 마키아벨리와 그 밖의 르네상스기 이탈리아 사상가들에 의해 부활된 고전 공화국의 이상이 근대의 역사적, 사회적 의식에 가져온 결과를 탐구한 고전적 연구이다. 마키아벨리, 귀차르디니, 잔노티의 사상을 탐구한 후 퓨리턴적 잉글랜드와 혁명적, 연방주의적 아메리카에서의 공화주의의 부활을 고찰한다.

1권 신국판 · 양장본 | 544면 | 32,000원 / 2권 신국판 · 양장본 | 448면 | 28,000원

1478~1482
기억의 장소 ①~⑤

피에르 노라(Pierre Nora) 외 지음
김인중(숭실대) · 유희수(고려대) 외 옮김

120여 명의 프랑스 역사가들이 10년에 걸쳐 완성한 이 대작은 '역사학의 혁명'으로 일컬어질 정도로 획기적인 역사서이다. 이 책에서는 프랑스 국가인 라마르세예즈, 삼색기, 에펠 탑 등 수많은 대상들이 '장소'로 선택되어 그 안에 담긴 기억의 내용과 여정이 탐구된다.

1권 신국판 · 양장본 | 472면 | 25,000원
2권 신국판 · 양장본 | 568면 | 25,000원
3권 신국판 · 양장본 | 424면 | 25,000원
4권 신국판 · 양장본 | 488면 | 25,000원
5권 신국판 · 양장본 | 472면 | 25,000원

1476
향연

단테 알리기에리(Dante Alighieri) 지음 | 김운찬(대구가톨릭대) 옮김

불후의 명작 《신곡》의 탄생을 예비한 《향연》은 단테의 저술 가운데 이론적 논의의 성격을 띤 최초 작품이자 정치활동과 철학적 연구에서 나온 성찰을 고스란히 담고 있다. 나아가 속어에 대한 혁명적인 견해는 《속어론》으로 이어져 최초의 이탈리아어 언어학 논문이 되었고 교황의 세속적 권력보다 신성로마제국의 권위를 토대로 하는 정치적 질서에서 인간의 행복과 사회적 정의가 실현될 수 있다는 생각은 《제정론》을 통해 더욱 분명하게 정립되었다.

신국판 · 양장본 | 432면 | 25,000원